Ulrike Becker, Andrea Hermann, Milan Stanek (Hg.)

Chaos und Entwicklung

I0127672

Reihe »edition psychosozial«

Peter Alheit, Bettina Dausien,
Wolfram Fischer-Rosenthal, Andreas Hanses,
Annelie Keil (Hg.)

Chaos und Entwicklung

Theorie und Praxis
psychoanalytisch orientierter sozialer Arbeit

Psychosozial-Verlag

Für Stephan

Die Deutsche Bibliothek - CIP-Einheitsaufnahme
Chaos und Entwicklung: Theorie und Praxis psychoanalytisch
orientierter sozialer Arbeit / Ulrike Becker ... (Hg.).
- Gießen: Psychosozial-Verl., 1999
(Reihe „Edition psychosozial")
ISBN 978-3-932133-78-7

© 1999 Psychosozial-Verlag
E-Mail: info@psychosozial-verlag.de
www.psychosozial-verlag.de
Alle Rechte vorbehalten. Kein Teil des Werkes darf in irgendeiner Form (durch
Fotografie, Mikrofilm oder andere Verfahren) ohne schriftliche Genehmigung
des Verlages reproduziert oder unter Verwendung elektronischer Systeme verarbeitet, vervielfältigt oder verbreitet werden.
Umschlagabbildung: Max Ernst, Le brebis galante © VG Bild-Kunst, Bonn 1999
Umschlaggestaltung: Atelier Warminski, Büdingen
ISBN 978-3-932133-78-7

Inhalt

Vorwort

Ulrike Becker, Andrea Hermann, Milan Stanek

Der rote Faden

Sehen wir ein rotes Wollknäuel aus der Ferne, so erscheint dieses zunächst als ein roter Punkt. „Aus einigen Metern Abstand erkennen wir wieder, daß das Knäuel dreidimensional ist. Was aber geschieht, wenn wir uns weiter annähern? Dann sehen wir einen aufgewickelten Faden. Die Kugel besteht aus einer verworrenen Linie und ist also offenbar eindimensional. Bei noch näherer Betrachtung verwandelt sich diese Linie in eine Säule endlicher Dicke, und der Faden wird dreidimensional. Noch näher heran, und wir verlieren den Faden aus dem Gesicht, sehen dafür eine Menge feiner Härchen, die sich umeinander schlingen und dadurch den Faden erzeugen – nun ist das Knäuel wieder eindimensional. [...] Mit anderen Worten, die ‚effektive Dimension‘ des Knäuels ändert sich von drei nach eins und wieder zurück. Die scheinbare Dimension hängt davon ab, aus welchem Abstand wir das Knäuel ansehen." (Briggs/Peat 1990, S. 136-137)

Betrachten wir den Umschlag und lesen den Titel „Chaos und Entwicklung", so erscheint das Buch zunächst als Ganzes. Wenn wir dann das Inhaltsverzeichnis überfliegen, erkennen wir viele „rote Fäden", die scheinbar nichts miteinander zu tun haben und zunächst keinen Zusammenhang bilden. Erst durch die Lektüre der einzelnen Artikel werden die „feinen Härchen des roten Fadens" sichtbar. Die Struktur des roten Wollknäuels und der Faden geraten in den Hintergrund und die „feinen Härchen" entpuppen sich als Entwicklungspotentiale des Chaos. Das Wollknäuel verweist auf die dichte Verbindung zwischen Beobachter und Beobachtungsgegenstand, die uns aus den Praxisfeldern der psychoanalytischen Sozialarbeit und psychoanalytischen Pädagogik vertraut ist.

J. S. Scharff und D. E. Scharff stellen eine direkte Entsprechung zwischen der „fraktalen Geometrie" und den Figuren her, die sich auf verschiedenen Ebenen der therapeutischen Beziehung ergeben:

„Applying chaos theory and Mandelbrot's ideas on fractals to personality development, we note a correspondence between fractal geometry and object relations theory. [...] The personality is a part of the whole person and the internal object relationship is a part of the whole personality. The internal object relationships in dynamic relations are fractals of the personality. Each dream is a fractal of the personality, of the transference, and of course of the analysis." (Scharff 1998, S. 164)

„The continuity in form between the person, the body, the personality, the internal object relations set, and the transference is an example of fractal scaling. Transference is a fractal of the total personality. In keeping with fractal scaling, small shifts at that level give rise to major changes at the level of the overall personality." (Scharff 1998, S. 160)

Stephan Becker spricht von der Sackgasse der chaotischen Entwicklung (im vorl. Band, S. 42). Rolf Denker schildert, wie der Dichter Jakob van Hoddis in eine „Sackgasse des Chaos" gerät, weil Dinge, die zunächst nicht in einem räumlichen und zeitlichen Zusammenhang stehen, wie die Erkrankung des Dichters und der Nationalsozialismus, in eine Kausalbeziehung treten und zu seiner Deportation und Ermordung führen (im vorl. Band, S. 243-275).

In den von Günter Faltin geschilderten Prozessen der Unternehmensgründung können die Kräfte des Chaos durch das „Neu-Kombinieren" freigesetzt werden. Er schildert wie der Bau von Lehmhütten in einem südafrikanischen Township und die Produktion von Tassen so miteinander in Verbindung gebracht werden, daß die Idee, Häuser in Gestalt von überdimensionalen Tassen zu bauen und wie eine Keramik zu brennen, zu einer erfolgreichen Unternehmensgründung führt (im vorl. Band, S. 69-70).

Alle Beiträge dieses Buches zeigen, daß die Entwicklungspotentiale des Chaos immer dann zum Tragen kommen können und nicht in die „Sackgasse des Chaos" führen, wenn diese Kräfte einen Raum bekommen, in dem sie sich entfalten können, und gleichzeitig einen Rahmen im Sinne einer Begrenzung erhalten. Durch diesen Rahmen werden Iterationen – Rückkopplungen – ähnlich wie bei einem Billardspiel begünstigt (Greschik 1998), da angestoßene Kugeln immer wieder von der Bande abgestoßen und ins Spiel zurückgeschickt werden. So können Details, wie die Abweichung einer Kugel von der Laufrichtung um 2°, zu einer Veränderung des gesamten Spielverlaufes führen. Ähnlich können durch die Gestaltung eines Milieus im Sinne der psychoanalytischen Sozialarbeit und Pädagogik Entwicklungsschritte angestoßen und begleitet werden. Kleine Einstellungsänderungen einer Lehrerin können beispielsweise große Auswirkungen auf die Gesamtpersönlichkeit von Schülern haben (Balint 1939, Becker, U. in diesem Band, S. 187-205).

Die Wechselwirkung zwischen Chaos und Ordnung in einem Milieu ist eine notwendige Voraussetzung für Entwicklungsprozesse. Wie im Billardspiel stellen sich diese nicht-linear dar, und es wird deutlich, daß sich Entwicklungen bei Patienten, Institutionen, Weiterbildungen oder Kinderläden nie ohne einen „Eintritt ins Chaos" vollziehen. Die Schaffung eines grenzsetzenden und haltgebenden Milieus, im Sinne eines Möglichkeitsraumes für chaotische Bewegungen, stößt gesunde Entwicklungsprozesse an, während chaotische Entwicklungen ohne ein solches Milieu eher in die „Sackgasse des Chaos" führen. Wenn wir an den Orten der sozialen Arbeit Milieus gestalten, um für nicht-lineare Entwicklungen Rahmenbedingungen zu schaffen, können wir kaum etwas über den Verlauf von Entwicklungen voraussagen. Wir stellen als Personen, die soziale Arbeit leisten, einen Rahmen zur Verfügung und lassen uns auf einen Zustand des Nicht-Wissens ein (Becker, St. 1990b), der uns innerhalb des fördernden Dialogs mit unseren Klienten zu Lernenden macht.

Dabei geht es darum, auf Nuancen zu achten, die im Rahmen unserer Beziehung zu den Klienten oder innerhalb der Psychodynamik ihrer Familien von großer Bedeutung sein können, auch wenn wir sie zunächst für unbedeutend halten.

„Alles was wir als unser Wissen über die Welt ansehen, ist organisatorisch abgeschlossen. Staunen, Unsicherheit und Fragen aber sind voll von Nuancen. In der Erfahrung der Nuance betreten wir den Grenzbereich zwischen Ordnung und Chaos, und in der Nuance liegt unser Sinn für Ganzheit und Unteilbarkeit der Erfahrung. [...] Eine kleine Pfütze, die von verschüttetem Öl schillerte und ein Stückchen des Himmels spiegelte, erweiterte sich plötzlich für den unendlichen Bruchteil einer Sekunde grenzenlos und umfaßte mein ganzes Universum." (Briggs/Peat 1990, S. 275)

In diesem Sinne ist es für die soziale Arbeit von großer Bedeutung, Nuancen nachzugehen. Dies kann durch das Verstehen der Übertragungs- und Gegenübertragungsbezüge im Rahmen einer psychoanalytisch orientierten Fallsupervision geschehen (Becker, St. 1996). Nur auf diese Weise können wir unserer Intuition folgen, die sich oft als „roter Faden" im Chaos erweist. Denn die Intuition, verstanden als spontanes Handeln infolge von verinnerlichtem Fachwissen, Praxiserfahrung, Persönlichkeitsmerkmalen und psychoanalytisch orientierter Fallsupervision, erweist sich als der Schlüssel zum Umgang mit komplexen, chaotischen Systemen:

„Will man lernen, mit Komplexität umzugehen [...], [muß] man lernen, intuitiver zu leben, denn die Intuition [ist] der Schlüssel, wenn man in komplexen Systemen wesentliche Änderungen erreichen [will], ihnen bei der Entwicklung helfen und sich mit ihnen entwickeln [will]." (Briggs/Peat 1990, S. 274)

Das „Milieu"

In der psychoanalytischen Sozialarbeit geht es nur ausnahmsweise bloß um neurotische Symptome, wir begegnen vielmehr schwer gestörten Kindern und Jugendlichen – die versorgt, gefördert, behandelt werden – und ihren Eltern sowie anderen Erwachsenen aus ihrem Lebenskreis. Je nachdem, zu welchem Zeitpunkt und in welcher Verfassung des Patienten eine psychiatrische Diagnose vorgenommen wird, spricht man von einer Psychose, von einer narzißtischen Persönlichkeitsstörung oder von einem Borderline-Fall, von einem depressiven, manisch-depressiven oder schizophrenen Menschen.

„Der wichtigste Beitrag der Psychoanalyse an die Psychiatrie und die psychiatrische Klassifikation ist die Zerstörung der alten Vorstellung von geschlossenen Krankheitsbildern." (Winnicott [1959] 1984, S. 170-171) Die Entdeckungen der Psychoanalyse haben es ermöglicht, die Entstehung der „Krankheitsbilder" als gestörtes Zusammenspiel zwischen der Umwelt und der sich entwickelnden psychischen Organisation im frühkindlichen Lebensabschnitt oder aber als Folge später, extremtraumatischer Situationen, in denen die bereits erreichten Formen der psychischen Organisation verlorengegangen sind, zu begreifen. Nach der Auffassung Sigmund Freuds gibt es weder rein psychogene noch rein umweltbedingte „Krankheitsbilder", sondern immer eine Ergänzungsreihe von miteinander korrelierten Erscheinungen in der organischen, psychischen und sozialen Dimension.

Das Zweipersonensetting der Psychoanalyse wurde mit Patienten entwikkelt, die eine relative Reife der Persönlichkeitsentwicklung sowie sozialer Integration erreicht, dafür aber mit neurotischen Symptomen bezahlt haben. Dieser Konstellation entsprechen auch die klassischen Konzepte der Theorie der psychoanalytischen Technik. Bereits vor dem Zweiten Weltkrieg haben sich die Einstellungen über die Frage entzweit, ob die Psychoanalyse mit der Psychose und schweren Charakterstörungen etwas anfangen kann. Die einen, zu denen auch Sigmund Freud selbst gehörte, wählten Patienten, bei denen die Fähigkeit zur Entwicklung einer Übertragungsneurose gegeben schien und die für das technische Konzept des Zweiersettings geeignet waren. Andere wie Sándor Ferenczi, Paul Federn oder August Aichhorn machten Schritte in die umgekehrte Richtung und paßten die psychoanalytische Technik den Bedürfnissen ihrer Klientel an, deren Symptome den Beschreibungen der Psychosenlehre und sonstigen psychiatrischen Krankheitsbildern von schweren Geisteserkrankungen und Charakterstörungen entsprachen. Michael Balint resümierte im Jahre 1939:

„Man darf aber daran erinnern, daß Anna Freud einmal davon sprach, daß man die Kinder oft zuerst analysefähig machen, ‚zur Analyse erziehen‘ muß [1927, 1930]. Trotz des anfänglich hervorgerufenen Widerstandes hat sich dieses Verfahren behaupten können, es fanden sich immer mehr Analytiker, die dies als eine unumgängliche Phase der Behandlung beschrieben haben. Ferenczi sprach dann von einer ‚Kinderanalyse an Erwachsenen‘, in der ähnliche Erfahrungen zu beobachten waren [1931]. Dann wagte sich die analytische Methode immer mutiger an das große Problem der Psychosenbehandlung und mußte – ungern genug – bekennen, daß diese Patienten in der ersten Zeit der Kur tatsächlich ‚zur Analyse erzogen‘ werden müssen." (Balint [1939] 1971, S. 96)

D. W. Winnicott oder W. R. Bion haben zwar vornehmlich im Zweipersonensetting gearbeitet, zögerten jedoch nicht, der Eigenart ihrer Patienten folgend – unabhängig davon, ob es Kinder oder Erwachsene waren –, das Setting bei Bedarf zu erweitern und das haltgebende Handeln bei zeitweiliger Deutungsabstinenz als ein technisches Konzept zu begreifen.

„[Wenn der Analytiker die Frühstadien der Ich-Entwicklung und die resultierenden Frühformen der Ich-Organisation] als selbstverständlich voraussetzen kann, dann ist das Milieu der Analyse gegenüber der Deutungsarbeit unwichtig. (Unter Milieu verstehe ich die Summe aller Einzelheiten der Lenkung und Steuerung.) Dennoch gibt es auch in der gewöhnlichen Analyse ein Mindestmaß an Lenkung, das von allen Analytikern mehr oder weniger akzeptiert wird. Bei der von mir beschriebenen Arbeit [mit Borderline-Fällen oder mit den psychotischen Phasen, die im Verlauf der Analyse neurotischer Patienten vorkommen] wird das Milieu wichtiger als die Deutung. Das Gewicht wird vom einen auf das andere verlagert." (Winnicott [1955] 1983, S. 225)

„In meiner klinischen Arbeit habe ich zumindest mir selber bewiesen, daß die eine Art der Analyse die andere nicht ausschließt. Ich ertappe mich selbst dabei, wie ich aus der einen in die andere Art und wieder zurück gleite, entsprechend der Tendenz des unbewußten Prozesses des Patienten. Wenn die Arbeit der besonderen Art, von der ich gesprochen habe, vollendet ist, geht sie natürlicherweise in gewöhnliche analytische Arbeit über, in die Analyse der depressiven Position und der neurotischen Abwehr ..." (Winnicott [1955] 1983, S. 228)

Zu den Konzepten der erweiterten Theorie der psychoanalytischen Technik gehören handelnder Umgang, Lenkung und Steuerung einschließlich der Erzieherfunktion, in Winnicotts Wortwahl *holding, handling* und *object-presenting*, und das Mehrpersonensetting bis zur Konstruktion der sozialen Orte als therapeutisches Milieu – allesamt technische Vorkehrungen, die bei der Behandlung eines Falles von Hysterie oder Zwangsneurose vielleicht als eine „schlechte Analyse" zu bezeichnen wären. (Winnicott [1959] 1984, S. 162-163)

Ernst Federn beschreibt das „Milieu" und seine Schwerpunkte:

„Das Milieu erlaubt dem Klienten, in einer Gruppe von therapeutisch Tätigen diejenigen zu wählen, die seinen persönlichen Problemen am meisten entsprechen. Jedes therapeutische Milieu besteht aus zwei oder mehreren Sozialarbeiterinnen und Sozialarbeitern (einer kann durch einen Psychologen ersetzt werden), einem Lehrer, einem Koch und einem für das Haus Verantwortlichen. Die Leitung des Teams ist in den Händen eines Sozialarbeiters. Dieses Modell wird überall in der einen oder anderen Form verwendet." (Federn, E. im vorl. Band, S. 34-35)

„Bruno Bettelheim, einer der ersten, der nach dem Zweiten Weltkrieg wieder anfing, die Milieutherapie in den Vereinigten Staaten auszuüben, hat uns in seinen Büchern vieles dazu berichtet. ... ich erinnere mich, wie er mir einmal erzählte, noch um zwei Uhr nachts zu einem Patienten gegangen zu sein und bei ihm gegessen zu haben, um ihm dabei zu helfen, den Stuhlgang zu machen. [...] Es ist also von außerordentlicher Wichtigkeit, daß man diesen ich-gestörten Menschen, z.B. beim Stuhlgang, hilft und das Einnässen oder Beschmutzen nicht als etwas Böses ansieht, sondern als etwas einem Ein- oder Zweijährigen durchaus Angemessenes, auch wenn der Ein- oder Zweijährige, der vor einem liegt, 20 Jahre alt ist, wie gelegentlich bei Geisteskranken. ... so beschäftigt sich [die Milieutherapie] mit äußerst primitiven Dingen: Essen, Saugen, Saubermachen, mit anderen Menschen leben, alles Dinge, die das Kind und das Baby zwischen ein und zwei Jahren normalerweise zu Hause lernen soll ..." (Federn, E. 1996, S. 27-28)

12

Stephan Becker charakterisiert den psychoanalytischen Prozeß, der im therapeutischen Milieu angestrebt wird, wie folgt:

„Die Behandlungen verlaufen die längste Zeit in unmittelbar handelndem Umgang mit dem Patienten deutungsabstinent. Die Macht der Gegenübertragungen des Teams erzeugt jeweils die Objektbeziehungsregressionen und Übertragungen der Patienten, die sich verändern entlang der Deutungen für die Therapeuten und den aus diesen Deutungen resultierenden Einstellungsänderungen innerhalb der einzelfallzentrierten und der Gruppensupervision." (1994, S. 43)

Wohin der Faden führt ...

Chaos in der Schulklasse, Chaos in einem therapeutischen Heim, Chaos im Eisenbahnverkehr, Chaos überall – so kann ein Mensch in einem Moment seine Umgebung wahrnehmen. Im nächsten Moment nimmt er oder sie die rigiden Anordnungen wahr, die ebenso ein Element im Chaos darstellen: die Fahrpläne, die eigene Uhr, solange sie richtig geht; die unheimliche Kraft der Wiederholung im psychischen Geschehen und im Verhalten; das eng definierte Lehrziel, das auf eine immer gleiche Art vom Schüler zurückgewiesen wird. Ein zuverlässiges Muster, in dem das Chaos geboren wird.

Die psychische Organisation des Menschen besitzt dauerhafte, wenig veränderbare Züge, und sie kann zu jedem Zeitpunkt ihrer Entwicklung als eine feste Ordnung umschrieben werden, ob diese als gesund oder krank, normal oder abweichend eingeschätzt wird. Die augenblickliche oder zeitweilige Verfassung, in der sich ein Individuum befindet, ist jedoch – als Qualität der Selbstwahrnehmung – enormen Schwankungen unterworfen. Im günstigen Fall zeichnet sich diese Verfassung durch ein integriertes Selbstgefühl aus, das aber immer wieder neu erreicht werden muß und immer wieder durch Desintegration bedroht wird. „Im integrierten Zustand fühlt sich das Individuum gesund, während der drohende Verlust der einmal erworbenen Integration als Verrücktwerden empfunden wird." (Winnicott 1994, S. 173) Starke affektive Bewegungen wie Liebe und Haß und sogar der reaktive Zorn unterstützen die Integration des Selbstgefühls, wenn sie in eine rückhaltlose Selbstäußerung übergehen. Menschen, die eine innere Integration ohne übermäßige Erregungen erreichen und aufrechterhalten können, imponieren uns als starke Persönlichkeiten. Ein ruhiges psychosomatisches Sein, das höchstens durch langatmige, flache Erregungskurven belebt wird, geht mit einem nicht-integrierten Bewußtsein einher. Die innerpsychische Integration stellt dagegen eine aufwendige Leistung dar, eine erregte Mobilisierung, die sich durch einen äußeren Anlaß entwickelt oder einem inneren Antrieb folgt. In einem Idealbild des menschlichen Lebens würde die lebendige Ruhe der Nicht-Integration auf eine kunstvoll ausgewogene Weise mit hochintegrierten Zeitspannen abwechseln, in denen das psychische Innen dem Außen der sozialen Welt begegnet. Die Verhältnisse liegen aber anders:

„In der Geschichte der emotionalen Entwicklung eines Individuums entsteht Chaos zum erstenmal dann, wenn das Reagieren auf äußere Einwirkungen das Sein [sowie das nicht-integrierte Bewußtsein] unterbricht; besonders groß ist die Gefahr, wenn solche Unterbrechungen sich über einen allzu langen Zeitraum erstrecken. Zunächst bedeutet Chaos die Beeinträchtigung des fortwährenden Seins; Erholung tritt ein, sobald die Kontinuität wieder erfahren werden kann. Wenn die Beeinträchtigung jedoch ein bestimmtes Maß überschreitet und, gemessen an früheren Erfahrungen des fortwährenden Seins, unerträglich ist, wird das Chaos [...] in gewissem Umfang Bestandteil der Persönlichkeit des Individuums. ... zu dem Zeitpunkt, an dem das Chaos vom Individuum als solches wahrgenommen werden kann, ist es selbst bereits zu einer Art Ordnung geworden, zu einem Zustand, der zuweilen organisiert wird, um Ängste, die mit der Ordnung verbunden sind, abzuwehren." (Winnicott 1994, S. 193)

„Die Desintegration kann als Abwehr gegen die ungeheure Qual organisiert werden, die verschiedenartige, mit dem Zustand der vollen Integration verbundene Ängste auslösen. Eine Desintegration dieser Art wird später möglicherweise zur Grundlage eines pathologischen Chaos-Zustands, der ein sekundäres Phänomen darstellt und nicht unmittelbar mit dem primären Chaos des menschlichen Individuums zusammenhängt." (Winnicott 1994, S. 172)

„Die Desintegration ist ein aktiver Abwehrvorgang, der sich ebenso gegen die Nicht-Integration wie auch gegen die Integration richten kann." (Winnicott 1994, S. 176)

Den „primären Zustand" eines kontinuierlichen, nicht-integrierten und nicht-beeinträchtigten Bewußtseins kennen wir nicht. Vielleicht wäre ein Mensch, der mit langanhaltender buddhistischer Meditation vertraut ist, am ehesten in der Lage, uns darüber etwas zu sagen. Die alten Meister sagen aber, diese Erfahrung befinde sich radikal jenseits der Sprache. Das Schicksal unseres Seins wie auch Bewußtseins sind Integration und Desintegration, bestenfalls ein glückhaftes Schaukelspiel zwischen Chaos und Ordnung, dessen Wurzeln in Schmerz, Tod und Lust getaucht sind. Die „Beeinträchtigung des fortwährenden Seins" beginnt spätestens mit der Geburt und beschäftigt die Psyche mit integrativen wie desintegrativen Bewegungen ein Leben lang. Im zermürbenden Konflikt mit der menschlichen Umwelt oder im souveränen Zusammenspiel des Ichs mit seinem Gegenüber entwickelt sich seine Organisation in einer unendlichen Zahl von Formvarianten. Die Desintegration verläuft entlang der Bruchlinien, die durch die individuelle, einzigartige Organisationsform der inneren Welt vorgegeben sind, d.h. durch den jeweiligen Formbestand an inneren Objekten und Trieben sowie die dynamischen Muster ihrer wechselseitigen Verhältnisse.

„In der klinischen Arbeit läßt sich die Desintegration in verschiedenen Graden und Formen beobachten; sie kann selbst im schweren psychotischen Zusammenbruch stabil organisiert sein. Die Nicht-Integration begegnet uns nur im Entspannungszustand gesunder Menschen und in der tiefen Regression, die in einer Psychotherapie erreicht werden kann; hier übernimmt der Therapeut stellvertretend für den Patienten die Organisation der Abwehr ..." (Winnicott 1994, S. 176)

„Eine interessante Beobachtung läßt sich in bezug auf die Konsequenzen des abgeschlossenen Integrationsprozesses treffen: Die Integration ist mit Erwartung, von außen angegriffen zu werden, verbunden. Dies gilt im höheren Maß für integrierte Zustände, die das Individuum erst zu einem späten Zeitpunkt erreicht ... In dem Augenblick, in dem die verschiedenen Anteile des Selbst zueinander finden und die äußere Welt als getrennt wahrgenommen wird, entsteht ein Zustand, den man als paranoid bezeichnen könnte. [...] In der klinischen Arbeit erhält dieser Punkt eine praktische Bedeutung, wenn es darum geht, in einem bestimmten Fall anzuerkennen, daß ein paranoides Verhaltensmuster – d.h. die Tendenz, den Angriff als Abwehr einzusetzen – trotz seines pathologischen Charakters ein positives Element, nämlich eine momentane Integration, in sich birgt." (Winnicott 1994, S. 176-177)

Die paranoid-schizoide Position (Klein [1946], Fairbairn [1940, 1944]), d.h. die Spaltung des inneren Objekts, der Gefühlsregungen und des Ichs, sowie die projektive Plazierung des einen oder des anderen Anteils im Gegenüber und die Identifizierung mit einem solchen Eigenprodukt im Anderen erscheinen uns wie ein verhängnisvolles Verwirrspiel. So darf es nicht bleiben! Eine weitere Zersplitterung des Selbst und seine Rückkehr via projektive und introjektive Vorgänge in bizarr zerfallenden und sich bizarr ordnenden Elementen liefert das Bild des Wahnsinns. Da liegt etwas unendlich Zerstörtes vor, es wird nie besser werden!

Die Theorie der psychoanalytischen Technik gibt uns den Ratschlag, diesen Zustand anzunehmen, auch wenn wir nicht wissen, wohin er führt. W. R.

Bion sagt *be patient*, sei geduldig, ertrage es! Im Englischen (auf eine andere Weise auch im Lateinischen) ist das Wort mehrdeutig – *patient* heißt auch Patient. Also, sei wie dein Patient! Wenn wir vor uns einen Menschen haben, der seine innere wie äußere Welt haßt, seine Gegenüber wie sich selbst sadistisch attackiert, um zeitweilig in jenen namenlosen Horror der Auslöschung zu fallen, der wie eine Einladung zum Weltende auf uns wirkt, wissen wir nicht, wie wir mit ihm eine Beziehung aufrechterhalten können. Was wird geschehen? Ist es uns nicht zu dumm, selbst Patient zu werden und Geduld zu üben? Worauf warten wir? Auf einen Selbstmord? Oder auf einen Mann im weißen Kittel mit einem Medikament?

„Bion means by this that it is better for the analyst not to be influenced by his previous knowledge or his a priori judgement so as to avoid contaminating his evaluation of what is happening in the ‚here and now‘ of the analytic session. In this way he can more fully grasp the new elements and shades that always exist in each separate encounter between analyst and patient. This implies giving up the conscious use of ‚memories‘ and ‚desires‘ that may or may not be linked with the patient, and rejecting the defensive use of his theoretical knowledge." (Grinberg u.a. 1996, S. 123)

„While the analyst (actively) tries to remember what the patient told him in the previous session, or to think of what the patient will do at the end of the sessions, or of next weekend, or of his wish for the patient to improve and be ‚cured‘, he lessens the possibility of observing and perceiving the new facts that are evolving in the session at that moment." (Grinberg u.a. 1996, S. 124)

Sándor Ferenczi und Otto Rank beschrieben diesen Weg 1924 in *Entwicklungsziele der Psychoanalyse*, zu einem Zeitpunkt, als das theoretische Gebäude der psychoanalytischen Wissenschaft bereits bedeutenden Umfang erreicht hatte, wie folgt:

„Kann man den Praktikern nur empfehlen, die Lücken des theoretischen Wissens durch entsprechende Schulung und die eigene Analyse zu beseitigen, so müßte man den Übertheoretikern raten, ihr theoretisches Interesse bei der praktischen Analyse möglichst beiseite zu schieben und jeden neuen Fall neu anzugehen ..." ([1924] 1996, S. 64)

In einer der vielen Formulierungen von S. Freud selbst:

„Der Analytiker, der in Sammlung, aber ohne Anstrengung zuhört, [...] überläßt es dem Patienten, den Gang der Analyse und die Anordnung des Stoffes zu bestimmen, daher wird die systematische Bearbeitung der einzelnen Symptome und Komplexe unmöglich. Recht im Gegensatz zum Hergang beim hypnotischen oder antreibenden Verfahren erfährt man das Zusammengehörige zu verschiedenen Zeiten und an verschiedenen Stellen der Behandlung." ([1925] 1971, S. 69-70)

Die depressive Position, nach der ursprünglichen Formulierung von Melanie Klein [1935, 1940, 1946], stellt sich ein, nachdem die geliebten und die gehaßten Aspekte des bedeutenden Anderen integriert werden. „Als Folge davon entsteht sowohl gesteigerte Angst vor Verlust, ein Zustand, der mit der Trauer verwandt ist, als auch starkes Schuldgefühl, da aggressive Regungen gegen das geliebte Objekt erlebt werden. [...] Das Erlebnis depressiver Gefühle selbst hat wiederum die Wirkung weiterer Integration des Ichs, denn es fördert tieferes Verständnis der inneren Wirklichkeit und bessere Wahrnehmung der äußeren Welt sowie eine engere Synthese zwischen inneren und äußeren Situationen." Das Wiederherstellungsbedürfnis erscheint als Folge größerer Einsicht in die psychische Realität, als eine realistischere Reaktion auf die Gefühle von Kummer, Schuld und Verlustangst, die das Resultat von Aggression gegen das geliebte, nun ganzheitliche und personalisierte Objekt darstellen. Das Bedürfnis, das beschädigte geliebte Objekt wiederherzustellen und zu beschützen, bereitet den Weg zu befriedigenderen Objektbeziehungen und Sublimierungen. (Klein [1946] 1983, S. 149)

Wenn die Entwicklung nicht günstig verläuft, „aus inneren und äußeren Gründen", sagt M. Klein, und das Kleinstkind mit depressiven Ängsten nicht fertig werden kann, entsteht ein Circulus vitiosus. Ist es nicht in der Lage, die depressive Position durchzuarbeiten, findet es sich erneut in der paranoid-schizoiden Position mit verstärkten früheren Verfolgungsängsten und Spaltungen wieder (1983, S. 150). Wenn wir vor uns ein größeres Kind oder einen Erwachsenen haben, die immer wieder einem solchen Wiederholungszwang folgen, ist es eine praktische Frage, unter welchen Umständen ein günstiger Ausweg zustande kommen könnte. Wenn wir vor uns einen Menschen haben, der „aus inneren und äußeren Gründen" keine Integration des inneren Objekts, der Gefühlsregungen und des Ichs erreichen kann und keines flexiblen Wechsels der Positionen fähig ist, wird die therapeutische Situation vor allen Dingen jenem ausweglosen Kreis gleichen, den M. Klein beschreibt.

Das Konzept des Container-Contained W. R. Bions enthält eine rührende und zugleich instrumentelle Vorstellung von der therapeutischen Mutter:

„Als realistische Aktivität sind projektive Identifizierungen ein Verhalten, das sinnvoll darauf abzielt, in der Mutter diejenigen Gefühle hervorzurufen, die das Kind loszuwerden

17

wünscht. Wenn das Kind fühlt, daß es stirbt, so kann es in der Mutter die Furcht wachru-
fen, daß es sterbe. Eine ausgeglichene Mutter kann dieses Gefühl akzeptieren und therapeutisch darauf reagieren: Das heißt in einer Art und Weise, daß das Kind fühlt, es erhalte
seine angsterfüllte Persönlichkeit zurück, aber in einer nunmehr erträglichen Form – die
Ängste werden für die kindliche Persönlichkeit tragbar." (Bion 1963, S. 430)

Wenn die Mutter diese Projektionen nicht tolerieren kann, ergibt sich eine
Art zerbrochenes Containing, indem das Kind gezwungen wird, die projektive Identifizierung mit wachsender Stärke und Häufigkeit fortzusetzen, diese
aber des Anfluges von Bedeutung entkleidet wird, den sie anfangs besaß. Ein
Patient in der entsprechenden Position verhält sich so, als fühle er in sich ein
inneres Objekt, das alles, was er empfängt oder gibt, seiner guten Eigenschaften beraubt, so daß nur verkrüppelte Zustände übrig bleiben. Dieses innere
Objekt schnürt seinen Träger von allem Verständnis ab, das ihm angeboten
wird. „In der Analyse scheint ein solcher Patient unfähig, von seiner Umwelt,
und somit auch von seinem Analytiker, etwas anzunehmen." (Bion 1963, S.
431)

L. Grinberg, D. Sor und Elizabeth T. de Bianchedi beschreiben die Erweite-
rung, die die Konzepte M. Kleins und S. Freuds im Denken Bions erfahren
haben:

„As early as in his papers on schizophrenia [1956, 1958], psychotic personality [1957],
and attacks on linking [1959], Bion introduces the idea of realistic projective identification. When this mechanism is used by the infant in his first contacts with his environment,
or by the severely disturbed or regressive patient in his transferential relationship with the
analyst, it produces real effects in the one receiving it, be it the mother, the analyst, or any
other person with whom this mechanism has been used. One can see here a first spatial
extension of the concept of mind, the mind being no longer restricted to ‚anatomy‘ or to
the physical interior of a person, but expanded and amplified into someone else's mind."
(S. 145)

„The concept of ‚psychotic personality‘ or of a ‚psychotic part of the personality‘ also
suggests an extension of the model of the mind proposed by Freud (his topographical model) ... This concept also includes the idea that the psychotic personality can remain as
such all through life, or become modified in order to begin functioning as the Freudian
Ego-Id-Superego model proposes." (Grinberg u.a. 1996, S. 146)

S. Freud erschien die Erforschung von Psychosen – wegen der „therapeutischen Aussichtslosigkeit" – ausgeschlossen, und seine eigenen Vorstöße in
dieser Richtung sowie die Vorstöße seiner Mitarbeiter kamen ihm nur als

„ein Blick über die Mauer" vor ([1925] 1971, S. 87-88). Von Zeit zu Zeit war es ihm jedoch möglich, seine Zurückhaltung als ein Gegenübertragungsphänomen zu deuten. Ein gutes Beispiel dieser selbstreflexiven Wendung findet sich in einem Brief S. Freuds an I. Hollós aus dem Jahre 1928. István Hollós, ein ungarischer Arzt und langjähriger Direktor eines großen psychiatrischen Krankenhauses bei Budapest, der 1905 durch S. Ferenczi in die Psychoanalyse eingeführt und von P. Federn in Wien analysiert wurde, hat 1927 ein Buch unter dem Titel *Hinter der gelben Mauer* herausgegeben und die deutsche Übersetzung Freud geschickt. Es handelt sich um eine literarische Fiktion, in der ein Patient über seine Krankenhauserfahrung berichtet (Hollós 1928). Freud entschuldigt sich zunächst, daß seine Antwort lange auf sich warten ließ. Sein Versäumnis wäre die Folge „unabgeschlossener Gedankengänge" und entstamme nicht dem Mangel an Interesse für das Buch oder den Autor.

„Bei uneingeschränkter Anerkennung Ihrer Gefühlswärme, Ihres Verständnisses und Ihrer Tendenz fand ich mich doch in einer Art von Opposition, die mir nicht leicht verständlich wurde. Ich gestand mir endlich, es komme daher, daß ich diese Kranken nicht liebe, daß ich mich über sie ärgere, sie so fern von mir und allem Menschlichen empfinde. Eine merkwürdige Art von Intoleranz, die mich gewiß zum Psychiater untauglich macht." (S. Freud in: Federn, E./Plänkers, T. 1994, S. 87, Fußnote 58)

„Im Laufe der Zeit habe ich aufgehört, mich selbst interessant zu finden, was gewiß analytisch inkorrekt ist, und bin darum in der Erklärung dieser Einstellung nicht weiter gekommen. Können Sie mich besser verstehen? Benehme ich mich dabei wie frühere Ärzte gegen die Hysteriker, ist es die Folge einer immer deutlicher gewordenen Parteinahme für den Primat des Intellekts, [der] Ausdruck einer Feindseligkeit gegen das Es? Oder was sonst?" (ebd., S. 87-88, Fußnote 58)

Inzwischen haben therapeutische Fortschritte auch die sogenannten „narzißtischen Neurosen" bzw. die schweren Geisteserkrankungen und Charakterstörungen dem psychoanalytischen Verständnis zugänglich gemacht. Die Versuche, einen sozialen Ort für schwerst gestörte Menschen zu konstruieren, die Bruno Bettelheim in Chicago oder Maud Mannoni in Bonneuil-sur-Marne zusammen mit ihren Mitarbeiterteams unternommen haben, führten zu bedeutenden Einsichten und Erfolgen in der Therapie und Rehabilitation. Ihre Werke erforschen gleichzeitig die innerpsychische Segregation der psychotischen und der neurotischen Anteile im Individuum und die soziale Klammer, die das Getrennte wieder in einen explosiven Zusammenhang bringt.

„Das Problem der institutionellen Umorganisation stellte sich mit aller Schärfe, als uns bewußt wurde, daß es völlig sinnlos ist, zur individuellen Psychotherapie zu greifen, wenn es aufgrund des repressiven Systems, das Erwachsene und Kinder zusammenzwingt, bei den Erziehern zu Depressionen und bei den Kindern zum aggressiven Ausagieren kommt. Die Hierarchie innerhalb des Personals, die Zersplitterung der Aktivitäten, die mangelnde Einfügung der Kinder in einen realitätsnahen Tagesablauf – all dies erzeugte eine Blockierung im Austausch." (Mannoni [1970] 1983, S. 237)

„Denn ununterbrochen der Psychose der Kinder, der Patienten ausgesetzt zu sein, ist psychisch sehr schwierig. Und eigentlich kann man es nur dann, wenn man wirklich unerhört daran interessiert ist. Wenn das nicht so ist, dann geht es einfach nicht. Es muß einen faszinieren, die Probleme, die psychischen Probleme der Patienten, sonst kann man es nicht machen." (Bettelheim 1993, S. 82-83)

„Die Idee, der psychisch Kranke wisse, was er tut und warum er es tut, so daß man es verstehen kann, ist keine Idee, die sehr akzeptabel ist. Das hat mit der Angst der Menschen vor der Psychose zu tun. Die normale Reaktion des Menschen auf den Psychotiker ist: Der ist ganz anders als ich. Das ist eine Schutzmaßnahme, die man sich errichtet, um sicher zu sein, daß man selbst nicht verrückt ist und nicht verrückt werden kann." (Bettelheim 1993, S. 84)

Wenn ein Mitarbeiter oder eine Mitarbeiterin in einem „Milieu" von den psychischen Problemen des Patienten fasziniert sind und gleichzeitig sich selbst interessant genug finden, um die eigenen unbewußten Bedingungen seiner oder ihrer Intoleranz zu beforschen, dann wollen sie auch die Institution, in der sie arbeiten, mitgestalten, damit die institutionellen Voraussetzungen für die Entfaltung dieses doppelten Interesses erhalten bleiben.

In den 50er Jahren ist eine bemerkenswerte Studie entstanden, die die Konstruktion des therapeutischen Milieus schildert, die im *Glasgow Royal Mental Hospital* unternommen wurde. Es handelte sich um eine Gruppe von Patienten, deren Persönlichkeit bis zur Stufe der Demenz zerfallen war oder die unter fixierten, paranoischen Wahnvorstellungen litten, obwohl sie einen beträchtlichen Teil ihrer Persönlichkeitsstruktur erhalten konnten. Die Autoren vermitteln uns Einsichten wie diese Patienten dazu angeregt werden konnten, wieder Kontakt mit ihrer Umwelt aufzunehmen. Anna Freud kommentiert im Vorwort dieser Studie:

„Kinderanalytiker und andere, die mit Kleinkindern arbeiten, werden mit Interesse feststellen, daß das therapeutische Verfahren der Autoren in vieler Hinsicht den bei der Kindererziehung üblichen Methoden gleicht. Beim Kleinkind wie beim Schizophrenen finden wir egozentrisches, autistisches Verhalten und die Konfusion von Umwelt und Selbst:

beides entspricht einem Zustand vor der zureichenden Ausbildung der Grenzen zwischen dem Selbst und Nicht-Selbst. Das Kind erwirbt dieses Unterscheidungsvermögen durch seine enge Beziehung zu stabilen, bedürfnisbefriedigenden Personen seiner Umwelt. Es sind die Identifikation mit solchen Personen und deren Introjektion, die es ihm ermöglichen, sein Ich aufzubauen, und die es instand setzen, normal zu funktionieren. Die Autoren haben überzeugend nachgewiesen, daß die Bildung solcher stabilen Beziehungen bei der Therapie von stationär behandelten, chronisch Schizophrenen unerläßlich ist. Sie haben beschrieben, wie sie selbst und vor allem das Pflegepersonal es erreichten, als solche Personen erlebt zu werden." (A. Freud in: Freeman, Cameron u. McGhie [1958] 1969, S. 10)

... zu Chaos und Entwicklung

Wenn man all den Autoren des vorliegenden Sammelbandes zuhört, findet man den einigenden Gesichtspunkt in ihrer Aufmerksamkeit für das Beziehungsgeschehen und seine Widersprüche. Das Ideal, ein Abkömmling bereits der frühesten reformpädagogischen Konzeptionen, will es, daß die Autoritäts- und Fachpersonen für die ihnen anvertrauten jungen Menschen ein förderndes Milieu bereitstellen, dessen bedeutender Teil sie selbst sind, und daß dieses Milieu haltgebend und zugleich offen genug bleibt. Im folgenden stellen wir alle siebzehn Beiträge kurz vor.

Ernst Federn geht der Frage nach: „Woher kommt und was ist psychoanalytische Sozialarbeit?" Die chaotische Situation, die infolge der Expansion des Nationalsozialismus in Europa herrschte, brachte die nach Amerika emigrierten Psychoanalytiker mit der zunächst von der Psychoanalyse unabhängigen Bewegung des *social casework* zusammen. Aus diesem Zusammentreffen entstand die psychoanalytische Sozialarbeit. Der damals geschaffene Ausnahmezustand, in dessen Kontext menschliche Probleme mit Gewalt erstickt wurden, macht heute – angesichts seiner bleibenden Folgen – die friedliche Lösung sozialer und individueller Konflikte zu einer vordringlichen Aufgabe. Federn unterstreicht wie wichtig es ist, daß sich die Vereinigungen für psychoanalytische Sozialarbeit, deren es inzwischen in der Bundesrepublik Deutschland vier gibt, zusammenschließen, und regt die Gründung einer Akademie an, an der psychoanalytische Sozialarbeit gelehrt wird.

Milan Stanek führt mit Stephan Becker ein Interview über Chaos und Entwicklung, in dem sichtbar wird, wie sich die Auffassungen von W. R. Bion und D. W. Winnicott im Hinblick auf den angemessenen Umgang mit Spaltungs- und Fragmentierungsprozessen ergänzen. Becker warnt vor vorschnellen Integrationen der vorübergehend aufgesplitterten Teile der inneren Welt, da dies zur Auslöschung der Person führen kann, wenn sie die Verbindung der Teile noch nicht erträgt. Im weiteren Verlauf des Gesprächs wird das Verhältnis der psychoanalytischen Sozialarbeit zu den Märkten des Gesundheits- und Bildungswesens umrissen.

Günter Faltin exponiert „Entrepreneurship – Prozesse der Unternehmensgründung" im Hinblick auf die Möglichkeit, im Vorhandenen ein Potential zu erkennen, auch wenn die fachökonomischen Erkennungsmuster dafür nicht passen. Seine Beispiele machen deutlich, wie entscheidend es für gute unternehmerische Arbeit ist, die Wünsche der Konsumenten ernst zu nehmen, und moralische sowie ökologische Gesichtspunkte zu berücksichtigen. Seine Auffassung mündet in ein Plädoyer für eine offene Kultur des unternehmerischen Handelns, in der wir wieder lernen, Wirtschaften als kulturelle Aktivität zu verstehen.

Jürgen Zimmer beginnt mit einer selbstkritischen Sichtung des Situationsansatzes und fordert für eine Erziehung nach Auschwitz – mit Ernst Bloch – „das stärkste Fernrohr, das des geschliffenen utopischen Bewußtseins" zu nehmen, weil eben in der Nähe Tradition und Zukunft aufeinandertreffen, ausgehandelt werden und existentielle Bedeutung erlangen. Ihm geht es vor allem um ein Verständnis des Wechselverhältnisses von *global concerns* und *local concerns* und um die Begründung und Gestaltung von Bildungsprozessen entlang einer ungehinderten Teilhabe an relevanter Umgebung, d.h. einer sozialen Umgebung, die sich nicht in die Grenzen des formalen und frontalen Unterrichts einpferchen läßt.

Reinhart Wolff spürt die Wurzeln der modernen Kindertageserziehung in der Kinderladenerziehung auf, in der es prinzipiell um Entwicklungspartnerschaft, um Kooperation geht. In das Chaos der Kinderläden kommt – vor 30 Jahren wie heute – immer wieder Ordnung, wenn die Eltern und Erzieher sich gemeinsam klarmachen, daß sie die Umwelt ihrer Kinder sind. Wolff zufolge werden die Kinder auch heute noch zu sehr als Objekte und als Opfer angesehen oder aber die Selbstentwicklung des Kindes wird fälschlicherweise als ein einseitiger Prozeß verstanden. Das sich entwickelnde Selbst eines

Kindes ist jedoch immer vom Milieu signifikanter Anderer und deren Beziehungsmuster abhängig. Ungebrochen aktuell bleibt auch der Protest der Kinderladenbewegung gegen die autoritäre Beeinflussung von Kindern und Jugendlichen in Kontexten der Strukturgewalt.

Andrea Hermann schildert anhand des heute neun Jahre alten Knaben Oliver, wieviel Chaos er braucht, um über Prozesse katastrophischer Veränderungen zu einer verläßlichen Ordnung zu finden. Sie schildert einen therapeutischen Prozeß, in dem es ihr gelingt, sich als primäres Objekt von Oliver erbarmungslos benutzen zu lassen sowie die Angst, Unsicherheit und Ohnmacht des Kindes in sich aufzunehmen, ohne sich vernichten zu lassen oder ihn durch vorschnelle Deutungen zu überfahren. Dieser Junge hat früh unerträgliche Verlusterfahrungen gemacht, die er nicht betrauern konnte. Die damit verbundenen unerträglichen Depressionen muß er unterdrücken und verleugnen. Der depressive Anteil seiner Person stellt sich als Angst und Unsicherheit wieder her, die er beinah ständig mit Aggressionen abwehrt. Gelingt es ihm, bei der Selbstverletzung und der Verwundung anderer nicht stehen zu bleiben, sondern über den gekonnten Gebrauch von Aggressionen Zugang zu seiner nicht aushaltbaren Depressivität zu finden, dann vollendet sich der Veränderungsprozeß, an dem er gegenwärtig noch arbeitet.

Hartmut Kleefeld diskutiert die Beeinflussung pflegerischen Handelns durch Supervision und bedauert, daß das Herzstück der psychoanalytischen Sozialarbeit – die psychoanalytische Supervision – in der Kinderpsychiatrie, aus der sie einmal hervorgegangen ist, nur halbherzig am Leben gehalten wird. Er schildert therapeutisch-pädagogische Milieus mit psychotischen Jugendlichen und verweist darauf, daß es eine Aufgabe der Klinik ist, einen Rahmen für die Bearbeitung von Übertragungs- und Gegenübertragungsprozessen zu bieten, und daher auch eine entsprechende Finanzierung zu sichern. An seinen Beispielen wird deutlich, daß ohne Supervision die Selbstheilungskräfte bei extrem chaotisch auftretenden Patienten nicht wirksam werden können, und daß daher Supervision Bestandteil angemessener Behandlung und Versorgung der Patienten ist.

Elisabeth Lauter erzählt von ihren Autofahrten mit Kindern und Jugendlichen und führt den Gedanken aus, daß hier eine besondere Setting-Konstruktion vorliegt: Wenn einer fährt und einer gefahren bzw. chauffiert wird, wird das Auto zu einem Sozialkinderwagen, in dem Regressionen und Progressionen möglich sind. Die sich auf diese Weise entwickelnde Phantasietätigkeit läßt das Fahren und Verkehren auf Straßen als Umschrift von Bewegungen im therapeutischen Prozeß sichtbar werden, in dem es wesentlich darum geht, Sackgassen und Einbahnstraßen in Wege zu verwandeln, die in verschiedenen Richtungen begangen werden können.

Florence Weiss führt am Verhältnis von Ethnologie und Praxis vor, daß ein flach und unspezifisch verwendeter Kulturbegriff bei genauerer Betrachtung als kaum geschminkter Ersatz für den Begriff der Rasse dient. Sie zeigt anhand von Fallbeispielen aus drei Kontexten – Feldforschung in Papua-Neuguinea, Weiterbildung in einer jugendpsychiatrischen Einrichtung in der Schweiz und Behandlung eines Mädchens aus Angola in einem therapeutischen Heim in Berlin –, wie dieses Dilemma mit Hilfe der Ethnopsychoanalyse und psychoanalytischer Sozialarbeit überwunden werden kann.

Sophie Kotanyi stellt die Behandlung eines 4-jährigen Knaben aus Westafrika dar. Der Junge kann kein afrikanisches Essen verdauen und schwebt in Lebensgefahr, wenn er sich nach dem Essen übergeben muß. Seine Behandlung findet – zusammen mit seiner Mutter – in einem Mehrpersonensetting unter der Leitung von Marie Rose Moro statt, die an die Ethnopsychiatrie Tobie Nathans anknüpft. Sie erarbeitet in der Therapie, daß dieses Kind eine besondere Macht über seine Mutter und seine gesamte Umwelt ausübt, weil es selbst über sein Sterben bestimmen kann. Anstatt ihm diese Macht zu nehmen, wird diese anerkannt und zwar mit einer Ehrerbietung, wie sie einem Greis würdig wäre. Diese Stärkung der Macht des Kindes ermöglicht wiederum der Mutter, Zugang zu den Schwierigkeiten, in die ihr Kind geraten ist, zu gewinnen. Sie holt ein Stück Trauer über ihren toten Vater und ihre tote Mutter nach. Die Mutter und der Sohn werden aufgefordert, zusammen zu essen, einen Teil des Essens zu opfern und einen anderen im Raum des Kindes stehen zu lassen. In Verbindung mit einem Ballspiel zwischen dem Kind und einem Mitglied der Gruppe wird das Kind so anerkannt, daß es sich am Ende der Behandlung für die irdische Welt jenseits des Totenreiches erwärmt. Dazu bedarf es verschiedener kultureller Vermittler, mittels derer die Mutter ein vom toten Vater unabhängigeres Bild ihres Kindes entwickelt und das Kind die Mutter auf eine neue Weise gebrauchen kann.

Reinhart Lempp stellt fest, daß es unmöglich ist, Pädagogik und Psychotherapie beim Kind als ein Entweder-Oder zu betrachten. Er geht auf die Angst der Pädagogen und Psychotherapeuten vor dem Chaos ein, wenn bei Kindern und Jugendlichen die Motivation für eine Therapie erst geweckt werden muß. Die besondere Anpassung von Setting und Technik zum Beispiel in der Arbeit mit strafgefangenen Jugendlichen ist ihm eine Selbstverständlichkeit speziell im Hinblick auf die Psychotherapie von psychotischen, autistischen und sozial schwer gestörten jungen und älteren Menschen. Er unterstreicht, daß das Chaos, das gefürchtet und als zukünftig kommend beschworen wird, immer schon längst eingetreten ist, weshalb man hier und jetzt damit umgehen kann. In diesem Sinne tritt er für den „Mut zum Chaos" ein.

Ulrike Becker entwickelt die Einsicht, daß die Rechenschwäche von Vera, einer Schülerin der Grundschule, die Funktion hat, eine Ordnung und eine Struktur innerhalb einer sich chaotisch entwickelnden Familie zu schaffen. Ihre Rechenschwäche dient als Schutz vor Projektionen und unbewußten Erwartungen der gesamten Großfamilie, in der ein mörderisch zugespitzter Konflikt zwischen Mutter und Großmutter die Verhältnisse dominiert. Durch die Setting-Konstruktion erhält Vera einen Möglichkeitsraum, in dem sie einen eigenen Zugang zur Mathematik entwickeln kann, der sie von der strukturellen Abhängigkeit von Mutter und Großmutter befreit. Auf dem Weg dahin tut es ihr gut, daß sie verschiedene ihrer Mathematikaufgaben zunächst einmal verbrennen darf. Die Autorin vermag die dynamische Funktion der Rechenschwäche als für ein pathologisches Familienensemble hochwirksames kleinstes Vielfaches, d.h. im Sinne der Chaos-Theorie als Fraktal, zu interpretieren und über einen sich verändernden Umgang mit der Mathematik eine entscheidende Förderung der gesamten Person zu verwirklichen.

Bernhard Wurth beschreibt das Chaos beim Aufbau einer Kriseninterventionsstation, bei dem ein alter institutioneller Bestand in eine neue Milieukonstruktion überführt werden soll. Er stellt heraus, wie wichtig es ist, sich auf das Chaos einzulassen ohne vorschnell Ordnungen herzustellen, denen nur etwas Aufgesetztes anhaften kann. In diesem Prozeß stellt sich allmählich – zwischen Resignation und konstruktiver Projektorientierung – eine stabilere Mitte ein, bei der Ohnmacht und Illusionierung sich mit der Arbeitsfähigkeit in dem Moment verbinden, in dem die Menschen sichtbarer werden, derentwegen diese Institution besteht, nämlich alkohol- und drogenabhängige Menschen mit schweren psychischen Problemen.

Otto Jossi und *Daniel Helmrich* entfalten das Thema Supervision in „Non–Profitorganisationen" in Hinblick auf das Spiel mit Chaos und Ordnung. Die Leichtigkeit, mit der sie eine Lösung des „Knäuels" erarbeiten, erscheint als das vorläufige Resultat ihrer Erfahrungen im Umgang mit Verletzungen, die noch unüberwunden wirksam sind. Sie zeigen am Beispiel einer Institution, in der großes Mißtrauen durch Transparenz und Offenheit relativiert werden sollte, wie die Verhältnisse zum Abbruch der Kommunikation durch Kündigungen treiben. Beim bloßen Scheitern nicht stehenzubleiben, sondern mit Hilfe von Supervisionen Licht ins Dunkel zu bringen, erweist sich in diesem Zusammenhang als ein angemessenes Mittel, eine Enttäuschung in das zu übersetzen, was sie ist, nämlich eine Täuschung, die aufgelöst werden kann.

Peter Rödler ist einer derjenigen Pädagogen, die die Chaos-Theorie explizit aufnehmen. Die lineare Empirie traditioneller Pädagogik, die die Leistungsprofile bei Schülern entlang einer Normalverteilung erzeugt und in diese stromlinienförmig auch die Therapie mit einbezieht, kann nicht als verbindlich gelten. Eine Pädagogik dagegen, die die nicht-lineare Empirie ernst nimmt, kann pädagogisch und therapeutisch verbindlich werden, auch wenn ihr Wirksamwerden mit dem Schmerz bestimmter Übergriffe verbunden ist. Rödler unterscheidet die Leidenschaft in der Oper und die leidenschaftliche Hingabe des Pädagogen, dessen pädagogisch-therapeutisches Handeln kein blindes Wüten der Liebe ist, sondern primär aus dem Respekt gegenüber dem anderen Menschen, dessen Geheimnis zu achten ist, wirksam wird.

Rolf Denker exponiert „Leitbegriffe zur Befreiung des Menschen im Menschen" anhand des Lebens und der Denk-Stücke des Expressionisten Jakob van Hoddis. Sein Beitrag stellt eine umfassende Trauerarbeit dar: Der junge Dichter van Hoddis wurde über lange Zeiträume in psychiatrischen Anstalten eingeschlossen, um schließlich auf der Rampe eines KZs zu enden. Die lineare Empirie einer Medizin ohne Menschlichkeit in Verbindung mit den nationalsozialistischen Rassengesetzen verweisen auf den nie abgeschlossenen Trauerprozeß über den Faschismus – das Bild der Toten lastet allemal auf den Gesichtern der Lebenden. Bei der Lektüre des Textes drängt sich einem wieder und wieder die Frage auf, was denn hätte werden können, wenn van Hoddis die Stütze eines Milieus im Sinne der psychoanalytischen Sozialarbeit gehabt hätte.

Claus-Dieter Rath stellt die Frage: „Ist Soziales der Psychoanalyse fremd?" Die soziale Verantwortlichkeit der Psychoanalyse kommt gerade darin zum Tragen, daß sie – wenn auch für die ad hoc Zwecke der Politik nicht nur ungeeignet sondern auch unwirksam – doch über die Ergänzungsreihe zwischen der objektiven gesamtgesellschaftlichen und der subjektiven Dimension die auf das einzelne Individuum bezogenen Unterdrückungszusammenhänge aufklärt. Damit trägt sie zu der Veränderung der sozialen Verhältnisse bei und behält gleichzeitig die kritische Distanz dank ihrer exzentrischen Position, ohne die sie in der unmittelbaren Politik aufgehen und sich selbst und ihre kritische Funktion verlieren würde. Auch bei Rath ist die Trauer über den Faschismus von großer Wichtigkeit, weshalb er den Wunsch, im Sozialen Verantwortung zu übernehmen und helfen zu wollen, als etwas ansieht, was mit eigenen Schuldgefühlen zu tun hat. Sei es, daß der Name des Vaters mit Schuld oder Ungenügen behaftet ist, sei es, daß ein soziales Phänomen als Quelle enormer Lust beim Anderen erfahren wurde – etwa das, was die deutschen Eltern über den Nationalsozialismus verschweigen mußten.

Literatur

Aichhorn, August. ([1925] 1987): Verwahrloste Jugend. Die Psychoanalyse in der Fürsorgeerziehung. Bern. (Zehnte, unveränderte Auflage.)
Allerdings, Ingrid siehe Becker, St. u.a. 1984c.
Balint, M. [1939]: Ichstärke, Ichpädagogik und „Lernen". In: Cremerius, J. (Hg.). (1971): Psychoanalyse und Erziehungspraxis, S. 92-102. Frankfurt am Main.
Barande, Ilse. (1972): Sándor Ferenczi. Paris: Éditions Payot.
Becker, St. und Zons, Reimar. (1975): Gedanken über Objektbeziehungspsychologie. In: Goeppert, S. (Hg.): Die Beziehungen zwischen Arzt und Patient. München. (Wiederabgedruckt in: Kutter, P. (Hg.). (1983): Zur Psychologie der zwischenmenschlichen Beziehungen. Darmstadt.)
Becker, St.; Jünger, Hedwig und Roller, Anita. (1979): Perspektiven psychoanalytischer Sozialarbeit mit psychotisch schwerst gestörten Kindern. In: Neue Sammlung, Heft 1. Stuttgart.
Becker, St. (1981a): Psychoanalytische Sozialarbeit mit psychotischen Kindern und Jugendlichen. In: Biermann, G. (Hg.): Handbuch für Kinderpsychotherapie, Bd. IV. München.
Becker, St. (1981b): Das Pflegepersonal als Therapiefaktor bei der Behandlung von psychotischen und Borderline-Patienten in der Adoleszenz. In: Lempp, R. (Hg.): Adoleszenz. Bern.

Becker, St. (1984a): Säuglingspflege und Behandlung psychotischer Patienten – Ähnlichkeit und Differenz. Spezielle Probleme in der Handhabung therapeutischer Regression. In: Lempp, R. (Hg.): Psychische Entwicklung und Schizophrenie. Bern.

Becker, St. (1984b): Der therapeutische Umgang mit Aggressionen. In: Bundesverband „Hilfe für das autistische Kind". (Hg.): Therapeutische Ansätze in Theorie und Praxis. Düsseldorf.

Becker, St.; Allerdings, Ingrid und Biermann, Ingrid. (1984c): Der psychotische Jugendliche, die Institution und die Psychoanalyse. In: Englert, E. (Hg.): Psychoanalyse, Nr. IV. Salzburg.

Becker, St. (1987): Loslassen und Nichtfallenlassen: Die psychotherapeutische Arbeit mit Eltern als Funktion der Ablösung von Kindern und Jugendlichen. In: Lempp, R. (Hg.): Reifung und Ablösung. Bern.

Becker, St. (1988): Lebendige und tote Institutionen. In: Arbeitshefte 9, Kinderpsychoanalyse. Kassel.

Becker, St. und Biermann, Ingrid. (1989): Fragmentierung und Mehrpersonensetting in der Behandlung eines psychotischen Jugendlichen. In: psychosozial 37.

Becker, St. (1990a): Gedanken zur psychoanalytischen Pädagogik heute. In: Hasenclever, H. (Hg.): Psychoanalytische Pädagogik. Marienau und Heidelberg.

Becker, St. (1990b): Objektbeziehungspsychologie und katastrophische Veränderung. Zur psychoanalytischen Behandlung psychotischer Patienten. Tübingen.

Becker, St. (1990c): Die Supervision in der Behandlung psychotischer Jugendlicher. In: Lempp, R. (Hg.): Zur Behandlung schizophrener Psychosen. Bern.

Becker, St. und Günter, Michael. (1990d): Psychopharmaka als Hilfsmittel in der stationären Psychotherapie psychotischer Jugendlichen. In: Lempp, R. (Hg.): Die Behandlung schizophrener Psychosen. Bern.

Becker, St. (Hg.). (1991): Psychose und Grenze. Zur endlichen und unendlichen psychoanalytischen Sozialarbeit mit psychotischen Kindern, Jugendlichen, jungen Erwachsenen und ihren Familien. Dokumentation der 5. Fachtagung des Vereins für Psychoanalytische Sozialarbeit im Sept. 1990 in Rottenburg. Tübingen.

Becker, St. (1992): Treatment of psychotic children and adolescents: A psychoanalytic social work approach. In: Clinical Social Work Journal, vol. 20, no. 1. Los Angeles.

Becker, St. (1993a): Ein paar unbotmäßige Thesen über Menschen mit geistiger Behinderung. Unveröffentlichtes Manuskript.

Becker, St. (1993b): Die Weiterentwicklung der Psychoanalytischen Pädagogik zur Psychoanalytischen Sozialarbeit. In: psychosozial, Nr. 53, S. 109-112.

Becker, St. (1993c): Die Topik in klinischer und kulturtheoretischer Sicht. In: Verein für psychoanalytische Sozialarbeit (Hg.): Innere Orte – Äußere Orte. Die Bildung psychischer Strukturen bei ich-strukturell gestörten Menschen. Dokumentation der 6. Fachtagung des Vereins für Psychoanalytische Sozialarbeit im Nov. 1992 in Rottenburg, S. 176-185. Tübingen.

28

Becker, St. (1993d): Die Bedeutung Bruno Bettelheims für die psychoanalytische Sozialarbeit in Deutschland. In: Kaufhold, R. (Hg.): Bruno Bettelheim zum Gedenken. Mainz.

Becker, St. (1993e): Als Psychoanalytiker und Hochschullehrer in Ostberlin. In: Becker, G. und Zimmer, J. (Hg.): Lust und Last an der Aufklärung. Ein Buch zum 80. Geburtstag von Hellmut Becker. Gießen.

Becker, St. (1994): Gedanken über psychoanalytische Supervision. In: Verein für Psychoanalytische Sozialarbeit Rottenburg e.V. (Hg.): Supervision in der psychoanalytischen Sozialarbeit, S. 33-50. Tübingen.

Becker, St. (Hg.). (1995): Helfen statt Heilen. Beiträge der ersten Fachtagung des Vereins für Psychoanalytische Sozialarbeit Berlin und Brandenburg e.V. Gießen.

Becker, St. (Hg.). (1996): Setting, Rahmen und therapeutisches Milieu in der psychoanalytischen Sozialarbeit. Beiträge der zweiten Fachtagung des Vereins für Psychoanalytische Sozialarbeit Berlin und Brandenburg e.V. Gießen.

Becker, U. (1995): Trennung und Übergang. Tübingen.

Becker, U. (1997): Von der Störung zur Botschaft. In: Zeitschrift für Pädagogik, Nr. 10, S. 25-30.

Bettelheim, Bruno. (1993): Erziehung zum Leben. Gespräch mit Ingo Hermann. Göttingen.

Biermann, Ingrid siehe Becker, St. u.a. 1984c; Becker, St. u.a. 1989.

Bion, W. R. (1956): Development of Schizophrenic Thought. In: International Journal of Psycho-Analysis, 37. (Wiederabdruck in: Bion 1967, S. 36-42.)

Bion, W. R. (1957): Differentiation of the Psychotic from the Non-Psychotic Personalities. In: International Journal of Psycho-Analysis, 38. (Wiederabdruck in: Bion 1967, S. 43-64.)

Bion, W. R. (1958): On Hallucination. In: International Journal of Psycho-Analysis, 39. (Wiederabdruck in: Bion 1967, S. 65-85.)

Bion, W. R. (1959): Attacks on Linking. In: International Journal of Psycho-Analysis, 40. (Wiederabdruck in: Bion 1967, S. 93-109.)

Bion, W. R. (1959): Experiences in Groups. London.

Bion, W. R. (1962): Learning from Experience. London.

Bion, W. R. (1963a): Eine Theorie des Denkens. In: Psyche, S. 426ff.

Bion, W. R. (1963b): Elements of Psycho-Analysis. London.

Bion, W. R. (1965): Transformations. London.

Bion, W. R. (1967): Second Thoughts. London. (Enthält Wiederabdrücke u.a. von Development of Schizophrenic Thought, Differentiation of the Psychotic from the Non-Psychotic Personalities, On Hallucination, Attacks on Linking, A Theory of Thinking, sowie ein neues Kommentar, S. 120-166.)

Bion, W. R. (1970): Attention and Interpretation. London.

Brabant-Gerö, Eva. (1993): L'ami des fous – István Hollós. In: Ferenczi et l'école hongroise de psychanalyse. Paris: Éditions l'Harmattan, S. 165-185.

Briggs, J. und Peat, F. D. (1990): Die Entdeckung des Chaos. München, Wien.

29

Cremerius, J. (Hg.). (1971): Psychoanalyse und Erziehungspraxis. Frankfurt am Main.

Ekstein, Rudolf. (1973): Grenzfallkinder. München.

Ekstein, Rudolf siehe Wiesse, J. (Hg.) 1994.

Fairbairn, W. R. D. [1940]. Schizoid factors in the personality. In: (1952): Psychoanalytic Studies of the Personality, S. 3-27. London: Routledge.

Fairbairn, W. R. D. [1944]. Endopsychic structure considered in terms of object-relationships. In: (1952): Psychoanalytic Studies of the Personality, S. 82-136. London: Routledge. (Cf. Scharff/Birtles 1994.)

Federn, Ernst und Plänkers, Thomas. (1994): Vertreibung und Rückkehr. Interviews zur Geschichte Ernst Federns und der Psychoanalyse. Tübingen.

Federn, Ernst. (1996): Therapeutisches Milieu in der psychoanalytischen Sozialarbeit. Historisches und Grundsätzliches. In: Becker, St. (Hg.), S. 22-30.

Federn, Paul. ([1926-1950] 1956): Ichpsychologie und die Psychosen. Bern.

Ferenczi, S. und Rank, O. ([1924] 1996). Entwicklungsziele der Psychoanalyse. Zur Wechselbeziehung von Theorie und Praxis. Wien.

Ferenczi, S. [1931]: Kinderanalysen mit Erwachsenen. In: (1972): Schriften zur Psychoanalyse, Bd. II. Frankfurt am Main, S. 274ff.

Ferenczi, S. ([1932] 1988): Ohne Sympathie keine Heilung. Das klinische Tagebuch 1932. Frankfurt am Main.

Ferenczi, S. siehe Barande 1972 und Brabant-Gerö 1993.

Freud, Anna. ([1927] 1973). Einführung in die Technik der Kinderanalyse. München.

Freud, Anna. [1930]. Einführung in die Psychoanalyse für Pädagogen. Vier Vorträge. Stuttgart. In: (1987): Die Schriften von Anna Freud, Bd. I (1922-1936). Frankfurt am Main.

Freud, Sigmund. ([1925] 1971). „Selbstdarstellung." Schriften zur Geschichte der Psychoanalyse. Frankfurt am Main, S. 39-96.

Freeman, Thomas; Cameron, John L. und McGhie, Andrew. ([1958] 1969): Studie zur chronischen Schizophrenie. Frankfurt am Main.

Greschik, St. (1998): Das Chaos und seine Ordnung. München.

Grinberg, L., Sor, D. und Elizabeth Tabak de Bianchedi. (1975): Introduction to the Work of Bion. Perthshire: Clunie Press.

Grinberg, L., Sor, D. und Elizabeth Tabak de Bianchedi. (1996): New Introduction to the Work of Bion. Revised Edition. Northvale, New Jersey.

Günter, Michael siehe Becker, St. 1989.

Hollós, István. (1928): Hinter der gelben Mauer. Stuttgart: Hipokrates.

Hollós, István. (1933): Az álom és az elmebetegségek munkája [Die Traumarbeit und die Psychose]. In: Lélekelemzési tanulmányok [Psychoanalytische Studien]. Budapest: Somlo, S. 143-153.

Hollós, István. ([1939] 1957): Wie sind die Geisteskranken zu verstehen und zu behandeln? In: Federn, P. und Meng, H. (Hg.): Psychoanalytisches Volksbuch. Bern: Hans Huber, S. 226-239.

Klienten, in einer Gruppe von therapeutisch Tätigen diejenigen zu wählen, die seinen persönlichen Problemen am meisten entsprechen.

Jedes therapeutische Milieu besteht aus zwei oder mehreren Sozialarbeiterinnen und Sozialarbeitern (einer kann durch einen Psychologen ersetzt werden), einem Lehrer, einem Koch und einem für das Haus Verantwortlichen. Die Leitung des Teams ist in den Händen eines Sozialarbeiters. Dieses Modell wird heute überall in der einen oder anderen Form verwendet. Sozialarbeit ohne psychoanalytische Kenntnisse ist sehr wohl möglich, aber Milieutherapie ohne eine psychoanalytische Einstellung ist unmöglich. Derzeit gibt es in der Bundesrepublik Deutschland vier Vereinigungen für psychoanalytische Sozialarbeit: neben der älteren in Tübingen-Rottenburg besteht eine in Berlin, eine in der Pfalz und eine in Hamburg. Außerdem gibt es Institutionen der Sozialarbeit, die psychoanalytisch geführt werden ohne dies im Namen anzuzeigen, in mehreren deutschen Städten. Ein Zusammenschluss dieser Verbände und die Gründung einer Akademie, in der psychoanalytische Sozialarbeit gelehrt wird, wäre sicher sinnvoll.

Daß die Psychoanalyse eine soziale Angelegenheit ist, war Sigmund Freud sehr früh klar geworden. Bereits 1908 hat er die erste Schrift publiziert, die die Gesellschaft betrifft: „Die kulturelle Sexualmoral und die moderne Nervosität". Ein Jahr vorher hielt Sándor Ferenczi in Salzburg seinen Vortrag über Psychoanalyse und Erziehung. Der Mensch ist ein soziales Wesen, und die Wissenschaft über ihn muß deshalb eine soziale sein.

Andrerseits ist die Psychoanalyse im wesentlichen die Wissenschaft vom Unbewußten, und dieses ist immer individuell. Erst das Ich macht es gesellschaftsfähig. Betrachten wir die Zweierbeziehung von Mutter und Kind als ein soziales Geschehen und erkennen an, daß der Vater von Anfang an in der einen oder anderen Form von Bedeutung ist, so erscheint der Mensch von der Konzeption her als ein soziales Wesen. Auch die Ablehnung der Gesellschaft, wie diese beim autistischen Kind in extremer Form vorliegt, ist eine soziale Erscheinung.

Der Beweis, daß ein unbewußtes Seelenleben existiert, ist außerordentlich schwer und langwierig und in Wirklichkeit nur durch eine persönliche Analyse möglich. Ausnahmsweise gab und gibt es immer wieder Individuen, die – im Rahmen einer Beziehung zu einer anderen Person – sich selbst bis zu einer gewissen Grenze analysieren können. So hat es Freud gemacht, durch seine

Selbstanalyse im Briefwechsel mit Wilhelm Fließ. Erst 25 Jahre später beschlossen einige hundert Psychoanalytiker, daß eine persönliche Analyse die Voraussetzung dafür ist, sich Analytiker zu nennen.

Freuds Erkenntnisse müssen in Entdeckungen und Theorien eingeteilt werden, wie Robert Wälder sehr klar gezeigt hat. Die Entdeckungen sind: die ödipale Situation des Kindes (früher als Ödipus-Komplex bezeichnet), weiter die Kastrationsangst des Knaben, der Penisneid des Mädchens, die Tatsache des Widerstandes des Ichs gegen die Aufhebung von Verdrängungen, der Vorgang der Übertragung und der Narzißmus.

Die Voraussetzung für diese Erkenntnisse ist die Einsicht, daß der Mensch eine entwickelte Form des Tierreichs ist und eine Einheit von Körper und Seele besteht. Diese Einheit ist überaus komplex und wird durch einige Milliarden von Zellen hergestellt. Die Hoffnung, diese Milliarden jemals wissenschaftlich erfassen zu können, scheint mir kaum berechtigt zu sein. Unter diesen Voraussetzung kann allerdings die Auffassung Freuds, daß der Mensch von zwei Trieben gelenkt wird, von der Libido und dem Todestrieb, nicht als streng beweisbare Theorie bezeichnet werden.

Dasselbe gilt für Freuds Einteilung des Seelenlebens in die drei Instanzen Es, Ich und Über-Ich (Freud [1923] 1975) und seine Forderung „Wo Es war, soll Ich werden". Die Englische Schule, die diese Theorien nicht angenommen hat und durch die Objektbeziehungstheorie ersetzt hat, darf ohne weiteres als psychoanalytische Methode bezeichnet werden.

Weitere wichtige Grundauffassungen der Psychoanalyse sind die Existenz der Ambivalenz, entdeckt von Eugen Bleuler, und die Tatsache der Bisexualität, ebenfalls bereits vor Freud bekannt und heute wissenschaftlich bewiesen.

Daß die Methode der Psychoanalyse das Gespräch ist, wurde nach dem Tode Freuds insofern erweitert, als auch jede andere Beziehungsart zwischen Menschen als Variante der Behandlung dienen kann.

Mit diesen Lerninhalten könnte ein dreijähriger Kurs einer Akademie für psychoanalytische Sozialarbeit beginnen. Es wird versucht, eine solche Akademie international zu begründen. Mir scheint, daß es vorher nötig wäre, alle psychoanalytisch eingestellten Vereinigungen zusammenzubringen. Ich meine, daß die Entwicklung der Gesellschaft eine solche Organisation zur Notwendigkeit macht. Soziale Probleme waren schon immer Gegenstand der menschlichen Aktivitäten. Sie waren aber durch hunderttausende von Jahren auf die Lösung durch die Familie oder größerer Verwandtschaftsverbände beschränkt. Alle Probleme, die darüber hinaus reichten, löste die Gewalt der Verhältnisse. „Der Krieg ist der Vater aller Dinge" war zumindest bis 1945 gültig. Die Fähigkeit der Menschheit, mit Gewalt allem Leben ein Ende zu setzen, macht es gebieterisch notwendig, die Probleme sozialer wie individueller Art friedlich zu lösen. Das wird aber, ohne die Erkenntnisse Freuds zu benützen, nicht möglich sein.

Literatur

Aichhorn, August. ([1925] 1987): Verwahrloste Jugend. Die Psychoanalyse in der Fürsorgeerziehung. Zehnte, unveränderte Auflage. Bern: Verlag Hans Huber.

Becker, Stephan; Roller, Anita und Jünger, Hedwig. (1979): Perspektiven psychoanalytischer Sozialarbeit mit psychotisch schwerst gestörten Kindern. In: Neue Sammlung, Heft 1. Stuttgart.

Becker, Stephan. (1993): Die Weiterentwicklung der Psychoanalytischen Pädagogik zur Psychoanalytischen Sozialarbeit. In: psychosozial Nr. 53, S.109-112.

Becker, Stephan. (Hg.). (1995): Helfen statt Heilen. Beiträge der ersten Fachtagung des Vereins für Psychoanalytische Sozialarbeit Berlin und Brandenburg e.V. Gießen: Psychosozial-Verlag.

Becker, Stephan. (Hg.). (1996): Setting, Rahmen und therapeutisches Milieu in der psychoanalytischen Sozialarbeit. Beiträge der zweiten Fachtagung des Vereins für Psychoanalytische Sozialarbeit Berlin und Brandenburg e.V. Gießen: Psychosozial-Verlag.

Dahmer, H. (Hg.). (1980): Analytische Sozialpsychologie, II. Bd. Suhrkamp.

Datler, W., Finger-Trescher, U. und Büttner, Ch. (1995): Jahrbuch für psychoanalytische Pädagogik. Mainz: Mathias Grünewald.

Federn, Ernst. (1993): Psychoanalytische Sozialarbeit, kulturelle Perspektiven. In: psychosozial Nr. 53, S.103-108. Übersetzt aus: Newsletter (Vol. 1, Nr. 2, Herbst 1988) des Committee on Psychoanalysis, a National Membership Committee of the National Federation of Societies for Clinical Work, New York.

Federn, Ernst. (1996): Therapeutisches Milieu in der psychoanalytischen Sozialarbeit. Historisches und Prinzipielles. In: Becker, St. (Hg.). Setting, Rahmen und therapeutisches Milieu in der psychoanalytischen Sozialarbeit. Beiträge der zweiten Fachtagung des Vereins für Psychoanalytische Sozialarbeit Berlin und Brandenburg e.V. Gießen: Psychosozial-Verlag.

Federn, Paul. (1931): Psychologie der Familienfürsorge. Verein Wiener Settlement.

Federn, Paul. (1940): Psychoanalysis as a Therapy of Society. The American Imago, II, S. 65-80.

Federn, Paul und Meng, Heinrich. (1964): Psychoanalyse und Alltag. 5. Aufl. Bern: Hans Huber.

Figdor, H. (1991): Kinder aus geschiedenen Ehen: Zwischen Traum und Hoffnung. Mainz: Mathias Grünewald.

Figdorf, H. (1997): Scheidungskinder – Wege der Hilfe. Gießen: Psychosozial-Verlag.

Freud, Sigmund [1923]: Das Ich und das Es. In: (1975): Psychologie des Unbewußten. Studienausgabe Bd. III. S. 273-330. Frankfurt am Main: S. Fischer Verlag.

Haland-Wirth, T., Spannenberg, N. und Wirth, H. J. (1998): Unbequem und Engagiert. Gießen: Psychosozial-Verlag.

Leber, Aloys. (1983): Reproduktion der frühen Erfahrung. Frankfurt am Main.

Meng, Heinrich. ([1934] 1961): Zwang und Freiheit in der Erziehung. Erziehen, Strafen, Reifenlassen. 3. Aufl. Bern-Stuttgart. (1. Aufl. unter dem Titel „Strafen und Erziehen".)

Plänkers, T. u.a. (Hg.). (1996): Psychoanalyse in Frankfurt am Main. Tübingen: edition discord.

Verein für Psychoanalytische Sozialarbeit. (Hg). (1993): Innere Orte – Äußere Orte. Tübingen: edition discord.

Eintritt ins Chaos
Ein Interview mit Stephan Becker

Milan Stanek

Nach zwei Jahren Freundschaft und einer engen Zusammenarbeit mit Stephan Becker – dem fachlichen Leiter des Verbundes für Psychoanalytische Sozialarbeit, eines selbständigen Unternehmens der Paritätischen Gesellschaft für Gesundheits- und Sozialdienste mbH (PGGS) in Berlin – habe ich ihn aufgefordert, über seine Auffassung von chaotischen Entwicklungen in therapeutischen Milieus etwas zu sagen. Wir setzten uns, das Tonbandgerät zwischen uns, eine Kanne Tee auf dem Tisch und eine Flasche Weißwein im Kühlschrank. Je klarer man die Dinge sieht, um so rätselhafter werden sie.

Milan Stanek: Unter Umständen begrüßen wir die Umwandlung einer Ordnung ins Chaos, wenn der Stillstand, zu dem sie geführt hat, bereits nach Moder riecht. Auf der anderen Seite finden wir uns dauernd in einer Suche nach der Ordnung, vor allen Dingen in Situationen, die keine haltgebende Qualität haben. Leute leiden unter chaotischen Verhältnissen, ob diese nun in ihrer Umwelt sind oder in ihnen selbst. Gleichzeitig hat es gewiß einen guten Sinn, eine Art Bündnis mit dem Chaos einzugehen, speziell in der psychoanalytischen Sozialarbeit. Mit diesem scheinbaren Widerspruch möchte ich dich, Stephan, auffordern, eine Idee herauszugreifen, oder eine psychische Bewegung, die an einem praktischen Beispiel gezeigt werden kann.

Mein Gesprächspartner begann zu sprechen wie jemand, der seine Ideen im Augenblick erschafft. Ich wußte aber, daß er aus mehr als 20 Jahren Arbeit berichtet.

Stephan Becker: Wenn wir vom Chaos sprechen, glaube ich, daß wir immer auch an Ordnung denken, und wenn wir an Ordnung denken, denken wir immer auch an Chaos. Wir kennen Menschen, die sind extrem zwanghaft.

Viele Menschen meinen, wer zwanghaft ist, ist besonders zuverlässig. Wer extrem zwanghafte Menschen gut kennt, weiß aber, daß ihre Zwanghaftigkeit eher eine Voraussetzung dafür darstellt, daß sie an vielen Orten extrem chaotisch auftreten können. Es gibt auch staatliche Organisationen, von denen Ernst Federn sagt, daß sie eine große Zwangsneurose verkörpern, beispielsweise der stalinistische Apparat in der ehemaligen DDR. Ein solcher Apparat kann nur chaotisierend und deswegen auch nicht wirtschaftlich arbeiten. Deshalb ist dieser Apparat auch kaputt gegangen an dem von ihm selbst hergestellten Chaos, also daran, daß die Möglichkeit einer menschlichen sozialen Ordnung Formen der Desintegration angenommen hat und des mit dieser Desintegration einhergehenden Terrors gegen die lebendigen Subjekte. Dieses Chaos hat zwar auch noch über Spuren einer guten haltgebenden Ordnung verfügt, konnte aber letztlich auf diese nicht mehr zurückgeführt werden.

Was ich mit diesem kulturtheoretischen Beispiel umschreibe, will ich im Rahmen der psychoanalytischen Sozialarbeit fassen. Wir haben verschiedentlich mit Jugendlichen zu tun, die in ihrer notorischen Gewalttätigkeit und aggressiven Primitivität, gerade auch im Hinblick auf die antisozialen Formen ihres Auftretens, in der Öffentlichkeit verhandelt werden als Monster, die es auszurotten gälte. Unser Weg ist ein anderer. Wenn wir erkennen, daß sie sich als Monster darstellen oder teilweise die Gesichter von Monstren zeigen, dann geht es eigentlich darum, sich mit diesen Monstren zu verbünden, einen Pakt mit dem Ungeheuer einzugehen, wie Rudi Ekstein sagt, sie zu zähmen und großzuziehen und im Zuge dieses Großziehens tatsächlich zu vermenschlichen und letztlich zu vermännlichen und auch zu verweiblichen. Damit soll der Zugang zur Zärtlichkeit und Scham erschlossen werden gegen rohe Gewalt und insbesondere zum Zwecke eines konstruktiven Gebrauchs von Aggression, bei dem es z.B. darum geht, sich streiten zu können, ohne sich zu zerstreiten. Im Weiteren geht es aber auch darum, daß zärtlich sein immer auch ein konstruktives Quantum Aggression braucht, denn Zärtlichkeit, wenn sie etwas taugt, ist an eine Eroberungsarbeit, wie M. Balint sagt, gebunden. Sonst fehlt der Sexualität die erotische Perspektive.

Zärtlichkeit zu Ungeheuern! Gut. Das Großziehen von Ungeheuern führt uns eben in das, was man schnell als eine chaotische Situation erlebt. In dem Kapitel von Winnicotts Human Nature *über Chaos geht es in guter*

Tradition von M. Klein und S. Freud primär um die innere Welt, obwohl gerade er ein großer Fürsprecher der Umwelt ist, der doppelten Abhängigkeit des Menschen von seiner Umwelt, und der Bedeutung der Umwelt für die psychische Gesundheit. Hat es einen Sinn, vom Chaos anstatt von Desintegration zu reden? Im Gegensatz zu der optimistischen Zuwendung zum Chaos und seinen Variationen, spricht er vom Chaos dort, wo der Stillstand der emotionellen Entwicklung eintritt und das Krankheitsbild beginnt.

Ich zitiere: „Desintegration ist chaotisch, weil sie eine Alternative zur Ordnung darstellt; man kann sie als Abwehrorganisation archaischer Art bezeichnen, die sich gegen die mit der Integration verbundenen Ängste richtet. Gleichwohl ist die Desintegration kein Zustand, der sich unabhängig entfalten kann; in dem Maße, wie die Desintegration aufrechterhalten werden muß, muß die emotionale Entwicklung vorübergehend zum Stillstand kommen. Jede Form des Chaos intensiviert das mit den nachfolgenden Stadien verbundene Chaos, während die Erholung vom Chaos in einem frühen Stadium sich vorteilhaft auf die Erholung vom Chaos in den späteren Phasen auswirkt." (Winnicott 1994, S. 193-194)

Ich glaube, daß Winnicott den Begriff des Chaos – über den Begriff der Desintegration – durchaus der psychoanalytischen Theorie vom Doppelcharakter aller Abwehr zuführt. Doppelcharakter der Abwehr heißt ja immer, hier gibt es Leiden, und dann gibt es aber Schutzfunktionen und Selbstheilung, in einem. Wenn wir von Desintegration sprechen, dann denken wir zum Beispiel an Menschen, die ihr Ichgefühl nicht aushalten, ihr Ich als sehr schmerzlich erleben, und daher ihr Ich aufsplittern in viele Teile in einem Nebeneinander, und diese unterbringen in Bindung an verschiedene Personen, die – wenn sie die Teile an sich binden lassen – zunächst eine Art Sprachverwirrung untereinander entwickeln –

– und jeder von ihnen mit sich selbst!

– mit sich selbst, aber auch mit ihren Nachbarn. Und erst wenn sie die Sprachverwirrung überwinden, fangen diese Teile an, zu interagieren und zwar zuerst einmal in der Umwelt, die diese Menschen bilden. Aber das Interessante ist doch, ein Mensch, der sich aufsplittert in verschiedene Teile, hält sich offenbar nur aus in dieser Aufsplitterung, und wenn er die Teile zu schnell zusammenfügt, erlebt er, daß sein Ichgefühl und seine Identität ausgelöscht sind. Diese Auslöschung begegnet uns natürlich plastisch immer wieder bei jenen psychotisch erkrankten Menschen, die nach massiven Integrationsversuchen dieser zersplitterten Teile später als versandete Persönlichkeiten oder in einem sogenannten postpsychotischen Residualzustand erscheinen. Das psychoanalytische Verständnis von Umwelt handelt davon, daß im Außen des Subjekts abgespaltene Motive des Ich wirksam sind, solche, die dem Ich abhanden gekommen sind, und solche, die noch nie ein Teil des Ich waren. Ein psychotischer Mensch, der sich in einem quasi versandeten Residualzustand befindet, hat keine Umwelt mehr, über die sich sein Ich entlasten ließe. Das unlebendig gewordene Ich ist die letzte Umwelt, die ihm bleibt, vergleichbar einer Wüste ohne Oasen.

Es ist außerordentlich schwierig, dieses Konzept – Chaos, Desintegration, Auflösung des psychischen Universums – als eine mögliche Entwicklungslinie zu lesen. Diese Entwicklungslinie führt nämlich genau zur Konstruktion der Psychose oder des psychotischen Erlebens als einer Sackgasse, als einer Einbahnstraße menschlicher Existenz. Eine Straße, die man fahren kann an eine Grenze, aber die man nicht zurückfahren kann. Die Bewegung in dieser Straße ist eine, bei der derjenige, der sich in ihr bewegt, weder richtig lebt noch richtig stirbt. Dies finde ich einen ganz wichtigen Gesichtspunkt. Demgegenüber ist natürlich das Konzept – Ordnung, Ganzheit, die übergeht in Stadien der Nicht-Integration als Voraussetzung, die Ordnung zu erweitern oder immer wieder neu zu formieren – das absolute Gegenstück zu der Sackgasse einer psychotischen Desintegration, die in die Auflösung des psychischen Universums führt. Auf diese Differenz verweist Winnicott in aller Schärfe.

In unseren Behandlungen haben wir es doch oft damit zu tun, daß wir mühsam uns in Elementen des Chaos bewegen, um in diesen Elementen Fetzen des Gedächtnisses des Chaotischen aufzuspüren und diese Fetzen überhaupt einmal in uns zu bewegen und zu bedenken und zunächst einmal nicht unbedingt in etwas Ganzes zusammenzufügen, sondern sie in eine Interaktion zu bringen, die – wenn ich das in einem Bild sagen darf – möglicherweise so konstelliert ist, wie eine Gruppe von Inseln in einem vulkanischen Gebiet, die aus dem Meer immer wieder auf- und abtauchen und zwar für einen Zeitraum, in dem es länger braucht, bis sich so etwas wie ein stabiles Festland entwickelt.

In der Frühphase der menschlichen Entwicklung gibt es natürlich Stadien von solchen auf- und abtauchenden Inseln psychischer Struktur, die manche analytische Autoren so als eine Art protodiakritische Phase beschrieben haben. Man kann sagen, es gehe darum, eine Dimension möglicher psychischer Gesundheit in der Tendenz der Vernichtung des psychischen Universums zu erkennen und zu binden. Ich finde es sehr interessant, daß wir – je länger wir mit Patienten, die sich zunächst primär chaotisch darstellen, zu tun haben – desto mehr überführen wir das schlechte Nebeneinander chaotischer Zustände im Sinne der Desintegration in Erfahrungsfiguren der Nicht-Integration. Dann wird es ganz wichtig, als Therapeut oder als Team der psychoanalytischen Sozialarbeit, selbst wenn man noch in seiner Erinnerung terrorisiert ist von den Erfahrungen des Chaos, sich irgendwann von dem Alp der Erinnerung zu befreien. Das entscheidende dabei ist, daß man den Wechsel von der Desintegration zu Stadien der Nicht-Integration erkennt und beides nicht miteinander verwechselt. Ich glaube, daß dies eine ganz wichtige Geschichte ist.

Da besteht allerdings eine Gelegenheit für das Team, die konstruktiven Möglichkeiten, die in der Nicht-Integration liegen, zu verkennen und seine eigene therapeutische Arbeit zu sabotieren.

Ich will ein Beispiel geben aus einer Supervision heute. Ich habe ja viele Menschen behandelt, die Brand gelegt haben. Solche, die – der psychiatrischen Diagnose nach – mehr hysterischer Natur waren, aber auch welche, die beispielsweise die Diagnose Pyromanie, pyromanische Tendenzen im Kontext einer paranoid-halluzinatorischen Psychose hatten. Stell dir vor, daß eine Frau, die eine beachtliche Zahl an Bränden gelegt hat, mittlerweile einen sehr intensiven inneren Dauerschwelbrand hat, mit dem sie ihre nächste Umgebung selektiv terrorisiert und verschiedentlich dabei auch vom Feuer spricht, aber sie legt kein Feuer mehr. Aber das Sprechen davon, die Atmosphäre des Brennens und des Brandes bis dahin, daß sie manchmal Dinge sagt, wenn sie Leuten etwas hinter die Ohren schreiben will, wie sie so schön sagt, und sie dann spricht, wie wenn sie mit ihren einzelnen Wörtern den Andern etwas in die Seele, in die Haut einbrennen will, dann ist es eine beachtliche Leistung, daß sie so mit der Fähigkeit, Brand zu legen, umgeht, und nicht mehr Häuser anzündet. Interessant ist, daß das Team, das diese Frau behandelt, von der Erinnerung an den Terror der Vergangenheit, auf den insbesondere eine stark involvierte forensische Psychiatrie immer wieder verweist, so beeindruckt ist, daß es zwischendrin Schwierigkeiten hat, die Stadien der Nicht-Integration und der relativen Gesundheit dieser Frau zu unterscheiden von Stadien der Desintegration.

Ich denke jetzt gerade an autistisch-psychotische Kinder, die erstmals nicht gesprochen haben oder nur ein-Wort-Sätze geäußert haben. Und wenn sie irgendwann anfangen konnten, ganze Sätze zu sprechen, im Laufe der Behandlung, haben sie zunächst einmal die Sprache teilweise sehr symbolisierungsfähig und -kräftig, aber auch teilweise antikommunikativ wie eine Waffe eingesetzt. Ein Mädchen, das ursprünglich einnäßte und einkotete, den Kot in die Ritzen des Holzbodens und an die Wand schmierte, zu einem Zeitpunkt, wo sie das alles nicht mehr machte, drang sie mit ihren Sätzen in ihre Umgebung ein. Dieses Mädchen malte irgendwann einmal ein Bild, wie sie mit Kaka und Pipi das Haus auflöst. Was sie da gemalt hat, hat sie später mit der Sprache gemacht, was aber tatsächlich schon eine wichtige Transformation eines ursprünglichen Zustandes war, in dem dieses Mädchen nicht wußte, ob ihr Lebendigsein überhaupt nur der Vernichtung ihres psychischen Universums dienen könnte oder einer mit Andern zu gegenseitiger Güte geteilten Welt.

Zu welchem Zweck auch immer geteilten ...

Zu welchem Zweck auch immer – ich lasse das jetzt mal offen. Aber zu dem Zeitpunkt, wo sie die Sprache so gebrauchte, fing sie an, sich mit der Differenz zwischen Gut und Böse zu beschäftigen und in diesem Sinne auch Lust von Schmerz zu unterscheiden. Elementare Qualitäten des Lebens sind in diesem Zusammenhang von großer Bedeutung. Ein Mensch, der erst einmal schmerzunempfindlich ist, wenn er sich verletzt, und dann allmählich Schmerzen empfindet, zunächst tränenlos weint, und dann irgendwann wirklichen Kummer empfindet und weinen kann, entfaltet eine große Leistung. Dies ist hier als psychische Geburt im therapeutischen Rahmen anzusehen. Das sind zentrale Themen der psychoanalytischen Sozialarbeit. Hier ist der Kontext von massiver Fremd- und Selbstgefährdung solcher Patienten zu erwähnen, bei denen schwere Eß- und Trinkstörungen im Vordergrund stehen; erst recht wenn sie versuchen, sich selbst zu vernichten, kommt es darauf an, sie taktvoll zu füttern. Sie am Leben zu erhalten und – noch ehe sie sich selbst liebenswert empfinden können – mit ihnen so umzugehen, daß man ihnen vorlebt, was das denn sein könnte, in Verbindung mit einem Andern das Gefühl zu haben, gut lieben und gut hassen zu können, gut liebenswert und gut hassenswert zu sein, und gut einen Andern als liebenswert und als qualifiziert hassenswert zu erfahren.

Ich kehre noch zurück zu dem Bild der Sackgasse, das du entwickelt hast, zu dieser chaotischen Bewegung, die aus der Desintegration sich ergibt. Diese Bewegung findet zunächst keinen Ort, wo menschliche Gegenüber diesen Ort ausmachen. Die Frau aus deinem Beispiel, sie legt wirklich Feuer an Orten, die ihr keine Antwort geben. Im Moment, wo es für sie diesen Ort gibt, den ein menschliches Kollektiv darstellt, setzt sich diese chaotische Bewegung, die der Sackgasse entspricht, in dem Team und in jedem Einzelnen von diesem Team fort, wo sie dann nicht einfach in Ordnung umgewandelt werden kann, sondern zunächst mal in eine immer noch chaotische Bewegung, die einer Nicht-Integration entspricht, wo dann eben möglich ist, wie du es schön gesagt hast, daß die einzelne Person, ein Teammitglied, oder alle zusammen, diese Dinge, all die Elemente eines dynamischen Chaos, hin und her bewegen, mit sich umhertragen, und glauben, daß es eine Bedeutung hat, dabeizubleiben, daß ihr halten und aushalten weiter führt.

Eine Person legt Brand. Die Erwartung der Umwelt an einen Menschen, der Brand legt, ist dieses: das Feuer muß ihm weggenommen werden. Unsere Arbeit geht genau umgekehrt vor. Wir wissen zwar, daß verhindert werden muß, daß jemand neu Brand legt, das können wir aber nur, wenn wir ihn das Feuer behalten lassen und ihm helfen, Feuer zu zähmen. Und wenn wir das Feuer, das er tatsächlich entfacht, in Verbindung bringen mit dem Feuer seines psychischen Eigensinns, der ihm nicht genommen werden soll, der aber gefährdet ist, wenn er Häuser anzündet. Das Feuer behalten bedeutet, den psychischen Eigensinn zu schützen. Das ist nur eine andere Metapher, die ich jetzt verwende, für das, was ich den Pakt mit dem Ungeheuer im Rekurs auf Rudi Ekstein genannt habe.

Ich möchte aber noch einen Schritt weiter gehen. Ich bin überzeugt, daß zu den größten Gefahren der Menschheit heute gehört, daß sich Ordnungen durchsetzen könnten, oder eine Ordnung auf der Welt durchsetzen könnte, in der es keinen Raum mehr für Chaos und auch keinen Raum für die mit dem Chaos einhergehenden katastrophischen Veränderungen mehr gibt. Winnicott argumentiert so, daß Chaos eine abgeleitete Größe von Ordnung ist, und

Bion argumentiert eher so, daß Ordnung eine abgeleitete Größe von Chaos ist. Wirklich widersprechen tun sie sich nicht, zumindest habe ich in meinen eigenen Arbeiten so argumentiert. Beide sind sich aber einig darüber, daß die Räume für eine über chaotische Zustände erlebbare Differenz etwas sind, was die Menschen brauchen, um lebendig und schöpferisch zu sein und sich nicht in den Sackgassen einer Eindimensionalität zu verlieren.

Ich denke, die atomare Vernichtung der Welt könnte einen Stillstand hervorbringen, in dem kein Raum mehr für Chaos aber auch kein menschliches Leben mehr vorhanden wären. Was heißt es für unsere konkrete Arbeit? Es ist doch ganz entscheidend für unsere Arbeit, daß wir trotz allem Wissen, das wir gerade in der psychoanalytischen Sozialarbeit schon haben, immer wieder Rahmenbedingungen herstellen, die offen sind für Erfahrungen, die wir nicht planen und nicht vorhersehen können. Wir müssen offen sein dafür, uns überraschen zu lassen, im Guten wie im Bösen. Und gerade von diesen Erfahrungen, und unserer Fähigkeit uns auf sie einzustellen und von ihnen zu lernen, gewinnen wir Erkenntnisse, über die wir neue Verbindung zu dem herstellen, was wir schon wissen.

Sprünge des neuen Erlebens verändern und verwandeln immer wieder unsere gewohnten Bilder und zwar so, daß die ursprüngliche Version eines von uns für wahr anerkannten Textes sich scheinbar bis zur Unkenntlichkeit transformiert. Ich glaube aber in dieser Unkenntlichkeit fangen wir an, Dinge, die wir einmal meinten, wirklich zu verstehen, besser zu begreifen und in diesem Wissen spiegelt sich letztlich dann der Tatbestand, daß nicht nur Menschen, die unsere Hilfe brauchen, von uns lernen und sich entwickeln, sondern daß wir selbst von ihnen lernen und uns entwickeln und nach den mit ihnen gemachten Erfahrungen auch nicht mehr diejenigen sind, die wir gewesen wären, wenn wir ihnen nicht hätten begegnen können. Und zwar jedes Mal wieder und neu! Und in dem Moment, wo das nicht mehr der Fall ist, sollten wir aufhören, diese Arbeit zu machen. Das ist in einer etwas umständlichen Weise gesagt, was man natürlich einfacher sagen könnte: Ein Lehrer, der von seinen Schülern nichts mehr lernt, sollte aufhören, Lehrer zu sein.

Zu den Gefahren der Ordnung, die du heraufbeschworen hast, die dann keine nicht-integrierten Zeiten und Zonen zuläßt, hast du das Beispiel des atomaren Weltendes genannt. In diesem Moment ist mir ein anderes Beispiel eingefallen, das besser zu unserem marktwirtschaftlichen Rollenspiel

paßt. In Zürich hatte ein Ehemann, der nie irgendwie psychiatrisch dia-
gnostiziert wurde, längere Zeit bereits seinen Beruf erfolgreich ausübte und
Familie gründete, eines Tages seine Kinder und seine Frau umgebracht, das
Haus, das er für seine Familie bauen ließ, in Brand gesteckt, und sich ent-
spannt in der Psychiatrie eingefunden. Das wäre ein anderer Beitrag zu
deiner Vision des Weltendes.

Es gäbe zu diesem Fall viel zu sagen, ich greife eines heraus. An Menschen,
die sehr verrückt sind, kann man sehr gut erkennen, was ein normaler, gesunder Mensch, wie z.b. ein solcher wohlangepaßter Schweizer Bürger, was
er alles verdrängen und unterdrücken und unter Verschluß halten muß, um so
auftreten zu können, wie es ihm offenbar lange möglich war. Ich frage mich
immer, inwieweit ist ein solcher Einzelfall auch ein Spiegel für den latenten
Terror der abweichenden Mehrheit sogenannter gesunder Menschen. Es sind
ja nicht nur Psychoanalytiker und Psychiater, sondern es sind neuerdings
auch Ökonomen, die beschreiben, daß die große Zahl der sogenannten gesunden Menschen unter einer wachsenden Depressivität leiden, die u.a. ihren
Ausdruck darin findet, daß sie innerlich ihrem Beruf gekündigt haben. In
hoch industrialisierten Gesellschaften sollen dies schon fast 75% sein. Die
Folgen dieses innerlich gekündigt haben, in Verbindung mit einer anwach-
senden Depressivität, hat natürlich mittlerweile spürbare volkswirtschaftliche
Konsequenzen.

Mit diesen Menschen kann man schwerlich technische oder organisatori-
sche Innovationen vorantreiben.

Wenn die Depression unterdrückt wird, verdrängt oder verleugnet, oder abgespalten, dann restituiert sie sich, also stellt sich hinter dem Rücken der
Subjekte als Angst her. Angst macht bekanntlich dumm, wenn die Angst
nicht schützt, kann sie ergänzt oder in ihren fehlenden schützenden Funktionen erweitert werden, z.B. durch Zwangsstrukturen, die genau die Schutz-
funktion übernehmen, die bestimmte Ängste nicht leisten. Der Preis aber, der
für diese sich entwickelnden Zwänge bezahlt wird, ist hoch – eine große Enge des Daseins, in der letztlich auch jedes Genießen immer mehr eins wird
mit einer Art von fixiertem Ungenuß und einem wachsenden Masochismus.
Also, nur um das Schreckgespenst dessen, was da alles drin steckt, zu benennen. Ein Stück weit könnte man sagen, geht die Gesundheitspolitik – in
die sich mittlerweile auch die etablierte, in der Medizin eingerichtete Psycho-

analyse, beispielsweise in Deutschland, begibt – an diesem Phänomen vorbei. Sie schafft für eine kleine Gruppe fast gesunder Menschen gewisse Formen der Anpassung –

– *oder auch Dynamisierung und Animation.*

Die gesellschaftlichen Formen, die sie dafür gebraucht, finden aber in einem kulturellen Rahmen statt, der, ökonomisch betrachtet, unproduktiv ist und unproduktiv bleibt, solange diese Art von Medizin und medikozentrischer Psychoanalyse abhängig bleiben von einem altmodischen Versicherungssystem aus der Bismarckzeit. Das ist nämlich die Situation, in der sich die Krankenkassenversorgung, die Sozialhilfe und auch die Jugendhilfe bewegen. Gemessen an diesen Überlegungen wäre daran zu denken, daß eine soziale Öffnung der Psychoanalyse sich stärker unabhängig macht von dem engen Korsett des Medikozentrismus, in dem Moment würde sich die Psychoanalyse stärker als kulturorientierte Bildungsarbeit bewähren müssen, und dieses in einem Gesundheitssystem, das weniger die Reparatur der Subjekte als vielmehr die Förderung von Lebensqualität intendiert.

Wahrscheinlich lassen sich sowieso nur wenige Menschen wirklich heilen, aber vielmehr Menschen, die sich nicht heilen lassen, insbesondere im Hinblick auf ihre Depressivität, brauchen Hilfe, um mehr Lebensqualität zu entwickeln. Damit dies möglich ist, müssen auch eine sozialwissenschaftlich aufgeklärte Psychoanalyse und psychoanalytische Formen der Pädagogik und des sozialen Wirkens eingebettet werden in ökonomisch produktive Kontexte, bei denen die Subjekte ihre persönlichen Budgets haben für das, was sie brauchen und wollen. Es sollte daher nicht geschehen, daß anstelle ihrer eigenen – wie es im Gesetzestext so schön heißt – Anspruchsberechtigung die vorrangige Anspruchsberechtigung der Krankenkassen tritt.

Zur Zeit könnte man manchmal den Eindruck bekommen, die Psychoanalyse in Deutschland paßt sich an die Krankenkassen als den Hauptanspruchsberechtigten, letztlich an das zentrale Erkenntnissubjekt Krankenkasse an, aber nicht mehr an die Menschen, die psychische Hilfe brauchen. Noch trauriger ist dieses Schauspiel deshalb, weil die Einengung auf den Medikozentrismus seitens der Psychoanalyse das Resultat der Vertreibung der Psychoanalyse aus Europa während des Dritten Reiches ist, und in dieser Phase wurde ja die Einengung auf den Medikozentrismus sowohl in Deutschland hergestellt als auch in den USA forciert. Man könnte sagen, die Erhaltung dieser Forcierung stellt, wie Federn (1990) in seinem Aufsatz *How Freudian are the Freudians* pointiert hat, eine fortgesetzte, man könnte sagen, Bündnistreue der internationalen Psychoanalyse zu dem von Adolf Hitler hergestellten Ausnahmezustand dar.

Sprichst du hier von dem, was Balint „Zentralmassiv der Psychoanalyse" nennt, oder könnte man alles, was du hier ausführst, auch anders sehen?

Ich habe hier zuletzt den Gegenstand so angeschaut, wie es möglich ist, wenn ich das Fernrohr nehme und umgekehrt, den Gegenstand verkleinernd, hineinschaue. Wenn ich das Fernrohr zum Zweck der Vergrößerung verwende, so entsteht ein vielschichtigeres Bild, weil ein großer Teil der Psychoanalyse auf der ganzen Welt unter dem unaufgelösten Erbe des Faschismus leidet; dieses Leiden hat sich an verschiedenen Orten zu einer Kritik verdichtet, die noch nicht abgeschlossen ist. Von Ernst Federn habe ich gelernt, daß es hilfreich ist, das Fernrohr bei der Betrachtung der Psychoanalyse möglichst vielseitig einzusetzen: Einmal haben er und ich die Internationale Psychoanalytische Vereinigung und die Stalinistische Partei gemeinsam verkleinert betrachtet; je gründlicher wir dabei vorgingen, desto mehr verlor sich jeder Unterschied zwischen beiden Institutionen, bis wir wieder dazu übergingen vergrößernd Unterschiede zuzulassen; die neu gewonnene Präzision zehrte dabei von der Erfahrung der vorangegangenen Verkleinerung.

Die Psychoanalyse muß wahrscheinlich erst an dem Medikozentrismus des Krankenkassenwesens scheitern, ehe sie neu kreativ werden kann. Die Psychoanalyse in den 20er Jahren, die von Menschen handelte und Menschen behandelte, die nicht nur neurotisch im engeren Sinne waren, sondern von den schweren Geisteskrankheiten bis hin zu Delinquenz reichten, die wirkte eher als ein chaotisches und chaotisierendes Gebilde, aber dieses Gebilde war eben im Vergleich zu heute schöpferisch, weil die Psychoanalyse sich auf das Chaos in den wirklichen menschlichen Verhältnissen einließ, um deren Ungeheuer zu zähmen, großzuziehen, aber dieses Großziehen nicht so zu orientieren, daß man sich von den Menschen ein Bild machte, ein gesundheitspolitisches Bild, in das man sie zu pferchen hatte. Im Sinne dessen, was Freud in seinem Mosesbuch sagt – im Hinweis auf das Bildverbot in der jüdischen Religion –, gilt eben auch für die Psychoanalyse: Das Bündnis des Analytikers mit dem fiktiven Normal-Ich des Patienten heißt, daß er sich eben gerade kein Bild macht, wer der Patient sein soll, sondern daß er offen ist von diesem zu lernen, wer dieser denn sein will oder sein könnte, sich überraschen zu lassen und sich in diesem Sinne auch verführen zu lassen, auf eine nicht-lineare Empirie seines Daseins einzugehen. In dieser Perspektive läßt sich die Psychoanalyse weder gesundheitspolitisch mißbrauchen, noch für politische ad hoc Zwecke instrumentalisieren; erst recht entfaltet sie sich daher als soziale Einmischung. Das *reaching out*, d.h. das unter-die-Leute-gehen der psychoanalytischen Sozialarbeit hält gegen die klinistischen Reduktionen der Psychoanalyse ihrer Qualität als soziale Einmischung die Treue. Dieser Treue verdankt sie ihre Existenz.

Es verwundert mich nicht, daß sich genau diese von Freud entwickelte Perspektive einer nicht-linearen Empirie heute trifft mit Varianten nicht-linearer Empirie, wie wir sie in der Chaostheorie der Physik, der Biologie, aber auch einer Sozialwissenschaft vorfinden, die sich davon getrennt hat, menschliche Lebensverhältnisse immer in Normalverteilungen abzubilden, sondern die sensibel geworden ist für das Verhältnis von Brüchen und Übergängen in der menschlichen Existenz, die sich nicht-linear gestaltet, so wie sich auch menschliches Wissen und die Wissenschaften nicht-linear entwickelt haben, wenn wir auf Thomas S. Kuhns *Scientific Revolutions* (1962) und Yehuda Elkanas *Anthropologie der Erkenntnis* (1986) zurückblicken. In meinem Buch habe ich dazu ausgeführt: „Die Relativitätstheorie Einsteins geht von finiten Mengen von Verhältnissen aus, die zu einer infiniten Menge von Gegenständen führt; diese Auffassung konstruiert ein Universum, das einen Anfang und ein Ende hat, beginnend mit der Singularität eines Urknalls. Die Quantentheorie Max Plancks hingegen geht von einer finiten Menge von Gegenständen aus, die zu einer infiniten Menge von Verhältnissen führt. Aus psychoanalytischer Sicht brauche ich beide philosophischen Systeme; die Verbindung beider Systeme führt zu Unschärfen, die unverzichtbar sind." (Becker, St. 1990, S. 39-40)

Ich möchte noch aufgreifen, was du über die Depressivität der Menschen in den hochentwickelten Industriegesellschaften gesagt hast. Das gilt ja auch für die Psychoanalytiker. In der medikozentrischen Einengung schielen sie auf ein sozialtechnologisches Behandlungskonzept und verpassen die Chancen, dem Ungeheuer zu begegnen. Sie glauben zunehmend weniger an ihren Beruf.

Viele haben in sich selbst solche Ungeheuer, die vereinsamt in verschlossenen Verliesen ihrer Seele darben, keinen Platz in den Lehranalysen finden, in denen man nicht genug verrückt sein darf, weshalb sie oft auch keine richtigen Analysen werden. Ich gehe davon aus, daß z.b. der Streit um 4-stündige Analysen bereits dazu führt, daß die Krankenkassen die psychoanalytischen Gesellschaften zwingen können, auch für die Ausbildung zu Analytikern nur 3-stündige Analysen durchzuführen und zum Standard zu erheben, und daß dieses über kurz oder lang dazu führen wird, daß es zuerst 2-stündige, dann 1-stündige und dann gar keine Analysen mehr, zumindest keine Finanzierung für diese geben wird. Ich stelle mir vor, daß die Psychoanalyse, die momentan in einem medikozentrischen Korsett gefangen ist, erst durch das Kaputtgehen dieses Gefängnisses – man kann sagen, letztlich indem sie verarmt – sich einer Bedrohung aussetzt, aber auch zu einem neuen geistigen Reichtum finden kann und konzeptionell sowie unternehmerisch einfallsreich wird.

Welche Konzepte der psychoanalytischen Orthodoxie, oder einer entwickelten Orthodoxie, würdest du herausgreifen, um sie in eine sich sozial begreifende Psychoanalyse im Sinne der psychoanalytischen Sozialarbeit hineinzunehmen?

Das Bewußtsein darüber ist mir wichtig, daß Analytiker und Analysand im analytischen Prozeß libidinös gleichwertig sind, daß der Analytiker auf den Analysanden überträgt und gegenüberträgt, daß der Analysand auf den Analytiker überträgt und gegenüberträgt. Insbesondere in den Anfängen einer Analyse, weil der Analysand die Priorität in diesem Prozeß besitzt, besteht zwar eine Asymmetrie zwischen beiden, die sich nicht zuletzt so ausdrückt, daß z.B. der Mann aus deinem Beispiel, der seine Familie umgebracht hat, wenn er in eine Analyse käme, seinen Analytiker zunächst mit Sicherheit lange als ein narzißtisches Konstrukt oder eine Sammlung von narzißtischen Konstrukten benutzen würde, ihn im Wesentlichen, wie Winnicott sagt, als ein subjektives Objekt konstruieren würde. Im Laufe der Behandlung kann dieses subjektive Objekt immer mehr ein objektives werden.

Was bedeutet das denn, wenn der Analytiker ein subjektives Objekt ist? Er ist im Wesentlichen eine Marionette des Patienten, der ihn zu bewegen versucht wie eine Marionette, und die Kunst besteht dann darin, daß der Analytiker ein kleines Quentchen dessen, was anders ist, als sich nur führen zu lassen, einführt, so dies für den Analysanden ertragbar ist. Wenn er dann anfängt, zu einem wirklichen Gegenüber zu werden, dann fängt auch der Analysand im engeren Sinne an psychisch wirklich zu werden. Der Analytiker gewinnt Züge eines objektiven Objektes, und in diesem Stadium wird er selbst für den Analysanden analysierbar. Die Chance sich überraschen zu lassen vom Analysanden ist ja gerade diese, daß dieser Deutungsangebote macht, über die der Analytiker selbst emotional und geistig und sozial wächst. Es geht daher bei einer so gearteten Analyse darum, daß der analytische Prozeß einer ist, wie Winnicott sagt, in dem zwei Menschen miteinander spielen und in dem das Unbewußte als das noch nicht und noch nie Bewußte durch neue, nie gemachte Erfahrungen Platz gewinnt für den Analysanden wie für den Analytiker, bzw. den analytischen Sozialarbeiter, gleichermaßen.

Ich glaube, daß wir von der Orthodoxie das Wissen darüber behalten und mitnehmen, daß die Triebe die Objekte erschaffen. Von der analytischen Erfahrung mit traumatisierten Menschen nehmen wir mit, daß die Objekte die Triebe erschaffen. Das eine schließt das andere nicht aus, sondern beide ergänzen sich in den wirklichen Unschärfen des Lebens.

Das Konzept, den Mangel als Möglichkeitsraum zu sehen im Hinblick darauf, das Unbewußte als das noch nicht und nie Bewußte zu begreifen, betrifft nicht etwas Besonderes der an einem Mangel leidenden Patienten, die psychotisch sind, sondern es ist auch der zentrale Angelpunkt einer veränderten Art mit neurotischen, mit narzißtisch neurotischen, und insbesondere mit traumatisierten Menschen umzugehen. Nach dem wir lange in der offiziellen Psychoanalyse Patienten, bei denen im Vordergrund ein Konflikt steht, dichotomisiert haben mit solchen, die an einem Mangel leiden und eigentlich nicht behandelbar wären, wissen wir heute, aller Mangel ist ein hergestellter Mangel.

Die große Klammer zwischen der Theorie des Mangels als einer, die den Psychosen korrespondiert und ihren Möglichkeitsräumen, und der Theorie des Konflikts, die den Neurosen korrespondiert, sind Traumata und Extremtraumata (Keilson 1979; Becker, D. 1992). Es gibt nicht nur frühe, sondern auch späte Störungen in der menschlichen Entwicklung, was im Hinblick auf die Behandlungsperspektiven heißt, zu jedem Entwicklungszeitpunkt des Lebens ist es möglich, das Verhältnis von Vergangenheit, Gegenwart und Zukunft neu zu entwerfen. Insofern trennen wir uns von einer Psychoanalyse, die ständig alles auf die frühe Kindheit rückdatiert, radikal! Zu diesen Einsichten hat uns nicht zuletzt auch die Arbeit mit Adoleszenten in besonderer Weise verholfen.

Das Festhalten an der Triebtheorie ist besonders spannend, wenn man sieht, daß Triebe nicht ohne Objekte verhandelt werden können, also daß die Triebe als psychische Repräsentanz innersomatischer Reizquellen immer korreliert sind mit Objekten, die in sie von Anfang an eingegangen sind, und daß umgekehrt, die dominante Wirkung dieser Objekte die Natur der Triebe transformiert und ganz extrem transformiert, wie wir eben verbessert verstehen seit der analytischen Arbeit mit Extremtraumatisierten. Wenn ich von Transformationen spreche, dann meine ich Trauerprozesse; von Menschen hergestelltes Leid schafft Entfremdungsprozesse, die in Mustern pathologischer Trauer befangen bleiben, bis die in ihnen wirksamen Schuldzusammenhänge in gesünderen Trauerprozessen aufgehoben werden (Volkan 1981, 1994). Ich habe mehr als eine Vermutung, daß gut 85% aller psychischen Erkrankungen Resultate pathologischer Trauer darstellen. Individuell wie gesellschaftlich gilt: ohne Trauerprozesse gibt es keine Befreiung von Unterdrückung und Leid, ohne Trauerprozesse gibt es keine Revolution. Das ist eine entscheidende Schnittstelle, an der sich analytische Orthodoxie und soziale Öffnung der Psychoanalyse treffen.

Wenn wir bereit sind, uns unter dem Todestrieb etwas vorzustellen, dann könnten wir sagen, nicht nur der Todestrieb macht Kriege, sondern die Kriege züchten den Todestrieb. Lange Zeit hat sich Europa als der Ort der Ordnung aufgefaßt, und die Dritte Welt, die entfernte Peripherie, war der Ort eines chaotischen Geschehens, das man von den Zentren der Welt vielleicht ein bißchen ordnen könnte, bis zu einem Punkt, als man feststellen mußte, man schaffe das gar nicht. Heute ist der Ort der Unordnung schon in Europa, wenn wir an die Situation in Jugoslawien, in Ost- und Südosteuropa denken.

Du sprichst von Peripherie, was uns in Europa unzulässig als Zentrum der Welt herausstellt. Wenn ich einem guten Freund und Kollegen an einem chaotisch anmutenden Ort wie Peru begegne und mich mit ihm über die Arbeit bei uns und bei ihm unterhalte, dann sagt er, seiner Meinung nach gehe diese ganze Diskussion um Psychotherapeutengesetz und Krankenkassen völlig an den sozialen Verhältnissen vorbei. Er arbeitet als Analytiker in Armenvierteln von Lima, und er entwickelt dort ähnliche Konzepte, wie wir sie im Rahmen der psychoanalytischen Sozialarbeit hier entwickeln, nämlich wie helfen wir Menschen, die nicht nur entwurzelt sind, sondern die noch nie soziale Wurzeln haben finden können, und wie schaffen wir es, für sie soziale Orte zum Leben zu entwickeln. Es geht hier gewissermaßen darum, all das, was bei Patienten Freuds wie eine vorfindliche Voraussetzung war, erst herzustellen, einzurichten und zu konstruieren. Wenn wir die Bühne des sozialen Ortes für unsere Patienten erst einrichten, und uns auf unsicherem, schlüpfrigem, meinetwegen moorigem Boden bewegen, freut uns in einem transkontinentalen Austausch zu entdecken, was die dortigen Verhältnisse an Analyse möglich und nötig machen. Das trifft sich nun genau mit dem, was analytische Sozialarbeit neben und gegen den Medikozentrismus der Psychoanalyse den gesellschaftlichen Verhältnissen in Deutschland abtrotzt.

Ich glaube, einige Psychoanalytiker werden künftig von der Ökonomie gezwungen, sich in soziale Institutionen zu begeben. Einige werden, wenn sie beim bloßen Widerwillen gegen soziale Arbeit und soziales Wirken stehen bleiben, aus diesen Institutionen – so wie sie hineingespült wurden – wieder herausgespült. Andere werden aber die soziale Kontextualisierung analytischer Erkenntnis letztlich genießen und goutieren können, und darüber für sich selbst auch etwas schöpferisch entfalten können, was den Verhältnissen, auf die sie treffen, auch zugute kommt.

Man kann sich schon solche Entwicklungen im medikozentrischen Massiv vorstellen. Aber wie schätzst du die institutionellen Entwicklungen ein, die die psychoanalytische Sozialarbeit in Berlin in letzten Jahren durchgemacht hat, und die neue Position, die sie einnimmt?

Der Verbund für Psychoanalytische Sozialarbeit umfaßt stationäre und ambulante Dienste, zu ersteren gehört – außer unseren Angeboten in Berlin – ein Jugendhilfe-Kooperationsprojekt in Polen. Wir haben uns ja von dem aus einem altmodisch subsidiären Denken entwickelten Vereinskonzept dahingehend gelöst, daß wir heute ein selbständiges Unternehmen einer großen gemeinnützigen GmbH sind, die sich Paritätische Gesellschaft für Gesundheits- und Sozialdienste (PGGS) nennt.

Diese Institution ist nicht zuletzt der private Träger des Oskar Zieten Krankenhauses, mehrerer Seniorenheime, der Klinik für Kinder- und Jugendmedizin Lindenhof und des Sozialpädiatrischen Zentrums, und wir, als Verbund für Psychoanalytische Sozialarbeit, bilden nun einen Bestandteil eines multidisziplinären Gesundheitswesens. Dieses geht davon aus, daß es in der Zukunft und womöglich auch schon in der Gegenwart kein Krankenhaus mehr isoliert geben soll, sondern es soll stark sozial und kulturell und durch Bildungsarbeit kontextualisiert werden in einem komplexen sozialen Wirkungszusammenhang. In diesem ist die Gesamtinstitution, die als allererste umfangreiche Qualitätssicherungen entwickelt hat, bestrebt, nicht bloß die Einfügung dieses Krankenhauses in traditionelle Gesundheitspolitik zu unternehmen, sondern im wesentlichen Perspektiven zu fördern, die Lebensqualität avisieren. Das hat auch für die Struktur traditioneller medizinischer Bereiche besondere Folgen, da dieses Krankenhaus nicht stark vertikal hierarchisch organisiert ist, sondern eine horizontalisierte Autoritätsstruktur hat, in der Pflege und Erziehung mit der Therapie in einer gleichwertigen und gleichsinnigen Korrespondenz miteinander wirken zugunsten dessen, was der Patient braucht.

Diese Formen der Zusammenarbeit orientieren sich an den Konzepten des amerikanischen *lean management* und treffen sich hervorragend mit unseren Konzepten therapeutisch-pädagogischer Milieubildung, wie sie in der psychoanalytischen Sozialarbeit entwickelt wurden, sowohl in stationären wie in ambulanten Mehrpersonensettings. Deshalb hat man sich für uns auch fachlich sehr interessiert, weil wir im Ensemble mit dem Kinder- und Jugendmedizinischen Bereich und der Sozialpädiatrie genau das thematische Scharnier zu der Jugendhilfe bilden, was demnächst auch durch eine Kinderpsychiatrie ergänzt werden kann. Zu einem Zeitpunkt, an dem nun die Psychiatrie immer stärker von den Krankenkassen eingegrenzt wird auf im engeren Sinne medizinische Aufgaben, findet eine verstärkte Verschiebung von bestimmten Aufgaben der Kinderpsychiatrie auf die Jugendhilfe statt.

Als ich 1978 begonnen habe, die psychoanalytische Sozialarbeit in Tübingen gemeinsam mit zwei Krankenschwestern, Anita Roller und Hedwig Jünger, einzurichten, institutionell formativ erst 1979 – die erste Publikation kam ja dann auch in diesem Jahr –, entwickelten wir Hilfen, im Bereich der Jugendhilfe, für psychotische junge Menschen, die noch ganz stark Domäne der Kinder- und Jugendpsychiatrie waren. Heute sind die Mehrzahl dieser damals exotischen Hilfen längst Bestandteil einer Jugendhilfe, für die wir gewissermaßen eine Vorreiterfunktion hatten.

Es ist entscheidend, daß zwischen Jugendpsychiatrie und Pädiatrie und Jugendhilfe qualifizierte Übergänge entwickelt werden, und deswegen ist ein Verbundsystem von Institutionen, die einander zuarbeiten, etwas, was auf lebendige Weise auch die Medizin in den Kontext einer umfassenden sozial-kulturellen Bildungsarbeit stellt und sie von daher verändert.

Die Psychoanalyse wird in diesem Zusammenhang deutlicher begreifen, daß das Klinische an ihr nicht das Medizinische, sondern das Besondere ihrer Setting- und Rahmenbildung ist; insofern ist sie kein Heilverfahren von Krankheit, sondern inszeniert fördernde Dialoge mit ganzen Personen und bewährt sich in diesen nicht als Therapie, sondern vorrangig als umfassende kulturorientierte Bildungsarbeit.

Wenn wir lernen, die Bio-Medizin in komparativen kulturellen Kontexten zu sehen, dann werden wir die Plastizität nicht zuletzt der Vorgänge im Gehirn, ja, von der Milieuabhängigkeit kulturspezifischer Art her lesen lernen und von daher auch die unterschiedlichen Formen des sozialen Gedächtnisses, die letztlich in Chaos und Ordnung in verschiedenen Kulturen eingehen, begreifen. Unter solchen Bedingungen werden sich natürlich die primitiven biologistischen Konzepte über Funktionsweisen des Gehirns, wie sie insbesondere in der deutschen Sonderpädagogik vorherrschen, nicht mehr halten lassen, und psychoanalytische Sozialarbeit in Kooperation mit der Ethnopsychoanalyse wird hier eine wichtige kulturaufklärerische Funktion innehaben, zu der die Integration in einem multidisziplinären Gesundheitssystem erheblich beiträgt.

Es ist nie zu spät zu helfen, einengende Zusammenhänge von Dingen und Ereignissen in Übergangswelten zu transformieren. Deshalb macht es Sinn, daß die psychoanalytische Sozialarbeit an so unterschiedlichen sozialen Orten wirkt wie Psychiatrie, Jugendhilfe, Schule und Strafvollzug. Wenn es gelingt, dem Prinzip zu folgen, nicht wieviel, sondern wie wenig ist den Subjekten, die Hilfe brauchen, zuzumuten, damit sie sich entlang ihrer Möglichkeiten entwickeln, dann treffen sich Konzepte einer unaufdringlichen psychoanalytischen Sozialarbeit mit Konzepten angemessener Wirtschaftlichkeit, letztlich Finanzierbarkeit. Damit sind wir beim Markt. Es gibt Objektbeziehungen nur auf dem Markt, aber ohne Objektbeziehungen gibt es keinen Markt.

Das würde allerdings ein ganzes Buch beanspruchen, solch eine gedrungene dialektische Formulierung aufzulösen und zu entwickeln! Trotzdem, was denkst du über den Stellenwert der psychoanalytischen Sozialarbeit auf dem Markt?

Ein gesundheitsorientierter Bildungsmarkt bedeutet schöpferische unternehmerische Initiativen, die finanzierbar sind, sobald die daran Beteiligten nicht nur abstrakte ökologische Imperative zur Erhaltung der Natur verkünden, sondern die Natur, die sie selber sind, als wirksame immer wieder sozial zu vergewissernde Prozeß- und Beziehungsqualität der betroffenen menschlichen Subjekte entfalten: Immer geht es dabei auch um psychische Kosten und Geld. In Sachen Geld und psychische Kosten ist es notwendig, daß Dienen und Verdienen ein ausgewogenes Verhältnis bilden; psychoanalytische Sozialarbeit als solche ist nicht bezahlbar über Geld, aber finanzierbar als eine „Miete" – wie Freud sie für die Psychoanalyse in Anspruch nahm –, die die Erhaltung einer angemessenen Dienstleistung zugunsten dessen, was ihre Kunden brauchen, sichert. Beispielhaft kommt hier psychoanalytische Sozialarbeit im Hinblick auf ihren Tauschwert primär von ihrem Gebrauchswert bestimmt zur Geltung.

An dieser Stelle möchte ich unterstreichen, daß gerade junge Menschen heute zu ermutigen sind, sich nicht ins Heer der arbeitslosen Arbeitnehmer treiben zu lassen, sondern als Unternehmer aufzutreten, die auch wenn sie klein sind, ihren Markt behaupten (Faltin/Zimmer 1996). Unternehmer unternehmen etwas! Im Hinblick auf die Natur, die wir selber sind, heißt das, daß anstelle ausbeuterischer Naturbeherrschung ein beherrschtes freundliches Verhältnis zur Natur tritt; in der Dimension der Prozeß- und Beziehungsqualität bedeutet dies, daß nicht die alten die jungen Menschen oder umgekehrt die jungen die alten, Männer die Frauen bzw. Frauen die Männer beherrschen, sondern daß Generationen und Geschlechter ein freundliches Verhältnis zueinander immer wieder neu erschaffen. Offen für Unvorhersehbares und Überraschungen zur gegenseitigen Güte und zum Schutz vor Terror und Gewalt.

Literatur

Balint, Michael. (1965): Primary Love and the Psychoanalytic Technique. London.

Becker, David. (1992): Ohne Haß keine Versöhnung. Das Trauma der Verfolgten. Freiburg i.Br.

Becker, Stephan; Roller, Anita und Jünger, Hedwig. (1979): Perspektiven psychoanalytischer Sozialarbeit mit psychotisch schwerst gestörten Kindern. In: Neue Sammlung, Heft 1. Stuttgart.

Becker, Stephan. (1990): Objektbeziehungspsychologie und katastrophische Veränderung. Zur psychoanalytischen Behandlung psychotischer Patienten. Tübingen.

Bion, W. R. (1977): Seven Servants. Four Works by Wilfred R. Bion: Learning from Experience, Elements of Psycho-Analysis, Transformations, Attention and Interpretation. New York.

Ekstein, Rudolf und Motto, Rocco L. (1969): From Learning for Love to Love of Learning. Essays on Psychoanalysis and Education. New York.

Elkana, Yehuda. (1986): Anthropologie der Erkenntnis – die Entwicklung des Wissens als ethisches Theater einer listigen Vernunft. Frankfurt a.M.

Faltin, Günter und Zimmer, Jürgen. (1996): Reichtum von unten. Die neuen Chancen der Kleinen. Berlin.

Federn, Ernst. (1990): How Freudian are the Freudians? In: Witnessing Psychoanalysis. From Vienna back to Vienna via Buchenwald and the USA. S.155-175. London: Karnac Books.

Grinberg, L., Sor, D. und Elizabeth Tabak de Bianchedi. (1996): New Introduction to the Work of Bion. Revised Edition. Northvale, New Jersey.

Keilson, Hans. (1979): Sequentielle Traumatisierung bei Kindern. Deskriptiv-klinische und quantifizierend-statistische follow-up Untersuchung zum Schicksal der jüdischen Kriegswaisen in den Niederlanden. Stuttgart.

Kuhn, Th. S. (1962): Structure of Scientific Revolutions. Chicago.

Volkan, V. D. (1981): Linking Objects and Linking Phenomena. A Study of the Forms, Symptoms, Metapsychology, and Therapy of Complicated Mourning. New York: International Universities Press.

Volkan, V. D. (1994): The Need to have Enemies and Allies. From Clinical Practice to International Relationships. Northvale, New Jersey.

Winnicott, D. W. ([1954-71] 1994): Die menschliche Natur. Stuttgart.

Entrepreneurship
Prozesse der Unternehmungsgründung

Günter Faltin

1. Unternehmer werden?

Eine geradezu absonderliche Vorstellung, nicht wahr? Wie soll ich denn Unternehmer werden? Ich habe kaum eigene Ersparnisse, geschweige denn Kapital. Ich habe auch keine Erfindung gemacht oder eine geniale Idee entwickelt, weil ich ein ganz normaler Mensch bin, was ja auch erlaubt sein muß.

Und schließlich: Mich selbständig machen? Das soll eine vielversprechende Perspektive sein? Was es heißt, sich selbständig zu machen, weiß ich doch aus der eigenen Familie oder dem Bekanntenkreis: Arbeit bis in die Nacht, Ärger mit dem Personal, sonntags Buchhaltung nacharbeiten, Silvester die Ladeninventur. Sorgen mit den Bankkrediten.

Selbständig sein, das heißt doch: Alles selbst machen und das ständig! Viel versprochen wird einem ja. Die vielen Fördertöpfe, Beratungsangebote, Gründungsdarlehen, Eigenkapitalhilfen. Aber dann die Maloche als Selbständiger. Da sehe ich doch lieber zu, daß ich noch einen von den verbliebenen Arbeitsplätzen ergattere.

2. Die Gegenrede

In der wirtschaftswissenschaftlichen Literatur findet sich eine Unterscheidung, die für unsere Fragestellung hilfreich ist. Ein Unternehmer, der mit einer neuen Idee ein Unternehmen gründet und damit in den Markt eintritt – nennen wir ihn dem angelsächsischen Sprachgebrauch folgend: Entrepreneur –, ist nicht notwendigerweise gleichzeitig ein Kapitalist; eine Unterscheidung, die schon von Joseph Schumpeter, dem Klassiker in der wirtschaftswissenschaftlichen Beschäftigung mit Unternehmerverhalten, getroffen wurde. Diese Unterscheidung ist von Bedeutung, da die beiden Funktionen in der Öffentlichkeit, teils aber auch in der Geschichte der Ökonomie, immer wieder als eine einzige behandelt worden sind. Man kann den Unterschied mit einem aktuellen Bonmot umschreiben: „Der Entrepreneur schafft Arbeitsplätze, der Kapitalist setzt sie frei". Der Entrepreneur hat eine Idee, gründet ein Unternehmen, stellt Leute ein. Der Kapitalist hat Geld, kauft sich in einem Unternehmen ein und versucht, die Verzinsung für sein Kapital zu verbessern. Er rationalisiert oder schließt unproduktive Teile des Unternehmens und setzt damit tendenziell Beschäftigte frei.

Auch Schumpeter beschreibt den Entrepreneur als jemanden, der den Wunsch hat, Neues zu erschließen, gewohnte Bahnen zu verlassen und aus den – man höre – träumerischen Gedanken Wirklichkeit werden zu lassen (Schumpeter 1993, S. 125f.). Bei Schumpeter liegt die Betonung auf der Durchsetzung, nicht auf dem Erfinden. Die Unternehmerfunktion bestehe nicht darin, Erfindungen zu machen, sondern Wissen lebendig werden zu lassen und am Markt einzuführen (a.a.O., S. 128f.). Schumpeter sah die in der Realität zu beobachtenden Märkte als von Oligopolen dominiert. Wettbewerb und damit eine effizientere Ressourcenallokation entstehe erst durch die auf diese Märkte drängenden neuen Unternehmer, die mit ihren Innovationen das bestehende Gleichgewicht am Markt zerstören. Dieser Mechanismus ist als „kreative Zerstörung" in die wirtschaftswissenschaftliche Diskussion aufgenommen worden.

Auf eine besondere Beziehung zwischen der unternehmerischen Idee und der Person verweist Hans Hinterhuber (1992): Die unternehmerischen Ideen seien Ausdruck der eigenen Lebens- und Berufserfahrung. Er spricht sogar vom „Gefühl einer Sendung". Erst dieses Bewußtsein setze die notwendigen Energien frei, um ein Produkt am Markt durchzusetzen. Beispielsweise hatte

Gottlieb Duttweiler die Idee, die überkommenen schweizerischen Handelsstrukturen aufzubrechen, um gerade den ärmeren Bevölkerungsschichten deutlich billigere Produkte anbieten zu können, und Steven Jobs und Stephen Wozniak hatten die Idee, den Computer zu demokratisieren. Auch weist er darauf hin, daß eine unternehmerische Vision in der Regel „eine Idee von großzügiger, klassischer Einfachheit" sei (a.a.O., S. 44). Dazu gehöre Realitätssinn: Einfälle allein seien noch keine Vision. Realitätssinn heiße, die Dinge so zu sehen, wie sie sind und nicht wie man sie sich erträumt.

3. Sich auf dem Markt behaupten?

Ist der Markt nicht, wie viele meinen, eine Versammlung von Gaunern? Ist es nicht in der Tat so, daß eine durchaus verbreitete Spezies schlechter Unternehmer Einfallsreichtum und Qualität durch Ellenbogen und rüdes Benehmen ersetzt, ein mieses Spiel am Rande des Betruges betreibt und auf dumme Konsumenten hofft?

Was tun? Sich auf das schmutzige Spiel einlassen? Mit gleichen Waffen kämpfen und dennoch das Gute meinen? Oder riskieren aufrechte Kleine, das Fähnlein der Moral hochhaltend, den nahen Untergang?

„Cooperations realize that it pays to be good." Es gibt viele Indizien dafür, daß Moral und Markt sich nicht beißen müssen, sondern gute Taten schon vom Markt und nicht erst im Himmel belohnt werden. „Ethic pays" – zumindest längerfristig. Die Gauner leben mit dem Risiko aufzufliegen oder zumindest unglaubwürdig zu werden. Gaunerei ist eine schlechtes, wenig aussichtsreiches Wirtschaften.

Ein gutes Produkt herzustellen, knapp zu kalkulieren, die Wünsche der Konsumenten ernst zu nehmen und dabei auch etwas zu verdienen, ist eine gute Tat, solange dadurch andere Menschen nicht mittelbar oder unmittelbar Schaden erleiden und unser Planet nicht Stück um Stück weiter verwüstet wird. Wer Qualität schafft, muß nicht rücksichtslos sein. Wettbewerb ist ein gutes Mittel, diese Moral praktisch werden zu lassen. Wettbewerber und Konsumenten haben ein scharfes Auge für die Arbeitsweise eines Unternehmens.

Der Markt ist ein Instrument, den Einsatz von Ressourcen effizient zu steuern. Er ist anderen Instrumenten – wie dem der zentralen Planung – überlegen. Das Prinzip, den Aufwand, und damit auch den Verbrauch von Ressourcen, zu minimieren, ist gut und richtig. Allerdings wird das Marktgeschehen durch einen Mechanismus überlagert, der von den Ökonomen in ihren Modellen nicht berücksichtigt wird, dem Mechanismus nämlich, daß die Ziele in einer Spirale steigender Erwartungen ständig verändert und höher geschraubt werden. Immer neue „Bedürfnisse" werden herausgekitzelt, Käufer in die Sucht nach dem Nochmehr getrieben – das Ergebnis ist nicht mehr Glück und Zufriedenheit, sondern übervolle Kleiderschränke und individuell angehäufte Warenberge, die fast nicht mehr konsumierbar sind. Hier wird eine unerwünschte Nebenwirkung zur Hauptsache.

An diesem Punkt driften Ökonomie und Ökologie auseinander und schlägt der rationale Umgang mit Ressourcen in ihre Überforderung um, und zwar solange, bis die Konsumwünsche auf ein ökologisch verträgliches Maß zurückgeschraubt werden.

Die Notwendigkeit, sensibel für die sozialen und ökologischen Folgen des eigenen Tuns zu sein, verlangt nach sozial engagierten und umweltbewußten Unternehmern. Aber gerade die Menschen, die diese Eigenschaften mitbringen, sind oft von Ambivalenzen gegenüber der ökonomischen Praxis geprägt und versuchen, sich in anderen gesellschaftlichen Bereichen nützlich zu machen. Dies ist mißlich bis verhängnisvoll. Gerade sie sollten Unternehmer werden und das Feld jenen streitig machen, die sich nur für Geld interessieren und sich um die Begleitumstände nicht scheren.

Markt bedeutet Vielfalt. Markt bedeutet immer auch eine Chance für Außenseiter, für Einzelne wie für Gruppen. Was für die Inder in Ostafrika oder die Chinesen in Südostasien gilt, können auch Außenseiter in unserer Gesellschaft in Anspruch nehmen. Aus Unangepaßten können fähige Unternehmer werden, aus Jugendlichen, denen der Sinn und die Perspektive eines Arbeitsplatzes abhanden gekommen ist, oder aus Einwanderern, die sich aus unselbständiger Arbeit befreien wollen. Man wird in die Kaste der Abhängigen und Administratoren nicht hineingeboren, die Option, ins Wasser zu springen und schwimmen zu lernen, besteht immer.

Kleine Unternehmen haben eine besondere Chance: Praktizierte Moral ist für Konsumenten leicht erkennbar und bedeutet einen Zuwachs an Glaubwürdigkeit und Vertrauen. Kleine Unternehmen müssen sattelfest sein und bleiben, auch wenn Konkurrenten ihnen ein Bein zu stellen suchen, schlecht über sie reden oder ihnen üble Tricks unterstellen. Kleine Unternehmen, die ihren Kurs halten und sich nicht provozieren oder korrumpieren lassen, zwingen die Gegner letztendlich zu dem, was sie fürchten: zum Wettbewerb. Praktizierte Moral wirkt wie von selbst als ein vorzügliches Marketingkonzept.

4. Wie entstehen unternehmerische Ideen?

Schumpeter unterschied zwischen „inventions" und „innovations". Die großen Erfindungen sind oft lange Zeit noch nicht marktreif und mit kleinen Fehlern behaftet. Weil sie technisch nicht völlig ausgereift sind, werden sie in ihrer Bedeutung nicht erkannt oder vom Publikum nicht akzeptiert, deshalb scheitert oft der erste Anlauf. Erfolgreiche Unternehmer seien daher in aller Regel nicht Erfinder, sondern Innovateure. Sie griffen auf bereits Existierendes zurück. Das ist eine große Chance für alle, die nicht über großes Kapital oder eine Erfindung verfügen.

4.1 Vorhandenes entdecken

Der amerikanische Wirtschaftswissenschaftler Israel M. Kirzner (1987) hat diese Beobachtung in den Vordergrund seiner Überlegungen gestellt: „Vorhandenes Entdecken" nennt er die Kerneigenschaft des Entrepreneurs. Der Begriff ist nur scheinbar paradox. Etwas ist bereits vorhanden, muß also nicht neu erfunden werden, kann aber dennoch in seiner Bedeutung und seinen Potentialen neu erkannt und entdeckt werden.

Ein berühmtes Beispiel hierfür ist das Telefax. Es gibt diese Erfindung seit langem, aber sie ist in den letzten Jahren von ganz anderen Firmen als den Erfindern und denen, die sie zunächst zu vermarkten suchten, weltweit erfolgreich eingeführt worden.

Ein anderes aktuelles Beispiel: Sergio Rial, Bankmanager aus Brasilien, wird zum Aufbau einer Bank nach China beordert. Er arbeitet sich in das Bankwesen des Landes ein, aber ihm fällt noch etwas anderes auf: Hühnerfüße. Ja, Hühnerfüße. Die werden in China gegessen. Nicht nur die Schenkel, wie bei uns, sondern die Krallen – sie gelten sogar als Delikatesse. Was alle anderen Chinabesucher auch sehen, sieht Rial mit wacheren Augen. In Brasilien ißt kein Mensch Hühnerfüße. Auch in Argentinien und den anderen südamerikanischen Ländern nicht. Dabei sind Brasilien und Argentinien die führenden Hühnerproduzenten der Welt. Was passiert dort mit den Hühnerfüßen? Sie können sich den Rest der Geschichte denken. In der Far Eastern Economic Review hieß es dazu lapidar: „Rial started to mediate the flows of chicken foot from South America to Asia".

Wie wäre es mit einem Unternehmen „Wasserhyazinthe"? Die Wasserhyazinthe ist eine Pflanze, die in tropischen Ländern in Flüssen und Seen wuchert, sich rasch vermehrt und die Gewässer verstopft. Für Einheimische wie für Touristen ein alltäglicher Anblick. Ein Material, das frei verfügbar ist: Man findet den Rohstoff einfach vor, muß nicht säen, düngen, Zäune bauen, sondern braucht nur zu ernten. Und tut selbst damit noch etwas Nützliches.

Darüber, wie man Wasserhyazinthen nutzbringend verwenden könnte, ist viel nachgedacht worden. Theoretisch als Schweinefutter und zur Kompostgewinnung brauchbar, erwies sich die Verwendung dieser Pflanze – wegen dem Gehalt von mehr als 98% Wasser und einem Rest zäher Faser – als unwirtschaftlich. Die Forschungsarbeiten blieben ohne praktisches Resultat und füllen ein dickes Buch.

Eine Designerin, beeindruckt vom seidenen Glanz, den die Pflanzenstengel annehmen, wenn man sie durch eine Mangel dreht, verarbeitet das Material. Kunstvoll wird von ihr ein Gerüst aus Rattan geflochten und aus den getrockneten Stengeln lassen sich Sessel herstellen. Nicht irgendwelche, sondern sehr schöne und haltbare. Für Designer eine interessante Variante zu anderen Materialien. Was bedeutet dies für einen Ökonomen wie mich? Nicht viel, wenn er sich an den konventionellen Fragen seines Fachs orientiert: Liegt ein Wachstumsmarkt vor? Nein. Liegt eine Marktnische vor, in der man sich mit wenig Konkurrenz einrichten kann? Nein.

Eben das ist der Punkt, der den Unterschied des Entrepreneurs zum herkömmlichen Ökonomen ausmacht: In etwas Vorhandenem ein Potential erkennen, obwohl die ökonomischen Erkennungsmuster dafür nicht passen. Wasserhyazinthen? – Kein Potential. Oft untersucht, ohne Ergebnis. Ein Sessel? – Der Möbelmarkt ist gesättigt. Eher durch Zufall wurde ich auf den

Sessel aufmerksam. Das schöne Stück stand im Studio der thailändischen Designerin Khun Tük.

Das einzelne Teil allein, die Wasserhyazinthe oder der Sessel, hat nichts Erfolgversprechendes an sich. Zusammen sind sie eine Provokation. Lästiges Unkraut wird plötzlich zu einem Rohstoff von unerschöpflichem Potential: „Turn a problem into an entrepreneurial opportunity."

Die Geschichte der Idee von den Wasserhyazinthen könnte den Eindruck erwecken, die Probleme lösten sich quasi von selbst. Dieser Eindruck aber ist falsch. Vom ersten Einfall bis zum ersten Prototyp vergingen Jahre und bis zum Start des Verkaufs noch einmal drei.

Unternehmerische Qualifikationen sind nicht gleichzusetzen mit Managementqualifikationen. Die Schulung von Managern zielt auf abhängig Beschäftigte, die vorgegebene Ziele verfolgen. Ein Manager, so gut er als Organisator auch sein mag, ist kein Entrepreneur, der neue Horizonte aufschließt. Ein befähigter Unternehmer wird Probleme wie Umweltverschmutzung, Chemie in Lebensmitteln, die Situation in der Dritten Welt wahrnehmen und in seinen Überlegungen berücksichtigen. Er wird versuchen, sich mit gesellschaftlichen Problemlagen und Trends auseinanderzusetzen, die häufig gerade von Unangepaßten und Außenstehenden als erstes erkannt werden.

Muß man als Entrepreneur aber nicht über umfassende und fundierte betriebswirtschaftliche Kenntnisse verfügen? In der Tat geht das traditionelle Konzept der Gründerberatung davon aus: Der Gründer müsse in Bereichen wie Buchführung und Bilanz, Verhandlungsführung, arbeits- und steuerrechtlichen Fragen, Teamführung, Marketing usw. qualifiziert sein. Im Grunde genommen kann man eine fast endlose Liste an notwendigen Qualifikationen aufstellen. Es entsteht dann der Eindruck, daß nur universal ausgebildete Personen qualifiziert genug sind, ein Unternehmen zu gründen. Man muß sich dann nicht wundern, wenn solche Personen nicht nur selten zu finden sind, sondern dieses Bild auch abschreckende Wirkung auf die meisten Menschen ausübt.

Natürlich ist es hilfreich, wenn der Entrepreneur über ein Grundverständnis von betriebswirtschaftlichen Funktionen verfügt. Die Frage ist nur: In welchem Ausmaß muß der Entrepreneur sich solche Kenntnisse aneignen, und muß er wirklich selbst über alle diese Kompetenzen verfügen?

Meine Erfahrungen im Management einer Unternehmensgründung und der dann folgenden Phase raschen Wachstums gehen dahin, daß man die Oberhand über ein wachsendes Chaos behalten muß. (Kürzlich hat mich eine Gruppe junger Unternehmensberater aus Dänemark besucht, die mich zu überzeugen versuchten, daß genau dies der richtige Ansatz für Unternehmensführung sei – sie nennen ihre Beratungsfirma „Chaospiloten".) Dazu gehört, Arbeitsprozesse und -ergebnisse beurteilen zu können, ohne selbst die entsprechenden Detailkenntnisse zu haben. Dies verlangt Überblickswissen, Vernetzung mit Experten und eine gewisse Beharrlichkeit, sich Dinge erklären zu lassen und nachzufragen, auch wenn man über die einschlägigen Kenntnisse nicht verfügt. Die entscheidende Qualifikation des Entrepreneurs muß es sein, seine Vision im Auge zu behalten und Veränderungen im Marktumfeld zu erkennen, um rechtzeitig Anpassungen vornehmen zu können.

4.2 „Gegen den Strich"

In seiner Studie „Die Mentalität des Erwerbs" erzählt Klaus Hansen (1992) die folgende Geschichte: Ein junger Mann versucht, eine Idee umzusetzen, 18 Jahre lang erfolglos. Er hat die Vision, daß man mittels Benzinexplosionen (kurz vorher waren die ersten Motoren entwickelt worden) eine Pferdekutsche durch entsprechendes Gestänge und Technik kontrolliert fortbewegen könne. Eine mutige und kühne Vision, die er mit wenigen anderen Menschen seiner Zeit teilt. Der Vater hält den Sohn für verrückt und mißraten. Als das Fahrzeug zum ersten Mal losfahren soll, weigert er sich aufzusteigen, weil er sein Leben nicht riskieren will. Der Sohn erleidet einen Fehlschlag nach dem anderen. Schließlich gewinnt ein von ihm gebauter Wagen ein Autorennen, und das nur, weil der Wagen, haltbarer als die der Konkurrenten, tatsächlich bis zum Ziel gelangt. Der Mann heißt Henry Ford.

Die Geschichte von Ford ist lehrreich, weil dieser als Muster des großen Kapitalisten gilt. Hinter diesem Bild verschwinden die Probleme der Anfangszeit und der Ideenentwicklung sowie die Beharrlichkeit und Besessenheit des Querdenkers.

Als Kapitalist gehandelt, werde H. Fords unternehmerisches Gegen-den-Strich-Denken meist vergessen (Hansen 1992, S. 114 f.). Wenn einseitig die

Erwirtschaftung von Profit das Ziel des Unternehmens sei, werde nur der Verkäuflichkeit des Produkts Aufmerksamkeit zuteil und nicht seiner Nützlichkeit oder Qualität. Die Schwächen eines Produkts würden dann durch Werbung kompensiert, wobei der Kunde die dadurch entstehenden Zusatzkosten tragen müsse. Der Schaden sei daher ein doppelter: Zum einen kämen schlechte Produkte zum Verkauf, zum anderen würde man für gute wie schlechte zu hohe Preise zahlen.

Wenn Ford seinen Willen hätte durchsetzen können, würde das berühmte Modell T noch heute produziert werden, zwar mit allen technisch möglichen Verbesserungen, aber ohne Kompromisse an modische Attribute – für jeden Produktmanager ein Horrorszenario. Ford verabscheute jede Werbung. Von ihm, den seine Direktoren als „the world's worst salesman" bezeichneten, können wir lernen, uns auf einfache und funktionelle Produkte zu besinnen und uns vom Diktat der heutzutage tonangebenden Marketingexperten zu befreien. Die Paradoxie liegt darin, daß Gewinnmaximierung bei Ford nicht im Vordergrund stand und wahrscheinlich gerade dadurch ein schier unermeßlicher Reichtum entstand.

Auch eine andere Facette paßt nicht ins gewohnte Bild. Während die Öffentlichkeit Ford als den Erfinder des Fließbandes je nach Standpunkt feiert oder verdammt, fragt Hansen (S. 122f.), ob er denn überhaupt der Erfinder sei. Die entscheidende Neuerung sei gewesen, daß das Werkstück maschinell an den Arbeitern vorbeitransportiert wurde. Diese Idee aber stammte aus den Schlachthöfen Chicagos, wo das halbierte Rind, von einem sich langsam bewegenden Band herabhängend, bearbeitet wurde. Die Ehre der Erfindung gebühre wahrscheinlich dem französischen Manager des Schlachthofes, Georges Duhamel. Was ist daran für unsere Betrachtungsweise interessant? Der Entrepreneur Ford wäre damit nicht der Erfinder, sondern der Innovator. Er hätte die Idee in einer neuen Weise angewandt, die die Produktion radikal veränderte und Wirtschaftsgeschichte schrieb.

Wir kennen solche Geschichten aus den Biographien großer Künstler und Schriftsteller ebenso wie aus denen berühmter Unternehmer der ersten Generation. Ohne solche ungesicherten Anfänge, mit denen neue Entwürfe auf den Weg gebracht und hohe Anforderungen an Mut und Durchhaltevermögen gestellt werden, sind spätere Erfolge in der Regel nicht zu haben. Die Qualität der unternehmerischen Idee ist dabei von ausschlaggebender Bedeutung. Ob man sich am Markt erfolgreich durchsetzen oder gerade so über Wasser halten kann (und daher gezwungen ist, die Ellenbogen und all die kleinen Schwindeleien und Tricks einzusetzen), hängt sehr von der Qualität der Konzeption ab, mit der man im Wettbewerb angetreten ist. Taugt die Idee nicht viel oder ist sie nicht ausgereift, dann helfen auch die Förderprogramme nicht, die jetzt allerorten angeboten werden. Im Gegenteil, sie können auch dazu führen, daß man versucht, ins Förderprogramm zu passen, statt eine „auf einen selbst geschneiderte Idee" zu erarbeiten. Es würde daher nicht überraschen, wenn auf den gegenwärtigen Gründungsrausch ein Pleiterausch folgt. Immerhin sind schon jetzt mehr als die Hälfte aller Neugründungen nach Ablauf von fünf Jahren nicht mehr existent.

Ein weiteres Beispiel – Name: Duttweiler, Vorname: Gottlieb. Geboren 1888, aufgewachsen in den Arbeitervierteln Zürichs. Der Vater ist für den Lebensmittelverein der Stadt tätig. Die Magazine und Lager werden zum Spielplatz des Jungen. Er ist ein Träumer. In der Sekundarschule fängt er an zu schreiben, erfindet phantastische Geschichten und diktiert sie seiner Schwester ins Heft. Mit den Lehrern steht er auf Kriegsfuß. In seinen Zeugnissen vermerken sie unter der Rubrik „Betragen", er sei „unaufmerksam" und „ungebührlich". Da nimmt ihn der Vater aus der Schule.

Er beginnt – wir schreiben das Jahr 1905 – in einem Handelsgeschäft als Lehrling. Duttweiler bleibt bei der Firma, weiß aber zunehmend, was er wert ist, reklamiert bei den Eignern mehr Selbständigkeit und einen Geschäftsanteil. Duttweilers ungebremstes Temperament treibt die Firma in eine Phase hektischer Expansion. 1920 kommen verheerende Bilanzen auf den Tisch. In die Liquidation bringt Duttweiler große Teile seines Privatvermögens ein.

Dem Trauma der Schule ist das Trauma des Konkurses gefolgt. Was nun folgt, könnte von Stanislaw Lem erfunden sein, wäre es nicht in der Wirklichkeit des schläfrigen Zürich geschehen. Duttweiler vergräbt sich in die Datenberge des statistischen Amtes der Stadt Zürich, durchforstet Tausende von Zahlen, vergleicht die Kleinhandelspreise verschiedener Städte, entwirft Berechnungen und schreibt nun keine Phantasiegeschichten mehr, sondern eher schon einen Kriminalroman in Zahlen. Titel: Wie die Züricher Lebensmittelhändler es schaffen, die Stadt zum teuersten Territorium der Schweiz zu machen und die Bürger dabei ruhig zu halten.

Mitte des Jahres 1925 gründet Duttweiler mit Freunden zusammen die Firma Migros. Am 25. August fahren frühmorgens fünf kleine Lastwagen los, um die geladenen Waren unter die Leute zu bringen. Die Wagen führen nur sechs Artikel mit sich: Kaffee, Reis, Zucker, Teigwaren, Kokosfett und Seife. Und die nur in Großpackungen. Die Laster fahren zu 178 Verkaufsstellen und halten dort nur für 10 bis 15 Minuten. Sie sind so beladen, daß die Waren von der einen Seite zur anderen durchgeschoben werden können. Nicht nur Waren werden an die Käufer geliefert, sondern auch Flugblätter und Informationen darüber, warum diese Waren trotz hoher Qualität so billig sind. Die Wagen samt Fahrern wirken wie eine Verbraucheraufklärung auf Rädern, wie mobile Einrichtungen der Erwachsenenbildung.

Duttweiler, der Rechercheur und Entdecker des Naheliegenden, erweist sich mit seinem Ansatz als Preisbrecher und Entrepreneur ersten Ranges.

4.3 „Neu-Kombinieren"

„Think ceramic", sagt Thijs Nel, Schriftsteller, Maler und Töpfer in Magaliesberg bei Johannesburg. Als Töpfer kam ihm die Idee, wie man bessere Häuser bauen könnte. Traditionell bauten die Bewohner der Townships ihre Häuser aus Lehm; die Wände wurden mit Stöcken und Zweigen verstärkt. Wenn die Termiten aber das Holz fressen, entstehen in den Wänden herrliche Wasserkanäle und die Häuser halten im regnerischen Wetter nicht lange (The Nation, Aug. 7, 1995). Nels unternehmerische Idee kann man ungefähr so beschreiben: Stellen Sie sich eine Tasse vor. Stellen Sie die Tasse auf den Kopf. Lassen Sie die Tasse vor Ihren Augen immer größer werden und denken Sie sich Löcher in die Tasse. Nennen Sie die Tassen jetzt „Haus". Diese hausgroße Tasse mit Öffnungen als Fenstern muß nun gebrannt werden. Wie andere Töpferwaren auch in einem Feuer, das eine hohe Temperatur erzeugt. Sie können das Feuer als Dorffest organisieren. Das Ergebnis ist ein Haus, das weitaus haltbarer ist als die bisherigen Hütten, aber trotzdem kaum teurer. – Der Künstler als Architekt und Entrepreneur, mit einer Idee, verblüffend einfach und praktisch vorgeführt. Jeder sein eigener Hausbauer, Töpfer, Künstler. Ziemlich wahrscheinlich sogar, daß die Siedlungen schöner anzusehen sind als die Gebäude unserer Facharchitekten.

Handelt es sich bei den Beispielen um extreme Einzelfälle? Ich glaube nicht. Peter Goebel fand heraus, daß 50 von ihm untersuchte Unternehmensgründer trotz ihrer völlig unterschiedlichen Herkunft und unterschiedlichsten Bedingungen eines gemeinsam hatten: eine Idee zur Reife zu bringen – beharrlich immer wieder um die gleichen Probleme zu kreisen und dies in einer Art und Nachhaltigkeit, die „normalen" Menschen schon fast als psychisch bedenklich und absonderlich erscheinen mag.

Man könnte sich einen Henry Ford heute als Besessenen des Solarmobils vorstellen, aber auch als Querdenker und Entrepreneur einer neuen industriellen Askese, der radikalen Beschränkung auf Produktqualität und -haltbarkeit.

Wer der Ansicht ist, daß in den westlichen Industrieländern aus ökologischen und politischen Gründen weniger Produktion und Konsum auf der Tagesordnung steht, der müßte eigentlich noch einen Schritt weitergehen. Dann könnte der Satz Bedeutung erlangen: „Das Schwierige ist nicht, Dinge zu machen, sondern die Bedingungen zu schaffen, unter denen man auf die Dinge verzichten kann."[1] Damit wären Ideen und Innovationen gefragt, die nicht auf Wachstum, sondern auf intelligente Einschränkung, auf intelligente Askese abzielen!

5. Für eine offene Kultur unternehmerischen Handelns

Wir reden so viel vom post-industriellen Zeitalter, aber wenn es darauf ankommt, wirtschaftliche Innovationen zu denken, fällt unseren Politikern außer der Förderung des High-Tech-Bereichs und der Beschleunigung des Transfers von Forschungsergebnissen in marktreife Produkte nicht viel ein. Wenn eine zutreffende Orientierung aber „mehr Zeitwohlstand statt Güterreichtum" lauten würde, dann würden ganz andere Denkmuster und Innovationen notwendig.[2]

Was wir brauchen ist eine „culture of entrepreneurship", eine Atmosphäre, die weit mehr Ideenpotential zuläßt, als dies im Feld der Ökonomie, so wie es heute definiert ist, möglich ist. Eine Kultur, die auch Künstler, Außenseiter und solche Gruppierungen einbezieht, die in der „Welt der Wirtschaft" und ihren oft mausgrauen Vorstellungen bisher keinen Platz haben. Die Abneigung gegen den Markt und unternehmerisches Handeln hat ja leider dazu geführt, daß in diesem Bereich fast ausschließlich gesellschaftliche Konventionalität und Geschäftshuberei die Feder führen.

Nicht Alternativen zum Markt, sondern Alternativen im Markt sind hier gefragt: Das Wirtschaftsleben ist etwas viel zu Wichtiges, als daß wir es den Ökonomen überlassen sollten.

In unserer Kultur werden Künstler und Unternehmer in der Regel als Gegensätze gesehen. Danach ist der Künstler ein Mensch, der einen eigenen Stil kreiert und seinen Visionen folgt, der Unternehmer hingegen der Vertreter des ökonomischen Kalküls, dem es in erster Linie darum geht, Gewinne zu erzielen. „Geist" und „Geld" haben sich in Deutschland noch nie gut vertragen. Die Verachtung der Zirkulationssphäre und die Gleichsetzung von Gewinn mit etwas Bösem ist zumindest seit der Romantik Grundausstattung fast jeder antibürgerlichen und antikapitalistischen Gesellschaftskritik.

Statt sich spinnefeind zu sein, sollte man lieber miteinander spinnen. Sich auseinandersetzen ist gut und notwendig, sich zusammenzusetzen noch besser. Für eine neue „culture of entrepreneurship" braucht es einen Brückenschlag, braucht es auch einen Typ von Unternehmer, der, sei es als Wissenschaftler, als Künstler oder sozial engagierter Mensch, die Denkweisen und Möglichkeiten seines Gebietes für Ideen zur Verbesserung der Lebensqualität, für sinnvolle Dienstleistungen oder das bessere und haltbarere Produkt nutzt. Wir brauchen Entrepreneurs, die nicht ständig nur neue Bedürfnisse herauskitzeln, sondern auf vorhandene Probleme mit sozialer, ökonomischer, aber auch künstlerischer Phantasie antworten – Entrepreneurship als schöpferische Tätigkeit.

Konventionellem Unternehmertum stellte schon Mitte des letzten Jahrhunderts in England die Arts and Crafts-Bewegung eine Position entgegen, die das künstlerische Element mit ökonomischer Ratio verband: Unternehmer, von denen man sagte, „ihre Tätigkeit ist Kunst" und „ihre Spur ist Schönheit" (Kemp 1987, S. 325). Entscheidend sei, sagt der Wirtschaftsethiker Peter Ulrich (1997), daß wir wieder lernen, Wirtschaften als kulturelle Aktivität zu verstehen.

Heute sind in England bereits eine dreiviertel Million Menschen im kulturellen Sektor beschäftigt – fast doppelt so viele wie in der Autoindustrie. Zwei von drei ausländischen Touristen nennen kulturelle Anlässe als Grund ihres Besuchs. Der British Council schätzt die Erlöse aus diesem Bereich auf etwa 10 Milliarden Pfund; expandierende Unternehmen befinden sich heute vor allem im Bereich der Kommunikation, des Entertainments, der Bildung und der Freizeit. Diese Bereiche sind auch weltweit von wachsender Bedeutung. Sie haben weit mehr mit künstlerischer und sozialer Phantasie zu tun, als dies bei Produkten der industriellen Phase der Fall war.

Phantasie an die Macht? Diesmal nicht gegen den Kapitalismus, sondern mit den Mitteln des Marktes. Dazu braucht es eigentlich erstaunlich wenig: Oft reicht schon die Neuanordnung von vorhandenem Wissen, ein Gegen-den-Strich-Bürsten dieses Wissens oder die Übertragung vertrauter Ideen auf neue Anwendungsgebiete.

Für das Bildungssystem ist dies eigentlich kein unbekanntes Terrain. Die spezifischen Fähigkeiten von Menschen zu erkennen und zu fördern, Eigenheiten zu verstehen und zu akzeptieren, sind von jeher Anliegen der Pädagogik, nicht der Ökonomie. Immer dort, wo es um Wissen geht, um Freiräume, um Ideenfindung, hat das Bildungssystem grundsätzlich Vorteile gegenüber dem Beschäftigungssystem. Vor allem gegenüber dem Alltag des Beschäftigungssystems, seiner Betriebsblindheit, seinem Zeitdruck. Der Universität stehen enorme Möglichkeiten der Ideenproduktion offen. Sie verfügt über Potentiale an Theorie, an Erfahrungswissen, an praktischen Kontakten und an Diskussionen, die so keinem Unternehmen zur Verfügung stehen. Die Ideenfindung und die Ideenentwicklung sind der Bereich, in dem die Bildungseinrichtungen zu Hause sein müßten. Wenn wir unser Verständnis von Bildung ernst nehmen und uns nicht mit der uns faktisch zugewiesenen Rolle abfinden, dann ist Entrepreneurship die Chance, ein Stück konkreter Utopie zu verwirklichen und in die Praxis umzusetzen.

Anmerkungen

1 Eine Formulierung des Berliner Künstlers Stiletto.
2 Vgl. B.U.N.D. u.a. 1966, S. 221f.

Literatur

B.U.N.D. und Miserior. (Hg.). (1996): Zukunftsfähiges Deutschland. Ein Beitrag zu einer global nachhaltigen Entwicklung. Basel, Boston, Berlin.

Bygrave, W. D. (1994): The Entrepreneurial Process. In: The Portable MBA in Entrepreneurship. Ed. by W.D. Bygrave.

Faltin, Günter. (1998): Das Netz weiter werfen. In: Faltin, G., Ripsas, S. und Zimmer, J. (1998): Entrepreneurship – Wie aus Ideen Unternehmen werden. München.

Faltin, G. und Zimmer, J. (1996): Reichtum von unten. Die neuen Chancen der Kleinen. Berlin.

Fücks, Ralf. (1997): Wege aus der Wachstumsfalle. Thesen zur Hamburger Tagung der Heinrich-Böll-Stiftung und des B.U.N.D., Hamburg, 30.-31.5.1997.

Goebel, Peter. (1990): Erfolgreiche Jungunternehmer. Welche Fähigkeiten brauchen Firmengründer? München.

Goleman, D., Kaufmann, P. und Ray, M. (1993): The Creative Spirit. Penguin Books.

Hansen, Klaus P. (1992): Strategische Unternehmensführung. 5. neubearbeitete und erw. Auflage. Berlin, New York.

Hinterhuber, Hans H. (1992): Strategische Unternehmensführung, 5. neubearbeitete und erw. Auflage. Berlin, New York.

Kemp, Wolfgang. (1987): John Ruskin. Leben und Werk. Frankfurt am Main.

Pinchot, G. (1985): Intrapreneuership. New York.

Ripsas, Sven. (1997): Entrepreneuership als ökonomischer Prozeß. Perspektiven zur Förderung unternehmerischen Handelns (Diss. Freie Universität Berlin). Wiesbaden.

Soto, Hernando de. (1992): Marktwirtschaft von unten. Die unsichtbare Revolution in Entwicklungsländern. Zürich.

Schumpeter, Joseph. (1993): Theorie der wirtschaftlichen Entwicklung. 8. Aufl., unveränderter Nachdruck der 1934 erschienenen vierten Auflage. Berlin.

Timmons, J. (1990): New Venture Creation. Entrepreneurship in the 1990s. 4th edition. Boston.

Ulrich, Peter. (1997): Integrative Wirtschaftsethik. Bern.

Zukunftsfähiges Deutschland siehe B.U.N.D. u.a. 1996.

Die Provokation durch die Wirklichkeit
Der Situationsansatz als Einladung zu ungehinderter Teilhabe an relevanter Umgebung

Jürgen Zimmer

Wir arbeiten nach dem Situationsansatz und das sind unsere Grundsätze:
Kinder haben Rechte und sind Akteure ihrer Entwicklung.
Unsere pädagogische Arbeit geht aus von den Lebenssituationen
  der Kinder und ihrer Familien.
Was im Leben von Kindern wichtig ist, wird im Gespräch heraus-
  gefunden.
Unsere pädagogischen Ziele sind Selbstbestimmung, Solidarität und
  Kompetenz. Sie orientieren sich an den demokratischen Grundwerten.
Wir arbeiten altersübergreifend, integrativ und interkulturell.
Die Kinder gestalten ihre Situation in der Kita aktiv mit.
Der Sinn von Werten und Normen erschließt sich den Kindern
  vor allem im täglichen Zusammenleben.
Die Kinder lernen in realen Lebenssituationen, in einem
  anregungsreichen Umfeld innerhalb und außerhalb der Kita.
Die Kinder lernen voneinander.
Die Erzieherin ist Lehrende und Lernende zugleich.
Die pädagogische Arbeit beruht auf einer offenen Planung und
  wird fortlaufend dokumentiert.
Eltern und andere Erwachsene sind eingeladen, sich aktiv zu beteiligen.
Unsere Kita entwickelt enge Beziehungen zum gesellschaftlichen Umfeld.

(Plakattext aus der Materialbox der „Praxisreihe Situationsansatz", 1998.)

Über den Situationsansatz liegen einige hundert Veröffentlichungen, darunter Dissertationen, Monographien, Praxisanregungen, Erfahrungsberichte, Curriculum-Elemente, didaktische Materialien, Filme für Kinder und Ergebnisse qualitativer wie quantitativer Evaluationen vor. Fernsehserien für Kinder – von der „Rappelkiste" bis zu „Karfunkel" – und Gesetze sind von ihm beeinflußt. Es hieße Eulen nach Athen zu tragen, hier einen schon bekannten Ansatz erneut vorzustellen.[1] Dieser Beitrag versucht vielmehr, einige Akzente zu setzen und auf kritische Anmerkungen zum Situationsansatz einzugehen.

Der Bildungsanspruch

Der Situationsansatz, der sich nicht nur auf die Erziehung in der frühen Kindheit bezieht, ist ideengeschichtlich durch die Bildungs- und Curriculumtheorie geprägt, wie sie Shaul B. Robinsohn und seine Gruppe am Berliner Max-Planck-Institut für Bildungsforschung in Auseinandersetzung mit der fächerbezogenen Didaktik entwickelt haben. Bildung ist nach Robinsohn die Befähigung zum ‚richtigen' und ‚wirksamen' Verhalten in der Welt. ‚Verhalten' ist im umfassenden Sinn anthropologisch, nicht behavioristisch gemeint. Es ging Robinsohn um eine gewinnende Lebenshaltung, um die Möglichkeit, neue und wechselnde Horizonte der physischen und geistigen Welt aufzunehmen, zu Allianzen fähig zu sein, ohne Loyalitäten aufzugeben, sich neuen Problemen im Vertrauen auf neue Lösungen zu stellen. Bildung hat die Ambivalenz der Bedürfnisse nach Kontinuität und Sicherheit einerseits und nach Offenheit, Entdeckung und Produktivität andererseits auszubalancieren, ist auf die Überlieferung angewiesen, um Ziele für die Zukunft zu formulieren. In Paraphrase einer Bemerkung Martin Bubers (der sich mit dem nach dem Zweiten Weltkrieg aus Israel zurückgekehrten Robinsohn über Fragen der Curriculumtheorie austauschte) erzieht ein Curriculum in der Tradition des biblischen Humanismus zum Standhalten in der Welt, zur Bewährung in ihr, nicht aber dazu, sich über die Problematik des Augenblicks zu erheben.

Erziehung nach Auschwitz: Das kann nicht mehr bedeuten, Lernende auf die Verfolgung ideologisch geschlossener Weltbilder zu verpflichten und sich instrumentalisieren zu lassen, sondern – mit Ernst Bloch – das stärkste Fernrohr, das des geschliffenen utopischen Bewußtseins, zu nehmen, um die nächste Nähe zu durchdringen. Hier, in der Nähe, treffen Tradition und Zukunft aufeinander. Hier werden sie ausgehandelt und erlangen existentielle Bedeutung. Menschen für ‚richtiges' Verhalten in der Welt auszurüsten, bedeutet den Versuch, *global concerns* auch als *local concerns* zu verstehen und deren Wechselverhältnis zu begreifen. Die Situationsanalysen innerhalb des Robinsohnschen Strukturkonzeptes der Curriculumentwicklung beziehen sich nicht nur auf die Situationen im hier und jetzt, sondern immer auch auf die in ihnen enthaltene und sie mit konstituierende Vergangenheit und die auf sie einwirkenden gesellschaftlichen Kräfte. In der Bestimmung von qualifikationsrelevanten Sachverhalten und der Formulierung von Qualifikationen findet der Entwurf des Zukünftigen seinen Ausdruck. Zum ‚richtigen' und ‚wirksamen' Verhalten in der Welt gehört die Fähigkeit, in Situationen nicht nur zu bestehen, sondern sie auch zu gestalten.

Der hier gemeinte Bildungsanspruch legt nahe, sich Zugänge zu situationsspezifischem, transzendierendem und generalisierendem Wissen zu verschaffen, die möglichst unmittelbar zur Erkenntnis führen und keine Umwege einschlagen, die durch die scheinbar immanente ‚Logik' einer der didaktischen Reduktion unterworfenen Fachdisziplin bestimmt werden (Delphi-Befragung 1996/1998). Diese von Fachdidaktikern behauptete ‚Logik' erweist sich bei näherem Hinsehen als Konvention des Mainstream darüber, welche Wissensbestände in welcher Anordnung als bedeutsam eingeschätzt werden, wie innerhalb einer sequentiellen Organisation des Wissenserwerbs das Davor und Danach anzuordnen und wie Wissen zu hierarchisieren sei. Untersucht man jedoch komplexe Ausschnitte soziokultureller, technologischer oder ökonomischer Wirklichkeit und identifiziert in ihnen die qualifikationsrelevanten Sachverhalte und damit auch die Anforderungen an das Wissen, machen diese Anforderungen vor disziplinären Grenzen nicht halt. Sie überspringen diese Grenzen vielfach, verlangen nach interdisziplinären Amalgamen und einer Fokussierung des wissenschaftlichen Wissens unterschiedlicher Provenienz auf Schlüsselprobleme, zu deren Aufklärung und Lösung dieses Wissen beitragen soll (Damerow u.a. 1974). Diese Wirklichkeit straft den fachdidaktischen Tunnelblick ständig Lügen. Die akademischen Wissensbestände sind von hohem Nutzen, nur sind sie im Hinblick auf ein Lernen in komplexen Realsituationen vielfach falsch organisiert und verunmöglichen den Transfer solchen Wissens. Ein Curriculum, das sich an generativen Themen orientiert und von dort her strukturiert, ‚plündert' wissenschaftliche Wissensbestände und bezieht sie auf reale Situationen und Probleme. Die Quellen akademischen Wissens reichen dabei nicht aus; weitere Quellen – die Vorerfahrung der Menschen, die Erkenntnischancen intuitiven und hermeneutischen Denkens, der künstlerische Zugang – spielen eine bedeutsame Rolle.

Voneinander abgegrenzte fachdidaktische Strukturgitter können sich wie Erkenntnis- und Handlungsbarrieren zwischen die Lernenden und ihre Situation schieben. Wird der Erkenntnisprozeß hingegen durch die Anforderungen der Realität provoziert, wird deutlicher, welches Wissen und welche Kompetenzen förderlich sind. Dieser curriculumtheoretische Zugang wirkt der historischen Spaltung des Bildungskanons in Humaniora und Realia entgegen, der Fraktionierung des Lernens in atomisierte Bestandteile von Stoffkatalogen. Allgemeinbildung und Spezialbildung geraten in ein neues Verhältnis: Allgemeinbildung nicht als Summe des Spezialwissens, sondern im Sinne von Hellmut Becker als Weltverständnis und allgemeines Problemlösungswissen; Spezialbildung als Kompetenz zur Lösung spezifischer, kontextgebundener Schlüsselprobleme. Im Hinblick auf die Wissensbestände aus dem Bereich der Realia ist wichtig, auf den historischen Prozeß des kollektiven Vergessens sozialer Kontexte mit eben der Rekonstruktion dieser Kontexte zu antworten – nichts anderes meint die Verbindung von sozialem und sachbezogenem Lernen. Die Vermittlung einer auf ihre sozialen Kontexte rückbezogenen Mathematik würde den Lernenden die systematische Chance bieten, nicht-mathematische Voraussetzungen und Folgen mathematischer Operationen zu verstehen – dazu gehört beispielsweise das Verständnis für Quantifizierungsprozesse auf der Grundlage nicht-mathematischer Wertsetzungen, einschließlich der retro-analytischen Entschlüsselung solcher Setzungen (Damerow u.a. 1974, S. 104ff.).

Diese Curriculumtheorie stieß zur Zeit ihrer Entstehung auf den Widerstand des fachdidaktischen Kartells, dessen Vertreter sich bei ihrer Anerkennung neu hätten legitimieren müssen. Gleichwohl entwickelten sich korrespondierend zum Situationsansatz im Kindergarten auch schulische Versuche des binnendifferenzierten, fächerübergreifenden, projektorientierten und auf Schlüsselprobleme bezogenen Unterrichts (Duncker/Popp 1997, Frey 1982, Klafki 1996 und 1998, Münzinger/Klafki 1995). Es ist allerdings ein Unterschied, ob man von einer Realanforderung ausgeht und ein auf sie bezogenes

Problemlösungswissen erschließt oder von einem Fachinhalt, für den man nach illustrierenden und nicht selten ideologisierenden ‚Anwendungen' sucht (Keitel 1986). Eine bisher nicht überwundene Schwäche der Fachdidaktik liegt darin, daß sie im Zweifelsfall das Verbindungsseil weit mehr in Richtung Disziplin und weit weniger in Richtung komplexe Realität auswirft. Im Extremfall bedeutet dies ‚akademische' Stoffhuberei, während der Situationsansatz die Problemlösungen in Realsituationen ins Zentrum rückt und den jeweiligen Prozeß der Erschließung und Aneignung von problemlösendem Wissen mindestens ebenso ernst nimmt wie dessen Inhalte.

Die Kritik fachdidaktischer Verengungen ist nicht gleichzusetzen mit einem Verzicht auf systematisches Lernen und eine sequentielle Anordnung von Lerninhalten. Wenn diese Sinn haben, sind sie willkommen. Zudem reklamiert der Situationsansatz keinen Monopolanspruch, sondern verhält sich zu anderen Lernzugängen komplementär, sofern sie seinen normativen Prämissen – zu denen die Postulate von Autonomie, Kompetenz und Solidarität, eine Balance von Eigensinn und Gemeinsinn gehören – nicht widersprechen. Wenn die Ausbildung von Studierenden der Medizin an der Harvard Universität von komplexen Problemsituationen ausgeht und damit den hier skizzierten Weg einschlägt, wird der Wissenserwerb einem umfassenden Verständnis der Situation von Patienten untergeordnet. Formelles und informell-situatives Lernen geraten in ein systemisches Wechselverhältnis.

Aus den Aussagen der Delphi-Befragung über die Potentiale und Dimensionen der Wissensgesellschaft ergeben sich zahlreiche Übereinstimmungen mit dem Situationsansatz: Der Erwerb von Kompetenzen zur Erarbeitung von Problemlösungswissen wird zunehmend als relevant eingeschätzt. Der Situationsansatz hilft bei der Lokalisierung und Gewichtung dieser Probleme und bei der Bereitstellung realistischer Settings und hochdifferenzierter Lernumwelten. Das Lernen wird zunehmend im Wechsel von formaler und situativer Bildung erfolgen. Problemlösungswissen wird wichtiger als reines Fachwissen. Von der Kanonisierung des Wissens in einem festen Bildungskanon wird man sich verabschieden müssen – der Situationsansatz setzt hier schon lange auf exemplarische Situationen, unter ausdrücklichem Verzicht auf den Versuch einer ‚überzeitlichen' und transkulturellen Festschreibung.

Im Bereich des formalen Bildungswesens wird eine Implementation der Ergebnisse des Bildungs-Delphi auf ähnliche Barrieren stoßen wie seinerzeit das – durch das Bildungs-Delphi aktualisierte – Strukturkonzept der Curriculumrevision. Im sozialpädagogischen Milieu der Jugendhilfe ist hingegen mit einem anderen Handikap zu rechnen: Die Ausbildung der Erzieherinnen vermittelt bisher – von rühmlichen Ausnahmen abgesehen – weder eine zureichende Kompetenz für den Situationsansatz insgesamt, noch für seinen spezifischen bildungstheoretischen Anspruch. Zur Vermeidung sozialpädagogisch geprägter Abschottungsprozesse ist es deshalb notwendig, an einer entsprechenden Professionalisierung der Aus-, Fort- und Weiterbildung weiterzuarbeiten.

Hyperchange und differenzierte Lernumwelten

Im ausgehenden zwanzigsten Jahrhundert hat der gesellschaftliche Wandel auch jenseits virulenter politischer Ereignisse und ökonomischer Turbulenzen an Rasanz zugenommen. Hyperchange (D. Barret in: Burnett 1995, S. 288) meint die Überlagerung und wechselseitige Durchdringung von linearen, exponentialen, diskontinuierlichen und chaotischen Wandlungsprozessen, die durch die raschen Verästelungen und Wucherungen der Informations- und Kommunikationstechnologien, die sich beschleunigende Produktion und Umverteilung von (Des-)Informationen, die Globalisierung fragiler Finanzmärkte, das Wachstum informeller ökonomischer Sektoren, die Dezentralisierung ehemals zentraler Regierungen und Bürokratien, Waffensysteme und bewaffneter Konflikte und die globale Vermarktung von kulturellen Phantasien. Die Intensivierung des Wettbewerbes auf dem Weltmarkt und der damit verbundene relative ökonomische Abstieg der Deutschen mit der Tendenz zur Entwicklung einer Zwei-Drittel-Gesellschaft ist für uns von besonderer Bedeutung. Gesellschaftliche, auch pädagogische, Institutionen werden, wenn sie auf diesen – immer unvorhersehbarer und unkontrollierbarer werdenden – Hyperchange mit Verdinglichung reagieren, durch Dysfunktionalität und Frustration geprägt sein.

Der Situationsansatz will das Verhältnis zwischen diesem Hyperchange und den sich entsprechend wandelnden Situationen der Kinder in den Blick nehmen und auf pädagogische Schlußfolgerungen hin diskutieren. Diese Entwicklungen betreffen auch das Tempo des Wandels familialer Strukturen; diese wiederum wirken auf die Institutionen der Tagesbetreuung ein – die

Druckwellen setzen sich fort. Vergleicht man die situationsbezogenen curricularen Materialien der siebziger Jahre einschließlich der thematisierten Situationen und Situationsanalysen, so unterscheiden sie sich deutlich von denen des – in den neuen Bundesländern durchgeführten – Projektes „Kindersituationen". („Das soll einer verstehen! Wie Erwachsene und Kinder mit Veränderungen leben" heißt eines der Bücher in der „Praxisreihe Situationsansatz" in: Doyé/Lipp-Peetz 1998b.) Zu den erkenntnisleitenden Interessen bei der Analyse von Lebenswelten in den siebziger Jahren gehörte die Teilhabe von Kindern an der Gestaltung von Situationen – es spiegelte den damaligen Diskurs über Demokratisierung wider. Der Situationsansatz in den achtziger Jahren war hingegen unter anderem durch die Reflexion interkultureller Lebenszusammenhänge geprägt. In den neunziger Jahren bildeten die gesellschaftlichen und ökonomischen Umbrüche den Hintergrund der Situationsanalysen – der Prozeß des relativen ökonomischen Abstiegs Deutschlands mit dem damit verbundenen Verlust von Arbeitsplätzen, mit der Entwicklung von Patchwork-Lebensläufen und der Notwendigkeit, die Fähigkeit zum *micro innovative entrepreneurship* als Grundqualifikation zu verstehen und zu lernen, „auf die eigenen Füße zu fallen".

Lernen in einer sich verändernden Wirklichkeit enthält nach dem Situationsansatz die Chance, durch die von und mit Kindern vollzogene Erschließung kindgemäßer, gleichwohl komplexer Realsituationen die von der Kognitionspsychologie immer wieder geforderten hochdifferenzierten Lernumwelten zu schaffen (Dickinson 1994, Morowitz/Singer 1995, Perkins 1987). Hierzu können durchaus auch neue Realitäten wie die neuen Medien zählen (Papert 1993).

Mitglieder des neuen Think Tank „Learning Without Frontiers" der UNESCO verweisen darauf, daß der *informal learning sector*, der zeitlich und qualitativ bedeutsamer als der formelle Sektor sei, auf die Anforderungen des Hyperchange möglicherweise wesentlich flexibler und angemessener reagiere als die traditionellen Bildungsinstitutionen. Dies hänge damit zusammen, daß sich im informellen Sektor ein pädagogisch gleichsam entfesselter Typus des Lernens entfalten könne: Er zeige, zu welchen situationsstrategischen Leistungen lernende Menschen in der Lage seien. Dieser Sachverhalt, der durch Forschungen in den Kognitionswissenschaften, der angewandten Linguistik, der Psychologie, der Neurologie, der Ökologie, Biologie, Sozialanthropologie und Semiotik gut dokumentiert werde, widerspreche dem im pädagogisch-institutionellen Setting realisierten Lerntypus: „Our current educational solutions, still grounded in the metaphors of yesterday, continue to view learning as a mere preparation for life – with a discrete beginning and end – not as an integral part of life." (Jain 1997, S. 6)

Für den Situationsansatz ist der informelle Bildungssektor von hohem Interesse. Die von der UNESCO geäußerte These lautet ja, daß er die Potenzen menschlichen Lernens besonders herausfordern und entfalten könne: der Hyperchange wäre dabei die dramatisierte Fassung des informellen Lernsektors, ein besonders spannendes, sich in scheinbar unübersichtlicher Bewegung befindliches Lernumfeld. Menschliches Lernen sucht sich seinen Weg auch durch das Drunter und Drüber, legt Handlungsschneisen, speichert Erfahrungen und wertet Irrtümer aus. Erkenntnis- und Lernprozesse in Realsituationen, in *open learning communities*, lassen sich elaborieren und die Möglichkeiten des Wissenstransfers lassen sich unter realistischen Rahmenbedingungen ausloten – ein Lernen in der Unsicherheit, aber auch die Herausforderung des offenen Ausgangs, ist etwas anderes als die Organisation des Lernens unter artifiziellen Bedingungen und in Parametern der Scheinsicherheit (Capra 1996).

Pädagogisch gefördertes Lernen in komplexen Realsituationen bedeutet mithin, Lernchancen innerhalb der Situationen zu erweitern, Zugänge zu situationsspezifischen und -überschreitenden Wissensbeständen zu gewinnen, Risiken abzuwägen, Transfermöglichkeiten zu nutzen, sich über normative Bezugspunkte des Handels zu verständigen. An einem den Situationen angemessenen Verständnis des Lernens muß weiter gearbeitet werden, nicht nur im Bereich der frühen Kindheit, sondern auch in den Bereichen des Bildungswesens, denen Programm und Setting zunehmend abhanden kommen: Viele der gesellschaftlich relevanten Lernprozesse, das hat Ralf Dahrendorf schon vor Jahren bemerkt, werden jenseits der durch Inkompetenz gekennzeichneten pädagogischen Institutionen organisiert. Hinsichtlich einer Didaktik des Situationsansatzes ist das Verhältnis von Verschulung und Entschulung, von Komplexität der Wirklichkeit und Komplexitätsreduktion des Lernvorgangs, von Selbstregulation und strukturierender Moderation von Lernprozessen immer wieder neu zu verhandeln.

Entwicklungspsychologische und anthropologische Fundamente

In den sechziger Jahren gab es Bestrebungen, der Bildungsdiskussion durch einen behavioristischen Reduktionismus zu entkommen. Die *classification of educational goals* eines Benjamin Bloom (die gegenwärtig in chinesischen Schulen skurrile Wirkungen zeigt) gehörte dazu – wie auch der einfach gestrickte Versuch, Items aus Intelligenz-, Entwicklungs- und Persönlichkeitstest in Aufgaben für vorschulische Lernprogramme umzufunktionieren: mit *test coaching* zum Testerfolg. Wer glaubt, für die Gestaltung vorschulischer Förderprogramme sei nur relevant, was sich in naiver Übersetzung empirischen Untersuchungen über die Entwicklung des Kindes entnehmen lasse, gerät in eine Denkfigur, in der Bildungsprozesse zugunsten eines sozialtechnologischen Trainings irrelevant werden. Die von Tyler diskutierte Trias *child – society – discipline* erhält eine neue Schlagseite: nicht mehr das fachdidaktische Übersoll (*discipline*), sondern das operationalisierte Kind als Summe zu fördernder Einzelfunktionen.

Zu den dringlichen Desiderata des Situationsansatzes gehört es, daß an einer ihm kongruenten, pädagogisch reflektierten und differenzierten Erschließung der Entwicklungs- und Kognitionspsychologie gearbeitet wird und die historisch plausible Abwehr sozialtechnologischer Verkürzungen nicht zu Abstinenzerscheinungen führt. Die anthropologischen Richtwerte von Autonomie, Kompetenz und Solidarität finden in den entwicklungspsychologischen Erkenntnissen ihre mittelbaren, d.h. der pädagogischen Reflexion zu unterziehenden Entsprechungen. Daß das eigenaktive, intrinsisch motivierte, zum eigengesteuerten Kompetenzerwerb befähigte, sich selbst empfindende und in seiner Subjektivität anerkannte Kind im Zentrum des Situationsansatzes steht, mag bezweifeln, wer wie Schäfer (1995a) nicht die auf mehrere tausend Seiten zu schätzenden Beobachtungen und Erfahrungsberichte innerhalb des Curriculum Soziales Lernen und die vielen anderen Praxisdokumente mit heranzieht oder – noch besser – in entsprechend arbeitenden Praxiseinrichtungen hospitiert, sondern sich im wesentlichen an programmatischen Frühschriften des Situationsansatzes orientiert: In denen ist – noch einmal im Blick auf die Tylersche Trias – viel und aus gutem Grund von *society* die Rede, von den gesellschaftlichen Rahmenbedingungen der Kindheit.

Dennoch hilft die Auseinandersetzung mit Schäfers Anmerkungen zum Situationsansatz weiter. Diese zielen darauf, die Individualität des Kindes, seine Lerngeschichte, seine Art der Aneignung von Welt, seine Betroffenheit, seine Wahl und Sicht von Situationen, die Besonderheit seines Denkens und Handelns, seine Problemzugänge und Interessen noch stärker ins Zentrum zu rücken. Dies kann man uneingeschränkt bejahen. Der Situationsansatz wird sich in diese Richtung weiter entwickeln. Daß individuelle Biographien auch bisher schon ernst genommen wurden, zeigen nicht nur Beobachtungen in den Einrichtungen, sondern auch langjährige Schwerpunkte in der Fort- und Weiterbildung von Erzieherinnen: Es ist – betrachtet man die Vielfalt der Lebens- und Kommunikationsformen in elaborierten Praxiseinrichtungen – inzwischen Standard, daß Kinder ihre Situationen mitbenennen, ihre Situationsdeutungen einbringen, ihren Phantasien nachgehen und Ausdruck verleihen, ihre Spiele spielen, ihrem Bedürfnis nach Rückzug folgen, ihre Meinungen einbringen und ihre Konflikte austragen können. Die Wege, die Erzieherinnen entwickelt haben, um dieser Individualisierung Rechnung zu tragen, sind differenziert und wirksam (Doyé/Lipp-Peetz 1998a, Wolf u.a. 1999, Zimmer u.a. 1997). Man darf das Pendel jedoch nicht soweit zurückschwingen lassen, daß man bei einem Bildungsbegriff landet, der Bildungsprozesse, wie sie der Situationsansatz unter Berufung auf das Robinsohnsche Strukturkonzept als kindgemäße Herausforderung meint, ausblendet und – idealtypisch – nur mehr den irgendwie sich vollziehenden Selbstbildungsprozeß des Kindes bestehen läßt, der sich zur Freude zivilisationskritischer Pädagogen fast nur noch im Spiel, in der Phantasietätigkeit und im künstlerischen Entwurf ausdrückt. Daß der Situationsansatz dem freien Spiel, dem zweckfreien Interesse an der Sache und der Phantasie gewogen ist, läßt sich an den einschlägigen Veröffentlichungen ablesen (Hoenisch u.a. 1969, die didaktischen Einheiten „Spielsituationen" und „Über den Umgang mit Märchen" in der Erprobungsfassung des Curriculum Soziales Lernen 1975, Naumann 1998b). Den Bildungsbegriff tendenziell auf Phantasie und schöne Künste einzuengen, wie sich bei Schäfer (1995b) andeutet, führt jedoch in eine eher realitätsferne Nische.

Die notwendige Integration differenzierter entwicklungs- und kognitionspsychologischer Erkenntnisse in den Situationsansatz kann einerseits dem einzelnen Kind mit seiner je besonderen Biographie und Lerngeschichte zugute kommen und der Förderung seiner basalen kognitiven, sozialen und emotionalen Kompetenzen dienen, andererseits aber auch wichtige Hinweise für die Gestaltung des Settings liefern (Praxisreihe Situationsansatz 1998). Wie beispielsweise wäre dieses Setting so weiterzuentwickeln, daß es die kommunikationsintensive Verhandlung der Wünsche und Absichten von Kindern wirklich erleichtert, ihre Ausdrucksfähigkeit entwickeln hilft, ihre Spiele in allen Variationen fördert, der Phantasie Raum gibt und das Zusammenleben stützt? Wie ist das Verhältnis von Bindung und Trennung in der Kindheit, und welche Überlegungen ergeben sich daraus für die Gestaltung des Miteinanders von Erzieherinnen, Eltern und Kindern (Becker, U. 1995, Krappmann 1995)? Wie gehen wir mit katastrophischen Veränderungen biographischer Prozesse und Vernetzungen um (Becker, St. 1990)? Wie ist – im übertragenen Sinne – jener Raum zu gestalten, der der Entwicklung kindlicher Selbstempfindungen förderlich ist (Stern 1992, Schäfer 1995)? Können die Ergebnisse der Resilienzforschung uns helfen, pädagogische Antworten auf Sozialisationsprobleme zu formulieren, die mit dem Hyperchange zusammenhängen (Werner & Smith 1992, Joseph 1994)?

Es ist verschiedentlich reklamiert worden, dem Situationsansatz fehle ein ausgearbeitetes Modell des anthropologischen Verständnisses von Kindern. Nun lassen sich aus den Veröffentlichungen zum Situationsansatz, insbesondere den Situationsanalysen und den aus ihnen abgeleiteten Zieldiskussionen eine ganze Reihe expliziter wie impliziter Elemente eines solchen Modells extrapolieren. Da die am Diskurs beteiligten Erzieherinnen, Eltern, Wissenschaftler, Institutionen und Gruppen allerdings unterschiedlicher Weltanschauung sind, ist es nicht zu erwarten und auch nicht wünschenswert, daß dabei ein in sich schattierungsfreies Bild vom Kind herauskommt. Dies mag versuchen, wer sich auf diesen kontroversen Diskurs nicht einlassen will. Es ist bezeichnend, daß die eine solche Anthropologie reklamierenden Kritiker diese selbst nicht beisteuern.

Gleichwohl besteht kein Zweifel: Die anthropologischen Vorstellungen des Situationsansatzes bedürfen einer – den Diskurs nicht leugnenden und die Diskursfähigkeit nicht mindernden – Ausarbeitung. Sie kann dazu beitragen, die individuelle Biographie des Kindes, seine Sicht der Dinge, seine Gefühle und Phantasien ausdrücklicher in den Mittelpunkt zu rücken. Dabei ist den Überbehütungs- und Domestizierungstendenzen der mitteleuropäischen Inszenierung von Kindheit in der Absicht entgegenzuwirken, Kinder herauszufordern, statt sie mit beschäftigungspädagogischen Beruhigungsmitteln abzuspeisen. Im Abschlußbericht des Projektes „Kindersituationen" wird der Frage nach der Anthropologie des Kindes nachgegangen. Darin heißt es:

„Das Kind nicht mehr als Objekt pädagogischen Bemühens zu sehen, sondern als eigenständige Person, als Akteur seiner Entwicklung, hatte zur Konsequenz, den Kindern breiten Handlungsspielraum zuzugestehen und die eigene Verantwortung als Pädagogen neu zu definieren. Als diese Veränderungen zugelassen wurden, zeigten die Kinder ihre eigenen Gestaltungskräfte, ihren Reichtum an Ideen, ihren Willen, ihre Angelegenheiten selbst mitzubestimmen – eine für viele Erzieherinnen überraschende Erfahrung. Die Subjektposition des Kindes im erzieherischen Prozeß, im pädagogischen Verhältnis zwischen Erwachsenen und Kind ist grundlegend für eine Anthropologie, der sich der Situationsansatz verpflichtet weiß. Das Kind wird als der sich seiner Welt gestaltend verbundene Mensch, der schöpferisch tätige Mensch gesehen, der auf Veränderungen aus ist, dessen Zukunft daher generell unabgeschlossen und offen ist. Das Kind ist Mensch im vollen Sinne und muß nicht erst Mensch werden – was nicht gegen die Notwendigkeit eines pädagogischen Verhältnisses zwischen den Generationen spricht. Pädagogische Leitbegriffe wie Autonomie, Freiheit, Mit- und Selbstbestimmung, Selbständigkeit entsprechen dieser anthropologischen Bestimmung ... Wesentliches Kriterium einer pädagogischen Anthropologie des Situationsansatzes ist die Freiheit des Kindes. Der Situationsansatz gehört zu den pädagogischen Bewegungen, die dem Kind zu jener Freiheit zu verhelfen suchen, die etwas von der Unverfügbarkeit des Menschen widerspiegelt. Bereits dem Kind soll die Freiheit erhalten bleiben, die menschliches Leben überhaupt kennzeichnet". (Projektgruppe Kindersituationen 1998, S. 79f.)

Unterschieden werden vier Aspekte einer Anthropologie des Situationsansatzes, die seine bereits vollzogene Weiterentwicklung und die sich verändernde Praxis bestimmen:

„Die Unverfügbarkeit menschlichen Lebens als Respekt vor der Würde des Kindes. Damit ist das Recht auf Leben für die Bearbeitung von Schlüsselsituationen ein wesentlicher Ausgangs- und Bezugspunkt."

„Die Vorläufigkeit aller Bilder vom Kind. Kinder sind als Subjekte ihrer Entwicklung und ihres Lebens nicht vorprogrammiert, vielmehr ist die prinzipielle Offenheit des Lebens auch für das Kind vorauszusetzen. Anthropologie des Situationsansatzes ist prozeßhaft angelegt auf eine gemeinsame Suche nach der menschlichen Art und Weise zu leben."

„Das Kind als vollgültiger Mensch. Das Kind ist immer schon Person und muß nicht erst zum Menschen gemacht werden. Daß Kinder wie Erwachsene in vielen Bereichen ihres Lebens wachsen und sich entwickeln, ist zu unterscheiden von der Tatsache, daß die Person des Kindes mit seiner Geburt im vollen Sinne gegeben ist."

„Die Teilhabe des Kindes am ‚ganzen Leben'. Die Einsicht, daß Kinder aktive, ihre Welt gestaltende, sie erforschende und deutende Kinder sind, darf nicht ausblenden, daß Kinder auch an der Zerbrechlichkeit des Lebens, an Scheitern und Versagen Anteil haben. Hier setzt der Situationsansatz ein grundsätzliches gleiches Verhältnis der Generationen voraus, auch wenn die Verantwortlichkeiten unterschiedlich sind. Der Situationsansatz versucht nicht, das Leben auszuwählen, das Kindern zuzumuten ist, sondern geht von einer gleichen Teilhabe am Leben aus". (Projektgruppe Kindersituationen 1998, S. 81)

Wollte man dem Situationsansatz vorhalten, er würde dazu neigen, Erwachsenen- und Kindersituationen gleichzusetzen oder auch Erwachsenenprobleme und -wünsche Kindern ‚überzustülpen‘, so wäre das nicht richtig – diese Kritik läßt sich ausräumen, wenn man die Situationsanalysen im Einzelnen zur Kenntnis nimmt. Der Situationsansatz spiegelt allerdings die Zusammenhänge wider, denn es ist offenkundig, daß zahlreiche Verhältnisse und Verhaltensweisen von Erwachsenen die Kinder nicht unberührt lassen.

Situation und Komplexität

Im Hinblick auf die wünschenswerte Weiterentwicklungen des Situationsansatzes hat Larrá auf ein systemtheoretisch faßbares Problem hingewiesen: Die Offenheit und Komplexität des Situationsansatzes führe zu einer erheblichen Steigerung der Kontingenz, der Ereignismöglichkeiten. Da es der Praxis an ausreichendem Wissen über komplexe Strukturen mangele und sie zugleich unter Handlungsdruck stehe, müsse sie, um die Kontingenz zu reduzieren, vereinfachte Versionen der Komplexität herstellen. Geschehe dies nicht, drohe die Strukturierung des Handelns zusammenzubrechen; geschehe dies unter Rückgriff auf konventionelle Planungsmuster, könne der Ansatz leicht verfälscht werden (Larrá 1995).

Larrá schlägt vor, diesem Problem auf zweierlei Weise zu begegnen: Einerseits gelte es, das wissenschaftlich gestützte Wissen über Kleinkindpädagogik zu vermehren, und damit die Voraussetzungen zu schaffen, Komplexität durchschaubar zu machen. Zum anderen müsse dieses Wissen anwendbar und der Praxis in einer rezipierbaren Form zugänglich gemacht werden, ohne dabei verfälscht zu werden.

Der Wunsch nach Komplexitätsreduktion zielt unter anderem auf die Art der Identifikation und pädagogischen Erschließung von Schlüsselsituationen. Die Darstellung der curricularen Ergebnisse des Projektes „Kindersituationen" (Praxisreihe Situationsansatz) weist bereits deutlich in diese Richtung. Situationen konstituieren sich im Prozeß, als Akte der Interpretation, der durch das pädagogische Interesse geleiteten Wahrnehmung. Wer fragt, welches Bild vom Kind man habe, kann sich zurückfragen lassen, welche Wirklichkeit er biete. ,Das' Kind gibt es nicht. Kinder leben in Wirklichkeiten, die für sie inszeniert sein mögen oder denen sie ausgesetzt sind – unabhängig davon existieren sie nicht. Der Situationsansatz thematisiert das Wechselverhältnis von Kind und umgebender Realität ausdrücklich und unterscheidet sich so von einigen anderen Ansätzen, die ihre ,Kontextunabhängigkeit' und ,Überzeitlichkeit' dadurch zu sichern trachten, daß sie das immer ähnliche bis gleiche künstliche Setting mit dem immer gleichen Programm herzustellen versuchen. Situationen sind Setzungen auf informierter Grundlage: Dies vorausgesetzt, lassen sich eine ganze Reihe komplexitätsreduzierender Hinweise geben, die es Erzieherinnen erleichtern, für Kinder relevante Situationen zu erkennen und sie mit ihnen zu erkunden und sie theoretisch zu erfassen. Im Diskurs mit den Eltern können sie Ziele festlegen und eine differenzierte situationsspezifische Lernumwelt schaffen, ihre Erfahrungen evaluieren und so weitere Ideen entwickeln. (Zimmer 1998, S. 27ff. u. S. 73ff.)

Diskurs und Gewißheit

Im Unterschied zum Robinsohnschen Strukturkonzept der Curriculumentwicklung werden Situationsbereiche nicht (von Wissenschaftlern) vorweg bestimmt, klassifiziert und gewichtet, vielmehr werden sie in der Beobachtung von Kindern und im Diskurs mit Erzieherinnen und Eltern identifiziert und erschlossen. Der Grund hierfür liegt in einer frühen Erfahrung der Forschungsgruppe um Robinsohn, die nach Versuchen, solche Klassifikationen zu erstellen, nicht in einen irrgartenähnlichen, statischen Enzyklopädismus geraten wollte, sondern exemplarische Situationsbereiche durch die Entwicklung erkenntnisleitender Kriterien vorläufig auswählte und im Zuge einer Theorieentwicklung über einen solchen Bereich konstituierte (Damerow u.a. 1974). Das Strukturkonzept setzt weitgehend auf Experten – ähnlich wie das Bildungs-Delphi –, im Situationsansatz kommen Kinder, Erzieherinnen und auch Eltern hinzu. Damit spielen nicht nur wissenschaftliche Erkenntnisse, sondern auch Alltagstheorien über Situationen und die in ihnen enthaltenen qualifikationsrelevanten Sachverhalte eine Rolle. Im internationalen Vergleich dürfte es kein zweites Beispiel in der Art des Curriculum Soziales Lernen geben, das diesen Diskurs im Originalton oder in dichten Beschreibungen so extensiv dokumentiert.

Dieses Diskursprinzip aufzugeben, hieße, den Situationsansatz in ein ‚wissenschaftliches Dekret‘ umzufunktionieren. Wer dies gern hätte, möge sich an die in den sechziger Jahren jeweils im Brustton der Überzeugung vorgetragenen und sich widersprechenden vorschulpädagogischen Empfehlungen erinnern, was ja um so entspannter geschehen mag, da Leselernmaschinen, Mengenlehre und Intelligenz(test)trainings-Aufgaben – hoffentlich – in der Asservatenkammer der vorschulischen Nachkriegsgeschichte verschwunden sind. Die anhaltende Akzeptanz des Situationsansatzes in der Praxis – nach verfügbaren Studien geben über 50 bis 70 Prozent der befragten Einrichtungen an, nach diesem Konzept zu arbeiten (Pries 1998, Wolf u.a. 1999) – hängt auch damit zusammen, daß der Diskurs zwischen Praxis und Wissenschaft auf breiter Basis erfolgt. Es würde von wissenschaftlicher Arroganz zeugen, ihn zugunsten von Verlautbarungen der ‚akademischen Profession‘ als wertlos und die Erzieherinnen als inkompetent für die Mitentwicklung und -definition von Qualitätsstandards zu erklären. Alles spricht dafür, in diesen Diskurs immer wieder wissenschaftliche Erkenntnisse und Überlegungen einzubringen; wer aber glaubt, nur die wissenschaftliche Profession entscheide darüber, was für das Kind gut sei, muß sich fragen lassen, wer mit dieser Profession gemeint sei: Da mag dann – aufgeklärter Absolutismus und Pluralis majestatis lassen grüßen – der Forscher samt einigen ihm nahestehenden Kollegen aus Nordamerika allein übrig bleiben. Denn ‚die‘ homogene, konsensuell gestimmte Profession gibt es nicht, sie ist ein Konstrukt, das sich spätestens dann auflöst, wenn beispielsweise psychoanalytische oder systemische Sichtweisen vom Kind auf behavioristische stoßen. Und: Wer wie Tietze dem Situationsansatz unterstellt, er sei ein Abkömmling der Theologie und beruhe auf Glaubenssätzen, hingegen die Items eigener Qualitätsmessungs-Instrumente zu Aussagen gesicherter Wissenschaft erklärt, glaubt doch, daß ein amerikanisches Mainstream-Modell vom Kindergarten weitgehend zum deutschen Maßstab gemacht wird, und daß eine Erzieherin, die detaillierte Lernschritte plant, um feinmotorische Fertigkeiten anhand von Puzzles und Perleneinfädeleien zu üben, besser sei als eine, die solche Hilfen nur bei Bedarf gibt. Sicher glaubt er etwas anderes als eine Erzieherin im Situationsansatz. Es ist auf Dauer indessen ermüdend, Glaubensbekenntnisse ständig im Mantel exklusiver Professionalität geliefert zu bekommen: Das ist – oder etwa nicht? – eine Immunisierung gegenüber positiven Entwicklungen im eigenen Lande. Das Land verformt sich in ein nurmehr defizitäres Gelände und wird zum vermeintlichen Terrain für eigene Rettungseinsätze.

Evaluation

Im Situationsansatz geht es zunächst und im weitesten Sinn um die Begründung und Gestaltung von Bildungsprozessen. Wollte man diesen Kern evaluieren, dann müßte man mit quantitativen und/oder qualitativen Verfahren diesen Prozessen nachspüren und untersuchen, inwieweit Kinder für ein Handeln in und die Mitgestaltung von identifizierten Situationsbereichen qualifiziert werden. Eine solche Evaluation könnte die Relevanz der Situationsauswahl, die Differenziertheit der Situationsanalyse, die Stimmigkeit der Ermittlung qualifikationsrelevanter Sachverhalte und die Vielfalt und Strukturiertheit der pädagogischen Anregungen prüfen, vor allem aber ihre Kindgemäßheit und die individuelle Verankerung des Bildungsprozesses.

Die beiden bisher durchgeführten Evaluationen folgten anderen erkenntnisleitenden Interessen. Die in der ersten Hälfte der neunziger Jahre unternommene Spurensicherung der westdeutschen Kindergartenreform, repräsentiert durch das in der zweiten Hälfte der siebziger Jahre durchgeführte bundesweite Erprobungsprogramm, orientierte sich an einer pragmatistischen Evaluationsstrategie (Lincoln & Guba 1985, Patton 1990, Greene 1994). Untersucht wurden vor allem Kindergärten, die am Erprobungsprogramm teilgenommen hatten, ihr Umfeld, die anhaltende oder nur passagere Wirkung des Erprobungsprogramms sowie die Brüche bei der Implementation seiner Ergebnisse. Drei Gruppen gewannen Konturen: die exzellent arbeitende Einrichtung, in der der Situationsansatz ideenreich praktiziert und auf neue Lebensverhältnisse hin interpretiert wird; die Gruppe, in der Elemente des Situationsansatzes sichtbar werden und eine dritte Gruppe mit unterdurchschnittlichem, beschäftigungspädagogischem Zuschnitt (Zimmer u.a. 1997).

Eine aufwendige, externe, empirische und summative Evaluation erfuhr der Situationsansatz durch eine Forschungsgruppe der Universität Landau gegen Ende der Laufzeit des Modellprojektes „Kindersituationen" (Wolf u.a. 1998, Wolf u.a. 1999). Verglichen wurden Modelleinrichtungen mit Einrichtungen des erweiterten Kreises (Kindertagesstätten, die am Rande des Modellversuchs mitbetreut wurden) und Kontrolleinrichtungen (deren Teams angaben, nicht nach dem Situationsansatz zu arbeiten). Im Mittelpunkt der Untersuchung standen die Auswirkungen von im Rahmen des Situationsansatzes durchgeführten Interventionen auf Erzieherinnen, vor allem aber auf die Kinder. Es sei kein Zweifel, heißt es in einer ersten Darstellung der Ergebnisse, daß sich die pädagogische Arbeit nach dem Situationsansatz auch schon nach relativ kurzer Zeit bemerkbar mache (Wolf u.a. 1988, S. 289): Das Kind, das eigenaktiv, selbständig und konsequent den einmal eingeschlagenen Weg verfolge, das Kind, das aktiv und auf anregende Weise seine Themen vorantreibe, das Kind, das Konflikte austrage, sei in Einrichtungen, die nach dem Situationsansatz arbeiten, deutlich stärker vertreten als in Einrichtungen, die das nicht tun. Evaluiert wurden nicht die Bildungsprozesse, sondern ihre verhaltensrelevanten ‚Nebeneffekte'.[2]

Diese Evaluation wurde von Kritikern des Situationsansatzes seit längerem gefordert und von seinen Vertretern als Chance zur Objektivierung der Diskussion begrüßt. Das Evaluationsprojekt, zwischen Dezember 1995 und März 1998 durchgeführt, wurde von der Landauer Forschungsgruppe in enger Zusammenarbeit mit unabhängigen Experten und der Projektgruppe „Kindersituationen" methodisch vorbereitet, der Versuchsplan wurde von allen Beteiligten „ausdrücklich und einstimmig befürwortet" (Wolf u.a. 1998, S. 272).

In einer Zusammenfassung des Abschlußberichtes unterscheidet die Landauer Forschungsgruppe zwischen zwei Einstellungen, die beide ein „erstaunliches Ausmaß an kaum verrückbaren Vorurteilen reflektieren": Während die eine – nicht von den Protagonisten des Situationsansatzes, sondern von einer Reihe überzeugter Praktiker vertretene – Position in der Behauptung münde, der Situationsansatz habe sich auf jeden Fall bewährt und brauche nicht untersucht zu werden, behaupte die andere Position:

„Beim Situationsansatz kommt generell nichts heraus. Empirische Evaluationsforschung dazu wird so lange begrüßt und unterstützt, wie die Nullhypothese plausibel ist. Sobald der Situationsansatz durch empirische Resultate im Sinne einer gerichteten Alternativhypothese gestärkt wird, sind dafür allein methodische Fehler und Artefakte verantwortlich". (Wolf u.a. 1998, S. 290)

Empirie ist unteilbar; man kann empirische Ergebnisse nicht nur dann wahrnehmen, wenn sie einem ins Konzept passen. Der Wunsch des einen oder anderen Kritikers, den Situationsansatz am liebsten von der Erdoberfläche verschwinden zu lassen, sollte nicht dazu führen, daß empirisch arbeitende Kollegen, die zuvor vermutlich als Bündnisgenossen gesehen wurden und deren Versuchsplanung befürwortet wurde, bei Ablieferung nicht genehmer Ergebnisse der mangelnden Seriosität geziehen werden. Was bleibt, ist eine beeindruckende empirische Studie. Eine ganze Reihe von Fragen an den Situationsansatz lassen sich aus ihr ableiten und weiterverfolgen. Der Untersuchung ist zu wünschen, daß sie den Weg für eine konstruktive und sachliche Diskussion freimacht und nicht in den Mahlstrom von Immunisierungen gerät.

Ausblick

Sind die Vertreter/innen des Situationsansatzes wissenschaftlichen Diskussionen und Anregungen gegenüber unzugänglich? Nein. Sie sind in den vergangenen Jahren allerdings immer wieder angesichts komplexer, zeit- und energieaufwendiger Entwicklungsprojekte außer Atem geraten. Der Situationsansatz ist aus einer theoriegeleiteten wie praxisverbundenen Diskussion entstanden. Er hat große Zustimmung gefunden, vor allem aber ein außerordentlich hohes Maß an pädagogischer Phantasie und Praxis freigesetzt. Es besteht kein Anlaß, die Lichter, die von vielen tausend Erzieherinnen entzündet wurden, gering zu schätzen und unter den Scheffel zu stellen.

Gleichwohl bedarf er der Weiterentwicklung und Fundierung. Wissenschaftspolitisch ist damit gemeint, das Verhältnis von *research & development*, von Entwicklung, Implementation und grundlagenorientierten Studien besser zu balancieren. Die meisten Kritiker berücksichtigten nicht, daß die Modellversuchspolitik der vergangenen drei Jahrzehnte komplementäre, grundlagenorientierte Studien, die für die Weiterentwicklung des Situationsansatzes eigentlich erforderlich gewesen wären, nicht auf der Prioritätenliste hatte. Der Situationsansatz ist in überwiegendem Maße durch Wissenschaftler/innen und Moderator/innen auf zeitlich befristeten, drittmittelfinanzierten Stellen entwickelt und evaluiert worden. Die Projektmitarbeiter/innen waren schon aus Gründen der Existenzsicherung nicht in der Lage, sich nach Abschluß der Projekte gleich Privatgelehrten zurückzuziehen und offenen Fragen vertiefend nachzugehen.

Bemerkenswert ist nun, daß einige der Kritiker, auch auf akademisch sicheren Posten, der Kindergartenreform weder zugearbeitet noch reklamierte Aufgaben selbst gelöst oder eigene bessere Konzepte vorgelegt und implementiert haben. Immerhin hatten sie dreißig Jahre Zeit dazu. Wo ist denn – jenseits der interessanten Nischen Waldorf, Montessori oder Reggio – die überzeugende Alternative, die alle die offenen Fragen beantwortet? Wo ist die Anthropologie des Kindes und wo das umfassende Programm, das entwicklungs- und kognitionspsychologische sowie lerntheoretische Erkenntnisse moderner Art der Praxis erschließt? Blickt man in die heterogene Landschaft der Praxiseinrichtungen, wird deutlich, daß dem Situationsansatz – in gradueller Abstufung – nach wie vor eine Frühling-Sommer-Herbst-und-Winter-Pädagogik gegenübersteht. Es genügt nicht, Qualität zu messen. Man muß sie vorher entwickeln.

Anders als andere Ansätze – man nehme als Beispiel das Gefälle zwischen der vorzüglichen Reggio-Pädagogik und der Praxis in übrigen italienischen Kindergärten – hat der Situationsansatz national in die Breite gewirkt. Er hat Wahlverwandte gefunden und trifft sich mit modernen Formen der Erwachsenenbildung, der betrieblichen Ausbildung, der Micro Entrepreneurship Education, der Community Education, der Orientierung des Unterrichts an Klafkischen epochalen Schlüsselthemen und mit Formen des fächerübergreifenden und handlungs- und lebensweltorientierten Lernens. Er will seinen Bildungsanspruch in einem sozialpädagogischen Umfeld verwirklichen, widersteht den Verschulungstendenzen und der Rückkehr zu Funktionstrainingsprogrammen. Seine Offenheit (die keine Beliebigkeit ist) wendet sich gegen zwanghafte Strukturierungsversuche, er vermittelt zwischen wissenschaftlichem Wissen und Erfahrungswissen, ersetzt den Diskurs nicht durch das Kommuniqué und stellt das Kind in den Mittelpunkt. Er bedarf einer intensiven Anbindung an die Humanwissenschaften sowie der weiteren didaktischen Differenzierung und prägnanteren Fassung zentraler Begriffe: Dies ist ein attraktives Programm für die nähere Zukunft. Wenn sich aus den Arbeiten des Entwicklungspsychologen Daniel N. Stern schlußfolgern läßt, daß reale, anregende Situationen ein wichtiges Ferment der Selbstentwicklung des Kindes sind und die Provokation das lernintensive Milieu bildet, wenn Albert Bandura davon spricht, daß positive Auffassungen der persönlichen Handlungskompetenz zum ‚wirksamen' Verhalten in Situationen beitragen können, dann treffen sich solche Aussagen nicht nur mit dem Situationsansatz, sondern auch mit einer Beobachtung von Ivan Illich. Das meiste Lernen, meinte er, geschehe nicht im Unterricht, sondern durch die ungehinderte Teilhabe an relevanter Umgebung.

Anmerkungen

1   Dies ist – im Bemühen um Anschaulichkeit, Strukturierung und Komplexitätsreduktion – im „Kleinen Handbuch des Situationsansatzes" sowie in den übrigen Bänden der „Praxisreihe Situationsansatz" gerade geschehen.
2   An anderer Stelle heißt es dazu: „Vor allem in folgenden inhaltlichen Bereichen zeigen sich in den Modelleinrichtungen höhere Werte." (Wolf u.a. 1999, S. 271)

- Gewährung von Freiraum für Kinder (Erzieherin)
- Entscheidungsfreiheit und Eigenständigkeit (Kindergruppe)
- Das selbst entscheidende und bei der Sache bleibende Kind (Kind)
- Kind handelt nicht allein auf Anweisung der Erzieherin (Kind)
- Kindgerechte Anregung (Erzieherin)
- Das aktive, anregende Kind (Kind)
- Kind beschäftigt sich lange mit einem selbstgewählten Thema (Kind)
- Konfliktaustragung und Unabhängigkeit von Erwachsenen (Kindergruppe)
- Kind, das Konflikte austrägt (Kind)
- Auseinandersetzung mit Regeln und Normen (Kind und Erzieherin)
- Räumlich-materiale Möglichkeiten (Tageseinrichtung)
- Bereitstellung von ‚echten' Gebrauchsgegenständen (Tageseinrichtung)
- Bereitstellung von wertlosen, zweckfreien Materialien (Tageseinrichtung)

Literatur

Bandura, A. (1993): Perceived self-efficacy in cognitive development and functioning. In: Educational Psychologist, Jg. 28, S. 117-148.

Bandura, A. (1992): Exercise of personal agency through the self-efficacy mechanism. In: Schwarzer, R. (Hg.): Self-efficacy: Thought control of action, S. 3-38. Washington.

Becker, St. (1990): Objektbeziehungspsychologie und katastrophische Veränderung. Tübingen.

Becker, St. (1995): Epilog. In: Neue Sammlung, Jg. 35, H.4, S. 151-155.

Becker, U. (1995): Trennung und Übergang. Repräsentanzen früher Objektbeziehung. Tübingen.

Berman, P., McLaughlin, M. (1977): Federal Programs Supporting Educational Change. Vol. VII: Factors Affecting Implementation and Continuation. U.S. Office of Education, Dept. of Health, Education and Welfare.

Blanke, S. (1991): Beziehungen zwischen Erzieherinnen und Kindern. Stuttgart.

Bloom, B. S. (1964): Taxonomy of Educational Objectives. The Classification of Educational Goals. New York.

Burnett, R. (1995): Cultures of Vision: Images, Media & the Imaginary. Bloomington.

Capra, F. (1996): The Web of Life. New York.

Damerow, P., Elwitz, U., Keitel, Ch. und Zimmer, J. (1974): Elementarmathematik: Lernen für die Praxis? Ein exemplarischer Versuch zur Bestimmung fachüberschreitender Curriculumziele. Mit Einführungen von Karl Peter Grotemeyer und Carl Friedrich von Weizsäcker. Stuttgart.

Delphi-Befragung 1996/1998 (1998): Potentiale und Dimensionen der Wissensgesellschaft - Auswirkungen auf Bildungsprozesse und Bildungsstrukturen. Abschlußbericht zum „Bildungs-Delphi", Integrierter Abschlußbericht, Endbericht. München.

Deutsches Jugendinstitut u.a. (1980/1981): Curriculum Soziales Lernen. München.

Dickinson, D. (1994): Positive Trends in Learning. Meeting the Needs of Rapidly Changing World. Seattle, WA.

Doyé, G. (1995): Öffentliche Diskurse im Projekt „Kindersituationen" - von der Notwendigkeit, sich zu verständigen. In: Neue Sammlung, Jg. 35, H.4, S. 141-150.

Doyé, G., Lipp-Peetz, Ch. (1998a): Wer ist denn hier der Bestimmer? Das Demokratiebuch für die Kita. Praxisreihe Situationsansatz, Ravensburg.

Doyé, G., Lipp-Peetz, Ch. (1998b): Das soll einer verstehen! Wie Erwachsene und Kinder mit Veränderungen leben. Praxisreihe Situationsansatz, Ravensburg.

Duncker, L., Popp. W. (Hg.). (1997): Über Fachgrenzen hinaus. Chancen und Schwierigkeiten des fächerübergreifenden Lernens. Grundlagen und Begründungen. Heinsberg.

Faltin, G., Zimmer, J. (1996): Reichtum von unten. Die neuen Chancen der Kleinen. Berlin.

Faltin, G., Ripsas, S., Zimmer, J. (Hg.). (1998): Entrepreneurship. München.

Freire, P., Faundez, A. (1985): Por una pedagogía da pergunta. Rio de Janeiro.

Freire, P. (1992): Pedagogía da esperança. Rio de Janeiro.

Frey, K. (1982): Die Projektmethode. Weinheim.

Fullan, M. (1983): Implementation und Evaluation von Curricula: USA und Kanada. In: Hameyer, U., Frey, K. und Haft, H. (Hg.): Handbuch der Curriculumforschung. Weinheim, S. 489-499.

Fthenakis, W.E., Eirich, H. (Hg.). (1998): Erziehungsqualitäten im Kindergarten. Forschungsergebnisse und Erfahrungen. Freiburg.

Greene, J. C. (1994): Qualitative Program Evaluation. Practice and Promise. In: N. Denzin & Y. Lincoln (Hg.): Handbook of Qualitative Research. Thousand Oaks, S. 530-544.

Gutierrez, F. (1973): El lenguaje total. Una pedagogía de los medios de communicacíon. Buenos Aires.

Gutierrez, F. (1993): Pedagogía de la communicacíon popular. Madrid.

Haberkorn, R. (1978): Rollenspiel im Kindergarten. München.

Hall, G. E. und Loucks, S. F. (1977): A Development Model for Determining wether the Treatment is Actually Implemented. In: American Educational Research Journal, Jg. 14, H.3, S. 236-276.

Heller, E. (1998): Gut, da ß wir so verschieden sind. Zusammenleben in altersgemischten Gruppen. Praxisreihe Situationsansatz, Ravensburg.

Heller, E., Naumann, S. (1998): Was zählt? Vom Umgang mit Geld und anderen Werten. Praxisreihe Situationsansatz, Ravensburg.

Heller, E. (1998): Etwas unternehmen. Kinder und Erzieherinnen entwickeln Eigeninitiative. Praxisreihe Situationsansatz, Ravensburg.

Hoenisch, N., Niggemeyer, E., Zimmer, J. (1969): Vorschulkinder. Stuttgart.

Jain, M. (1997): Towards Open Learning Communities: One Vision under Construction. UNESCO, Paris.

Joseph, J. M. (1994): The Resilient Child. Preparing Today's Youth for Tomorrow's World. New York.

Keitel, Ch. (1986): Prejudices and Presuppositions in the Psychology of Maths Education. Plenary Lecture PME 10. In: Proceeding of PME 10, London University Institute of Education, London.

Klafki, W. (1996): Neue Studien zur Bildungstheorie und Didaktik. Zeitgemäße Allgemeinbildung und kritisch-konstruktive Didaktik. 5. Aufl., Weinheim.

Klafki, W. (1998): „Schlüsselprobleme" in der Diskussion – Kritik einer Kritik. In: Neue Sammlung, 38. Jg., H.1, S. 103-124.

Krappmann, L. (1995): Reicht der Situationsansatz? Nachträgliche und vorbereitende Gedanken zu Förderkonzepten im Elementarbereich. In: Neue Sammlung, Jg. 35, H. 4, S. 109-124.

Kronberger Kreis für Qualitätsentwicklung in Kindertageseinrichtungen (1998): Qualität im Dialog entwickeln. Wie Kindertageseinrichtungen besser werden. Seelze-Velber.

Krug, M. (1995): Zwanzig Jahre alt und noch immer in der Diskussion: Situationsansatz – Antwort auf den Bildungsauftrag der Jugendhilfe. In: Neue Sammlung, Jg. 35, H. 4, S. 125-140.

Laewen, H.-J., Neumann, K., Zimmer, J. (Hg.). (1997): Der Situationsansatz - Vergangenheit und Zukunft. Seelze-Velber.

Larrá, F. (1995): Komplexität und Kontingenz. Vermutungen zur Erfolglosigkeit des Situationsansatzes in der Praxis. In: Neue Sammlung, Jg. 35, H.4, S. 99-107.

Leithwood, K. A., Montgomery, D. J. (1980): Evaluating Program Implementation. In: Evaluation Quarterly, Jg. 4, S. 193-214.

Lincoln, Y. S., Guba, E. G. (1985): Naturalistic Inquiry. Beverly Hills.

Lipp-Peetz, Ch. (1998): Wie sieht's denn hier aus? Ein Konzept verändert Räume. Praxisreihe Situationsansatz, Ravensburg.

Morowitz, H., Singer, J. (Hg.). (1995): The Mind, the Brain, and Complex Adaptive Systems. Reading, MA.

Münzinger, W., Klafki W. (1995): Schlüsselprobleme im Unterricht. 3. Beiheft der Zeitschrift Die Deutsche Schule. Weinheim.

Naumann, S. (1998a): Was heißt hier schulfähig? Übergang in Schule und Hort. Praxisreihe Situationsansatz, Ravensburg.

Naumann, S. (1998b): Hier spielt sich das Leben ab. Wie Kinder im Spiel die Welt begreifen. Praxisreihe Situationsansatz, Ravensburg.

Naumann, S. (1998c): Natürlich von klein auf! Ökologische Lebensgestaltung in der Kita. Praxisreihe Situationsansatz, Ravensburg.

Papert, S. (1993): The Children's Machine: Rethinking School in the Age of Computer. New York.

Patton, M. Q. (1990): Qualitative Evaluation and Research Methods. Newbury Park.

Perkins, D. (1992): Smart Schools: Better Thinking and Learning for Every Child. New York.

Poster, C. und Krüger, A. (Hg.). (1990): Community Education in the Western World. London.

Preissing, Ch. (1995): Zur Topographie produktiver Inseln und weißer Flecken: Hintergründe und Erklärungsversuche. In: Neue Sammlung, Jg. 35, H.4, S. 65-77.

Preissing, Ch. (1998a): Und wer bist du? Interkulturelles Leben in der Kita. Praxisreihe Situationsansatz, Ravensburg.

Preissing, Ch. (1998b): Wenn die Schule aus ist. Der Hort zwischen Familie und Schule. Praxisreihe Situationsansatz, Ravensburg.

Pries, D. (1998): Kindertagesstätten in den neuen Bundesländern - Vom „Programm für Bildungs- und Erziehungsarbeit im Kindergarten" zu neuen pädagogischen Konzeptionen. Freie Universität Berlin, Berlin.

Projekt Kindersituationen (1999): Kindersituationen erkennen – Handlungsfähigkeit entwickeln. Abschlußbericht zum Modellprojekt „Kindersituationen". Freie Universität Berlin, Berlin.

Robinsohn, S. B. (1971): Bildungsreform als Revision des Curriculum und ein Strukturkonzept für Curriculumentwicklung. Neuwied.

Robinsohn, S. B. (1992): Comparative Education: A Basic Approach. Jerusalem.

Schäfer, G. E. (1995a): Bemerkungen zur Bildungstheorie des Situationsansatzes. In: Neue Sammlung, Jg. 35, H.4, S. 79-97. (a)

Schäfer, G. E. (1995b): Bildungsprozesse im Kindesalter. Selbstbildung, Erfahrung und Lernen in der frühen Kindheit. Weinheim.

Shipman, M. D. (1974): Inside a Curriculum Project. London.

Stern, D. N. (1992): Die Lebenserfahrung des Säuglings. Stuttgart.

Tietze, W., Schuster, K.-M. und Roßbach, H.-G. (1997): Kindergarten-Einschätzskala. Neuwied.

Tietze, W. (Hg.). (1998): Wie gut sind unsere Kindergärten? Eine Untersuchung zur pädagogischen Qualität in deutschen Kindergärten. Neuwied.

Tyler, R. W. (1969): Basic Principles of Curriculum and Instruction. Chicago.

Werner, E. E. und Smith, R. S. (1982): Vulnerable, but invincible: A longitudinal study of resilient children and youth. New York.

Wolf, B., Becker, P., Conrad, S. und Jäger, R. S. (1998): Macht sich „Kindersituationen" bei Kindern bemerkbar? Der Situationsansatz in der Evaluation. In: Empirische Pädagogik, Jg. 12, H.3, S. 271-295.

Wolf, B., Becker, P., Conrad, S. (Hg.). (1999): Der Situationsansatz in der Evaluation. Ergebnisse der externen empirischen Evaluation des Modellvorhabens „Kindersituationen". Landau.

Zimmer, J. (Hg.). (1984): Erziehung in früher Kindheit. Enzyklopädie Erziehungswissenschaft (Hg.: D. Lenzen), Stuttgart.

Zimmer, J., Preissing, Ch., Thiel, Th., Heck, A. und Krappmann, L. (1997): Kindergärten auf dem Prüfstand. Dem Situationsansatz auf der Spur. Seelze-Velber.

Zimmer, J. (1998): Das kleine Handbuch zum Situationsansatz. Praxisreihe Situationsansatz, Ravensburg.

Zimmer, J. (1998): Qualität und Unternehmensgeist: zur Reform der Ausbildung von Erzieherinnen. In: Fthenakis, W. E. und Eirich, H. (Hg.): Erziehungsqualitäten im Kindergarten. Forschungsergebnisse und Erfahrungen, Freiburg, S. 159-170.

Die Kinderladenerziehung
als Wurzel moderner Kindertageserziehung

Reinhart Wolff

In meinem Beitrag soll es nicht um eine historische Aufarbeitung der Kinderläden gehen. Was ich versuchen möchte, ist vielmehr eine systematische Rekonstruktion. Ich werde den Fragen nachgehen: Was kann man aus der Kinderladenbewegung theoretisch und konzeptionell mitnehmen? Wie hat sich die Kinderladenbewegung über die lange Zeit hinweg auf die moderne Kindertageserziehung ausgewirkt? Welche Impulse sind von diesem Aufbruch vor 30 Jahren ausgegangen?

Ich beobachte die Kinderladenbewegung aus verschiedenen Perspektiven. Nur in eine Richtung zu schauen, Eindeutigkeit zu erzielen, ist meine Sache nicht. Wenn jemand z. B. eine bestimmte These fest vertritt, dann probiere ich gerne eine andere Sicht. Pädagogische Situationen sind ja überhaupt dadurch gekennzeichnet, daß sie von Widersprüchen durchzogen sind. Erziehung ist eine sehr komplexe Angelegenheit. Differenzierungen sind daher angesagt.

1. Benjamin's Bounty – ein Fundstück
Assoziative Rekonstruktionen

Ich möchte mit einem Fundstück beginnen – einem Wandbehang aus einem Kinderladen. Eine solche Vorgehensweise eignet sich gut zur Beantwortung der Frage, wie man sich produktiv über die Geschichte einer pädagogischen Initiative austauschen kann. Diese Methode wurde übrigens von einer Studentin der Alice-Salomon-Fachhochschule erfunden. Bei der Auseinandersetzung über Erfahrungen aus der Kindheit in der DDR hatte sie vorgeschlagen, daß man doch etwas aus der Kindheit mitbringen könnte. Daraus hat sich dann die Idee entwickelt, daß wir über unsere Kindheitserfahrungen sprechen, indem wir ein Fundstück aus unserer Kindheit suchen, an dem wir dann erläutern, was in der Kindheit eine Rolle gespielt hat. Ich verwende diese Methode im übertragenen Sinne. Ich nutze ein Fundstück aus der Praxis der Kinderläden.

Dies ist nun ein Fundstück aus dem Kinderladen: ein Wandbehang. Ich bin vor ein paar Jahren mit der Sitte konfrontiert worden, am Ende der Kinderladenzeit einen Wandbehang für das nun in die Schule wechselnde Kind herzustellen. Ich bringe also „Benjamin's Bounty" hier als ein „Fundstück" ein, um zu erklären, wie wir die Kinderladenerziehung verstehen können.

Der Wandbehang ist Benjamin's Bounty. Was ist das Besondere an diesem Schiff? Auf ihm sehen wir Figuren, deren Gesichter Portraitfotos der Kinder und Erzieher bilden. Man kann die Figuren bewegen und die Kinder können mit ihnen spielen, wenn sie den Wandbehang zu dem Zeitpunkt, an dem ihre Kinderladenzeit zu Ende geht und etwas Neues anfängt, geschenkt bekommen.

Wie kann man nun dieses Geschenk verstehen? Man kann sagen, es handelt sich um ein *Ritual*, jedenfalls der Form nach. Und es handelt sich um etwas Gestaltetes. Wie es gemacht wird, ist ganz einfach. Jedenfalls dauert es eine Weile, bis man den Wandbehang fertig gestellt hat. Erzieher, Erzieherinnen und Eltern des Kinderladens – alle, die Lust haben – sitzen schätzungsweise fünf Abende zusammen. Dabei wird gebastelt, getrunken, gegessen und geredet. Die Kinder können das Thema ihres Wandbehangs selbst bestimmen. Wir fragen das Kind, um was es thematisch gehen soll, und das Kind sagt z.B. „Ich möchte ein Tennismatch, einen Urwald oder ein Piratenschiff haben."

Wir können das Fundstück nun beziehungsdynamisch rekonstruieren oder deuten. Dann handelt es sich bei dem Wandbehang um eine *Wunscherfüllung*, um ein Geschenk. Es gibt zwei Gruppen, die dem Kind etwas schenken: die Eltern und die Erzieher. Und wichtig ist: das Geschenk wird öffentlich ausgestellt. Die Wandbehänge werden enthüllt. Es handelt sich um ein öffentliches Übergangsritual. Die Kinder sind auf diese Situation sehr gespannt und fragen sich, wie der Wandbehang nun aussehen wird. Wenn es soweit ist, stürzen sie sich auf ihn und suchen natürlich zuerst einmal nach ihrem eigenen Standpunkt und diskutieren das gesamte Arrangement. Psychologisch gesehen handelt es sich um ein *Übergangsobjekt*. Die Eltern, die Erzieherinnen und die Erzieher geben dem Kind ein Objekt, das eine Erinnerungsstütze ist. Der Begriff des „Übergangsobjektes" des englischen Kinderpsychoanalytikers D. W. Winnicott bezeichnet Objekte, die Trennungen erleichtern. Kinder erfinden offenbar immer wieder „Stellvertreter"-Objekte, um nicht verzweifeln zu müssen, um zwischen Realität und Phantasie balancieren, zwischen inneren und äußeren Objekten unterscheiden zu können. Auf diese Weise gelingt es ihnen Beziehungen aufrechtzuerhalten und symbolisch zu inszenieren. Übergangsobjekte stehen gewissermaßen für die abwesenden Beziehungs- und Liebesobjekte und erleichtern es dem Kind, z.B. ohne Ängste einzuschlafen. Ein Kuscheltier ist ein solches Übergangsobjekt. Der Wandbehang ist gewissermaßen ein herausgehobenes, ein besonderes Übergangsobjekt, das den Übergang vom Kinderladen in die Schule erleichtert.

Was aber beim Wandbehang vor allem wichtig ist, ist dies: Es handelt sich bei dem Wandbehang um eine *Ko-Produktion von Eltern, Erzieherinnen und Erziehern*. Dieser Aspekt der Ko-Produktion ist nun für die Kinderladenbewegung von zentraler Bedeutung. Es kommt nämlich im Kinderladen zu einer einzigartigen Form der Zusammenarbeit zwischen allen Beteiligten, die freilich nie konfliktfrei ist, denn Konfliktfreiheit gibt es in der Erziehung grundsätzlich nicht. Konfliktfreie Erziehung ist Ideologie. Im Gegenteil: Erziehung ist geradezu ein Konfliktgeschäft.

Ich würde nun sagen, daß die Qualität jeder Einrichtung der Kindertageserziehung ganz grundsätzlich davon abhängt, ob eine solche Ko-Produktion überhaupt zustande kommt. Wer diese Ko-Produktion nicht erreicht, wer sich noch nicht einmal über die dabei notwendigerweise sich entwickelnden Probleme einigt, ganz zu schweigen über mögliche Problemlösungen, wird wohl an den Kindern vorbeierziehen.

Erziehung ist eine Ko-Produktion. Das heißt, Erziehung gelingt nur, wenn diejenigen, die erzogen werden, mitmachen. Je aktiver sie mitmachen, desto besser ist das Ergebnis. Erziehung ist dabei immer viel mehr als bloße Regelung. Sie ist ein Prozeß beziehungsmäßiger Gestaltung und interaktiver Beeinflussung zur optimalen Entwicklungsförderung. Sie ist immer ein gegenseitiger Prozeß.

Schließlich handelt es sich bei dem Wandbehang um eine *katamnestische Beziehungsszene*. Diejenigen, die da an diesen Abenden zur gemeinsamen Herstellung eines Wandbehanges zusammensitzen, erfinden nämlich mit Blick auf den Kinderladen eine bestimmte Beziehungskonstellation. Und es gibt z.b. heftige Debatten: „Wer kommt nun da oben auf die Schatzinsel?" Was immer auch gestaltet wird, es handelt sich immer um einen bestimmten Beziehungskommentar. Insofern könnte man den Wandbehang auch als eine *Kinderladen-Skulptur* verstehen. In Figuren, Gruppen, Bündnissen und Fraktionen wird szenisch dargestellt, wie man die Beziehungen im Kinderladen sieht. Die Kinder verändern ihre Sicht hin und wieder, indem sie die Figuren verschieben und umgruppieren.

Insofern ist die Herstellung des Wandbehanges beziehungsmäßig von großer Bedeutung. Während man die Personen arrangiert, sie ausstaffiert und ihnen bestimmte Rollen zuweist, denkt man natürlich permanent über den Kinderladen nach und rekonstruiert die gemeinsamen Erfahrungen: Wer war mit wem, wie und wo zusammen? Welche Gruppen bildeten sich? Was war für die Rolle des eigenen Kindes und die der anderen Kinder kennzeichnend?

Dieses Fundstück veranschaulicht den *Kerngedanken der Kinderläden*: Die Eltern und die pädagogischen Fachkräfte begleiten das Kind gemeinsam in einer wichtigen Entwicklungsetappe. *Es geht im Kinderladen prinzipiell um Entwicklungspartnerschaft, um Kooperation.* Das Ausmaß der Partnerschaft entscheidet wesentlich über das Entwicklungsergebnis. Man kann natürlich auf ganz unterschiedliche Weise zusammenarbeiten und Kooperation unterschiedlich, je nach Ausgangslage und Interesse, gestalten. Kein Kinderladen, keine Kindertagesstätte kann sich aber vor der Bewältigung dieser Aufgabe drücken. Es wird also immer darum gehen, wie kooperieren diese beiden Felder - die Familie und die Einrichtung. Wer sich dieser Aufgabe nicht stellt und meint, ein gutes Verhältnis der Fachkräfte zu den Kindern würde ausreichen, liegt theoretisch und praktisch falsch. Dies kann nicht häufig genug betont werden.

Natürlich sollen das Kind, seine Bedürfnisse, Gedanken und Wünsche im Mittelpunkt jeder pädagogischen Bemühung stehen, hat es doch lange genug gedauert, Pädagogik anders als vom Erwachsenen her zu bestimmen und sie konsequent vom Kind her zu denken. Das heißt freilich nicht, das Kind soll alles ganz allein machen. Vom Kind her zu denken – und dies kennzeichnet ja alle pädagogischen Reformprogramme – heißt, das Kind im Milieu der anderen zu sehen und zu verstehen.

Ohne Zweifel steht in der Kinderladenbewegung das Kind, das aktive und kompetente, das phantasievolle und kreative im Mittelpunkt. Aber zugleich geht es um die Gestaltung eines produktiven Milieus, das die Eltern zusammen mit ihren Kindern und den jeweiligen Erzieherinnen und Erziehern bilden.

Am Beispiel meines Fundstücks aus der Praxis eines Kinderladens kann man zeigen, was konzeptuell im Kinderladen entscheidend ist: Auf die Entwicklungsbedürfnisse des Kindes antworten die Eltern und die Erzieherinnen und Erzieher mit einer Inszenierung, die das Ende und den Anfang einer Entwicklungsstufe markiert. Die Kinderladenpädagogik und die moderne Kita-Erziehung insgesamt stehen vor der Herausforderung, einen Raum gemeinsam zu gestalten.

2. Systematische Rekonstruktion

Anhand des Materials der Kinderladenbewegung soll im folgenden untersucht werden, wie sich ihre Praxis erziehungstheoretisch auf unser heutiges Nachdenken über Kindertageserziehung ausgewirkt hat. Wie kann man den Ertrag der Kinderläden in theoretischer Perspektive bilanzieren?

Erziehungstheoretisch ist vor allem von Belang, daß mit der Kinderladenbewegung eine Wende von einem vorherrschenden methodischen Interesse an dem, was die Erzieherinnen konkret machen, hin zum pädagogischen Feld vollzogen wurde. Nicht die Handlungen der Erzieher allein, sondern das Feld, in dem sie handeln, ist von Belang. *In den Kinderläden haben wir uns immer wieder klargemacht, daß wir selbst die Umwelt unserer Kinder sind.* Nicht was wir reden oder tun, sondern wie wir dieses Feld gestalten, welche Umweltbedingungen wir schaffen, ist entscheidend.

Diese Problematik hat kritische Erzieherinnen und Erzieher in der Kindertageserziehung im übrigen schon immer interessiert – von den alten Klassikern bis zu den modernen Theoretikern. Sie haben gefragt: Wie gestalten wir den Garten? Und interessant ist auch, daß von einem „Garten" gesprochen wurde, wollte Fröbel mit seinem Kindergarten doch nichts weniger als einen

Paradiesgarten für Kinder schaffen. Davon sind wir allerdings noch weit entfernt.

2.1 Der Kinderladen als ein erweitertes Feld primärer Sozialisation

Die Grenze von der Familie zur Kindertagesbetreuung ist bei den Kinderläden nicht so scharf wie in der herkömmlichen Kindertageserziehung, weil es eine tragfähige Brücke von der Familie und von den Wohngemeinschaften zum genossenschaftlichen Ort der Tageserziehung gibt. Deshalb nenne ich das Kinderladen-Feld ein erweitertes Feld primärer Sozialisation. Dabei spielt eine Rolle, daß eine Veränderung der wesentlichen Systemstrukturen gelingt.

In diesem Zusammenhang sind natürlich die ökologischen Theorien der Sozialisation wichtig, die in den 30er Jahren Kurt Lewin und dann in den 60er Jahren der amerikanische Sozialisationsforscher Uri Bronfenbrenner entwickelten. Beide haben versucht, Erziehungsprozesse vom Feld her zu verstehen. Ökologische Ansätze fragen nach den Veränderungen im Verhältnis von Erziehenden und Kindern unter den Bedingungen des Feldes – primärer, sekundärer und größerer Felder, der Makro-Felder. Dabei ist wichtig: Wir leben gewissermaßen in einer Schachtel verschiedener Felder, wie Bronfenbrenner überzeugend gezeigt hat (1976, 1981). Er hat in empirischen Studien herausgearbeitet, daß die Gestaltung von Beziehungen immer dann produktiv wird, wenn diese Beziehungen über die Dyade hinaus erweitert werden, z. B. wenn die Zweierbeziehung der Mutter zu dem Kind um die Beziehung zum Vater erweitert wird, wenn die Eltern-Kind-Beziehung um die Freunde erweitert wird, wenn diese Beziehung schließlich durch eine Erzieherin oder eine Lehrerin erweitert wird. Sobald zur Paarbeziehung ein Dritter hinzutritt, wird mit der dadurch gegebenen Chance der „Extra-Positionalität" (H. Plessner) eine andere Sicht der Dinge möglich. Dann kann man sich selbst und andere aus einem anderen Blickwinkel heraus wahrnehmen.

Der Kinderladen bildet gemeinsam mit den Familien ein Netzwerk, ein selbstorganisiertes Unterstützungssystem, dessen Produktivität schon Kurt Lewin in den 30er Jahren gezeigt hat. Auch die Gestaltpsychologie betont mit ihrem berühmten Konzept von Figur und Grund diese Einsicht: Wie eine

Figur verstanden wird, hängt entscheidend davon ab, in welchem Verhältnis Figur und Grund zueinander stehen.

Das Verhalten nach Lewin ist eine Funktion des Zusammenspiels von Person und Umwelt. Wir müssen uns darüber klar werden, was Verhalten bedeutet und wie wir uns aufeinander beziehen. Unser pädagogisches Verständnis erweitert sich, wenn wir die Umwelt einbeziehen. Als Pädagogen müssen wir die Dinge wie mit einem Stereoblick erfassen, um Personen im Kontext ihrer Umwelt sehen und verstehen zu können.

Als wir damals mit den Kinderläden anfingen, hatten wir von diesen Zusammenhängen keine Ahnung. Erst als wir uns mit der neueren Sozialisationsliteratur beschäftigten, konnten wir bei Bronfenbrenner nachlesen, daß „das Vermögen der Dyade, menschlicher Entwicklung als förderlicher Kontext zu dienen, ganz entscheidend von der Anwesenheit dritter Personen abhängig ist, von Ehepartnern, Verwandten, Freunden. Wenn solche Dritte fehlen oder eher störende als fördernde Rollen einnehmen, bricht der Entwicklungsprozeß zusammen". (Bronfenbrenner 1976, S. 21)

Dies beschreibt die große Chance der professionellen Erzieherinnen und Erzieher. Wer verstanden hat, wovon produktive Entwicklungen abhängig sind, weiß, wie wichtig es ist, daß die familiäre Dyade sich erweitert und um dritte, vierte, fünfte Dimensionen ergänzt wird. Davon hängt ganz wesentlich die Bewältigung der menschlichen Entwicklungsaufgabe ab.

Diese Idee des Milieus, des pädagogischen Feldes (wir selbst „als" das Milieu unserer Kinder bzw. der Kinderladen als Umwelt, als multipersonaler Raum für Entwicklung und Sozialisation), hat die weitere Entwicklung der Kindertageserziehung tiefgreifend beeinflußt. Die Kinderladenbewegung hat sich ein pädagogisches Feldkonzept angeeignet – zunächst mehr unbewußt, dann aber bewußt –, und dabei auf ökologische Sozialisationskonzepte zurückgegriffen, die es schon vor ihr gab.

Die Kindertageseinrichtungen sind „Zwischen- oder Meso-Systeme". Je mehr Übergänge die Pädagogen (von der Familie in die Schule und in den weiteren Kontext von Gesellschaft und Kultur hinein) ermöglichen, desto besser sind sie. Je mehr sie sich als Brücke verstehen, um so hilfreicher sind sie. Wie wir diese Übergänge gestalten, davon hängt der Erfolg unserer Bemühungen ab.

An diesem Konzept des Feldes hat im übrigen auch der sogenannte Situationsansatz – wie er von Jürgen Zimmer entwickelt worden ist – angesetzt.

An der „Situation" anzusetzen, heißt nämlich: im Feldgeschehen Veränderungen in Gang zu setzen. Die Entdeckung der strategischen Bedeutung des Feldes ist eine wichtige Wurzel heutiger reformpädagogischer Konzepte. Sie ist von den Kinderläden wesentlich angestoßen worden.

2.2 Wie sieht die Kinderladen-Pädagogik die am Feldgeschehen Beteiligten?

Ich beginne mit den Kindern. Die Frage: *Wie werden die Kinder gesehen?* hat dramatische Auswirkungen auf unser Denken und auf unsere pädagogische Praxis gehabt. Zum Teil ist das bis heute noch völlig unbegriffen. Wenn man z.B. die konservative Publizistik in den Blick nimmt, allen voran die regelmäßig wiederkehrenden Beiträge in der Frankfurter Allgemeinen Zeitung unter Anleitung von Konrad Adam, wird man feststellen, daß das Kind hier im wesentlichen als Manipulationsobjekt der Erwachsenen betrachtet wird.

Die Kinderladenbewegung vertrat demgegenüber einen ganz anderen Ansatz. Wir setzten am *Entwicklungsparadox* an, denn Kinder sind immer mehr als bloße Objekte oder gar Opfer. Die Selbstentwicklung eines Kindes ist kein einseitiger Prozeß. Sie findet vielmehr in einem Milieu statt. Dieses Milieu sind wir. Man kann ein „Selbst" nur in der Begegnung mit anderen werden. Dabei entstehen Beziehungsmuster und Beziehungskompetenzen. Und alles hängt davon ab, wie wir diese Begegnung gestalten.

Die Kinderläden haben einen neuen Blick auf Kinder entwickelt. Das Paradox lautet, daß die Kinder zwar aktiv ihre eigene Entwicklung gestalten, diese aber nur gelingt, wenn sie zugleich in tragfähigen Beziehungen stehen. Damit stellt sich die Frage, welche Bedeutung dann die Selbstentwicklung hat und welche Rolle die Erziehung beanspruchen kann.

Weiter müssen wir davon ausgehen, daß sich in Anbetracht der modernen wissenschaftlichen Entwicklung auch unser Verständnis der Erziehung erheblich verändert hat. Wir können inzwischen nicht mehr umstandslos davon ausgehen, daß wir den Kindern einfach etwas vermitteln, was sie dann ausführen – abgesehen davon, daß wir heute auch darüber kontroverser Meinung sind, was wir den Kindern eigentlich vermitteln sollten.

Alle, die erziehen, stehen vor einem weiteren Paradox: *Wir müssen erziehen und entsprechende Beziehungsangebote machen, die das Kind in seiner*

Entwicklung fördern, können uns aber in unserer modernen prä-figurativen Kultur auf keine sicheren Fundamente stützen und haben keine eindeutigen normativen und konzeptionellen Grundlagen mehr.

Die dramatischen soziokulturellen Veränderungen, die dafür verantwortlich sind, sind evident: Erzieherinnen und Erzieher, die vorgeben, sie würden noch auf sicheren oder verbindlichen (erkenntnistheoretischen oder moralischen) Fundamenten stehen, machen sich lächerlich. Wer zum Beispiel sagt, in der modernen Erziehung müsse nur wieder konsequent auf Regeln und Leistung gesetzt werden, macht nur deutlich, daß er von gestern ist und nichts verstanden hat. Die Regelsysteme und die Leistungskriterien selbst sind nämlich strittig geworden, weil die moderne Gesellschaft sich immer mehr von einer Orientierung an der Vergangenheit auf eine Orientierung auf die Zukunft umgestellt hat. Dieser Prozeß begann mit der Moderne und beschleunigte sich in diesem Jahrhundert dramatisch. Das heißt, wir können uns nun nicht mehr umstandslos auf unsere Erfahrungen aus der Vergangenheit berufen. Man könnte auch sagen: Großmutter und Großvater und mit ihnen Vater und Mutter haben einen erheblichen Autoritätsverlust hinnehmen müssen, sind „von gestern" und zwar in einem Maße, wie das für keine Elterngeneration vorher der Fall war.

Das hat Folgen für die Erziehung. Wir können den Kindern heute als Eltern, Erzieherinnen und Erzieher nicht mehr sagen: „Wenn Du es so machst, wie ich es Dir sage und wie ich es erfahren habe, dann ist es auch für Deine Zukunft richtig. Denke immer daran: Die Muster der Vergangenheit gelten auch morgen noch!" Heute können die Kinder mit Recht antworten: „Du hast sie nicht mehr alle!" Mein ältester Sohn hat dem noch eine interessante Variante hinzugefügt: „Du beschäftigst Dich zwar wissenschaftlich mit Erziehungsfragen, aber Du kannst trotzdem nicht sagen, was einmal in der Zukunft wichtig sein wird." Das ist in der Tat ziemlich schlau. Die dynamische Entwicklung unserer Gesellschaft und ihre vielfältigen Differenzierungen verlangen intensivere und längere Erziehung als je zuvor. Gleichzeitig ist Erziehung zu einem unerhört komplizierten, uneindeutigen Geschäft geworden.

Zugleich wurde die Rolle der Erziehenden grundsätzlich unterminiert. Denn während man als Erzieherin oder als Erzieher ständig darauf angewiesen ist, sich auf eigene Erfahrungen zu stützen, hat sich mit dem Wechsel von der post-figurativen zu der prä-figurativen Kultur eine permanente Entwertung der eigenen Erfahrungen ergeben, so daß die pädagogische Autorität ihre selbstverständlichen Stützen eingebüßt hat. (Mead 1978)

Heute kann kein Pädagoge mehr sicher sein und kann nur spekulieren, wohin die Reise geht. Während Erzieher und Erzieherinnen in traditionellen Gesellschaften nur an das Erbe der Vergangenheit anknüpfen konnten und aus ihm ihre Autorität zogen, müssen Erzieher heute ohne diesen Bezugspunkt auskommen. Die Moderne ist eine Kultur, die auf Zukunft ausgerichtet und zukunftsoffen ist. Jedenfalls können wir nicht so tun, als wüßten wir, wohin die Reise geht.

Dieser Gedanke ist Ende der 60er Jahre prägnant von Margaret Mead, der großen amerikanischen Kulturanthropologin, entwickelt worden. Er ist für die moderne Erziehungstheorie von zentraler Bedeutung, die davon weiß, daß die Autorität der Erzieherinnen und Erzieher nunmehr grundsätzlich unterminiert ist. In unserer relativistischen und erkenntniskritischen Kultur gerät jede Autoritätsposition ins Rutschen. Autorität muß sich heute ganz anders begründen als früher. Sie kann sich nur als vorläufige und selbstreflexive behaupten.

Der antiautoritären Erziehungsbewegung der Kinderläden war dies mehr oder weniger bewußt. Sie protestierte gegen die angemaßte und hohle Autorität der Erwachsenen und die Gewalt, mit der diese Autorität gegenüber den Kindern und Jugendlichen durchgesetzt wird.

Davon hat die heutige Kindertageserziehung gelernt: Sie versucht, die Erfahrungen und den Entwicklungsentwurf der älteren Generation an den Bedürfnissen und Interessen der jüngeren Generation zu relativieren und setzt auf das Aushandeln einer Balance zwischen Ja und Nein. Moderne Erziehung ist deswegen gegenüber traditioneller Erziehung ungleich komplizierter, aber auch erheblich chancenreicher. Sie ist komplizierter, weil ohne feste normative Orientierungen erzieherisch gehandelt werden muß.

Dies bringt den Zwang zur Reflexion und zum Dialog mit sich, führt manchmal aber zum bloßen permanenten Gerede. Alles muß man nun besprechen, anstatt gewaltsam das eigene Erfahrungskonzept gegenüber den Kindern einfach durchzusetzen. Insofern ist das antiautoritäre Erziehungskonzept nicht nur modern gewesen, weil es sich gegen Gewalt richtete, sondern auch, weil es – mehr oder weniger bewußt – zur Kenntnis genommen hat, daß Erziehung keinen eindeutigen Ort mehr hat, bzw. dieser Ort immer wieder neu begründet werden muß. Wir müssen Erziehung vielmehr immer wieder erfinden und in normativer Ambivalenz immer wieder neu begründen. Je offener und reflektierter wir dies tun, desto weiter kommen wir in unseren Erziehungsbemühungen. Das müssen auch die heutigen Kinderläden wieder lernen, jenseits von Laissez-faire und Antipädagogik, kreativ und experimentell, ohne verbindliches Leitbild in normativen Ambivalenzkonflikten zwischen Nein und Ja balancierend.

2.3 Die Erst- und Zweiterzieher

Schwerpunkt in den Kinderläden war „die Erziehung der Erzieher". In diesem Zusammenhang haben wir die frühen Texte der Reformpädagogen und der psychoanalytischen Pädagogen aus den 20er und 30er Jahren gelesen. In diesem Ansatz steckt aber, so lautet meine These, ein weiteres Paradox, das Professionalisierungsparadox: *Kein Zweiterzieher entkommt den Ersterziehern und umgekehrt.* Irgendwann müssen sich die Eltern damit auseinander setzen, daß sie es mit professionellen Erzieherinnen und Erziehern zu tun bekommen. Jede pädagogische Fachkraft – ob Zweit-, Dritt- oder Viert-Erziehende – ist mit Ersterziehenden konfrontiert, vor allem auch mit den Ersterziehenden der eigenen Herkunftsfamilie. Auch als professioneller Erzieher schleppe ich meine Eltern mit. Das ist keine triviale Angelegenheit und hat immer mehrere Ebenen: die der unmittelbaren Erfahrung und die der projektiven Konstruktion.

Insofern können wir vom Paradox der Übertragung sprechen. Wir übertragen reale Erfahrungen und wir übertragen unbewußte Erfahrungen aus unserer eigenen Sozialisationsgeschichte. Die Eltern tun das ihrerseits natürlich auch. Auch sie haben eine ganze Reihe von Erst- und Zweiterzieherinnen und Erziehern erlebt und nehmen die pädagogischen Fachkräfte projektiv auf dieser Folie wahr.

Ich habe den Eindruck, daß auch Kinderläden heute immer wieder an diesem Übertragungsparadox scheitern. Die Eltern wollen sich als Ersterziehende nicht mehr erziehen lassen, und die professionellen Erzieher und Erzieherinnen wollen sich auch nicht mehr erziehen lassen – am wenigsten von Eltern –, weil sie es ja sind, die nun erziehen. Außerdem haben sie ja oft den Erzieherberuf gerade aufgrund ganz bestimmter Erfahrungen mit ihren Ersterziehern gewählt, wollten sie doch als oft parentifizierte Kinder von ihren

Eltern loskommen und zugleich deren Aufträge erfüllen, die sie verinnerlicht haben. Daraus folgt: keine Erziehung ohne Selbstreflexion unumgänglicher Übertragungen. *Wir müssen uns immer wieder die Frage stellen, was es bedeutet, daß ich als Erzieher mein eigenes Verhältnis zu meinen eigenen Eltern immer wieder aktualisiere. Ihre Provokationen begleiten mich weiter. Ich bin selbst das Kind, das ich erziehe, wie die berühmte Formel Siegfried Bernfelds lautet.*

Mit dem Anschluß an die moderne Psychologie, insbesondere an Psychoanalyse, Erziehungswissenschaft und Sozialisationsforschung, hat die Kinderladenbewegung ihre pädagogische Selbstreflexion und Professionalisierung vorangetrieben, sich als Selbsthilfebewegung jedoch zugleich gebremst. Diese Ambivalenz kennzeichnet die Kinderladenbewegung von Anfang an. Sie hat sich nicht als Bewegung für neue pädagogische Professionalität verstanden, sondern rückte das „Selbermachen" in den Vordergrund, anfangs sogar die Ablehnung professioneller Kräfte, und betonte die Notwendigkeit der Selbstreflexion. Aus ihr ergab sich allerdings bald ein starker Impuls für die Verbesserung und den Ausbau der pädagogischen Ausbildung.

Die Ambivalenz zwischen selbstorganisierter Bürger- und Laienbewegung und Professionalisierung gibt es in den Kinderläden bis heute. Auch heute gibt es noch Kinderläden, die sich vehement gegen die Professionellen abgrenzen und gleichzeitig auf professionelle Fachkräfte angewiesen sind. In der Frage der Notwendigkeit der pädagogischen Selbstreflexion ist ihnen in der Regel bewußt, daß die Eltern ebenso vor der Herausforderung der Reflexion unbewußter Übertragungen stehen wie die pädagogischen Fachleute.

Diejenigen, die das Geschäft der Erziehung professionell betreiben, sind freilich auf besondere Weise gefordert, sich selbst besser und tiefer zu verstehen, als dies von einem Vater oder einer Mutter verlangt werden kann. Das ist ja das Vorrecht von Eltern, einfach spontan Eltern zu sein. Das ist auch ganz richtig so.

In den Kinderläden hatte das spontane Engagement der Eltern allerdings erhebliche professionelle Konsequenzen. Denn in dem Maße, in dem die kinderladenerfahrenen Eltern zu Fachleuten der Reform der Kindertageserziehung wurden und die Fachschulen und Hochschulen sich für sie zu interessieren begannen, kam die moderne Kita-Reform in Gang. Sehr viele Kinderladengründerinnen und -gründer oder Kinderladen-Eltern spielten später auf der professionellen pädagogischen Ebene eine Rolle.

In dieser Hinsicht hat der Kinderladen aber heutzutage an Einfluß verloren. Heute sind viele Kinderläden pädagogisches Hinterland, das dringend der Entwicklung bedarf. Es gibt demgegenüber viele Kindertagesstätten, die konzeptionell und methodisch weiter sind als so mancher Kinderladen. Auf der anderen Seite gibt es freilich auch Kinderläden, die sich mit Hilfe engagierter Eltern und guter Fachleute weiterentwickelt haben. Generell kann aber nicht bestritten werden, daß auch die Kinderläden sich nicht auf dem Lorbeer ihrer kreativen Erfindungen ausruhen können, sondern eines Qualifizierungsprogrammes bedürfen – nicht zuletzt im Sinne einer Qualitätsentwicklung der hier tätigen Fachleute.

2.4 Der Kinderladen ist ein offener „sozialer Ort"

Eine Kindertageseinrichtung kann nur produktiv arbeiten, wenn ihr gelingt, zugleich geschlossen und offen zu sein, wenn sie sich als eine offene Provinz versteht. Mit Maud Mannoni, der berühmten belgisch-französischen Psychotherapeutin, die mit schwer gestörten Kindern gearbeitet hat, kann man diese „Orte für Kinder" als „gesprengte Institution" bezeichnen (Mannoni 1978). Denn wir brauchen Räume mit Mauern und Wänden, die zugleich offen sind. Moderne pädagogische Institutionen weisen dieses Paradox auf: Sie bieten einen Raum, aber es gibt Öffnungen, in Richtung auf die Familie wie in Richtung auf die weitere Gesellschaft. Insofern ist bereits der Kinderladen eine offene pädagogische Provinz gewesen. Konzeptionell beginnt hiermit die Öffnung moderner Kita-Pädagogik.

Die Öffnung der Kindertageserziehung in die Nachbarschaft hinein hat mit den Kinderläden angefangen. Die Türen waren offen. Die Kinder waren auf der Straße, auch wenn das nicht immer ganz ungefährlich war. Man kann diese Öffnung aber auch auf die Gemeinde und die Stadt ausdehnen. So sind die ersten Kinderläden mit ihren Kindern in die so viele Anregungen bietende Stadt gegangen, und ich erinnere noch gut den Aufstand, den es bei den „Berliner Wasserwerken" gab, als wir mit einer Gruppe 3- und 4-jähriger Kinder ein Wasserwerk besichtigen wollten. Das sei viel zu gefährlich, hieß es, was sich natürlich nicht bestätigte. Wir sind aber auch in den öffentlichen Verkehr hinein gegangen und nicht zuletzt in die Arbeitswelt. Wir besuchten nicht nur die Eltern an ihren Arbeitsplätzen, sondern die ganze Arbeitswelt wurde für die Kindertageserziehung entdeckt. Jürgen Zimmer und seine Mitarbeiterinnen im „Deutschen Jugendinstitut" haben weitere Erkundungsprojekte erfunden. Das liegt alles in schönen Handbüchern vor.

Die Kinderläden konnten darüber hinaus zeigen, daß Geschichte und Politik bereits in der Kindertageserziehung wichtig sind, daß man Geschichte anhand von Zeugen verstehen kann, die man aufsucht. In Berlin waren z.b. noch lange Zeit die Kriegsschäden zu sehen. Dann haben die Kinder gefragt: „Warum ist das kaputt?", und schon war man mitten in der Geschichte gelandet. Auch öffneten sich die Kinderläden als erste den mit der zunehmenden Migration ins Land gekommenen anderen Kulturen. Ohne diese Erfahrungen ist der heutige Alltag in der Kindertageserziehung mit türkischen Festen oder einer vietnamesischen Reistafel oder mit einer Wandzeitung zum Krieg in Jugoslawien gar nicht denkbar. Das alles sind Öffnungen, die die Abschottung des Kindergartens aufsprengten.

2.5 Gesellschaft und Politik

Die Kinderladenbewegung ist sehr schnell mit dem Paradox von Kritik und Lösung gesellschaftlicher und politischer Probleme konfrontiert worden. Man konnte das in den 60er Jahren in unterschiedlicher Weise betrachten. Zum Beispiel wurde der weitere gesellschaftliche und politische Zusammenhang als postnazistische Katastrophe, als kapitalistisches Ausbeutungsverhältnis, als Kalte-Kriegs-Blockade oder als unvollendete Demokratie begriffen und gleichzeitig Veränderungen angestrebt. Wir sind damals als Generation damit konfrontiert worden, daß es die einfachen Lösungen nicht mehr gab. Und dennoch haben uns die einfachen Lösungen mächtig interessiert, glaubten wir doch trotz der uns so wichtigen Kritischen (also differenzierenden und skeptischen) Theorie der Frankfurter Schule daran, daß die Abschaffung der kapitalistischen Eigentumsverhältnisse Demokratie und soziale Gerechtigkeit ermöglichen würde. Heute wissen wir, daß derartige makrosystemische Veränderungen unwahrscheinlich sind. Auch haben wir uns der Einsicht nicht verschließen können, daß trotz der erheblichen gesellschaftlichen und politischen Veränderungen, die wir mit der Protestbewegung bewirkt haben, die Dinge komplizierter sind, als wir damals glaubten.

Man kann heute als Erzieherin oder Erzieher nicht mehr davon ausgehen, politisch einfach etwas vorgeben zu können. Wir können uns aber – und dies ist das politische Erbe der Kinderläden – den gesellschaftlichen und politischen Fragen stellen, sie mit unseren Kindern untersuchen und dabei unterschiedliche Untersuchungsperspektiven einschlagen.

Wir sind als pädagogische Fachkräfte und als Eltern in die unauflöslichen Widersprüche des gesellschaftlichen Ganzen eingespannt und stehen nicht über ihnen. Die Kinderladenbewegung geriet in eine politische Sackgasse, als sie ihre kritische Position verließ, einseitig und „eindeutig" wurde und beispielsweise für die proletarische Revolution eintrat. Dies führte unausweichlich in den Fundamentalismus und zu autoritären politischen Konzepten, die man pädagogisch doch gerade überwinden wollte.

Die Kinderladenbewegung hat andererseits jedoch genau gesehen, daß Erziehung der Außenbeobachtung durch das Makro-System – vor allem durch das politische System – nicht entgeht, daß sie aber auch das politische Makro-System selbst beobachten und möglicherweise auch verändern kann. Die Kinderläden sind von staatlichen Instanzen ausgespäht worden und Beamte haben ihre Beobachtungen seitenweise protokolliert, wie wir später staunend lesen konnten. Aber auch wir konnten die Politik beobachten und haben versucht, sie zu verändern. Unsere Präsenz in dem öffentlichen Raum, in dem Politik gemacht und gestaltet wird, ist nach wie vor von großer Bedeutung. Aber leider beteiligen sich heute viele pädagogische Fachkräfte nicht mehr an den öffentlichen politischen Auseinandersetzungen. Sie haben eher eine klagende und depressive Position eingenommen: die Politik schaffe uns nicht die richtigen Bedingungen für unsere Arbeit. Kindertageseinrichtungen können nur profitieren, wenn sie sich selbst und zugleich das Makro-System scharf beobachten.

Die moderne Kita-Pädagogik könnte von den Kinderläden lernen, Makro-Kontexte wie Macht, Ungleichheit und Konflikt in den Blick zu nehmen. Sie müssen auf der Grundlage der bürgerlichen Freiheitsrechte – aber ohne verbindliches politisches Leitbild – reflektiert werden.

Am Beginn der Kinderladenbewegung meinten wir, über ein politisches Erfolgsrezept zu verfügen. Wir glaubten an die Revolution, sogar an die permanente Revolution. Wir sind dann relativ schnell notgelandet und mußten lernen, daß die Dinge erheblich komplizierter sind.

Nichtsdestoweniger gibt es keine Alternative zu der kritischen Reflexion der politischen und gesellschaftlichen Rahmenbedingungen pädagogischer Praxis. Welche Bedeutung die heutigen Kinderläden in diesem Prozeß einnehmen werden, wird allerdings auch davon abhängen, ob sie hinsichtlich ihrer Kompetenz, ihres Fachwissens, ihrer Konzepte und ihrer Praxis dem Vergleich mit anderen Angeboten moderner Kindertageserziehung standhalten.

3. Dimensionen von Qualität

Zum Abschluß möchte ich anhand der Qualitätskriterien des „Kronberger Kreises zur dialogischen Qualitätsentwicklung von Kindertageseinrichtungen" (Kronberger Kreis 1998) eine Gesamteinschätzung der Kinderläden vornehmen.

Hinsichtlich der *Programm- und Prozeßqualität* sind die Ergebnisse von Anfang an widersprüchlich. Viele Kinderläden waren ohne explizites Programm angetreten, vertrauten eher auf ihre offene Grundhaltung und halten auch heute noch wenig von Planung und methodischen Vorüberlegungen. Sie starteten aber mit einem attraktiven Konzept des solidarischen Milieus, das im Interesse der Kinder von Eltern, Fachkräften und Kindern selbst gemeinsam umgesetzt wurde. Doch das reicht heute nicht mehr aus. Befragt man sie nach ihrer Programmatik und ihren Angeboten fallen die Antworten recht dürftig aus. Das sind inzwischen manche Kindertagesstätten weiter.

Hinsichtlich der *Prozeßqualität* liegen die Kinderläden in der Regel vorne, weil sie eher auf beziehungsdynamische Konzepte setzen. Es kommt ihnen nicht so sehr darauf an, was unter der Woche passiert, sondern daß die Ferienaktion ein Erfolg wird, der Kinderladen am Wochenende geöffnet ist, daß Julia, die Freundin von Katja aus München, einfach in den Kinderladen mitkommen kann oder alle zusammen vor der Ferienreise im Kinderladen übernachten.

Auf der zweiten Qualitätsebene – der *Leitung* – zeigt sich bei Kinderläden eine wesentliche Qualitätsgefährdung. Kinderläden sind in der Regel immer schlecht geleitet worden. Entweder waren sie völlig unstrukturiert oder sie wurden von informellen diffusen Machtzentren oder von einzelnen, die faktisch Leiter waren, aber nie dafür offiziell eingesetzt wurden, geleitet. Kinderläden haben und hatten oft unklare und auch undiskutierte Leitungskonzepte. Heute sind aber – je hektischer und komplexer das übrige gesellschaftliche Leben wird – klare Leitungsfunktionen sehr wichtig. Damit meine ich nicht autoritäre Strukturen, sondern ausgehandelte und berechenbare organisatorische Regelungen, die die Leitungsverantwortung festlegen und kontrollierbar machen.

Hierin besteht das größte Defizit der Kinderläden, das aber auch in anderen Kindertageseinrichtungen anzutreffen ist. Die Leiterinnen können ihren Mitarbeiterinnen in der Regel nicht helfen und sind selbst oft hilflos. Häufig sind sie auch noch abhängig von diffusen Träger-Administrationen, und damit eigentlich nicht in der Lage, das Management eines mittleren Betriebes zu übernehmen. Dies wäre aber bei Betrieben, die mit teilweise 60 Kindern, 100 Eltern und 30 Mitarbeiterinnen eine erhebliche Größe erreichen, erforderlich.

Zu Anfang der Kinderläden ist die *Fachkräftequalität* erheblich gewesen – zum Teil mit außerordentlich gut qualifiziertem Personal. Auch die Eltern haben sich qualifiziert – zum Teil nächtelang. Sie haben nicht selten regelrecht studiert, selbst wenn dies einen enormen Aufwand bedeutete. Ich erinnere mich, daß wir beispielsweise in unserem Kinderladen gemeinsam pädagogische Texte gelesen oder unsere Sicht auf die eigenen Kinder formuliert haben. Jede Mutter und jeder Vater schrieb etwas über das eigene Kind auf. Das Geschriebene haben wir dann ordentlich auf Matrizen abgezogen und gemeinsam diskutiert. Stellen Sie sich heute einmal vor, Sie würden die Eltern bitten: „Schreiben Sie einmal eine Seite über Ihr Kind auf und bringen Sie den Text dann am Sonntag zum Elterntreffen mit." Gar nicht auszudenken, wie man heute darauf reagierte.

Natürlich sind die Eltern heute ebenso wie damals unterschiedlich qualifiziert und engagiert. Auch heute kann man auf Eltern bauen, muß ihnen jedoch zugleich Entwicklungsangebote machen. In Kindertageseinrichtungen sind ja immer zwei Gruppen vorhanden: Kinder und Eltern. Beide brauchen Chancen der Mitwirkung, beide müssen versorgt werden.

In Kindertageseinrichtungen hängt heute alles davon ab, ob die Fachkräfte ausreichend qualifiziert sind und ob sie ausreichende Unterstützung in ihrer weiteren beruflichen Entwicklung haben. Hier können die Kinderläden nicht gerade als Modell dienen, selbst wenn sie in der Regel die selbständigeren

Erzieherinnen und Erzieher anziehen. Unterqualifizierung finden wir aber auch hier, nicht zuletzt im Umgang mit den ja viel intensiver beteiligten und natürlich auch komplizierten Eltern. Eine Ausbildung der pädagogischen Fachkräfte auf Hochschulniveau vor allem im Hinblick auf die Leitungsstellen täte den Kinderläden ebenso wie den Kindertagesstätten und auch der Heimerziehung gut.

Bei der *Einrichtungs- und Raumqualität* haben die Kinderläden viele Anstöße gegeben. Obwohl sie räumlich oft unterausgestattet waren und sind, haben sie doch zahlreiche Anregungen gegeben, wie man Kindertageseinrichtungen gestalten muß. Sie erfanden Läden mit verschiedenen Ebenen, mit Rückzugsmöglichkeiten und variablen Nutzungsmöglichkeiten.

Bei der *Trägerqualität* schneiden die Kinderläden in der Regel schlechter ab. Das liegt an ihrer diffusen Institutionalisierung, was im wesentlichen mit den spontaneistischen politischen Konzepten zusammenhängt, die die Kinderladenbewegung propagierte. Sie war ja selbst eine schlecht organisierte Bewegung. Zudem hat es häufig keine Weitergabe der Erfahrungen gegeben – jedenfalls erfolgt diese nicht systematisch. Dies ist im Nachhinein betrachtet ein schwerer Fehler. Wenn man es mit selbstorganisierter Kindertageserziehung ernst meint, müßte man sie durch Aus- und Fortbildung stützen. Qualitätsentwicklungskurse für Eltern und Fachkräfte wären sicher sinnvoll.

Bei der *Kosten-Nutzen-Qualität* schließlich stehen die Kinderläden sehr gut da, vor allem weil die Investitionskosten so niedrig und die laufenden Kosten viel geringer sind als in einer Kindertagesstätte. Es ist doch ein erheblicher Unterschied, ob man erst einmal für ein paar Millionen einen neuen Kindergarten bauen muß, oder ob man bestehende Gebäude günstig nutzen kann oder umbaut. Ich habe gerade den Kinderladen vom Mütterzentrum in Salzgitter besucht. Da kann man sehen, wie geschickt und kostengünstig ein Supermarkt umgebaut wurde. Dabei trifft man auf Schritt und Tritt auf Anregungen, die wir den Kinderläden verdanken.

Kein Zweifel, was die Kosten-Nutzen-Qualität betrifft, können andere Einrichtungen mit den Kinderläden nicht konkurrieren, politisch aber haben die Kinderläden dies bisher nicht in ausreichendem Maße vermitteln können. Möglicherweise spielt dabei eine Rolle, daß die Gesamtqualität der Kinderläden nicht durchgängig günstig ist und eine systematische Weiterentwicklung der Kinderläden nicht gelungen ist. Jedenfalls könnten sie noch viel besser

werden, nicht zuletzt, indem sie ihre reichhaltigen Erfahrungen aus drei Jahr-
zehnten mit antiautoritärer, mit neuer und kreativer Erziehung nutzen.

Literatur

Bronfenbrenner, Urie. (1976): Die Ökologie der menschlichen Entwicklung. Natürliche
und geplante Experimente. Stuttgart: Klett-Cotta.
Bronfenbrenner, Urie. (1981): Ökologische Sozialisationsforschung. Stuttgart.
Mead, Margaret. (1978): Culture and Commitment. The new relationship between the
generations in the 1970s. Garden City New York: Anchor Press / Doubleday (revised
and updated edition). [dt. Der Konflikt der Generationen.]
Mannoni, Maud. (1978): Ein Ort zum Leben. Die Kinder von Bonneuil. Frankfurt a.m.:
Syndikat.
Kronberger Kreis für Qualitätsentwicklung in Kindertageseinrichtungen. (1998): Qualität
im Dialog entwickeln. Wie Kindertageseinrichtungen besser werden. Seelze / Velber:
Kallmeyer'sche Verlagsbuchhandlung.

Oliver – die Logik im Chaos

Andrea Hermann

*Wenn keine ausreichend gute Bemutterung vorhanden ist,
ist das Ergebnis eher Chaos ... und eine Spaltung des Objekts in ein „gutes" und ein „böses" Objekt.*

D. W. Winnicott, Reifungsprozesse und fördernde Umwelt,
1985, S. 231-232.

Seit zwei Jahren betreuen wir im Heim des Verbundes für Psychoanalytische Sozialarbeit (Paritätische Gesellschaft für Gesundheits- und Sozialdienste mbH – PGGS) einen inzwischen 9 Jahre alten Knaben. Der Junge, den ich im folgenden Oliver nennen werde, mußte während eines Wochenendes, das er gemeinsam mit seiner Mutter bei den Großeltern verbrachte, notfallmäßig in ein Krankenhaus eingeliefert werden, da er aufgrund eines schweren Bronchialasthmaanfalls während der Nacht zu ersticken drohte. Aufgrund der Schwere des Vorfalls sollte Oliver einige Zeit im Krankenhaus verbleiben, und die Mutter sollte ihn innewohnend begleiten. Die Großeltern, die Tante und wir als Betreuer der Heimeinrichtung, in welcher Oliver zu diesem Zeitpunkt seit anderthalb Jahren lebte, unterstützten dies durch tägliche Besuche.

Am dritten Tag kam es zu einer heftigen Auseinandersetzung zwischen Oliver und dessen Mutter, nachdem sie ihm angekündigt hatte, nun den Raum zu verlassen; er müsse verstehen, daß auch sie Ruhe bräuchte und außerdem würden ja bald die Großeltern kommen. Oliver fing daraufhin an zu schreien, riß sich das Beatmungsgerät von der Nase und bewarf die Mutter mit Gegenständen, beschimpfte sie als Nutte und Hure, die er sowieso nie wiedersehen wolle und die am besten tot sein solle. Die Mutter flüchtete daraufhin aus dem Krankenzimmer. Der dazugeeilte Stationsarzt herrschte Oliver an, was ihm einfiele, seine Mutter derart zu behandeln. Er wurde von Oliver mit einer Selterflasche beworfen, woraufhin auch er die Flucht ergriff und uns telefonisch ins Krankenhaus zitierte. Der Junge stelle eine Gefahr für die Allgemeinheit dar, wäre völlig unberechenbar aggressiv und müsse auf der Stelle von uns abgeholt werden. Zwischenzeitlich waren die Großmutter und die Tante wie verabredet zu Besuch erschienen und versuchten erfolglos, Oliver zu beschwichtigen, der unablässig Schimpftiraden über seine Mutter führte.

Zu dem Zeitpunkt, als ich im Krankenhaus eintraf, befanden sich Groß-mutter, Tante und Mutter mit Oliver im Krankenzimmer, der sich in einer Ecke des Zimmers verschanzte und drohte, falls ihm jemand zu nahe käme, das Überwachungsgerät von der Wand zu reißen und sich mit den Schläu-chen zu strangulieren.

Oliver befand sich in einem furchtbaren Zustand; er schien die Situation und die Familie omnipotent zu beherrschen, wirkte dabei aber gleichzeitig hilflos, ohnmächtig und voller Angst. Auf Ansprache reagierte er ausschließ-lich mit wüsten Beschimpfungen und klammerte sich regelrecht an den Überwachungsapparat. Die anwesenden Familienangehörigen erlebte er ganz offensichtlich nicht als Schutz, sondern vielmehr als Bedrohung. Es erschien mir unmöglich, den Jungen weiter in dieser Position zu belassen, so daß ich ihn zunächst einmal gewaltsam aus der Ecke zog und ihn mit aller Kraft festhielt. Oliver wehrte sich, als ob es um sein Leben ginge; er fürchtete – meiner Ansicht nach – sadistische Vergeltung.

In seinen folgenden Beschimpfungen machte er keine Unterscheidung mehr zwischen mir und der Mutter. Er schrie gellend um Hilfe durch die Großmutter, die schockiert die Szene beobachtete und ihre Tochter auffor-derte, mir zu helfen, den tobenden Jungen festzuhalten. Diese war jedoch nicht in der Lage, dies zu tun, ohne ihrem Sohn gleichzeitig körperliche Schmerzen zuzufügen. Ihr Kommentar war: „Ich kann ihn nicht halten, das ist zu schwer für mich". Oliver steigerte daraufhin seine verbalen und kör-perlichen Attacken, woraufhin die Großmutter, zunächst hilflos Oliver zur Ruhe mahnend, begann, ihn mit mir zusammen zu halten. Oliver beruhigte sich dadurch offensichtlich, forderte aber von der Großmutter, fester gehal-ten zu werden. Er fürchte, sie sonst zu schlagen, was er nicht wolle. Da die Großmutter zögerte, unterstützte ich sein Ansinnen, dem sie dann auch wei-nend nachkam. Sie stammelte wiederholt „aber ich tue ihm ja damit weh" und

118

staunte ebenso wie die Tante, als Oliver weinend zusammenbrach, nachdem ich erklärt hatte, daß es Oliver meines Erachtens weh tue, wenn er nicht genügend gut gehalten werde, daß er sich dann nicht sicher fühle. Nun weinten Oliver und die Großmutter gemeinsam; Oliver wollte losgelassen werden und mit der Großmutter allein sprechen. Die Mutter zögerte zunächst, mit der Tante und mir den Raum zu verlassen, kam aber mit, nachdem ich bemerkte, daß ihr Sohn kein Monster wäre und die Großmutter nicht fressen würde.

Im Flur trafen wir auf den Großvater, der seine Frau und seine Tochter abholen wollte und ob der ihm berichteten Geschehnisse nur verständnislos den Kopf schüttelte.

Kurz darauf wurde ich von Oliver wieder gerufen, der nun mit seiner Oma und mir gemeinsam sprechen wollte. Gerade als wir beginnen wollten, kam Bernd, ein Betreuer des Kinderheimes, zu dem ursprünglich verabredeten Besuch, den er vor seinem eigenen Dienstbeginn im Heim machen wollte und somit von den Vorkommnissen nichts wissen konnte. Oliver erblickte ihn und schrie: „Raus, raus!" Nach einer kurzen nonverbalen Verständigung zwischen Bernd und mir, ist er seiner unmißverständlichen Forderung nachgekommen. Kaum war er draußen, forderte Oliver, er solle wieder reinkommen und der Opa auch. Er machte Bernd heftige Vorwürfe, da er seiner Ansicht nach zu spät gekommen sei und alles nicht geschehen wäre, wenn er nur rechtzeitig gekommen wäre. Bernd, der sich zunächst zu verteidigen suchte, merkte schnell, daß es besser war zu schweigen, um Oliver zunächst genügend Raum für seine Geschichte zu lassen.

Oliver konnte dann sehr schnell über seine Angst sprechen, von Bernd und mir aus dem Krankenhaus fortgebracht zu werden und dann wie sein vier Jahre jüngerer Bruder sterben zu müssen. Begleitet wurde dies von seiner Forderung, zu Oma und Opa gehen zu wollen, und Weinen und Wehklagen über den Tod seiner Ticktack-Oma und seinem Ticktack-Opa (an Krebs verstorbene Urgroßeltern). In mühevoller Kleinarbeit, unterstützt von Großeltern und Tante, konnten wir ihn überzeugen, daß er nicht irgendwohin gebracht werde und allein und verlassen sterben müsse. Er fuhr daraufhin ruhig mit mir ins Kinderheim zurück.

D. R. Laing schreibt in „Phänomenologie und Erfahrung": „Sieht man eine Person nicht außerhalb, sondern innerhalb ihres Kontextes, kann ganz unverständlich erscheinendes Verhalten ganz normalen menschlichen Sinn haben, ..." (1971, S. 100) Um die Situation in der Klinik verstehen zu können, bedarf es der Beschreibung von Olivers Vorgeschichte:

Olivers Mutter ist mit 29 Jahren die ältere von zwei Töchtern. Die jüngere Daniela ist heute 20 Jahre alt. Olivers Mutter stammt aus der ersten Beziehung ihrer heute 47 Jahre alten Mutter, wurde jedoch von deren zweiten Mann adoptiert.

Wichtig im Familiengefüge für Oliver sind auch seine Urgroßeltern, die er Ticktack-Oma und Ticktack-Opa nannte. Sein Vater lehnt jeden Kontakt zu Oliver ab, kommt aber seinen finanziellen Verpflichtungen nach.

Oliver wurde 1989 in Westberlin geboren. Seine Mutter bezeichnet ihn als Volljährigkeitsgeschenk, da er an ihrem 18. Geburtstag gezeugt wurde. Vom Kindesvater trennte sie sich nach einer gemeinsamen 14tägigen Ferienreise. Aufgrund der Schwangerschaft brach sie ihre Lehre ab.

Nach der Geburt lebte Oliver zunächst gemeinsam mit seiner Mutter für drei Monate im Gartenhaus ihrer Eltern, die selbst den ganzen Sommer dort verbrachten. Die Urgroßeltern, die ein angrenzendes Gartengrundstück besaßen, verbrachten den Sommer ebenfalls dort, ebenso die damals 9jährige Tante Olivers. Diese Zeit wird von Olivers Mutter als sehr harmonisch bezeichnet.

Als Oliver zwei Jahre alt war, zeigten sich erstmalig Auffälligkeiten in Form von Zerstörungen, Verweigerungen und aggressiven Ausbrüchen. In diesem Jahr (1991) heiratete Olivers Mutter, ließ sich jedoch 1994 wieder scheiden. In den drei Ehejahren kam es zu vielen gewaltsamen Auseinandersetzungen, die Oliver häufig miterlebt hat. 1993 war die Mutter mit Zwillingen schwanger. Einen Fötus verlor sie im 5. Monat auf der Toilette und das zweite Kind war eine Frühgeburt und kam mit einer schweren Atemproblematik zur Welt. Es mußte ständig mit Sauerstoff beatmet werden und verbrachte wenig Zeit zu Hause, so daß die Mutter kaum guten Kontakt zu ihrem Kind aufbauen konnte.

Oliver besuchte seinen Bruder regelmäßig mit der Großmutter in der Klinik. Seine Oma beschreibt, daß er sehr liebevoll mit ihm umgegangen sei, stolz und begeistert den Kinderwagen geschoben habe. Oliver lebte in dieser Zeit oft wochenlang bei den Großeltern bzw. Urgroßeltern, die im selben Haus wohnten, da ihn seine Mutter dort hinbrachte, aber nur auf Drängen wieder abholte.

Als sie den jüngeren Bruder aus der Klinik abholen sollte, drängte das Jugendamt, wie Olivers Mutter berichtet, darauf, Oliver in eine Kinderpsychiatrie zur Diagnostik zu geben, da er sehr lebhaft und schwierig war und man befürchtete, daß er dem Baby etwas antun könne, ohne dies zu wollen.

Im Alter von 1 1/2 Jahren wurde der Säugling von Olivers Mutter in Pflege gegeben, damit sie Oliver wieder ganz bei sich haben könne. In Verlagerung ihrer eigenen Ambivalenz hatte sie Oliver die Sachlage dahingehend erklärt, daß sie den Säugling weggeben müsse, da Oliver so schwierig sei. Sie habe deswegen viele Vorwürfe von Seiten ihrer Eltern und Großeltern ertragen müssen, aber nie wirklich über diesen Verlust trauern können, da so vieles in ihrer Familie weggeredet wurde. Oliver und seine Großeltern glaubten jedoch – bis wir im Herbst 1998 dieses „Mißverständnis" aufklärten –, daß der Junge in der Klinik plötzlich verstorben wäre. Aufgrund fortgesetzter Auffälligkeiten im Haushalt der Mutter 1995, zur Zeit des „plötzlichen Todes" des Bruders, verbrachte Oliver einige Monate in einem von Nonnen geführten Kinderheim. Oliver beschreibt diese Zeit als traumatisch. Er habe die Großeltern nicht sehen dürfen, sei geschlagen und in den Keller gesperrt worden.

Auf Drängen der Restfamilie holte Olivers Mutter ihn wieder nach Hause. Kurz darauf wurde er eingeschult, ertrug diese erneute Trennung nicht und wurde gleich auffällig, da er andere Kinder verprügelte, so daß er 1996 wieder in eine Kinderpsychiatrie zur Diagnostik eingeliefert wurde. Während dieser Zeit starb sein geliebter Ticktack-Opa. Bei der Beerdigung wollte ihn Oliver aus dem Sarg befreien, was die Familie sehr peinlich berührte, weil sie mit dieser Art der Trauer nicht umgehen konnte. Olivers Mutter zog in dieser Zeit mit ihrem neuen Lebensgefährten zusammen. Auch mit diesem Mann kam es zu Alkoholexzessen und gewalttätigen Auseinandersetzungen. Oliver, zwischenzeitlich wieder zu Hause und von der Schule auf unbestimmte Zeit beurlaubt, mußte verschiedentlich von der Großmutter abgeholt werden, da die Mutter ihn nachts allein in der Wohnung zurückließ. Oliver reagierte mit immer stärkeren aggressiven Attacken gegen seine Mutter, was diese veranlaßt, ihn im Februar 1997 erneut in der Psychiatrie vorzustellen. Dort fand er jedoch keine Aufnahme, so daß er mit Hinweis auf die andauernde häusliche Problematik in unserer Krisen- und Übergangseinrichtung in Obhut genommen wurde. Keine drei Wochen später starb seine Ticktack-Oma. Trotz dieser neuerlichen Erschütterung des gesamten Familienverbandes, konnten die

Mitarbeiter der Kriseneinrichtung eine Perspektive für Oliver erarbeiten. Im April 1997 wurde er in unsere Heimeinrichtung aufgenommen, die vom Rahmen her geeignet erschien, ihm Zeit und Raum zu geben, seine Verwundungen auszudrücken und dabei genügend Halt und Geborgenheit erfahren zu können.

Die Zeit bis zu seinem schweren Bronchialasthmaanfall war geprägt von ständigen Zurückweisungen durch die Mutter, die keinerlei verbindliche Absprachen einhalten konnte, ihrem Sohn aber ständig Besserung gelobte und tausend Erklärungen parat hatte, um von ihrer Unzuverlässigkeit abzulenken.

Erschwert wurde die Situation dadurch, daß Olivers Mutter anfing, kurze Phasen lang Absprachen einzuhalten, gerade so lange, bis der Junge begann, Hoffnung zu schöpfen, daß doch noch alles gut werde und er mit der Mutter, die sich zwischenzeitlich von ihrem Lebenspartner getrennt hatte, zusammenleben könne. Dies hätte man als eine ödipale Konstellation mißverstehen und infolge dessen die vorhandene Grundstörung (M. Balint) im therapeutischen Prozeß vernachlässigen können.

Oliver ist ein Junge, der in seiner Kindheit ganz offensichtlich viel Unordnung und frühes Leid erfahren hat. Das bedeutet im Einzelnen, daß er sich sehr stark emotional hat selbst versorgen müssen und überdies zu allen Zeiten Versorgungsfunktionen für die Mutter innehatte. Daher mußte Oliver forciert groß werden. Gleichzeitig aber ist ein Teil seines Ichs noch sehr klein und anlehnungsbedürftig. Letzteres verweist darauf, daß er zu kurz gekommen ist; offenbar ist er sehr einsam und zu frühen Trennungen ausgesetzt gewesen, die er nicht hat betrauern können. Den mit der pathologischen Trauer verbundenen depressiven Affekt hat er im wesentlichen mit Hilfe von Verdrängung bzw. Verleugnung abspalten oder unterdrücken müssen. Dementsprechend restituiert sich der depressive Anteil seiner Person als Angst und Unsicherheit, die er ständig mit Aggressionen abwehren muß.

D. W. Winnicott (1985) beschreibt, daß im Erleben des Säuglings Mutter und Kind eine Einheit bilden, daß das Kind physisch und psychisch ganz und gar von der Mutter abhängig ist und nur zu einer Desillusionierung gelangen kann, wenn es zuvor durch die vollkommene Anpassung der Mutter Gelegenheit zu Omnipotenzgefühlen hatte. Manche Mütter versagen vor der vollkommenen Abhängigkeit, die nach Winnicotts Ansicht Voraussetzung für Reifungsprozesse des Individuums ist, d.h. sie können sich nicht ganz auf ihre Babys einstellen, wissen nicht, was ihr Baby braucht und setzen es so großen Ängsten und Wut aus. Diese Ängste können dazu führen, daß das Kind an seine Zerstörung, meist durch die Mutter, glaubt. Dieser Glaube ist eine wahnhafte und nicht eine reale Gefahr. Das Gefühl jedoch, ständig in Gefahr zu sein, sowie die damit einhergehenden Abwehrmechanismen verschlingen so viel Lebensenergie (nach B. Bettelheim 1978, 1985), daß dem Ich nicht genügend Energie bleibt, um sein Innen- und Außenleben angemessen kontrollieren zu können.

M. Mannoni (1976) spricht vom Scheitern der richtigen Spiegelidentifizierung, die nur in bezug auf das Symbolische möglich ist: „Das Fehlen eines Dritten zwischen Mutter und Kind schafft eine besondere Art der Beziehung zwischen dem Körper der Mutter und dem Körper des Kindes, jedes Geschehen spielt sich auf der Ebene des imaginären Körpers ab, als wären Kind und Mutter eine Einheit, als gäbe es für das Kind keinen Platz außer in der narzißtischen Überbesetzung der Mutter." (S. 81) „Wie ein Individuum sich an seinem Platz in dieser Welt fühlt, hängt ebenfalls mit der Frage zusammen, ob und wie es in seinem Leben für jemanden anderen gezählt hat, ohne daß es sich deshalb als Subjekt hat auslöschen müssen." (1976, S. 87)

Sehr häufig bedeuten Kinder für das Unbewußte der Erwachsenen Geschwister. Von daher ist es naheliegend, daß selbst Eltern und Betreuer, die bewußt das Beste für die Kinder wollen, von plötzlichen Haßimpulsen gegen die Kinder überrascht werden bzw. überempfindlich auf Unarten der Kinder reagieren. Kleine Kinder denken oft über nachfolgende Geschwister, sie sollen wieder weggehen bzw. tot sein. Begegnet dieser Wunsch starken Schuldgefühlen, wird er verdrängt. Aber es kommt vor, daß der ehemals verdrängte Wunsch dem eigenen Kind gegenüber wieder auftaucht (vgl. hierzu Bornstein 1937, S. 79f). Es erscheint naheliegend, diesen Zusammenhang bei Olivers Mutter in Betracht zu ziehen: Sie erlebt ihren Sohn als ein Geschwisterkind und, wenn sie ihm unterstellt, daß er seinen kleinen Bruder umbringen wolle, verschiebt sie ihre eigenen verdrängten Haßimpulse auf Oliver.

In bezug auf Oliver möchte ich zunächst einen Gedanken von St. Mentzos zitieren: „Das Bedürfnis, das Selbst und die innere Welt nach außen zu tragen, sie in reale Formen zu objektivieren, ist zumindest so groß und so intensiv wie umgekehrt die Tendenz, die Objekte zu introjizieren. Genau wie die Niederschläge der Introjektionsvorgänge bei der Entstehung intrapsychischer Strukturen maßgebend mitbeteiligt sind, so tragen auch Externalisie-

rungen zur subjektiven und objektiven ‚Gestaltung' der Objektwelt bei."
(1997, S. 49)

Bei Oliver nun ging und geht es darum, den Betreuungsrahmen derart zu gestalten, daß er uns Mitarbeiter als „Zieheltern" gebrauchen kann. Dies beinhaltet sowohl die Containerfunktion (W. R. Bion) wie auch nachfolgend ein genügend gutes *holding* und *handling* (D. W. Winnicott), unabhängig davon, wie sehr Oliver den Rahmen und dessen Funktionsträger attackiert und zu zerstören sucht. Erst wenn Oliver uns phantasmatisch besetzen, aber auch real gebrauchen kann, entsteht ein Möglichkeitsraum, um erlebte Traumatisierungen anzuerkennen und damit neuen Erfahrungen Platz machen zu können.

Anhand der eingangs beschriebenen Szene wird deutlich, daß es darum geht, eine genügend gute Mütterlichkeit und genügend gute Väterlichkeit für Oliver bereitzustellen.

Bernd, der von Oliver rausgeschmissen wird und auf Verlangen wiederkommt, um ihm in seiner Wut über die Mutter beizustehen, übernimmt eine ebenso wichtige Funktion wie seine weibliche Betreuerin. Er wird zunächst beschimpft und erfährt durch Oliver Schuldzuweisungen, verschwindet aber nicht aus dem Leben Olivers wie dessen bisherige „Väter", bzw. erlaubt nicht, daß Oliver „verschwindet" oder „vernichtet" wird. Über das Halten sowie über die unaufdringliche Präsenz von Bernd wird es für Oliver möglich, seine Wut, seinen Schmerz und seine Angst zu regulieren.

In dieser Situation erlebt der Junge einmal mehr mit uns, daß nicht, wie in seinem bisherigen Leben, immer einer verschwinden muß, sondern ein Dritter zur Regulierung der vorhandenen Spannung kreativ beitragen kann.

Bei der Betreuung und Begleitung von Oliver geht es ganz wesentlich um die Schaffung eines Minimums an Verbindlichkeit, etwas, was Oliver in seinem bisherigen Leben nur sehr fragmentarisch kennengelernt hat. Es geht darum, dem Jungen eine symbolische Ordnung zu vermitteln – im Sinne einer Verläßlichkeit und eines Gesetzes –, auf die er sich beziehen kann. Die Gesetzlosigkeit konstelliert bei ihm beides: auf der einen Seite die Ohnmacht, die aus dem Gefühl resultiert, ohne basalen Halt zu sein, und auf der anderen Seite die Allmacht. Mit der Aggression, mit der er seine Angst und seine Depression abwehrt, verletzt er andere Personen und vergrößert beständig seine eigene Verwundung.

Die gesetzgeberischen Funktionen, die Oliver in einem angemessenen therapeutischen Milieu erfährt, entsprechen den haltgebenden väterlichen Instanzen, die ihm in seinem Leben bisher gefehlt haben. Dies ist die Voraussetzung dafür, daß der in seiner Männlichkeit extrem unsichere Junge im Folgenden nicht forciert, sondern mit genügend Zeit erwachsen werden kann.

Im therapeutischen Prozeß geht es darum, daß die Betreuer sich als primäres Objekt gebrauchen lassen, die Angst, Unsicherheit und Ohnmacht in sich aufnehmen, ohne sich vernichten zu lassen oder sich durch vorschnelle Deutungen zu distanzieren. Oliver hat in seinem bisherigen Leben so massive Trennungen erlebt, daß wir von einem sehr langwierigen Prozeß ausgehen müssen, um Oliver genügend Raum zu geben, eine Identität zu finden und Abwehrfunktionen im Sinne des falschen Selbst aufgeben zu können.

Für uns ist es dabei von grundsätzlicher Bedeutung, innere und äußere Realität zu unterscheiden: „Die mangelnde Fähigkeit oder Bereitschaft des Therapeuten, mit den Analysanden auf der realen Ebene im Sinne der therapeutischen Spaltung zu kommunizieren und stattdessen ausschließlich auf der Übertragungsebene zu bleiben oder primär den neurotischen Anteil aufzugreifen und zu deuten, birgt die Gefahr in sich, die vorhandenen ich-starken, gesunden Anteile des Patienten zu gefährden und ihn in einen Abhängigkeits- und Anpassungsprozeß zu drängen." (Becker, H. und Becker, S. 1987, S. 300f.)

Literatur

Balint, M. (1960): Angstlust und Regression. Stuttgart.

Balint, M. (1970): Die Theorie der Grundstörung. Therapeutische Aspekte der Regression. Stuttgart.

Becker, H. und Becker, S. (1987): Zwischen innerer und äußerer Realität. In: Psyche 41.

Becker, St. (1990): Objektbeziehungspsychologie und katastrophische Veränderung. Edition diskord, Tübingen.

Becker, St. (Hg.). (1995): Helfen statt Heilen. Psychosozial-Verlag, Gießen.

Becker, St. (Hg.). (1996): Setting, Rahmen, therapeutisches Milieu in der psychoanalytischen Sozialarbeit. Psychosozial, Gießen.

Bettelheim, B. (1978): Der Weg aus dem Labyrinth. Frankfurt am Main.

Bettelheim, B. (1985): Erziehung zum Überleben. München.

Bettelheim, B. (1986): Die Geburt des Selbst. Frankfurt am Main.

Bornstein, S. (1937): Unbewußtes der Eltern in der Erziehung der Kinder. In: Zeitschrift für psychoanalytische Pädagogik, Heft 1. Nachgedruckt in: Bittner, G. und Rehm, W. (Hg.). (1966): Psychoanalyse und Erziehung, S. 79-87. München.

Fairbairn, W. R. D. (1952): Psychoanalytic Studies of the Personality. London.

Laing, D. R. (1971): Phänomenologie der Erfahrung. Frankfurt am Main.

Mannoni, M. (1976): Scheißerziehung. Frankfurt am Main.

Mentzos, St. (1997): Neurotische Konfliktverarbeitung. Frankfurt am Main.

Winnicott, D. W. (1973): Vom Spiel zur Kreativität. Stuttgart.

Winnicott, D. W. (1985): Reifungsprozesse und fördernde Umwelt. Frankfurt am Main.

Die Beeinflussung pflegerischen Handelns durch Supervision[1]

Hartmut Kleefeld

Das Herzstück der psychoanalytischen Sozialarbeit, wie sie von Stephan Becker 1975 zunächst im Rahmen seiner Tätigkeit in der Tübinger Kinder- und Jugendpsychiatrie erprobt und später mit der Gründung des Vereins für psychoanalytische Sozialarbeit Rottenburg installiert wurde, ist und bleibt die psychoanalytische Supervision.

So unumstritten die externe Supervision bei den psychoanalytischen Sozialarbeitern ist, so umstritten ist sie nach wie vor im klinischen Rahmen.

Sei es aus Nichtbegreifen der Beziehungskonstellationen, wie sie unsere schwer gestörte Klientel herstellt, sei es, daß aus Kostengründen eine Intervision durch klinikeigene Oberärzte vorgezogen wird; vielerorts werden die Personen, die mit den Patienten den Alltag teilen, mit ihren Ängsten und Nöten allein gelassen, ja, sollen sie die notwendige Supervision selbst bezahlen, weil es sich um Fortbildung handle.

Auch dort, wo in der Vergangenheit gute Ansätze vorzufinden waren, werden heute unter dem massiven Kostendruck auf die Kliniken die Ausgaben für externe Supervision wieder in Frage gestellt.

Bei der momentan vorherrschenden Diskussion um Qualitätsmanagement auch in psychiatrischen Krankenhäusern, die letztlich nur Einsparung durch Stellenreduktion meint, wird geflissentlich vergessen, daß gute Qualität eben auch ihren Preis hat.

Es kann nicht oft genug darauf hingewiesen werden, wie wichtig ausreichende externe Supervision für eine qualitativ hochwertige Arbeit mit psychiatrischen Patienten ist. Dies gilt gleichermaßen für die Arbeit von den Vereinen für psychoanalytische Sozialarbeit wie für die stationäre Therapie in Kliniken.

Ich habe in meinen 15 Jahren Tätigkeit auf der Adoleszentenstation die Wichtigkeit der Supervision am eigenen Leib erfahren und erlebe ihre Bedeutung noch heute jede Woche als Kollegenberater der Wohngruppe des Vereins für Psychoanalytische Sozialarbeit.

Mein Arbeitsbeginn in der Jugendpsychiatrie fiel zusammen mit dem Aufbau einer psychoanalytischen Supervision, die einem Kampf mit Höhen und Tiefen und eigenen inneren und vielen äußeren, institutionellen Widerständen gleichkam. Ich werde zuerst versuchen, aufgrund meiner eigenen Erfahrung Bedingungen für sinnvolle Supervision auf psychiatrischen Stationen zu formulieren. Sie bezieht sich hauptsächlich auf meine Tätigkeit in der Kinder- und Jugendpsychiatrie, meine Schlüsse treffen aber auch auf psychiatrische Stationen im Erwachsenenbereich zu, wie ich in vielen Diskussionen mit Beschäftigten aus diesem Bereich festgestellt habe.

Lassen Sie mich als Einstieg ins Thema drei kurze Episoden aus meiner Tätigkeit in der Adoleszentenstation berichten:

Eines Morgens erwachte ich schweißgebadet und völlig geplättet. Beim Frühstück wurde mir klar, daß ein Traum diesen Zustand hervorgerufen hatte. Beim Weg zur Arbeit fiel mir dann der Trauminhalt wieder ein. Zuerst war ich in einem Keller, den ich als Kind öfters besucht hatte, um Jagd auf Ratten zu machen. Das war für meine Schulkameraden und mich eine Beschäftigung nach der Schule, mit der wir etwas Geld verdienen konnten. Der Hausmeister zahlte 30 Pfennig für jedes erlegte Tier. Plötzlich wechselte das Szenario, ich war auf unserer Station, allein und von vielen Ratten umgeben. Obwohl ich noch nie vor diesen Tieren Angst hatte, bekam ich nun panische Angst. Diese war die Ursache meiner Schweißausbrüche.

Der Traum befremdete mich etwas, ich maß ihm aber keine weitere Bedeutung zu. Kurz zuvor hatte ich meinen ersten Patienten als Bezugsperson übernommen, einen stillen und unscheinbaren 16jährigen Jungen. In der Supervision am nächsten Tag wurden wir Bezugspersonen nach besonderen Eindrücken gefragt. Nachdem nichts auftauchte, fiel mir mein Traum ein, und ich erzählte den Inhalt. Nun bekam ich zwar keine Traumdeutung, hatte aber doch das Gefühl, mich zumindest mitgeteilt zu haben, und ordnete den Traum meiner Unsicherheit als neuer Mitarbeiter zu. Zwei Tage später dekompensierte der Patient, er fühlte sich von allen Stühlen der Station bedroht, die er zerstören mußte.

In der nächsten Supervision wurde dann deutlich, daß die psychotische Angst des Patienten vor Stühlen in meinem Traum als Angst vor etwas für mich „Normalem", den Ratten, aufgetaucht war.

Zwei Jahre später übernahm ich mit einer noch unerfahrenen Kollegin einen zwanghaften Patienten mit passager-psychotischen Episoden, der heftige Spaltungstendenzen zeigte. Schon nach einer Woche der Behandlung war ich mit dieser Mitarbeiterin hoffnungslos zerstritten. Unsere Meinungsverschiedenheiten über die richtige Art, mit dem Patienten umzugehen, gingen so weit, daß ich im Team lauthals ihre Entlassung wegen Unfähigkeit beantragte. Gebremst durch das Team fand der Konflikt Eingang in mehrere Gruppensupervisionen. So wurde klar, daß es dem Patienten gelungen war, das gesamte Team in zwei Lager zu spalten, wobei jede Seite der Meinung war, den richtigen Weg zu wissen. In mühevoller Kleinarbeit wurde Sachebene und Beziehungsebene getrennt. Unser Kleinteam und Großteamkonflikt zeigte die Positionen der ebenfalls zerstrittenen Eltern par excellence! In dem Maße, wie wir als Bezugspersonen wieder eine eigene, gemeinsame Position erarbeiteten, konnte der Patient im weiteren Verlauf der Therapie einige neue Erfahrungen machen und andere Verhaltensmuster entwickeln.

Ein autistischer Patient, den ich als Bezugsperson betreute, hatte nach einer halbjährigen regressiven Phase, in der er nur im Bett lag und keinen Kontakt aufnahm, die Vorstellung entwickelt, daß er nur ein Leben ohne Sexualität akzeptieren könne. Im Rahmen der Übertragung unterstellte er mir als seiner männlichen Bezugsperson die gleiche Haltung und war maßlos enttäuscht, als er zufällig feststellen mußte, daß ich verheiratet bin und Kinder habe, also schon irgendwann mal mit Sexualität umgegangen sein mußte. Diese Erkenntnis führte dazu, daß er mich vollkommen ablehnte. Kam ich in seine Nähe, ging er auf mich los und sprach kein Wort mehr mit mir. Nachdem sich diese Phase über mehrere Wochen erstreckte, bekam ich erhebliche Selbstwertzweifel. Ich überlegte mir, ob es nicht besser wäre, aus dem Bezugspersonenverhältnis auszusteigen und brachte diese Überlegungen in die Supervision ein. Dort konnten die inneren Konflikte des Patienten verstanden werden und diese Lösung erwies sich als das falsche Mittel. Vielmehr sollte ich von den anderen Bezugspersonen aktivere Unterstützung erhalten. So wurde in meine Kommunikation mit dem Patienten eine dritte Person eingeschaltet, sozusagen als Transmitter. Fortan redete ich zu dieser Zwischenperson, diese wiederholte meine Worte dem Jugendlichen, dieser gab seinerseits seinen Kommentar ab, der nun mir wiederholt wurde.

Diese zweifellos etwas konkretistische Lösung ermöglichte wieder Kommunikation zwischen meinem Klienten und mir; der völlige Ausschluß meiner Person war überwunden und führte im weiteren zur Auflösung dieser Phase.

Die drei Beispiele sollen ein erstes Verständnis dafür eröffnen, welche Aufgaben die psychoanalytische Supervision auf psychiatrischen Stationen hat. Alle Beispiele zeigen die vielfältigen und oft versteckten Projektionen, denen wir im Umgang mit psychiatrischen Patienten ausgesetzt sind. Durch unsere inneren, unbewußten Reaktionen sind wir Spannungen ausgesetzt, die sich oft bis ins Privatleben auswirken, die unsere Arbeitshaltung nachhaltig beeinflussen und nicht immer gut auszuhalten sind.

Als Ort der Aussprache und des Bewußtwerdens dieser inneren Prozesse bedarf es meines Erachtens unbedingt einer psychoanalytischen Supervision.

Ich möchte an dieser Stelle auf zwei unterschiedliche Formen der Supervision hinweisen, die wir in Tübingen praktizieren. In der ersten und dritten Episode sprach ich von einer Einzelfallsupervision. Jeder Patient bekommt neben dem Stationsarzt oder Psychologen zwei weitere Teammitglieder als Bezugspersonen zur Seite gestellt. Dieses therapeutische Team trägt die Hauptverantwortung für die Therapie und erhält in regelmäßigen Abständen als Kleinteam eine Supervision durch einen externen Psychoanalytiker. Hier werden Ideen für den Verlauf der Therapie entwickelt, das Übertragungsgeschehen der Bezugspersonen erforscht und der Fortgang des therapeutischen Geschehens reflektiert.

Im Gegensatz hierzu nehmen in der Gruppensupervision der zweiten Episode alle am therapeutischen Prozeß beteiligten Personen teil, ergänzt durch beispielsweise Lehrer oder einen Oberarzt, die nicht direkt auf der Station arbeiten. Es werden ein oder zwei Patienten besprochen und ein Gesamteindruck des Verhaltens der Patienten und der unterschiedlichen Übertragungen auf die Beteiligten gewonnen.

Beiden Formen von Supervision ist gemeinsam, daß der Patient und seine Beziehungen zu seinen Betreuungspersonen im Mittelpunkt stehen. Wir reflektieren über eigene Gefühle, Ängste und Nöte, die im Zusammensein mit den Patienten in uns auftauchen, und erfahren so in der Regel etwas von der Störung des Patienten und seinen gestörten Beziehungsmustern.

Auch Konflikte unter Mitarbeitern, wie in der zweiten Episode beschrieben, werden auf dem Hintergrund der Beziehungen zum Patienten verstanden.

Deshalb möchte ich dieses Prinzip der Patientenzentrierung als einen ersten Baustein für das Gelingen des Supervisionsprozesses auf psychiatrischen Stationen benennen.[2]

Den Supervisionsprozeß möchte ich wie folgt schematisieren:

Der Supervisionsprozeß

- Diffuse Gefühle:
Haß – Liebe – Angst – Freude – Lust –Ekel – Schutzbedürfnis – Konfliktangst – Verschmelzungstendenzen – Ablehnung – Unverständnis

- Kanalisation:
Gefühle und Beziehungskonstellationen werden eingebracht und reflektiert
Innere Haltungsänderung
Neue Handlungsmuster werden überlegt

- Supervisionsergebnis:
Umsetzung des Supervisionsergebnisses

Am Beginn entstehen bei uns diffuse Gefühle, die durch das Zusammensein mit dem Patienten im Alltag ausgelöst werden und uns nicht immer sofort bewußt sind. Gelingt es, diese Gefühle möglichst ungefiltert in die Supervision einzubringen, entsteht durch das Sammeln der verschiedenen Eindrücke des Teams ein Gesamtbild der Beziehungsstruktur und der inneren Struktur des Patienten.

Die Fähigkeit, über innere Prozesse offen zu reden, ist der zweite wichtige Baustein zum Gelingen des Supervisionsprozesses. Aber hier tauchen oft vielfältige Probleme auf.

Mitarbeiter speziell aus sozialen Berufen haben oft nur gelernt, den Patienten zu „verstehen". Haßgefühle gegen Patienten sind tabu. Häufig haben wir mit der Fehleinschätzung junger Mitarbeiter zu kämpfen, der Patient benötige nur außerordentlich viel Zuwendung und Freundschaft, um seine „schlechten Erfahrungen" hinter sich zu lassen.

Ich konnte diese Erfahrung als Krankenpfleger am eigenen Leibe machen, als ich von der Chirurgie in die Jugendpsychiatrie wechselte und erst durch viele Einzelgespräche im Team bereit war, zuzugeben, daß ich einen Patienten am liebsten verprügelt hätte!

Eine Supervision kann nur in dem Maße erfolgreich sein, wie es gelingt, ehrlich und offen über Gefühle zu reden. Da kaum eine Ausbildung das „offene Reden über Gefühle" beinhaltet, wird jeder neue Mitarbeiter gezwungen sein, dies über seine eigenen Erfahrungen zu erlernen.

Ein Hauptproblem scheint mir hierbei zu sein, sich in jeder Behandlung immer wieder als Projektionsfläche zur Verfügung zu stellen, und immer wieder neu zu erkennen, daß der Patient nicht mich als Person meint, sondern mich benutzt, um eine Wiederholung seiner problematischen Situation herzustellen. Die dadurch entstehenden vielfältigen Übertragungs- und Gegenübertragungsprozesse gilt es, in der Supervision zu erkennen. Deshalb sollte Supervision in ausreichendem Maße zur Verfügung stehen. Je mehr psychotische Patienten auf einer Station behandelt werden, desto engmaschiger sollte das Supervisionsangebot sein, möchte ich als goldene Regel formulieren. Das ausreichende Angebot wäre der dritte Baustein.

Gelingt es aus den Beiträgen der Beteiligten, ein Bild des Patienten und seiner Störung entstehen zu lassen, erfolgt als zweiter Schritt eine gemeinsame Reflexion, die eine Änderung der inneren Haltung zum Patienten ermöglicht.

Der dritte Schritt besteht im gemeinsamen Erarbeiten neuer Handlungsmöglichkeiten. Hierbei muß nicht unbedingt ein stimmiges Ergebnis am Ende stehen. Wichtig ist das geistige Probehandeln und die Entwicklung von verschiedenen Therapiemöglichkeiten. Ebenso kann Versuchtes wieder verworfen oder aber bestätigt werden.

Dem Supervisor kommt bei diesem Prozeß nicht die Rolle des Kontrolleurs zu, sondern er sollte durch gezielte Fragen den Prozeß der Reflexion in Gang halten. Weiter sollte der Supervisor unbedingt eigene Erfahrungen in der Behandlung der von ihm zu supervidierenden Klientel haben.

Professor du Bois, der jetzige Leiter der Kinder- und Jugendpsychiatrie Stuttgart faßt seine Erfahrungen aus seiner Tübinger Zeit wie folgt zusammen (du Bois 1996, S. 74):

„Der Supervisor sollte in keinem vorgesetzten hierarchischen Verhältnis zur Station stehen, aber dennoch mit der Arbeitsweise der Station vertraut sein und ihr Konzept wohlwollend unterstützen. Er benötigt auch Augenmaß für die Möglichkeiten und Grenzen der jeweiligen Institution und ihrer Tradition und für die individuelle Belastbarkeit einzelner Mitarbeiter."

„Der Supervisor muß das uneingeschränkte Vertrauen der Klinikhierarchie besitzen. Er muß aufgrund der finanziellen und organisatorischen Rahmenbedingungen seiner Tätigkeit weit von dem Verdacht entfernt sein, irgendwelche eigenen Interessen in der Klinik zu verwirklichen."

Persönlichkeitsprofil für therapeutische Mitarbeiter:
(nach Walter Kistner)
- *Grundlegende Wertschätzung* jedes Patienten als Mensch, unabhängig vom Krankheitsbild und vom jeweiligen Verhalten;
- *Selbstreflexion*, d.h. die Fähigkeit, sich selbst zu beobachten, die eigenen Normen und Werte in Frage zu stellen und das eigene Handeln nach den jeweiligen Erfordernissen zu richten;
- *Empathie*, d.h. die Fähigkeit, sich in andere Menschen einfühlen zu können und dies dann auch wieder zurückzumelden;
- *Konfliktfähigkeit*, d.h. bei Bedarf auch Härte in der Beziehung zeigen und negative Rückmeldungen seitens der Patienten ertragen zu können;
- *Kontaktbereitschaft* und *Verantwortlichkeit*, d.h. die Bereitschaft, zum Patienten aktiv Kontakt aufzunehmen und die Fähigkeit, die Beziehung verantwortlich zu steuern.

Den Anforderungen an den Supervisor stehen Anforderungen an die Supervisanden gegenüber, die Walter Kistner beschreibt (1994, S. 66). Die Harmonie zwischen Supervisor und Supervisanden stellt den vierten und entscheidenden Baustein zum Gelingen der Supervision dar.

Ich komme nun zu einem weiteren Stolperstein im Supervisionsgeschehen, den ich gleichzeitig als fünften Baustein des gelungenen Supervisionsprozesses bezeichnen möchte: der institutionelle Rahmen, in dem die Supervision stattfindet.

Im Gegensatz zu der sicher kostengünstigeren „Intervision", bei der der Supervisor aus der Institution kommt, sollte der Supervisor immer von außen kommen und keine eigenen Begegnungen mit dem Patienten haben, dessen Betreuer er supervidiert. Meist ist der „Intervisor" in einer Vorgesetztenfunktion tätig. Dies widerspricht einem angstfreien Supervisionsrahmen und verunmöglicht häufig die Analyse relevanter institutioneller Rahmenbedingungen für die Behandlung des Patienten.

Eine eigene therapeutische Beziehung zum Patienten engt den Blickwinkel des Supervisors ein. Aus der Supervision sollte der Entscheidungsdruck vollständig verbannt sein. Im Gegensatz zu einer Visite oder Oberarztkonferenz, bei denen über die Höhe oder Art eines Medikaments entschieden werden muß, soll in der Supervision frei überlegt werden können.

Die inzwischen kaum noch bestrittene Forderung, daß ein Stationsteam in die Auswahl neuer Mitarbeiter verantwortlich einzubeziehen ist, muß auch für die Auswahl des Supervisors gelten.

Einen weiteres Problem beschreibt Ernst Federn (1994, S. 13):

„Die Funktion der Supervision hat sich heute verändert, sie hat ein gewisses Eigenleben entwickelt: immer, wenn in einer Institution etwas schief geht, wird Supervision verlangt und häufig auch gewährt."

Supervision kann nicht übergestülpt werden, sie muß als Bedarf aus der täglichen Arbeit wachsen und ein Instrument zur Reflexion der eigenen Arbeit werden.

Nehmen wir nun an, die ersten beiden Schritte des Supervisionprozesses sind gelungen. Dann stehen wir vor dem oft größten Problem, dem Umsetzen des Supervisionsergebnisses.

Wenn man bedenkt, daß sowohl das therapeutische Team als auch der Patient an diesen Schritten beteiligt sind, sind die vielfältigen Probleme bei der Umsetzung des Supervisionsergebnisses leicht einzusehen. Hinzu kommen die vielfältigen Widerstände des Patienten gegen die Aufgabe seiner Symptome. Speziell der psychotische Patient hält sich lieber in seiner für uns „verrückten" – „abgerückten" Phantasiewelt auf, als sich der für ihn unerträglichen Realität zu stellen.

In diesem Zusammenhang sind die sieben Schritte zur Umsetzung einer Verhaltensänderung, wie sie von Lorenz (erweitert von Schmidt) zusammengestellt wurden, hilfreich:

1	Gedacht	ist noch nicht gesagt
2	Gesagt	ist noch nicht gehört
3	Gehört	ist noch nicht verstanden
4	Verstanden	ist noch nicht einverstanden
5	Einverstanden	ist noch nicht behalten
6	Behalten	ist noch nicht angewendet
7	Angewendet	ist noch nicht beibehalten

Oft fehlt es aber auch an entsprechenden Nischen, in denen die Patienten erste beschützte Schritte in der Realität unternehmen können. Hier fehlt es zu oft an finanziellen Mitteln.

Die in der Psychiatrie Tätigen haben die Aufgabe, entsprechende Nischen ausfindig zu machen und die Verantwortlichen immer wieder mit den Bedürfnissen einer adäquaten psychiatrischen Patientenversorgung zu konfrontieren.

Hier sehe ich den letzten Baustein im Supervisionsprozeß, zweifellos einen der wichtigsten; denn was nützen alle guten Ideen und Überlegungen, wenn sie aus Geldmangel nicht umgesetzt werden können.

Bedenke ich die vielfältigen Familienstrukturen und Einzelschicksale der Patienten, die in den 15 Jahren meiner Tätigkeit die Station durchliefen, wächst in mir so etwas wie Verständnis für die Widerstände der Patienten.

Was haben wir denn anzubieten, um den Patienten aus seiner Verrücktheit zu locken? Haben wir ein Umfeld, das seine Stärken fördert, ohne ihn zu überfordern? Haben wir eine Gesellschaft, in der auch für Schwächere Platz ist? Werden psychisch Kranke bald wieder zu unwertem Leben erklärt, weil sie zu teuer sind?

Durch die Umsetzung der Pflegepersonalverordnung sind erstmalig zumindest personelle Voraussetzungen geschaffen worden, um eine adäquate psychiatrische Versorgung zu gewährleisten. Durch die vielen Sparmaßnahmen im Gesundheitswesen stehen wir aber wieder vor der Situation, daß nicht genügend Geldmittel zur Verfügung gestellt werden. Dieser Tendenz gilt es deutlich entgegenzutreten!

Zusammenfassend die 6 Bausteine für das Gelingen der Supervision:

1	Patientenzentrierung
2	Über Gefühle offen reden
3	Ausreichende Supervisionsfrequenz
4	Harmonie zwischen Supervisor und Teilnehmer
5	Institutioneller Rahmen / Externer Supervisor
6	Genügend Mittel zur Umsetzung

Eine klare Abgrenzung zwischen Supervision und Fortbildung ist notwendig. Denn oft wird allein aus Kostengründen darauf verwiesen, daß Supervision Fortbildung sei und deshalb vom Personal selbst zu bezahlen sei.

Ich vertrete die Meinung, daß Supervision in der Psychiatrie notwendiges Hilfsmittel für die Bewältigung der täglichen Arbeit ist, genauso wie Binden und Tupfer auf einer chirurgischen Station, und deshalb vom Kostenträger der Einrichtung zu bezahlen ist. In der Praxis bekommt ein Chirurg eher sein Großgerät als eine psychiatrische Einrichtung ihre Supervisionsgelder.

Supervision hat aber auch einen sozialpolitischen Aspekt. Der psychisch kranke Mensch hat kaum eine Lobby. Daraus ergibt sich eine gesellschafts-politische Verantwortung der in der Psychiatrie Tätigen, sich für die Verbes-serung der sozialen Bedingungen psychisch Kranker und der therapeutischen Ressourcen einzusetzen. Sie müssen sich der Tendenz, daß psychisch Kranke wieder vermehrt aus der Teilhabe an den sozialen und ökonomischen Res-sourcen unserer Gesellschaft ausgegrenzt werden, entgegensetzen. Dazu ein Zitat von Siegfried Sommer aus seinem Artikel *Zum gesellschaftspolitischen Mandat von SupervisorInnen*:

„PädagogInnen und SupervisorInnen haben - so sollte man nach der Erfahrung von Au-schwitz nun meinen - gerade in Deutschland eine besonders reflektierte Verantwortung gegenüber ihrer Geschichte und der Forderung Adornos entwickelt – und ein Bewußtsein für ‚die Gegenwart der Vergangenheit' gewonnen." (Sommer 1994, S. 6)

„Hitler hat den Menschen im Stande ihrer Unfreiheit einen neuen kategorischen Imperativ aufgezwungen: ihr Denken und Handeln so einzurichten, daß Auschwitz nicht sich wiederhole, nichts Ähnliches geschehe." (Adorno 1966, S. 358)

„Denn wie kann das Projekt der Moderne, die Hoffnung und Vision auf eine bessere Zukunft der Menschen realisiert werden, ohne ein explizites Verständnis des Politischen dieser Aufgabe, der politischen Rolle und Geschichte der eigenen Profession, des eigenen pädagogischen oder supervisorischen Werks? Wie immer SupervisorInnen über die spezifisch deutsche Vergangenheit nun denken, angesichts der aktuellen politischen Entwicklung in Deutschland und anderswo wird es wieder Zeit, ‚in Furcht und Zittern endlich zu begreifen, wessen alles der Mensch fähig ist'." (Sommer 1994, S. 6)

Ich habe die Erfahrung gemacht, daß Supervision das Wahrnehmen dieser gesellschaftspolitischen Verantwortung stärkt, indem sie Reflexionsräume und damit Möglichkeiten zur Distanzierung aus dem unmittelbaren Alltag schafft. Die institutionellen Widerstände und die individuellen Probleme beim Aufbau von Supervision sind am Beispiel der Tübinger Klinik anderenorts ausführlich beschrieben worden (Lempp 1994, Kleefeld 1994). Aus dem vorher Gesagten ergeben sich folgende Auswirkungen der Supervision auf das pflegerische Handeln:

Ich betrachte eine externe Supervision auf psychiatrischen Stationen als absolut notwendig für eine gute Patientenversorgung. Denn adäquate Patientenversorgung ist nur möglich, wenn das Verhalten der Patienten ausreichend gut verstanden werden kann. In der Supervision kann die innere Haltung zum Patienten reflektiert und verändert werden. Verwicklungen und Übertragungsprozesse werden sichtbar.

So kann aus dem Reiz – Reaktionsmuster ausgestiegen werden. Folge ist eine Verringerung der Arbeitsbelastung und eine größere Zufriedenheit der Mitarbeiter mit ihrer Arbeit. Dies führt zu einem längeren Verbleiben der Mitarbeiter auf den Stationen; spätestens hier sollten auch die Betriebswirte aufmerken. In gleichem Maße dient sie der Psychohygiene der Mitarbeiter und wirkt präventiv gegen das Ausbrennen im Beruf. Darüber hinaus stellt die Supervision ein Instrument zur Qualitätssicherung dar. Supervision kann jedoch nie Allheilmittel sein und sollte in den von mir formulierten Rahmenbedingungen stattfinden.

Schließen möchte ich mit einer Erklärung, welche Chancen die Supervision bieten kann, die ich dem Buch *Gruppen und Teamsupervision* von Walter Spieß entnommen habe (1991, S. 7):

„Supervision bietet die Chance

zu sehen und zu hören, was dort zu sehen und zu hören ist,
statt das wahrzunehmen, was dort wahrzunehmen sein sollte,
wahrzunehmen war oder wahrzunehmen sein wird;

zu sagen, was man fühlt oder denkt
statt was man fühlen oder denken sollte;

zu fühlen, was man fühlt
statt was man fühlen sollte;

zu fragen und zu verlangen, was man will
statt dafür auf Erlaubnis zu warten;

etwas zu wagen zu seinen Gunsten
statt auf Nummer sicher zu gehen
und mit der Realität anders umgehen zu lernen."

Anmerkungen

1   Überarbeiteter Eröffnungsvortrag der 1. Arbeitstagung der Norddeutschen Arbeitsgemeinschaft Psychodynamische Psychiatrie (NAPP) am 1. November 1996 in Lüneburg.

2   Ich halte demgegenüber nichts von einer „Selbsterfahrungsgruppen"-Supervision, die in der Regel wenig zum Erhalt der Arbeitsfähigkeit eines Teams beitragen kann und oft nur scheinbar entlastend für die Mitarbeiter ist. Auch sehe ich bei Supervisionen, die den Mitarbeiter mit seinen Stärken und Schwächen in den Mittelpunkt stellen, die Gefahr, daß die Hemmschwelle der Selbstöffnung größer wird und deshalb weniger ehrlich berichtet wird. Das Supervisionsergebnis im Hinblick eines Verstehens des Patienten und seiner Störungen wird dadurch in Frage gestellt.

Literatur

Adorno, Th. W. (1966): Negative Dialektik. Frankfurt am Main.

du Bois, R. (1996): Junge Schizophrene zwischen Klinik und Alltag. Verlag für Angewandte Psychologie Göttingen.

Federn, E. (1994): Supervision in der psychoanalytischen Sozialarbeit. In: Verein für Psychoanalytische Sozialarbeit (Hg.): Supervision. Edition diskord Tübingen.

Kistner, W. (1994): Der Pflegeprozeß in der Psychiatrie. Fischer, Stuttgart.

Kleefeld. H. (1994): Die Entwicklung der Supervision an der Abteilung für Kinder- und Jugendpsychiatrie Tübingen aus der Sicht des Pflegepersonals. In: Verein für Psychoanalytische Sozialarbeit (Hg.): Supervision. Edition diskord, Tübingen.

Lempp, R. (1994): Die Entwicklung der Supervision am Klinischen Jugendheim der Abteilung für Kinder- und Jugendpsychiatrie der Universität Tübingen. In: Verein für Psychoanalytische Sozialarbeit (Hg.): Supervision. Edition diskord, Tübingen.

Sommer, S. (1994): Zum politischen Mandat von SupervisorInnen. In: Forum Supervision, Band 4/94, Edition diskord, Tübingen.

Spieß, W. (1991): Gruppen- und Teamsupervision in der Heilpädagogik.

Der Sozialkinderwagen

Elisabeth Lauter

Den Begriff „Sozialkinderwagen" kenne ich von Stephan Becker. „Du mußt bald mal etwas schreiben über das Auto, über das, was du tust, wenn du Kinder von einem Ort zum andern fährst", sagte er nach einer der regelmäßigen externen Gruppensupervisionen, die er in Rheinland-Pfalz durchführte.

1988 erhielt ich als Dienstfahrzeug ein kleines rotes Auto, mit dem ich als Heimleiterin zwischen meinen verschiedenen Einsatzorten hin und her und hin und zurück fuhr. Seitdem erlebe ich das Autofahren als meine persönliche Form der Entspannung nach schwierigen Besprechungen und Verhandlungen und zuweilen auch als Möglichkeit, Aggressionen abzubauen, wohl wissend, daß dies nicht ungefährlich ist – dies aber nur, so hoffe ich, wenn ich keinen Beifahrer habe.

Im Herbst 1988 fuhr ich mit meinem Wagen nach Rottenburg bei Tübingen, um das Konzept des „Therapeutischen Heims" kennenzulernen. Dort traf ich erstmals Stephan Becker, dem es daran gelegen war, daß es die Hilfe, die es in Rottenburg für schwer gestörte Kinder und Jugendliche gab, nicht nur im Schwabenland geben sollte, sondern an möglichst vielen Orten und warum nicht auch in Berlin und Oberotterbach. Im Gespräch mit ihm bekamen wir Pfälzer Sozialarbeiter eine bessere Vorstellung davon, was psychoanalytische Sozialarbeit ist, und jedesmal konnten wir ein bißchen mehr verstehen, wie es den Jugendlichen gehen mag und wie es gelingen könnte, ihnen zu helfen.

Für mich und für viele andere war neben dem Fortbildungsanteil der Supervisionen die Einstellungsänderung, die Stephan Becker bewirkte und die er mit der Formel „Helfen statt Heilen" beschrieb, besonders wichtig. Ich lernte von ihm, wie notwendig für eine therapeutische Beziehung die Wertschätzung der Person ist, die Hilfe braucht, und der Respekt vor den Beweggründen, die sie veranlassen, so zu sein, wie sie ist.

Ich bin mit diesem Auto in die Psychiatrische Klinik gefahren, mal nach Klingenmünster, mal nach Mannheim oder Weinsberg, um Sylvie zu besuchen, die es an keinem Ort aushalten konnte und selbst immer unterwegs war. Gab es einen Ort, von dem alle die Vorstellung hatten, dort solle sie bleiben, dort solle sie sich einfügen, mußte sie diesen Ort zerstören und auf alle einschlagen, die sie dort halten wollten.

Eines Tages bin ich mit Sylvie in diesem Auto nach Berlin – zum heutigen Verbund für Psychoanalytische Sozialarbeit – gefahren, weil wir ihr in der Pfalz nichts Gutes mehr geben konnten.

Im Auto war Sylvie sanft wie ein Lämmchen. Sie fühlte sich offensichtlich geschützt und getragen durch die sich ständig verändernde Umgebung und erlebte nicht die Enttäuschung, die sie kennt, wenn die Aussicht aus dem Fenster immer dieselbe ist. Die Fahrerin des Autos ist mit ihr unterwegs. Sie kann nicht fort von Sylvie, solange das Auto fährt. Trotzdem geht es beim Autofahren nicht in erster Linie darum, daß Fahrer und Beifahrer nah beisammen sind – das ist zwar so, es ist aber nicht Zweck der Veranstaltung. Es geht um einen gemeinsamen Weg, nicht primär um das Zusammensein. Das Zusammensein als Zweck ist für Sylvie gefährlich – zu massiv ist die Erfahrung großer Nähe als zerstörerischer Nähe.

Während der gemeinsamen Autofahrt konnte es keine Anforderungen für Sylvie geben. Selbst die soziale Situation im Auto hat etwas Unverbindliches, und mit der Außenwelt ist kein Kontakt und keine Auseinandersetzung gefordert, im Gegenteil, sie ist nicht möglich. Das ist eine ungeheure Entlastung für jemanden, der die Erfahrung gemacht hat, daß die meisten Auseinandersetzungen mit der realen Umgebung mit einer Enttäuschung enden.

Ich habe Sylvie mehrfach nach Berlin gefahren, nachdem sie aus ihrer Wohngruppe abgehauen war – es waren harmonische Fahrten. Einmal mußten wir fliegen und kamen mit dem Taxi an. Sylvie weigerte sich strikt, aus dem Auto auszusteigen, bis der Fahrer sie herauszerrte. Da trat sie gegen die geparkten Autos vor dem Haus, in dem ihre Wohngruppe untergebracht war, weil die sie wie das Taxi offensichtlich auch nicht weiterfahren wollten. Das Stehenbleiben und das Ankommen hat die alte Angst wieder hervorgeholt, auch an diesem Ort zu scheitern.

In einem Raum sein, dessen Umgebung fest ist wie in einer Wohnung, beinhaltet für Sylvie – wie für jeden – die Möglichkeit, allein gelassen zu werden. Solange das Auto fährt, wird die Beifahrerin oder der Beifahrer nie allein gelassen. Es ist wie ein Kinderwagen, der, solange er fährt, von einem Menschen, der nah und groß genug ist, geschoben wird. Wenn dieser Mensch nicht mehr seine Hand am Kinderwagen hat, wird der Kinderwagen sehr bald stehenbleiben oder umstürzen, und die Wahrscheinlichkeit ist hoch, daß der Erwachsene weggeht und das Kind allein läßt. Wie oft ist das die Situation, in der der Säugling im Kinderwagen, womöglich gerade einge-schlafen, aufschreckt und schreit.

Autofahrer und Kinderwagenschieber haben etwas gemeinsam: Sie sind auf dem Weg und setzen das Ganze in Bewegung. Das Kind im Kinderwagen wie der Beifahrer liefern sich in gewisser Weise aus. Der Beifahrer vertraut sich dem Fahrer an, und solange das Gefährt fährt, ist der Beifahrer, ist Syl-vie, nicht allein. Das gibt ihr Sicherheit – sie ist bereits als Säugling viel allein gelassen worden – und wer sich sicher fühlt, kann sich auch so weit auslie-fern, daß er schlafen kann. Nicht umsonst können viele Beifahrer sehr gut im Auto schlafen, auch Sylvie, für die das Auto eine Einschlafhilfe wie für viele kleine Kinder ist, wenn sie anderswo keine Ruhe finden können.

Das Auto ist bekanntlich ein Faradayscher Käfig. Das größte Unwetter draußen und gefährliche Blitze können nicht eindringen und die Insassen be-einträchtigen oder sogar erschlagen, wenn die Fenster geschlossen sind.

Man kann es nicht nur mit einem Kinderwagen, sondern auch mit einer Gebärmutter vergleichen (ein Kinderwagen ist ja auch ein Gebärmutterer-satz), die den Embryo trägt und schützt und zudem selten völlig unbewegt ist. Sylvie kann sich nirgendwo über einen längeren Zeitraum so entspannt zeigen wie beim Autofahren. Ich bin überzeugt, daß sie sich mit einem Teil ihrer Person tatsächlich noch in einem fötalen Entwicklungsstadium befindet.

Kürzlich habe ich sie in ihrer ersten eigenen Wohnung besucht, in der sie meiner Vermutung nach nicht sehr lange bleiben wird. Gegen Ende meines Besuchs brachte sie mich zu meinem Auto und bat mich, doch ein Stück mitfahren zu dürfen, und wenn es nur ein paar Meter wären. Wie gut ging es ihr, als sie neben mir saß und gefahren wurde.

In meinem Auto liegt seit langem ein grüner Frosch aus Stoff, den Sylvie während einer ihrer Psychiatrieaufenthalte in der Beschäftigungstherapie ge-näht hat. Immer, wenn ich nach einem Besuch bei Sylvie wegfahre, wartet sie, um zu sehen, ob ich ihr mit diesem Frosch winke.

Mit meinem Auto bin ich nach Polen gefahren, um das pädagogische Projekt, das zum Kooperationspartner des Verbundes für Psychoanalytische Sozialarbeit Berlin wurde, zu besuchen.

Wenig später war eine kleine Autokolonne aus der Pfalz und aus Berlin unterwegs nach Polen. Dieses Land ist doch sehr weit weg für uns Deutsche, und der Weg wird schnell eisig, immer noch. So gab es denn auch bei einsetzendem Frost Ende Oktober einen Unfall mit Blechschaden, und die deutschen Staatsdiener, die mit unterwegs waren, bekamen es mit der Angst zu tun. Aber sie haben das Ganze heil überstanden und auch tief in der Nacht noch den Weg zu den polnischen Kollegen gefunden.

Mit Jasmin bin ich eine Weile später nach Polen gefahren. Sie ist nach Wochen, die sie auf der Straße zugebracht hatte, erleichtert ins Auto eingestiegen. „Endlich macht ihr was!" hat sie beim Einsteigen gesagt. Auch sie hat das Fahren genießen können. Die Angst kam kurz vor dem Zielort – nicht zu wissen, wen sie im nächsten Moment trifft, ob es wieder Menschen sind, die sich mit ihr überfordert fühlen würden, oder ob sie diesmal ausgehalten würde. Das Fahren selbst hatte ihr gutgetan – endlich eine Situation, in der ihr die Fahrerin zuhörte und nichts anderes machen konnte als autofahren und zuhören, und nicht, wie in Oberotterbach, spätestens nach einer Stunde schon sagt, sie habe keine Zeit mehr. 13 Stunden Zeit, um gehört zu werden und vielleicht ein bißchen besser verstanden zu werden, vor allem aber 13 Stunden, in denen sie nicht verlassen wird, in denen sie mich ganz für sich hat.

Lydia habe ich einige Monate zuvor zusammen mit Friedo, der Hauptbezugsperson unter ihren Betreuern, aus dem Kinderheim in das polnische Projekt gebracht. Der Entscheidung gingen Wochen voraus, in denen sie für keinen Betreuer mehr erreichbar gewesen war. Jeden Tag war sie abgehauen aus ihrem Kinderheim, dabei hatte sie waghalsige Klettertouren aus dem Fenster unternommen. Wenn ein Erwachsener auf sie zugehen wollte, hatte sie zu toben angefangen und alles um sich herum zerstört, weil sie seine Nähe nur als bedrohliche Nähe erleben konnte. Bei dieser Fahrt wurde mir ein weiterer, pädagogisch wertvoller Vorteil des Autofahrens deutlich: nebeneinander zu sitzen, beisammen zu sein und sich nicht gegenseitig anschauen zu müssen, macht die Nähe erträglicher. Die Fahrerin schaut zunächst und hauptsächlich auf die vor ihr liegende Fahrbahn. Wenn sie Lydia die ganze Zeit hätte ansehen können, hätte Lydia Angst vor ihrem Blick gehabt und

Angst vor der Nähe, die im Angeschautwerden spürbar wird; vielleicht können Blicke ja wirklich töten, zumindest wehtun. Und noch eins: Die Dreierkonstellation im Auto kann zwar bedeuten, daß die beiden sie begleitenden Erwachsenen übermächtig sind und sie am Abhauen während der Fahrt hindern könnten, sie ermöglicht aber auch einen gewissen Freiraum – mit der Gefahr, sich allein gelassen zu fühlen – so z.B. wenn die beiden miteinander reden und nicht ständig etwas von ihr wissen wollen.

Lydia hat während der vielen Stunden Fahrt nicht einmal fünf Minuten geschlafen und die Gegend draußen betrachtet. Während ihres Aufenthaltes in Polen war es ihr sehr wichtig, regelmäßig Besuch von den Personen zu bekommen, die mit ihr ins Projekt gefahren sind, und die ihr versprochen hatten, sie bald auch wieder zurückzufahren. Im Erdkundeunterricht in Polen hatte sie anfangs gesagt: Polen liegt in Asien – so weit war ihr die Fahrt erschienen. Aber offensichtlich ist es nicht ganz so weit, wenn es möglich ist, daß immer wieder das rote Auto mit den vertrauten Insassen zu Besuch kommt.

Wie sieht es mit der Abhängigkeit des Beifahrers vom Fahrer aus? Sie ist sehr groß. Sie ist aber anders als in vielen anderen Zweiersituationen und therapeutischen Settings. Es kann schlimmstenfalls einen Unfall geben, aber dann für beide, für beide ist die Gefahr dieselbe. Diese Tatsache ist offensichtlich eine, die die Abhängigkeit des Beifahrers vom Fahrer während der Fahrt absolut werden läßt. Bei einem Fahrer mit selbstmörderischen Absichten kann es sein, daß dem Beifahrer absichtlich ein Schaden zugefügt wird. Normalerweise ist der Fahrer genügend besorgt um sein eigenes Leben, und von dieser Sorge profitiert sein Beifahrer. Es ist eine gleichrangige Situation, und jeder hat dieselbe Sicherheit, Fahrer wie Beifahrer. Das Miteinanderfahren schafft eine Gemeinsamkeit, die während des Fahrens von keinem zerstört werden kann. Die Abhängigkeit ist da, aber sie kann nicht nur für einen der Beteiligten zerstörerisch werden.

Anders beim Wegfahren und Ankommen. Das hat mir meine Fahrt mit Anja von Berlin aus einer dortigen psychiatrischen Einrichtung nach Oberotterbach deutlich gemacht. Anja habe ich von allem, was ihr bisher wichtig war, getrennt und in eine völlig unbekannte Situation gebracht. Auf der Fahrt weg von ihrer Heimat hat Anja geschwiegen, die ganzen acht Stunden, sie hat sich geweigert, etwas zu essen oder zu trinken und hat nur widerwillig auf meine Fragen mit Ja oder Nein genickt. Es war eine erneute Traumatisierung, die derzeit nur mühsam verheilt. Monatelang nach der Fahrt konnte sie mich nicht anschauen, wenn wir uns in Oberotterbach trafen, sie schien mein Auto zu hassen. Ich hatte sie entführt, ihr alles genommen und in der Fremde ausgesetzt. Ich hatte dabei einen großen Vorteil. Ich wußte, wohin ich sie bringen würde und entwickelte deshalb die Hoffnung, daß es ihr irgendwann, nach Monaten vielleicht, besser gehen könnte als zu dem Zeitpunkt, als ich sie aus Berlin weggefahren hatte. Es wird für sie wichtig sein zu erfahren, daß der Weg von Berlin nach Oberotterbach keine Einbahnstraße ist, sondern auch wieder zurück führt. Eines Tages wird sie mit mir oder jemand anderem, der ihr wichtig ist, wieder zurückfahren. Ich habe ihr versprochen, daß sie alles und alle wiedersehen soll: die Stadt und die bekannten Straßen, ihr Wohnhaus und die alte Schule genauso wie ihre Mutter und ihre Geschwister. Aber kann sie mir glauben, nachdem sie gerade von Sozialarbeitern, die immer behauptet haben, nur „das Beste" für sie zu wollen, wiederholt enttäuscht worden ist?

Anja hatte mich vor dieser Fahrt nur einmal gesehen. Woher sollte sie mir vertrauen?

Die Fahrt mit Anja war anders als die mit Sylvie, Jasmin oder Lydia. Der Situation, gemeinsam zu fahren, ging keine Zeit des Kennenlernens zwischen Fahrer und Beifahrer voraus und keine Zeit vor der Reise, Erfahrungen mit der Verläßlichkeit des anderen sammeln zu können. Ohne Beziehung zum Fahrer, ohne Kenntnis über den Weg und das Ziel war diese Fahrt eine Traumatisierung. Erst wenn mein Versprechen eingelöst ist und Anja immer wieder die Erfahrung machen kann, daß ich in kleinen Alltagsentscheidungen verläßlich bin und sie wirklich wieder in Kontakt mit ihrem Zuhause bringe, wird die Verletzung heilen können. Sie wird vielleicht sogar eines Tages sagen können, daß es nicht nur schlecht war, wenn auch nicht nur gut, daß ich sie damals nach Oberotterbach gefahren habe.

Sylvie, Jasmin und Lydia hatten ihre persönliche Geschichte mit mir, bevor sie zu mir ins Auto gestiegen sind, sei es mit bekanntem oder unbekanntem Ziel. Sie hatten zumindest einen Ansatz von auf guter Erfahrung gegründeter Hoffnung, daß ich sie nicht in ihr Unglück fahre, und sie nicht nur hin-, sondern auch zurückfahren würde. Sylvie erfuhr bei mir eine Geborgenheit, die nicht verloren ging, solange das Auto rollte wie ein Kinderwagen.

Bei guten Vorerfahrungen mit dem Fahrer kann Autofahren therapeutische Qualitäten haben, aber auch nur dann, wenn der Weg keine Einbahnstraße ist. Auf Einbahnstraßen zu fahren, bedeutet, sich immer weiter weg von seinem Ausgangspunkt zu bewegen, ohne zurückfahren zu können, ohne sich wieder und wieder auf seinen Ausgangspunkt beziehen und schauen zu können: Da komme ich her, mit den Menschen, die noch dort sind, habe ich meine Geschichte, sie haben sich vielleicht verändert, und ich habe mich auch während meiner Fahrten hin und zurück verändert, aber sie sind real, sie sind noch da.

Die Kultur in aller Munde
Zum Verhältnis von Ethnologie und Praxis

Florence Weiss

Seit der Etablierung Europas als heimatliche Festung erleben wir ein Revival des Ethnischen und Kulturellen. Es wird unterschieden, klassifiziert, es gibt die Heimischen und die Unheimischen, die näheren und die entfernteren Fremden. Man besinnt sich auf seine eigene Kultur, die deutsche, die schweizerische. Man geht in sich und definiert, wer man ist, wer nicht, und dies mit Vorliebe in Absetzung von den Anderen, den Hinzugekommenen. Eine schweizerische Kernkultur konnte bereits ausgemacht werden.[1] An diesem Spiel der Identitätsdefinition beteiligen sich alle, WissenschaftlerInnen, PolitikerInnen wie gewöhnliche BürgerInnen. So erklärte eine Frau aus Bonn: „Ich möchte mir das Recht erhalten, ein in meiner Kultur verwurzeltes Leben zu führen, das Recht, beim Einkaufen, auf der Straße und im Bus in meiner Muttersprache zu sprechen und auch verstanden zu werden." (FAZ v. 22. 2. 1999, S. 10) Und ein Politiker aus Berlin meinte: „Anscheinend soll hierzulande nicht zum Bewußtsein kommen dürfen, daß es verschiedene Grade von Fremdheit gibt und daß das Zusammenwohnen mit den besonders Fremden naturgemäß – genauer gesagt: kulturgemäß – am schlechtesten funktioniert. Mit den Ost-, den Süd- und den Südosteuropäern [...] geht es ziemlich gut; [...] Aber ‚außen vor' sind vor allem die Turk-Völker geblieben – dazu die Palästinenser, Maghrebiner und andere aus ganz und gar fremden Kulturkreisen Gekommene." (FAZ v. 2. 12. 1982, S. 1) Heute, 17 Jahre später und nach dem Mauerfall, sieht die Rangliste der nahen und fernen Fremden schon anders aus.

Kultur, eine zentrale Kategorie der ethnologischen Wissenschaft, ist in aller Munde. Jeder und jede wähnt sich zuständig und kompetent, und so werden auch ältere ethnologische Theorien wie die Kulturkreislehre als letzte Wahrheiten wiederentdeckt.

Eine Analyse dieses bemerkenswerten Geschehens für die Bundesrepublik leistet Frank-Olaf Radtke (1996). Er zeigt auf, wie bereits in den 70er Jahren die Begriffe „Ethnizität" und „die Fremden" als Kategorien zur Beschreibung gesellschaftlicher Prozesse eingeführt wurden und die staatsrechtlichen Unterscheidungen in In- und Ausländer immer mehr an Gewicht verlieren.

Das Verhängnisvolle an dieser Verschiebung besteht darin, daß Kultur nicht mehr als ein ständiger Wandlung unterliegendes Instrument der Bewältigung von wechselnden Lebenslagen verstanden wird, sondern als prägendes Erbe. Damit findet eine Festlegung auf unveränderbare Merkmale ähnlich wie beim Rassismus statt; das Verhalten der Zuwanderer wird zwar nicht mehr biologistisch, dafür aber kulturdeterministisch erklärt (Radtke 1996, S. 339). Zugleich wird die Bedeutung der sozialen Lage der Zuwanderer vernachlässigt. Sie sind keine Gemüsehändler, ArbeiterInnen, Sekretärinnen, Ärzte und Kinder, die in einer deutschen Großstadt leben und aufwachsen, sondern Türken, Afrikaner, Lateinamerikaner, Exjugoslawen. Die ethnischen und kulturellen Kategorien verdecken, worum es eigentlich geht: Zuwanderer oder Flüchtlinge haben vor allem andere Rechte. Im Klartext: Sie haben nicht einmal das Recht, politische Rechte zu haben. Als Asylanten dürfen sie nicht arbeiten. Sie sind eine Kategorie von Menschen, die je nach Bedarf und Stimmung wieder abgeschoben oder nach x Jahren aufgenommen werden. Sie haben nicht nur ihre Heimat verlassen, was an sich schon mit schweren Belastungen verbunden ist,[2] sie leben im Aufnahmeland in einem Ausnahmezustand, sie werden kontrolliert, über sie wird entschieden. Sie sind die politische und ökonomische Manövriermasse, und statt daß man darüber diskutiert, was die heimatliche Wirtschaft braucht und wieviel man der Staatskasse zumuten will, wird über die Begriffe Fremdheit und kulturelle Nähe legitimiert, wer das Problem ist und wer nicht. Ohne politische Rechte können die Zuwanderer sich nicht wie Gesellschaftsmitglieder nach sozialen, politischen und ökonomischen Interessen differenzieren. Statt dessen werden sie kollektiv als fiktive Gemeinschaften in eine ethnische Auseinandersetzung mit der Mehrheit gezwungen. Und umgekehrt entwickeln sie selbst unter den gegebenen Umständen das Gefühl der Zugehörigkeit zur gleichen fiktiven Gemeinschaft. Sie werden türkischer und italienischer, als sie es in ihrer Heimat je waren.

Es läßt sich zeigen, daß unabhängig von den verschiedenen Epochen im Umgang mit den Fremden stets zwei Tendenzen wirksam sind: die Idealisierung und die Dämonisierung (vgl. Bitterli 1976). Auf der einen Seite werden die Fremden als arm, aber glücklich, den Gefühlen und der Natur näher und als Bereicherung für uns angesehen. Auf der anderen Seite werden sie als triebhaft, faul, unkontrolliert, brutal und als Bedrohung betrachtet. Es liegt auf der Hand, daß es sich in beiden Fällen eher um Projektionen unsererseits handelt denn um eine realistische Wahrnehmung. Wir spalten auf und weisen den Fremden das zu, was nicht in unser Selbstbild paßt, sei es etwas Negatives, das wir verneinen, oder etwas Positives, das wir uns wünschen (vgl. Erdheim 1988 und 1992).

Die Ethnologie und die Psychoanalyse

Die Ethnologie untersucht außereuropäische Gesellschaften. Sie versucht zu verstehen, wie die Menschen ihren Alltag gestalten, wie sie ihre sozialen Beziehungen strukturieren und welche Wert- und Normsysteme sie entwickelt haben. EthnologInnen leben über längere Zeit mit den Menschen zusammen, die sie erforschen. Sie machen sich mit den fremden gesellschaftlichen Verhältnissen vertraut, indem sie an den Aktivitäten der Bevölkerung teilnehmen. Zu ihren Methoden der Datenerhebung gehören Beobachtungen, Befragungen, Interviews und Gespräche.

Wesentliche Impulse erhielt die Ethnologie durch die Psychoanalyse. Es war Georges Devereux, Ethnologe und Psychoanalytiker, der als erster die klassische Trennung zwischen Forschenden und Forschungsobjekten in Frage stellte und die psychoanalytische Erkenntnis, daß unser Handeln und Denken wesentlich durch unbewußte Motivationen bestimmt wird, in die ethnologische Forschung einbezog (Devereux 1984). Forschende müssen genau wie Therapeuten ihre eigenen Gegenübertragungen berücksichtigen und analysieren, um sich der Realität ihres Forschungsgegenstandes anzunähern.

Einen Schritt weiter gingen Paul Parin, Goldy Parin-Matthèy und Fritz Morgenthaler. Kenntnisse über die menschliche Psyche gewinnt die Psychoanalyse in Einzelanalysen. Der Ort der empirischen Datengewinnung ist für sie die Beziehung, die sich zwischen dem/der AnalytikerIn und seinem/ihrer

PatientenIn entwickelt. Die individuelle Geschichte sowohl in ihrer subjektiven als auch in ihrer gesellschaftlichen Dimension wird innerhalb dieser Beziehung aktiviert und analysiert. Diese drei Psychoanalytiker sind die ersten gewesen, welche die psychoanalytische Methode der regelmäßigen Gespräche in der Feldforschung in einer traditionellen Gesellschaft angewendet haben.[3] Neu an ihrem Vorgehen war, daß die psychoanalytische Methode nicht bloß als Interpretation von ethnologischen Daten oder zum Zweck der Therapie eingesetzt wurde, sondern zum Verständnis des subjektiven Erlebens von Menschen in fremden Gesellschaften (Weiss 1994).[4]

In der Ethnologie versteht man unter dem Begriff Kultur nicht nur die Kunst und die Religion, sondern auch die verbreiteten kulturspezifischen Verhaltensmuster des Alltags und die Denkmuster, die zu ihnen gehören, die sie erklären, begründen und die Verständigung zwischen den Individuen ermöglichen.[5] Jede soziale Gruppe entwickelt ihre eigene Kultur in Abhängigkeit von ökologischen, geschichtlichen und ökonomischen Bedingungen. Verändern sich die Lebensbedingungen einer Gruppe, verändern sich auch ihre kulturellen Strategien. Kultur als prägendes Erbe, das unverändert auch in den neuen Verhältnissen bestimmend sein soll, ist eine Fiktion. Differenzierte Einblicke in die Prozesse kultureller Transformation geben uns zum Beispiel Untersuchungen mit MigrantInnen.[6]

Alle Gesellschaften der „Dritten Welt" haben sich unter dem Einfluß der Kolonisierung und der nachkolonialen Zeit verändert. Unberührte, intakte Völker gibt es nicht mehr. Im Prozeß der Globalisierung rückte, was einst weit weg in Afrika oder Südamerika war, immer näher. Auch die entfernten Fremden sind ein Teil von Europa geworden: Sie leben in Basel und Paris ebenso wie in London oder Berlin. Es kommen aber nicht nur Menschen aus dem Süden zu uns, sondern nach dem Zerfall der Sowjetunion auch solche aus den ehemaligen Ostblockstaaten. Sie kommen als Arbeitskräfte oder als Flüchtlinge und Asylsuchende. Ethnische Säuberungen finden nicht nur in Ruanda und Burundi statt, sondern auch auf dem Balkan. So wird das Wissen, über das die Ethnologie verfügt, auch hier in Europa von all jenen benötigt, die sich mit MigrantInnen beschäftigen. Zugleich stellt sich der Ethnologie eine neue Aufgabe. Sie führt vermehrt Forschungen im ehemaligen Osteuropa und mit MigrantInnen durch. Letzteres ist eine Herausforderung, die vor allem in England und Frankreich aufgegriffen worden ist.[7] Im deutschen

Sprachraum werden in der Zeitschrift „Ethnopsychoanalyse" regelmäßig Forschungen über MigrantInnen publiziert (Möhring/Apsel 1995).

Die Anfrage einer kinder- und jugendpsychiatrischen Einrichtung

Die Anfrage erfolgt von einer kinderpsychiatrischen Klinik in der Schweiz, in welcher auch Kinder aus Afrika aufgenommen werden. Die BetreuerInnen sehen sich mit verschiedensten Problemen konfrontiert; sowohl das Verhalten der Kinder selbst als auch das ihrer Eltern und Bezugspersonen erscheinen ihnen fremd und unverständlich. Da eine Weiterbildung ansteht, entschließt sich der Chefarzt der Klinik, eine Ethnologin einzuladen, und greift ein Thema heraus. Sie soll an einem Donnerstagvormittag darlegen, wie die afrikanischen Väter sind.

Die angefragte Ethnologin weiß, daß in der Schweiz keine kinder- und jugendpsychiatrische Klinik kontinuierlich mit einem ethnologischen Institut zusammenarbeitet.[8] So ist sie erfreut, daß jemand entdeckt hat, daß es Fachleute gibt, die sich mit afrikanischen Gesellschaften befassen. Dies um so mehr, als die Universität ihre DozentInnen neuerdings ermuntert, praxisrelevantes Wissen zu verbreiten. Wer mag es der Angefragten verübeln, daß sie geradezu stolz ist. Sie braucht einige Tage, bis sie sich eingestehen kann, daß das Angebot zwar schmeichelhaft, doch skandalös ist. Wie kann man in drei Stunden erklären, wie der afrikanische Vater sei? Der Skandal liegt darin, daß wohl niemand eingeladen würde, um in derselben Zeit über den europäischen Vater irgend etwas Relevantes aussagen zu können. Ja, jeder deutsche, französische und Schweizer Mann wäre zu recht beleidigt, in einer so undifferenzierten Einheit abgehandelt zu werden. Und wäre es umgekehrt möglich, daß Psychiater sich bereit erklären würden, EthnologInnen an einem Vormittag das Wesen der europäischen Aggression zu erklären? Fremde Fachgebiete erscheinen wohl weniger komplex als das eigene, und den Menschen aus dem Süden, wie auch unseren eigenen sozialen Unterschichten, wird das Recht auf Differenzierung und Komplexität abgesprochen.

Die Ethnologin erklärt, daß sie auf das Angebot nicht eingehen kann. Es sei wenig sinnvoll, über die Afrikanerin, den Afrikaner Aussagen zu machen, da wir es mit sehr unterschiedlichen Gesellschaften zu tun haben, die verschiedene Rollen und Vorstellungen darüber entwickelt haben, was bei ihnen eine Frau oder ein Mann ausmache. Die vorgeschlagene Ebene der Verallgemeinerung sei unproduktiv. Sie ziehe es vor, daß man ihr konkrete Fallbeispiele zuschicke, aus denen sie dann eine geeignete Auswahl treffe. Der Chefarzt ist dazu bereit, und so wird an besagtem Donnerstagvormittag unter anderem über die interessante Geschichte eines afrikanischen Jungen diskutiert, der von seinem Vater verprügelt wird, immer wieder von zu Hause wegläuft und sich mit dem Wunsch an die Jugendbehörde wendete, nicht mehr zu seinen Eltern zurückkehren zu müssen. Der vorgeladene und zur Rede gestellte Vater erklärte dem Psychiater, es sei in seinem Dorfe kulturelle Norm, ungehorsame Kinder zu verprügeln, und sein Recht als Vater, dies weiterhin zu tun. Der Psychiater ließ es dabei bewenden, weil er dachte, er kenne sich in der afrikanischen Kultur nicht aus. Als wir darüber sprachen, was denn im Falle eines prügelnden Schweizer Vaters unternommen würde, fielen dem Psychiater eine ganze Reihe Fragen ein, die er gestellt hätte, um die Bedeutung des Prügelns zu verstehen. Weshalb aber nicht gegenüber dem Vater aus Afrika, wo erst recht nachgefragt werden müßte? In der weiteren Diskussion erzählten die Mitarbeiter, daß sie sich generell überfordert fühlen. Es fehle ihnen an Zeit und auch an Geld, sinnvolle Interventionen durchzuführen. Und es wurde deutlich, daß sich gegenüber den Fremden das Gefühl der Überforderung direkter erleben und ausleben läßt. Die fremde Kultur erweist sich für Distanzierung geeignet.

Fallgruben der Kooperation

In der Regel werden einfache Handlungsstrategien und Anleitungen verlangt. LehrerInnen wollen wissen, wie die Türken leben oder was Blutrache sei. Polizisten und Gefangenenwärter, wie sie am besten mit Albanern umgehen können. Groß ist die Versuchung für die Wissenschaften und einzelne WissenschaftlerInnen, die Nachfrage zu befriedigen und den Abnehmern in Politik, Medien und Verwaltung zu geben, wonach sie verlangen, nämlich einfache Aussagen.[9]

Da zwischen den einzelnen Wissenschaftszweigen starke Rivalitäten bestehen und eine Zusammenarbeit zwischen den Universitäten und den Leuten der Praxis wenig entwickelt ist, sind Kooperationen nicht einfach. Daneben besteht die naive Vorstellung, nach der Lektüre einer ethnologischen Studie Bescheid zu wissen. So zogen Pädagogen in Deutschland zur Erklärung der Schwierigkeiten türkischer Kinder und Jugendlicher in der Schule eine Dorfstudie eines britischen Ethnologen aus den Jahren 1949–52 heran (Stirling 1965 und 1974). Nicht nur, daß eine einzige Studie, die zudem Jahre zurückliegt, nicht ausreicht. Hinzu kommt, daß sie diese keineswegs im Sinne des Verfassers verwendeten, denn der Autor verweist ausdrücklich auf die Modernisierungsprozesse und -brüche in einer sich säkularisierenden und industrialisierenden Türkei hin, sondern um das traditionelle Leben im Dorf und die Beziehung der Geschlechter herauszugreifen. Also, um die kulturelle Differenz zwischen Türken in Deutschland und den Deutschen zu betonen (Radtke 1996, S. 338). Nun gibt es aber in Deutschland ethnologische Institute, an denen seit Jahren über türkische Einwanderer gearbeitet und publiziert wird. Weshalb glaubt man, darauf verzichten zu können, mit den entsprechenden Fachleuten Kontakt aufzunehmen?[10]

Das Wissen über die fremde Kultur

Die Begegnung zwischen Vertretern zweier Kulturen kann interessant und inspirierend sein. Was bedeutet es aber, wenn mir gegenüber jemand sitzt, über dessen Kultur und Gesellschaft ich wenig oder nichts weiß? Wenn ich keine Vorstellung davon habe, wie er seinen Alltag lebt, was er arbeitet, mit wem er zusammenlebt, ob er einmal pro Woche zum Wahrsager geht, an welchen Werten er sich orientiert und wie seine Emotionalität strukturiert ist? Und wenn umgekehrt mein Gegenüber wenig über meine Verhältnisse weiß.

In einem gewissen Sinn spielt die kulturelle Differenz bereits in der eigenen Gesellschaft eine Rolle, wenn unsere Gegenüber aus einer anderen gesellschaftlichen Schicht oder Gruppe kommen als wir selbst. Nun kann man damit vielleicht bei Vertretern der eigenen Gesellschaft noch irgendwie zurechtkommen. Wenn man mit Personen aus fremden Gesellschaften zusammenarbeitet, tritt die kulturelle Differenz als ein gewichtiger Faktor in den Vordergrund. Der Kulturkonflikt erhält in der Beziehungsentwicklung eine spezifische Form. Zwei weitere Beispiele sollen veranschaulichen, welche Bedeutung dem Wissen über die Kultur des anderen dabei zukommt.

Prügel für die Kinder[11]

Das Beispiel stammt aus einer Forschung mit MigrantInnen, die in einer Slumsiedlung am Rande der Stadt Rabaul in Papua-Neuguinea leben. In dem Forschungsprojekt wurde untersucht, wie sich die Iatmul (so der Name des Volkes, das ich seit 1972 regelmäßig zusammen mit Milan Stanek besuche), die aus ihren Dörfern in die Stadt abgewandert sind, an die neuen Verhältnisse anpassen und wie es ihnen gelingt, den städtischen Anforderungen zu begegnen. Dazu gehören regelmäßige Lohnarbeit für die Männer, Hausarbeit für die Frauen und regelmäßiger Schulbesuch für die Kinder. Anforderungen, die im Gegensatz zur Dorfgesellschaft stehen, das heißt für alle neu waren. Ich führte mit drei Frauen psychoanalytisch orientierte Gespräche. Eine meiner Gesprächspartnerinnen heißt Mamboi. Sie ist 35 Jahre alt und hat vier Kinder. Das jüngste ist ein Säugling, der älteste, Jack, ein siebenjähriger Junge. Ihr Mann arbeitet als Fahrer bei einem Lebensmittelgeschäft. Die Familie gehört zur untersten Einkommensschicht der Migranten.

Über den Platz sehe ich zu Mambois Haus. Jeden Nachmittag trifft sich dort eine Gruppe der Frauen zum Kartenspiel. Die Geldeinsätze sind klein, zu gewinnen gibt es wenig. Doch die Frauen genießen es, Neuigkeiten auszutauschen und die Nachmittage gemeinsam zu verbringen. Sie kreieren in der Stadt etwas, was für das Dorf selbstverständlich ist, eine Frauengruppe. Abends gegen fünf Uhr gehen sie auseinander und kehren nach Hause zurück, um das Essen für die heimkehrenden Männer und Kinder zu kochen.

Eines Nachmittags bleibt der Platz vor Mambois Haus leer, die Frauen kommen nicht zum Kartenspiel. Es ist ungewohnt still. Da höre ich Mambois Stimme: „Jack, komm sofort nach Hause, sonst wirst du etwas erleben!"

Mamboi steht auf der Veranda und schaut Richtung Straße. Sie wartet ab, neigt sich über das Geländer und wiederholt mit schneidender Stimme: „Jack, komm sofort nach Hause!"

Ich sehe, wie sie einige Schritte Richtung Treppe macht, unterwegs am Boden nach etwas greift und herunterkommt. Sie hat einen kleinen Besen in der rechten Hand. Es ist ein Besen, wie ihn die Iatmul auch im Dorf gebrauchen, aus zahlreichen, dünnen Kokosblattrippen, die an einem Ende fest zusammengebunden sind. Mamboi schlägt damit leicht auf ihre offene linke Hand, als ob sie entschlossen wäre, einen Plan durchzuführen.

Was ist hier los? Ich sehe den siebenjährigen Jack langsam die Straße herauf kommen, auf den Platz einbiegen und auf einmal stehenbleiben. Mamboi erwartet unten an der Treppe, den Besen in der Hand, ihren Sohn.

„Komm sofort hierher!" sagt sie.

Jack zögert, und erst als sie ihre Aufforderung wiederholt, geht er auf sie zu. Zwei Meter vor ihr bleibt er wieder stehen.

„Wo treibst du dich den ganzen Tag herum? Du hast nur das Spielen im Kopf und bist nie zu Hause. So wirst du nie in die Schule gehen können, denn dort mußt du gehorchen. Stell dich gerade hin und dreh dich um, damit ich dich schlagen kann", sagt Mamboi.

Noch bevor sie den Besen hochzieht und auf seinen Rücken niedersausen läßt, beginnt der Junge wie am Spieß zu schreien. Fünfmal schlägt sie zu, dann wendet sie sich ab und geht die Treppe hinauf zurück auf die Veranda. Jack steht zitternd da, läßt sich auf den Boden fallen und schreit weiter. Ich will aufstehen und zu ihm gehen, und ich will Mamboi fragen, was geschehen sei. Ich bleibe sitzen. Alles ist schon passiert. Endlich wird das verzweifelte Schreien leiser, Jack steht auf und verschwindet in dieselbe Richtung, aus der er gekommen ist (Weiss 1999, S. 304-305).

Nun mag Mambois Verhalten jemanden, der die Iatmul-Gesellschaft nicht kennt, wenig erstaunen. Wir befinden uns in einer Slumsiedlung, wo nach allgemeinen Vorstellungen sowieso Gewalt herrscht. Mamboi ist eine schwarze Frau. Schwarze seien nun einmal emotional und unbeherrscht, dazu gehöre auch, daß sie Kinder schlagen. Da ich die Kultur der Iatmul kenne, weiß ich, daß Mamboi etwas Außergewöhnliches tut. Nie habe ich all die Jahre im Dorf eine Mutter ein Kind so schlagen sehen. Die Iatmul sind der Auffassung, daß Kinder nicht verprügelt werden dürfen, da sie sonst passiv und unterwürfig werden. Das heißt nicht, daß nicht hie und da ein Erwachsener einem Kind eine langt, aber die Form „Komm her, und ich schlage dich!" gibt es nicht. Zwar drohen vor allem die Väter, ihre unartigen Söhne zu schlagen, doch diese laufen davon und warten ab, um erst dann wieder nach Hause zurückzukehren, wenn die Wut des Vaters verflogen ist. Bei Jack aber ist es gerade umgekehrt, er folgt der Aufforderung seiner Mutter und kommt brav nach Hause, um die Schläge in Empfang zu nehmen. Das ist mir neu und erinnert mich eher an bestimmte europäische Straf- und Erziehungsmethoden.

Mambois Verhalten löst bei mir Erstaunen aus. Die Schläge, die sie ihrem Sohn verabreicht, stoßen mich ab. Als ich am Abend zum Gespräch zu ihr gehe, merke ich, wie schwer es mir fällt, ihr ruhig zu begegnen. Doch ist meine Neugierde noch bestimmend, denn ich möchte verstehen, weshalb es zu ihrem Verhalten gekommen ist. Mamboi sitzt auf der Veranda ihres Hauses. In ihrem Schoß liegen zwei Stränge Garn. Sie ist dabei, einen Wandschmuck zu knüpfen. Sie schaut auf und begrüßt mich. Ohne Umschweife erzählt sie, daß sie gestern abend und heute vormittag zum ersten Mal wieder bei einer adventistischen Sekte gewesen sei. Es sei wunderschön gewesen. Alle hätten sich gefreut, daß sie gekommen sei, und alle, auch der weiße Sektenvorstand, hätten dafür gebetet, daß sie von nun an wieder ein Mitglied der Gemeinschaft werde. Um ihr Haus zu verschönern, knüpfe sie nun einen Wandschmuck, wie er auch im Haus des Vorstandes hängt. Mamboi ist ganz zufrieden.

Ich ärgere mich. Mir wird klar, daß die Tatsache, daß Mamboi ausgerechnet heute nicht Karten gespielt und ihren Sohn verprügelt hat, direkt mit ihrem Besuch bei der Sekte zusammenhängt. Sektenmitglieder dürfen weder spielen noch Alkohol trinken. Mamboi aber ist eine leidenschaftliche Kartenspielerin. Seit gestern abend übt sie sich in Enthaltsamkeit. Kein Wunder, daß sie angespannt ist und diese Spannung an einem ihrer Kinder auslebt.

Zuerst richtet sich mein Ärger auf die christlichen Sekten. Und in meiner Phantasie schicke ich sie alle nach Europa und in die USA zurück. Sollen sie sich ihre Opfer in Europa und Amerika suchen und die Leute in Papua-Neuguinea in Ruhe lassen. Dann richtet sich mein Ärger auf Mamboi. Weshalb geht sie diesen Leuten auf den Leim? Glaubt sie in der Tat, ohne Kartenspiel und mit einem Wandschmuck würde es ihr gelingen, sich den neuen Verhältnissen anzupassen?

Mein Problem besteht darin, daß ich Mambois Strategie, sich den neuen Verhältnissen anzupassen, nicht ernst nehme, da ich mit meinen eigenen Wertvorstellungen beschäftigt bin. Wie bereits erwähnt, setzen die städtischen Verhältnisse neue Verhaltensweisen voraus. Um Kinder regelmäßig in die Schule schicken zu können, muß die Mutter eine feste Tagesstruktur einhalten: aufstehen, Essen für die Kinder zubereiten, sie in die Schule begleiten, sie wieder abholen. Das ist für die Frauen aus dem Dorf ganz neu. Viele MigrantInnen versuchen durch ihre Mitgliedschaft in christlichen Sekten, diese Kontrolle und Disziplinierung zu erreichen. Die strengen Vorschriften der Sekten, das gemeinsame Beten und Singen sind dafür geeignet. Was ich vorerst nicht verstand, war der Anpassungsdruck, unter dem Mamboi steht. Nie werden ihre Kinder in die Schule gehen und etwas lernen, wenn es ihr nicht gelingt, sich selbst und die Kinder unter Kontrolle zu haben. Die christliche Sekte sollte ihr dabei helfen. Erst nachdem mir dieser Zusammenhang klar geworden war, konnte ich ihr wieder offen begegnen, ihren Sektenbesuch und das Schlagen ihres Sohnes deuten (Weiss 1999, S. 313).

Am Beispiel von Mamboi wird der enorme Druck der neuen Verhältnisse deutlich, mit dem alle MigrantInnen konfrontiert sind und dem sie zu begegnen suchen. Drei Felder berührten sich an dem Punkt, wo die Deutung möglich wurde: Kenntnisse über die Dorfkultur, die Lage Mambois in den städtischen Verhältnissen und meine unbewußten Tendenzen, die die Form eines Widerstandes in der Gegenübertragung annahmen.

Die Prinzessin

Das zweite Beispiel handelt von einem 14jährigen Mädchen aus Angola (vgl. Hermann/Rathje 1995, S. 133-149). Maria wohnt seit sechs Monaten in einem Heim in Berlin, in welchem entlang der psychoanalytischen Sozialarbeit gearbeitet wird. Sie wurde, nachdem ihr Vater getötet und ihre Mutter im Krieg verletzt worden war, mit einem Bekannten und einer jüngeren Cousine nach Deutschland geschickt.

Bei einer Supervision, an der die fünf MitarbeiterInnen des Teams beteiligt waren, wird folgende Einschätzung vermittelt: Alle mögen Maria, doch zugleich irritiert ein Zug ihres Verhaltens. Sie benimmt sich wie eine Prinzessin. Sie räumt ihr Zimmer nicht auf, und wenn die Kinder einkaufen gehen, trägt sie nie eine der schweren Taschen; sie räumt auch nach dem Essen das Geschirr nicht ab, wenn sie dazu nicht aufgefordert wird. Alle Mitglieder des Teams drücken auf unterschiedliche Weise ihr Mißfallen über Marias Verhalten aus. Hinzu kommt, daß ein Platz im Heim frei wird und zur Diskussion steht, ob vielleicht die Cousine Marias, mit der sie gemeinsam nach

Europa kam, aufgenommen werden soll. Maria wendet sich vehement gegen diese Aufnahme, das Team aber ist noch unentschlossen. Ihre Ablehnung wird im Kontext ihres Prinzessinnenverhaltens verstanden: Sie möchte die einzige Schwarze im Heim sein und betrachte die Cousine als Rivalin. So ist das Team mehr oder weniger explizit der Ansicht, daß Maria ein schlechterzogenes, verwöhntes Kind sei, das sich nicht an die Heimordnung hält, nach der alle gleichgestellt sind, und in der Gruppe eine Spezialbehandlung durchzusetzen versuche.

Diese Überlegungen sind angebracht. Im Verlauf der Supervision wird ein weiterer Gesichtspunkt eingeführt: die Frage nach dem kulturellen und gesellschaftlichen Milieu, in dem Maria aufgewachsen ist. Das Team trägt verschiedene Hinweise und Bemerkungen Marias zusammen. Daraus entsteht folgendes Bild: Marias Eltern gehörten in Angola zur Oberschicht. Man bewohnte eine große Villa, und im Haushalt waren mehrere Angestellte wie eine Köchin, ein Gärtner und ein Fahrer tätig. Ein Milieu also, in dem Kinder höchstens freiwillig im Haushalt mitarbeiten. Wir versuchen Marias Verhalten vor diesem Hintergrund zu sehen und verstehen, daß sie sich so benimmt, wie sie es von zu Hause gewohnt ist. Der Kenntnis der „ursprünglichen Kultur", in diesem Fall die der afrikanischen, städtischen Klassengesellschaft, ermöglicht den Teammitgliedern, ihr eigenes kulturelles Muster deutlicher zu sehen, das zudem den Regeln des Heimes entspricht: Alle Kinder werden gleich behandelt, alle müssen mithelfen, hier hat niemand irgendwelche Vorrechte. Obwohl man von Maria Hinweise bekommen hat, aus welchem Milieu sie kommt, wurde ihr Stellenwert nicht erfaßt. Es ist für Maria wichtig, etwas aus ihrem früheren Leben, ihrer Identität, aufrechtzuerhalten. Dem Team wird auch deutlich, daß uns die Vorstellung, ein afrikanisches Mädchen sei arm, komme aus einem Dorf oder aus einem städtischen Slum, viel näher liegt als ihre Zugehörigkeit zur begüterten Schicht. Nachdem diese Zusammenhänge klar geworden sind, konnte sich das Team zum Verhalten von Maria neu stellen und auch die Aufnahme der Cousine überdenken.

Die drei angeführten Beispiele zeigen, daß die kulturelle Differenz im Beziehungsgeschehen eine eminent wichtige Rolle spielt, wenn wir als PsychoanalytikerInnen, SozialarbeiterInnen, EthnologInnen oder LehrerInnen mit Personen aus fremden Gesellschaften zusammenarbeiten und uns auf eine Beziehung mit ihnen einlassen. Im Fall des afrikanischen Vaters wurde die kulturelle Differenz als Abwehr eingesetzt, um sich erst gar nicht auf einen

Austausch, eine Vertiefung einzulassen. Sowohl der Afrikaner als auch der Schweizer beharrten auf ihrer eigenen kulturellen Position. Im Beispiel von Mamboi nützte mir mein ganzes Wissen über die Iatmul-Gesellschaft vorerst nichts, bis ich erkannte, daß ich das, was Mamboi an Anpassungsleistungen in der Stadt erbringt, aus persönlichen Gründen ablehne. Auch in der Geschichte der Prinzessin verstellten vorerst eigene kulturelle Wertungen den Blick auf das, was Maria bewegte. Es zeigte sich, daß die Vorstellung von ursprünglichen Dorfkulturen eine Fiktion ist. Modernisierungsprozesse fanden überall auf der Welt statt. Die Beispiele zeigen, daß es keinen anderen Weg gibt, als daß wir uns in jeder konkreten Situation die Frage nach der Herkunft unserer Gegenüber neu stellen.

Einige Überlegungen zum Schluß

Die Vorstellung, es sei Luxus, sich mit den kulturell-gesellschaftlichen Verhältnissen von MigrantInnen-Familien zu befassen, oder gerade für sie seien einfache Antworten und Strategien angebracht, enthält implizit eine Abwertung eben dieser sozialen Gruppe. Dasselbe impliziert die Vorstellung, MigrantInnen seien durch kulturelles Erbe daran gehindert, sich in einer neuen Umgebung zurechtzufinden.

Wenn wir uns fragen, weshalb es uns schwerfällt, kulturelle Differenz offen wahrzunehmen und als menschliche Gegebenheit zu akzeptieren, kommen wir nicht darum herum, uns einzugestehen, daß das vorherrschende gesellschaftspolitische Klima uns stark beeinflußt. Wir werden täglich durch die Medien und öffentlichen Diskussionen mit ethnischen und kulturellen Kategorien überschwemmt. In der Regel werden sie undifferenziert benützt, um Einteilungen und Abgrenzungen zwischen uns und den Fremden vorzunehmen. Es ist schwierig, sich diesem Trend zu entziehen, und so schleichen sie sich als Instrumente der Strukturierung von Alltagsrealität bei uns ein. Verstärkt wird diese Tendenz durch die vermehrte Arbeitsbelastung, der all jene ausgesetzt sind, die noch Arbeit haben. Man hat schon genug Probleme und ist nicht gewillt, sich mit den Kosova-AlbanerInnen, den TürkInnen oder den AfrikanerInnen differenziert auseinanderzusetzen. Streß fördert die Bereitschaft, auf Vorurteile zurückzugreifen. Deshalb ist die Aufgabe, die sich uns bei der Arbeit mit MigrantInnen stellt, anspruchsvoll. Zum Schluß seien die wichtigsten Gesichtspunkte zusammengestellt:

1. Die Zusammenarbeit mit VertreterInnen verschiedener Wissenschaftszweige muß angestrebt werden.
2. Es ist sinnvoll, auf allgemeine Untersuchungen über die Geschichte und über die verschiedenen Kulturen des Herkunftslandes zurückzugreifen, um sich dann in einem zweiten Schritt genau über die Lebenssituationen unserer Gegenüber zu informieren.
3. Ebenso wichtig ist es, über die Lebenssituation der MigrantInnen im Aufnahmeland Bescheid zu wissen. Wichtige Partner sind hier die verschiedenen Organisationen der MigrantInnen.
4. Neben diesem auf das Spezifische ausgerichteten Vorgehen gibt es auch eine brauchbare Ebene der Verallgemeinerung. Es sind dies zum Beispiel Informationen und Kenntnisse über die Institution der Großfamilie, die für viele Gesellschaften der „Dritten Welt" und der östlichen und südlichen Regionen Europas eine häufige Form des Zusammenlebens ist, und über Formen der Arbeitsteilung zwischen den Geschlechtern. Es ist also durchaus hilfreich, diese Modelle und ihre vielfältigen Funktionen genauer zu kennen.
5. Den eigenen unbewußten Tendenzen sollte besondere Aufmerksamkeit geschenkt werden.
6. Psychoanalytisch orientierte Gespräche mit MigrantInnen, bei denen auch die unbewußten Vorgänge der Übertragung und der Gegenübertragung berücksichtigt werden, geben uns vertiefte Einblicke.

Anmerkungen

1 So geschehen in Zürich, wo die Stadtverwaltung dem ethnologischen Institut den Auftrag erteilte, ein Leitbild zur Integration der ausländischen Bevölkerung zu erarbeiten.
Erstellt wurde ein Modell, in dem primär von den Defiziten der Zugewanderten ausgegangen, die Gruppe sozial nicht differenziert und eine schweizerische Kernkultur
konstruiert wurde (Steiner-Khamsi 1998). Mit anderen Worten, man fiel in die Kultur-
falle, ist es doch unmöglich und ganz unnötig, schweizerische, deutsche und französische Kernkulturen auszumachen.

2 Vgl. dazu Grinberg, Leon und Grinberg, Rebeca 1990.

3 Vgl. Parin Paul, Fritz Morgenthaler und Goldy Parin-Matthèy [1963] 1983; und Parin
et al. [1971] 1992. Weiter Parin 1978 und Parin/Parin-Matthèy 1986.

4 Zur Geschichte der Ethnopsychoanalyse s. Reichmayer 1995.

5 Zum Kulturbegriff in der Ethnologie s. Wicker 1996.

6 Eine frühe Arbeit dieser Art ist das eindrucksvolle Buch von Tahar Ben Jelloun (1976)
mit dem bezeichnenden Titel: Die tiefste der Einsamkeiten. Das emotionale und sexuelle Elend nordafrikanischer Immigranten. In Weiss (1999) zeige ich auf, welche
Strategien die Iatmul-MigrantInnen anwenden, um sich in den städtischen Verhältnissen zu orientieren und wie sich die neue Situation auf das Verhältnis der Geschlechter
auswirkt.

7 In Frankreich z.B. wurde im Centre Georges Devereux in Paris ein Ort geschaffen, an
dem seit Jahren mit MigrantInnen therapeutisch gearbeitet und die Erfahrungen publiziert werden (vgl. dazu Kaes und Moro).

8 Punktuelle Zusammenarbeit gibt es, z.B. in Basel zwischen der Kinder- und Jugendpsychiatrischen Universitätsklinik und -Poliklinik und dem Ethnologischen Seminar
der Universität (vgl. Bürgin 1998). Man ist auch dabei ein Programm für die interkan-
tonale Weiterbildung für AssistentInnen zu entwickeln, in dem ethnologische Aspekte
der Arbeit mit PatientInnen aus fremden Kulturen ihren Platz haben.

9 S. Anmerkung 1.

10 Unter der Leitung von Prof. Ulla Johansen wurde am Ethnologischen Institut der Universität Köln bereits in den 80er Jahren ein Forschungsschwerpunkt Arbeitsmigration,
insbesondere aus der Türkei, aufgebaut, vgl. u.a. Johansen 1990. Heute gibt es eine
reichhaltige Forschung zu der türkischen Bevölkerung, z.B. Tertilt 1996 und Pfluger-
Schindlbeck 1987.

11 Eine ausführliche Darstellung der Beziehungsentwicklung und zwei weitere Falldar-
stellungen finden sich in Weiss (1999).

Literatur

Bitterli, Urs. (1976): Die ‚Wilden‘ und die ‚Zivilisierten‘. Grundzüge einer Geistes- und Kulturgeschichte der europäisch-überseeischen Begegnung. München: Beck.

Bürgin, Dieter (Hg.). (1998): Triangulierung. Der Übergang zur Elternschaft. Stuttgart, New York: Schattauer.

Devereux, Georges. ([1967] 1984): Angst und Methoden in den Verhaltenswissenschaften. Frankfurt a.M.: Suhrkamp.

Erdheim, Mario. (1988): Zur Ethnopsychoanalyse von Exotismus und Xenophobie. In: Die Psychoanalyse und das Unbewußte in der Kultur, S. 258-265. Frankfurt a.M.: Suhrkamp.

Erdheim, Mario. (1992): Das Eigene und das Fremde. Über ethnische Identität. In: Psyche, Nr. 8, S. 730-744. Frankfurt a.M.

Ethnopsychoanalyse 3. (1993): Körper, Krankheit und Kultur. Frankfurt a.M.: Brandes & Apsel.

Ethnopsychoanalyse 5. (1998): Jugend und Kulturwandel. Frankfurt a.M.: Brandes & Apsel.

Grinberg, Leon und Grinberg, Rebeca. (1990): Psychoanalyse der Migration und des Exils. München, Wien: Internationale Psychoanalyse.

Hermann, Andrea und Rathje, Victor-René. (1995): Psychoanalytisches Sozialarbeit in Berlin. Kummulativ traumatisierte Kinder und Jugendliche im Heim. In: Becker, Stephan. Helfen statt Heilen, S. 133-149, Gießen: Psychosozial-Verlag.

Jelloun, Tahar Ben. (1986): Die tiefste der Einsamkeiten. Das emotionale und sexuelle Elend nordafrikanischer Immigranten. (franz. 1976 Paris: Seuil) Basel, Frankfurt: Stroemfeld/Roter Stern.

Johansen, Ulla. ([1982] 1990): Kulturelle Tradition türkischer Mitbürger. In: Baer, Gerhard und Hammacher, Susanne (Hg.): Menschen in Bewegung. Reise – Migration – Flucht, S. 83-87. Basel: Birkhäuser.

Kaes, René et al. (1998)· Différence culturelle et souffrances de l'identité. Paris: Dunod

Möhring, Peter und Apsel, Roland (Hg.). (1995): Interkulturelle psychoanalytische Therapie. Frankfurt a.M.: Brandes & Apsel.

Morgenthaler, Fritz; Weiss, Florence und Morgenthaler, Marco. (1984): Gespräche am sterbenden Fluß. Ethnopsychoanalyse bei den Iatmul in Papua-Neuguinea. Frankfurt a.M.: Fischer. (Franz. 1987: Conversations au bord du fleuve mourant. Ethnopsychoanalyse chez les Iatmouls de Papouasie/Nouvelle-Guinée. Genf: Zoé.)

Moro, Rose Marie. (1994): Parents en exil. Psychopathologie et migrations. Paris: PUF.

Moro, Rose Marie. (1998): Psychothérapie transculturelle des enfants de migrants. Paris: Dunod.

Parin, Paul et al. ([1971] 1992): Fürchte deinen Nächsten wie dich selbst. Psychoanalyse und Gesellschaft der Agni in Westafrika. Frankfurt a. M.: Suhrkamp.

Parin, Paul. (1978): Der Widerspruch im Subjekt. Ethnopsychoanalytische Studien. Frankfurt a.M.: Syndikat.

Parin, Paul; Morgenthaler, Fritz und Parin-Matthèy, Goldy. ([1963] 1983): Die Weißen denken zuviel. Psychoanalytische Untersuchungen bei den Dogon in Westafrika. Frankfurt a. M.: Fischer.

Parin, Paul und Parin-Matthèy, Goldy. (1986): Subjekt im Widerspruch. Frankfurt a.M.: Syndikat.

Pfluger-Schindlbeck, I. (1987): Achte die Älteren, liebe die Jüngeren. Sozialisation türkischer Kinder. Frankfurt a.M.: Athenäum.

Radtke, Frank-Olaf. (1996): Fremde und Allzufremde. Zur Ausbreitung des ethnologischen Blicks in der Einwanderungsgesellschaft. In: Wicker, Hans-Rudolf et al. (Hg.): Das Fremde in der Gesellschaft, S. 333-352. Zürich: Seismo.

Reichmayr, Johannes. (1995): Einführung in die Ethnopsychoanalyse. Geschichte, Methoden, Theorien. Frankfurt a.M.: Fischer.

Sassen, Saskia. (1996): Migranten, Siedler, Flüchtlinge. Von der Massenauswanderung zur Festung Europa. Frankfurt a.M.: Fischer.

Stanek, Milan. (1997): Die Spaltung der nationalen Monade. Der slowakische „Ethnonationalismus" und seine Zukunft. In: Hettlage et al. (Hg.): Kollektive Identität in Krisen. Ethnizität in Region, Nation, Europa, S. 265-283. Opladen: Westdeutscher Verlag.

Steiner-Khamsi, Gita. (1998): Der Ausländer als Hinterwäldler. In: Die Wochenzeitung Nr. 35, 27. August 1998, S. 5. Zürich.

Stirling, Paul. (1965): Turkish Village. London: Weidenfeld/Nicolson.

Stirling, Paul. (1974): Cause, Knowledge and Change. Turkish Village revisted. In: Davis, John (Hg.): Choice and Change. Essays in Honour of Lucy Mair, S. 191-229. London: Athlone.

Tertilt, Hermann. (1996): Turkish Power Boys - Ethnographie einer Jugendbande. Frankfurt a.M.: Suhrkamp.

Weiss, Florence. (1994): Die Beziehung als Kontext der Datengewinnung. Ethnopsychoanalytische Gesichtspunkte im Forschungsprozeß. In: Spuhler, Gregor et al. (Hg.): Vielstimmiges Gedächtnis. Beiträge zur Oral History, S. 23-47. Zürich: Chronos.

Weiss, Florence. (1996): Die dreisten Frauen. Eine Begegnung in Papua-Neuguinea. Frankfurt a.M.: Fischer.

Weiss, Florence. (1999): Vor dem Vulkanausbruch. Eine ethnologische Erzählung. Frankfurt a.M.: Fischer.

Wicker, Hans-Rudolf. (1996): Von der komplexen Kultur zur kulturellen Komplexität, S. 373-392. In: Wicker, Hans-Rudolf et al. (Hg.): Das Fremde in der Gesellschaft. Zürich: Seismo.

Das Ahnenkind

Sophie Kotanyi

Am Rande der Stadt Paris, im Nordosten, wo keine Metro mehr fährt, sondern nur noch die Straßenbahn, beginnt die Hochhauswelt der Vorstädte. Die
Straßenbahnen dieser Gegend sind voll mit Ausländern, vor allem Afrika-
nern. Hier befindet sich der Krankenhauskomplex von Avicenne. In einem
kleinen unscheinbaren Nebengebäude, der Abteilung für Kinder- und Jugendpsychiatrie, finden zweimal pro Woche die ethnopsychiatrischen Behandlungen der Psychiaterin Marie Rose Moro statt. Erst 39 Jahre alt, leitet
sie die ethnopsychiatrische Abteilung des Krankenhauses, in der sie ihre Patienten behandelt und gleichzeitig Ärzte und Psychologen ausbildet. Sie ist
eine langjährige Mitarbeiterin von Tobie Nathan, mit dem sie zahlreiche gemeinsame Texte publizierte, und arbeitet mit dem von ihm entwickelten
spezifischen Setting für Therapien von Migrantenfamilien.

Diese Setting-Konstruktion geht davon aus, daß die gesamte Familie behandelt werden sollte, weil es meistens nicht möglich ist, Patienten aus nicht-
westlichen Kulturen ein Zweiersetting anzubieten. In den Krankheitsvorstel-
lungen dieser Patienten, besonders afrikanischen Patienten, spielen oft unsichtbare Mächte, z. B. beim Hexerei-Verdacht, mit eine Rolle. Es ist daher
für Nathan wesentlich, dafür zu sorgen, daß die Patienten in einer Gruppe
von Therapeuten und Kotherapeuten behandelt werden und außenstehende
Zeugen bei der Behandlung dabei sind. Denn – so Nathan – in einer dualen
Beziehung stehen immer beide Anwesenden im Verdacht, als Hexer tätig zu
sein. Dieser Verdacht kann nur in einer Gruppe aufgelöst werden. Der Therapeut wirkt als Vermittler zwischen den unsichtbaren Welten, die die Patienten evozieren (Ahnen, Geister, vermutete Hexer) und der anwesenden sicht-
baren Welt.

Das therapeutische Konzept von Nathan gründet sich auf die Grundprin-
zipien der von Georges Devereux entwickelten Ethnopsychoanalyse.[1] Wie

dieser verbindet Nathan Psychoanalyse mit ethnologischen Kenntnissen und geht vom Komplementaritätsprinzip aus. Die zwei Disziplinen sollen nicht ineinander aufgehen, sondern sich gegenseitig ergänzen, indem der jeweilige Diskurs beibehalten wird. Es geht um eine „nicht fusionierende Pluridiziplinarität" (Devereux 1972 in: Moro 1994, S. 49), also um die Anerkennung der Notwendigkeit, parallel zwei Diskurse zu verfolgen, ohne sie zu verwechseln: den kulturellen, gesellschaftlichen Diskurs und den psychischen, individuellen Diskurs.

Nathan geht davon aus, daß es für eine wirksame Therapie von Migrantenfamilien aus nicht-westlichen Kulturen oft nötig ist, Elemente aus „traditionellen" Therapieformen in veränderter, angepaßter Form anzuwenden. Traditionelle Erklärungen von Krankheitsursachen (Ätiologien) dienen dazu, die Übertragungsbeziehung vom Patienten zum Therapeuten zu unterstützen. Der im folgenden geschilderte Ahnenkind-Fall verdeutlicht diesen Aspekt.

Das Beispiel stammt aus einer Therapiesitzung, die von Marie Rose Moro geleitet wurde. Die Behandlung wird von einem/r Haupttherapeut/in durchgeführt, der/die von einigen Kotherapeuten/innen unterstützt wird. Die Therapiegruppe besteht aus einem regelmäßig zusammenkommenden Kreis von Praktikanten, Ärzten, Psychologen und Studenten/innen, die sich im Rahmen ihrer Ausbildung auf transkulturelle Psychiatrie spezialisieren. Aufgrund der Tatsache, daß die ethnopsychiatrische Abteilung im Krankenhaus von Avicenne in der Kinder- und Jugendabteilung untergebracht ist, kommen die Familientherapien in Zusammenhang mit einer Anfrage zur Behandlung des Kindes zustande.

Ich möchte den Fall in einer dokumentarischen Weise darstellen. Dieses Vorgehen soll vermitteln, was in einer ethnopsychiatrischen Sitzung vor sich geht. Das von mir redigierte Protokoll einer therapeutischen Sitzung gibt den „Originalton" wieder, mit allen Holprigkeiten, die eine Verschriftlichung der gesprochenen Sprache nach mehrfacher Übersetzung mit sich bringt.

Im Anschluß werde ich einige ethnologische Informationen zum Krankheitsbild „Ahnenkind", wie es in Afrika verstanden wird, anführen. Schließlich möchte ich darauf eingehen, wie „traditionelle Ätiologien" als therapeutischer Hebel in der Behandlung genutzt werden, und wie dieser Zusammenhang von Nathan theoretisch begründet wird.

Die Vorstellung des Falles

In einer kurzen Vorbesprechung informiert der Therapeut, der in regelmäßigen Sitzungen mit der Mutter des Kindes arbeitet, die Behandlungsgruppe und die Haupttherapeutin:

„Die Mutter kommt aus West-Afrika.[2] Moa, ihr Sohn, 4 Jahre alt, ist schwer krank. Er muß eine strikte Diät einhalten. Er kann kein afrikanisches Essen verdauen. Er kommt in Lebensgefahr, wenn er sich dann übergeben muß.

Der Vater ist zur Zeit in Afrika; die Mutter will nicht zurück, da dies den Tod des kranken Kindes bedeuten könnte. Das Kind wurde vor einigen Monaten vom behandelnden Krankenhaus zur ethnopsychiatrischen Behandlung überwiesen. Es war vom behandelden Arzt als psychotisch diagnostiziert worden, da es eine unverständliche Sprache sprach.“

Der Therapeut berichtet im Anschluß über die Mutter: *„Sie ist stark depressiv und nimmt Psychopharmaka. Neu ist, daß sie von ihrer eigenen Mutter geträumt hat. Es hat sich seit der letzter Sitzung Neues in der Interaktion mit dem Kind ergeben: Sie hat das Kind einmal gezwungen zu essen, und es mußte sich übergeben. Das Kind war in großer Gefahr. Aber einige Minuten später tanzte es unerwartet wie ein Verrückter! Die Mutter verstand dann, daß das Kind sie mit seinen Symptomen manipulieren kann. Aber das Kind kann sterben, so wie die Schwester der Mutter, die sich dem Tod ergeben hat[3], nachdem deren Mutter starb.*

Moa hat Macht. Er kann etwas erzwingen. Sie (die Mutter) hat Angst.

Anfangs war das Kind sehr fröhlich. Das ist nicht mehr der Fall. Das Kind ist schwierig. Sie hat Angst, daß es nicht mehr zur Schule geht.“

Vor rund 12 Wochen fand die erste ethnopsychiatrische Sitzung statt. Die Haupttherapeutin erinnert das Team an die Empfehlung am Ende der letzten Sitzung: *„Mutter und Kind sollten zusammen essen, aber ein Teil sollte unberührt in Moas Zimmer gelassen werden. Und die Mutter sollte ein Opfer für ihre (verstorbene) Mutter bringen.“*

Die Haupttherapeutin betont, wie beeindruckt sie von der Emotionalität der Mutter des Kindes ist sowie von ihrer Kraft, die kulturellen Repräsentationen der Dinge zu denken und zu formulieren. Die Haupttherapeutin erinnert daran, daß sie am Ende der letzten Sitzung die kulturelle Interpretation des „Betinga-Kindes" (das Kind, das auf einem Faden läuft) gegeben und die Mutter darauf mit Erleichterung reagiert hatte.

Die Therapiesitzung

Die ungefähr dreißigjährige, stolze Frau kommt mit ihrem vierjährigen Sohn in den Behandlungsraum, wo die Gruppe schon im Kreis sitzt und auf sie wartet.[4] Nach der Vorstellungsrunde schildert der Therapeut den Traum der Mutter, die er Madame nennt, und die neuen Erfahrungen mit dem Kind, die darauf hinweisen, daß das Kind seine Umgebung mehr beherrscht, als man bisher gedacht hatte.

Die Haupttherapeutin führt dann ein direktes Gespräch mit der Mutter des Kindes, während das Kind auf einen Kinderstuhl am kleinen Kindertisch in die Nähe der Haupttherapeutin und der Mutter gesetzt wird. Das Kind legt seinen großen, schönen, traurigen Kopf in seine Hand, auf einen Ellbogen gestützt, und sieht eher wie ein alter, nachdenklicher Mann aus. Es schaut traurig vor sich hin. Nach einer Weile fängt es an, jeden Teilnehmer des Kreises ruhig und genau anzuschauen.

Die Mutter schildert, daß sie am Ende des Jahres, am Jahrestag des Todes ihres Vaters, traurig war. Sie erzählt die Umstände seines Todes im Krankenhaus. Sie sagt, daß es Moa gut geht, wenn er mit ihr ist, und daß er jeden Tag zur Schule geht. Sie erzählt wie schlecht es Moa ging, nachdem sie ihn zum Essen zwingen wollte und er sich übergeben mußte, wie er dann aber wenige Minuten später fröhlich und wild tanzte. Sie sagt, daß sie sich Sorgen macht, da er sich der Gesellschaft anpassen müsse. Gleichzeitig wird aus ihrem Erzählen deutlich, daß das Kind eine große Belastung für sie ist.

Die Haupttherapeutin spricht mit der Mutter über ihre eigene Einsamkeit und befragt sie dann über ihren letzten Traum von ihrer Mutter.

Mutter: *Ich war bei ihrer Beerdigung; sie hat mich geküßt. Sie hat mir gesagt: „Lasse die anderen mir ihre Aufwartungen machen; ich werde mich um dich später kümmern." Ich habe sie gesehen, aber ihr Bild ist mir nicht in Erinnerung geblieben.*

Haupttherapeutin: *Es war wichtig, was sie ihnen sagte. Wie interpretieren sie das?*

Mutter: *Ich hatte früher einen Traum, in dem ich ihr sagte, daß sie mich nicht verlassen soll. Der neue Traum könnte eine Antwort darauf sein, indem sie sagt, daß sie mich nicht verläßt.*

Haupttherapeutin: *Es ist ein Traum, der Ihnen gut getan hat.*

Mutter: *Ja, sehr. Meine Mutter ist gestorben, aber sie hat kein Gesicht für mich. Ich kenne diese Frau nicht. Sie zu sehen, das tröstet mich; es erleichtert mich. Vielleicht erinnerst du dich manchmal an mich, sagte ich ihr, und fühlst du meinen Schmerz.*

Haupttherapeutin: *Warum hat sich ihr Gesicht verwischt?*

Mutter: *Das frage ich mich auch.*

Haupttherapeutin: *Wir werden die Runde befragen.*

Mutter: *Ich erinnere mich nicht so genau, aber ich weiß, daß man mich aus der Schule holte, um mir zu sagen, daß sie gestorben ist. Ich weiß, daß sie, bevor sie starb, gesagt hat: Ich gehe, kümmert euch gut um meine Kinder!*

Haupttherapeutin: *Es ist vielleicht die Wut, die ihr Gesicht auslöscht. Wir werden in der Runde fragen.*

Es folgen einige Interpretationsvorschläge aus der Runde, zu denen die Patientin immer befragt wird. In dem Dialog wird deutlich, daß die Patientin den frühen und plötzlichen Tod ihrer Mutter während ihrer Schulzeit nicht verschmerzt und ihr bis heute nicht verziehen hat.

Die Haupttherapeutin stellt fest, daß die Patientin Wut auf ihre Mutter hat. Die Patientin bestätigt diese Interpretation im Laufe des Gespräches: Die Mutter hätte den einfacheren Weg gesucht, indem sie sich davon gemacht hat, obwohl sie vom Vater oft auch beschützt wurde.

Die Haupttherapeutin vergleicht das Verhalten des Sohnes mit dem der gestorbenen Mutter. Dieser Vergleich verstärkt die Assoziation der Patientin, die in der Angst lebt, daß ihr Sohn das gleiche wie ihre Schwester tun könnte. Ihre Schwester hatte gesagt, daß sie den Tod der Mutter nicht überleben würde, und sie hat sich selbst auch tatsächlich sterben lassen.

Haupttherapeutin: *Die Toten sind nicht gut in ihrem Tod.*

Kotherapeutin: *Sie sind noch nicht angekommen.*

Mutter: *Ich weiß nicht, ob ich gegenüber meinen Toten die Frage stelle, ob sie gut sind oder nicht.*

Kotherapeutin: *Was heißt denn das, gut zu sein in der Haut eines Toten?*

Haupttherapeutin: *Befragen sie doch die Leute daheim; sie können es viel besser sagen. Im großen und ganzen, wenn die Toten gut sind, dann können sie uns gut beschützen. Aber es wäre wichtig, daß jemand, dem sie vertrauen, es Ihnen sagen könnte. Die Alten wissen alles: Man muß sie befragen.*

Vermittler: *Madame sah sich in einer direkten Begegnung mit der Mutter, ohne Vermittler.[5] Man sagt im Sudan, daß das eine Begegnung in der Wut ist. Die Begegnung zwischen Ihnen, Madame, und Ihrem Sohn ist ebenfalls nicht vermittelt. Madame und ihre Mutter ...*

Das Ende des Satzes fehlt im Protokoll, wahrscheinlich wurde ich durch die Beobachtung der sich entwickelnden Interaktionen des Kindes mit einem Kreisteilnehmer abgelenkt. Ein Ball wird dem Kind zugerollt. Es greift ihn auf, wenn er in seine Nähe kommt, wenn er zu weit weg rollt, läßt das Kind ihn liegen, bis ein Kreisteilnehmer den Ball wieder holt und ihm neu zurollt. Im Laufe der Zeit wirft das Kind den Ball vor allem dem Vermittler oder einem anderen männlichen Kotherapeuten zu.

Die Haupttherapeutin fragt die Patientin, ob sie einverstanden ist.

Mutter: *Ich glaube schon. Es gibt keinen Vermittler.*

Haupttherapeutin: *Ich denke, daß es eine unserer wesentlichen Funktionen ist, Vermittler zu besorgen. Weil diese direkte Konfrontation unmenschlich ist.*

Mutter: *Ich denke, daß es keinen Vermittler gegeben hat, aus Schutz. Ich bin nicht in der Stadt aufgewachsen, ich bin in der Provinz aufgewachsen. Ich wurde abgeschnitten. Es gab Konflikte zwischen meinem Vater und der Familie meiner Mutter. Er wollte uns beschützen, indem er nicht von ihnen redete. Ich habe nicht einmal das Grab meiner Mutter gesehen. Wir haben ihr Grab auf dem Friedhof gesucht, aber nicht gefunden.*

Haupttherapeutin: *Ein Konflikt worüber?*

Mutter: *Die Familie sagte, daß es der Vater war, der getötet hatte.*

Haupttherapeutin: *Mit Hexerei?*

Mutter: *So ist das. Sogar meine Schwester. Die Toten sind da. Man wußte, daß sie tot waren, aber man redete nicht darüber.*

Haupttherapeutin: *Man sagte von Ihnen, daß sie ein besonderes Kind waren.*

Mutter: *Ich war zu artig, aber ich ließ mir nichts aufzwingen. Nichts Unreines. Nie. Kein Kino. Es gab etwas, was nicht ging. Systematisch.*

Haupttherapeutin: *Moa ist auch ein Kind, das sich keine Dinge aufzwin-*
gen läßt. Haben Sie mal an das Bendinga-Kind gedacht? [...] In der Djula-
Sprache sind es die Kinder, die auf einem Faden leben. Es sind Kinder, die
eher böse sind. Sie verursachen so viele Probleme wie nur möglich. Das
Bendinga-Kind verstehe ich aber anders. Es sind Kinder, die sich in Gefahr
befinden und die Schwierigkeiten haben. Man sagt, daß solche Kinder die
Geschichte der Familie kennen. Sie kommen, weil sie eine Nachricht mit
sich tragen. Sie müssen sich die Frage gestellt haben, was dieses Kind der
Familie bringt?

Mutter: *Was es für die Familie bringt, weiß ich nicht. Was es aber für*
mich bringt, das weiß ich schon. Ich hatte gerade meinen Vater verloren, als
das Kind geboren wurde, und dachte mir, daß mir das Leben ein wenig Zeit
zwischen beiden Ereignissen hätte lassen können! Danach habe ich es
schließlich akzeptiert, daß es so ist. [...] Moa hat eine erbliche Krankheit;
er ist der einzige von uns, der sie hat. Es ist eine seltene Krankheit. Es hätte
noch viel schlimmer kommen können. Er ist also gekommen, um zu bleiben.[6]

Haupttherapeutin: *Haben sie Moa erklärt, was sie verstanden haben?*

Mutter: *Nein.*

Haupttherapeutin: *Es wäre wichtig. Diese Bendinga-Kinder verstehen*
das.

Das von einem Kotherapeuten im Laufe der Stunde angefangene Ballspiel
mit Moa hat sich weiter entwickelt. Er wirft aber weiterhin nur den Ball zurück, der in seine Nähe geschmissen wird. Wenn der Ball zu weit auf die
Seite rollt, gibt er das Spiel auf, ganz traurig. Wenn der Ball aber in seine
Nähe kommt, geht er dem Ball nach und wirft ihn sogar jemandem im Kreis
zu, am liebsten einem schwarzen Kotherapeuten. Das Spiel nimmt im Laufe
der Sitzung die Stellung einer parallelen Geschichte zum Gespräch der
Haupttherapeutin mit der Mutter an.

Haupttherapeutin: *Wissen Sie, ob die Erwachsenen sich getroffen haben,*
um über die Hexerei zu sprechen?

Mutter: *Ich weiß es nicht. Es gab immer sehr höfliche Beziehungen. [...]*
Ich weiß darüber nichts.

Haupttherapeutin: *Könnten sie jemanden befragen?*

Mutter: *Es gäbe einen Alten. Auf der Seite der Mutter*[7] *sind alle gestor-*
ben.

Kotherapeut: *Als ob die Geschichten (der verschiedenen Generationen) verschmelzen würden. Nur das Kind zeigt uns, daß es da ist, um zu bleiben.*
Das Kind spielt mit dem Ball in der Runde der Teilnehmer.
Haupttherapeutin: *Madame kann sich auf die andere Generation nicht stützen.*
Kotherapeut: *Da war die Großmutter.*
Haupttherapeutin: *Auf die kann sich Madame auch nicht stützen. Sie hat niemandem, mit dem sie reden kann. Die Ordnung der Generationen ist schwierig.*
Mutter: *Man ist allein. Es gibt niemanden, auf den man sich stützen kann. Ich, ich hatte meinen Vater. Ich ging, um ihn zu sehen; dann ging es mir gut.*
Kotherapeutin: *Die Krankheit Moas am Ende des Jahres half Madame vielleicht aus ihrer Traurigkeit wegen des Todes des Vaters herauszukommen, indem sie mit etwas anderem beschäftigt war.*
Mutter: *Vielleicht. Aber er zieht mich nicht heraus, er drückt mich rein. Wenn es mir schlecht geht, vermittle ich ihm meinen schlechten Zustand, und es geht ihm danach auch schlecht. Es gibt niemanden, der mich herausholt.*
Kotherapeutin: *Wenn es ihm schlecht geht, wird man gezwungen, sich mit ihm zu beschäftigen.*
Haupttherapeutin: *Er zeigt ziemlich viel Kraft.*
Mutter: *Ich weiß nicht, ob seine Krankheit weniger schlimm ist, oder ob er es ist, der sich am Leben festhält.*
Haupttherapeutin: *In Mali nennt man die Kinder, die sich am Leben festhalten, Griots-Kinder. Sie werden „Enfants Lézard" genannt, die sich gegen die Todesgefahr festkrallen.*
Es wird noch über den Vater gesprochen; das Kind würde den Vater besser als früher akzeptieren. Man fragt, warum die Mutter seit der Geburt des Jungen nicht in Afrika gewesen ist. Sie hatte Angst, das er dort sterben könnte. Hätte sie ihn aber in Frankreich zurückgelassen, wäre er vielleicht am Trennungsschmerz gestorben.
Gegen Ende der Behandlungsstunde stellt der begleitende Therapeut fest: *Moa hat schließlich seine Mutter dazu gebracht, über Dinge zu sprechen, die für sie sehr wichtig sind.*

Haupttherapeutin: *Wir haben heute – wegen Moa – vor allem von Ihrer Mutter gesprochen. Moa hat viel Macht.*

Außerdem muß man unbedingt Vermittler für „diese Dinge" suchen.[8] *Man muß Regeln beachten und etwas finden, was korrespondiert.*[9]

Und man muß mit Ihrer Mutter kommunizieren. Es ist wichtig, daß Sie versuchen, sich an die Träume zu erinnern, weil sie uns den Weg zeigen.

Ethnologische Hinweise zum Verständnis des Bildes vom Ahnenkind

Die Ätiologie des Ahnenkindes ist in verschiedenen afrikanischen Kulturen verbreitet. Marie Rose Moro bezeichnete es in der Therapiesitzung in der Djula-Sprache als Bendinga-Kind, bei den Wolof und Lebou in Senegal wird es als *Nit Ku Bon* bezeichnet (Zempléni [1965] 1985). Bei den Baoulé, Elfenbeinküste, spricht man vom *Oumyen* (Ahnengeist) oder *Aofouêh* (der Fremde).

A. Zempléni und J. Rabain (1965) beschreiben diese Ätiologie als kulturelle Repräsentationen. Diese ermöglichen aus „den Symptomen und Erkennungszeichen der Krankheit die Haltungen und das Verhalten gegenüber dem Kranken, die Vorsorge und das therapeutische Vorgehen zu artikulieren, um ein kohärentes Ganzes zu bilden, für dessen Verständnis viel mehr der Bezug zur Gruppe, als zum individuellen Kranken benötigt wird." (Zempléni 1985, S. 2)

Die Empfindlichkeit solcher Kinder gehe soweit, schreibt Zempléni, daß sie unter Umständen auf der Stelle sterben können oder schwer krank werden, wenn man sie tadelt und mit starken Emotionen oder Gewalt konfrontiert. Solche Kinder leben nicht lange. Wenige überstehen die Zeit der Adoleszenz.

Die Wolof und Lebou fragen nach der Identität dieses Kindes. Es kann von einem Ahnengeist besessen oder selbst ein Ahnengeist sein. Es kann auch ein Djinn-Kind sein.

Es ist wie jemand, der seine Verwandtschaft nicht findet. Zempléni faßt die Vorstellung der Wolof und Lebou dahingehend zusammen, daß ein *Nit Ku Bon* wie ein Ausländer ist, er kommt zu Besuch und geht danach wieder ([1965] 1985, S. 11). Ein solches Wesen wird erst als menschlich angesehen, wenn es überlebt und in Tauschbeziehungen, z.B. durch die Heirat, eintritt.

Dann wird es als Heiler, als Kenner oder als Meister der Geister hoch angesehen.

Ein *Nit Ku Bon* kann aber noch mehr als ein Geist sein, nämlich ein Ahne, der zurückgekommen ist. In solchen Fällen kann es ein unzufriedener Ahne sein, oder einer, der kommt, um zu schauen, was mit seinen Nachkommen geschieht und sie vor einer Gefahr schützen möchte (Zempléni [1965] 1985, S. 11). Ein wesentliches Merkmal des *Nit Ku Bon* ist seine Fähigkeit zum Selbstmord (S. 13).

„Es ist ein Kind, das Macht und Wissen hat. Es besitzt das Hauptwissen, das des Todes; es ist daher ein Kind, daß über seinen eigenen Tod entscheiden kann. Es hat ein Wissen bei der Geburt; es kann alles. Wegen dieses Wissens stirbt es schnell; das größte Wissen ist sterben zu können. [...] *Nit Ku Bon* kann beschließen zu sterben, weil es als Kind behandelt wird, obwohl es weiser ist als ein Alter." (Zempléni [1965] 1985, S. 14)

Solche Kinder werden ständig umsorgt. Allen Ahnenkind-Ätiologien ist gemeinsam, daß die Ursachen der Störungen beim Kind auf eine übernatürliche Ursache zurückgeführt werden (Real 1994).

Die Natur des Kindes ist ambivalent: Halb Ahne, halb Geist, hört es nicht auf, mit dem Jenseits zu kommunizieren, von dem es sich progressiv trennen muß (Lallemand 1978, S. 311). Erst die Trennung des Kindes von der unsichtbaren Welt ermöglicht seine Integration in die menschliche Gesellschaft. Damit es sein menschliches Schicksal akzeptiert und seine anderen Bindungen aufgibt, braucht es besonders viel Zuneigung. Deshalb vermeidet man jeglichen Widerspruch diesem Kind gegenüber, als ob dies der einzige mögliche Weg wäre, um seinen Weggang (Tod) zu verhindern.

Entsprechend dieser Ätiologie hat die Mutter große Mühe, dem Kind Widerstand zu leisten, da es ständig damit droht, die Welt der Lebenden zu verlassen. Seine Fähigkeit, die Krankheitssymptome nach seinem Willen einzusetzen, weist auf die Macht dieses schwerkranken und besonders fragilen Kindes hin.

Die traditionelle Ätiologie als Faktor in der Behandlung

Sowohl für Moro (1989) als auch für Nathan (1987b) dient die traditionelle Ätiologie als ein therapeutischer Hebel. Das Einsetzen von traditionellen

Ätiologien dient zunächst dazu, eine wirksame therapeutische Beziehung (psychoanalytisch geht es hier um die Übertragung) zwischen den Patienten und den Therapeuten herzustellen. Es wird eine dem Patienten kulturell vertraute Ätiologie verwendet, um den therapeutischen Prozeß in Gang zu setzen.

In einer Falldarstellung bietet Moro (1989) den Eltern von Maryama ebenfalls die Ätiologie des Ahnenkindes an. Diese wurde vom Vater des Kindes akzeptiert und führte zur Veränderung des Verhaltens der Eltern ihrem Kind gegenüber. Die Sozialarbeiterin beobachtete, daß es Maryama besser geht, seitdem ihre Eltern sie als ein Ahnenkind ansprechen. Dieser Ätiologie-Vorschlag hatte beim Vater eine Reihe von Assoziationen bezüglich des Todes seiner Tante mütterlicherseits provoziert und verband älteres Leiden des Vaters mit dem aktuellen Leiden seiner Tochter. Es provozierte eine Veränderung im festgefahrenen therapeutischen Prozeß (Moro 1989, S. 79).

Diese Beispiele zeigen konkret die Wirkung und den Nutzen traditioneller Ätiologien in der Ethnopsychiatrie. Real (1994), die sich auf Nathan und Moro bezieht, geht es darum, daß die Therapeuten mit den Eltern und dem Kind in eine neue Beziehungsform treten. Die Eltern verändern dann ihr Verhalten gegenüber ihrem Kind: Sie entwickeln Respekt ihm gegenüber, ähnlich wie gegenüber einem Greis. Real betont, daß das Kind Träger der familiären Konflikte ist. Solche Ätiologien sind kulturelle Vorstellungen, die die Eltern ansprechen. Ihre Anwendung im therapeutischen Prozeß ermöglicht es, therapeutische Allianzen mit den Eltern zu schließen; durch sie können individuelle Problematiken erreicht und behandelt werden. In dem von mir dargestellten Fall von Moa ermöglicht diese Ätiologie eine Annäherung an die traumatische und noch nicht verarbeitete Trauer in bezug auf die zahlreichen Toten in der Verwandtschaft der Mutter Moas (Tod der Mutter, der Schwester, des Vaters). Schließlich gibt die kulturelle Ätiologie eine Erklärung für die Fremdheit des Kindes (Real 1994, S. 19-20).

Real faßt das klinisch technische Vorgehen wie folgt zusammen: Das Kind wird identifiziert und es wird ausgesprochen: „Es ist ein Ahnenkind." Ein therapeutischer Vorschlag folgt aus der internen Logik dieser kulturellen Vorstellung, z.B.: „Man muß mit ihm wie mit einem Alten sprechen." Wenn die erste Ätiologie keine Wirkung hat oder aufhört zu wirken, können andere Ätiologie-Vorschläge die festgefahrene Interaktion wieder beleben (Real 1994, S. 20).

Die Anwendung einer traditionellen Ätiologie hat in der ethnopsychiatrischen Behandlung keine diagnostische Funktion, sondern soll die Interaktion zwischen dem Individuum und der Gruppe neu in Gang setzen. Die Familie wird damit „gezwungen", sich ihre Geschichte bewußt zu machen. Indem das Kind anders wahrgenommen werden kann, ändert sich die Einstellung zu ihm, was im allgemeinen zu auffallenden Veränderungen beim Kind führt. Um das erreichen zu können, muß der Therapeut im Umgang mit dem Kind eine „Dezentrierung" vollziehen (T. Nathan). Dies beinhaltet eine Einstellungsänderung im Hinblick auf die eigenen kulturellen Vorstellungen des Therapeuten.

Zusammenfassung

Die von Tobie Nathan entwickelte Ethnopsychiatrie ist bemerkenswert, weil sie ausländische Patienten (vor allem aus nicht-westlichen Kulturen), Patienten, die in der französischen Psychiatrie schon zahlreiche gescheiterte Therapieversuche hinter sich haben, erfolgreich behandeln kann.

Nathans Forschungsarbeit ist für Ethnologie, Psychologie, Psychoanalyse und Ethnomedizin bereichernd. Er entwickelte zusammen mit anderen Therapeutenkollegen im Laufe der letzten 20 Jahre in einer intensiven Forschungsarbeit Vorstellungen über konkrete, kulturell bedingte Krankheitsbilder und Krankheitsursachen (Ätiologien). Er erweiterte seine Forschungen auf die Heilmethoden unterschiedlichster Kulturen, die eine Reflexion über unsere ethnozentristischen Heilverfahren anregen können.

Das hier dargestellte „Ahnenkind"-Krankheitsbild ist eines, in welchem ein Kind zur respektvollsten Person wird (ein Ahne). Durch diese chaotisch erscheinende, umgedrehte Betrachtungsweise kann ein schwer erkranktes Kind zu einer gesunden Entwicklung geführt werden. Dieses Krankheitsbild zeigt auch, wie die Auseinandersetzung mit der Krankheit eines Kindes zur Gesundung seiner Eltern (oder umgekehrt) beitragen kann.

Theoretisch bezieht sich Moro auf Nathans ethnopsychiatrische Theoriebildung, nach der die traditionellen Ätiologien mit Patienten aus nicht-westlichen Kulturen therapeutisch unter dem Begriff „opérateurs thérapeutiques" subsumiert werden. In seiner Darstellung dieses Begriffes weist Nathan (1987) darauf hin, daß die Behandlungen von nicht-westlichen Patienten zu einigen grundsätzlichen Veränderungen der therapeutischen Techniken führen können.

Nathan stellt fest, daß sich keine therapeutische Beziehung einstellt, wenn man in der Behandlung an einem für europäische Therapieformen typischen Diskurs festhält. Außerdem konstatiert er, daß eine Psychotherapie im westlichen Sinn mit Patienten, deren Symptome den „traditionellen" Ätiologien entsprechen, nicht möglich ist. Diese Beobachtung führte ihn dazu, Elemente der therapeutischen Technik zu variieren und ein neues Setting zu entwikkeln.

Anmerkungen

1 Tobie Nathan benutzt den Begriff „Ethnopsychoanalyse", um die Theorie und die Methode zu bezeichnen (Nathan 1986), während er im Zusammenhang mit klinischen Erfahrungen von „Ethnopsychiatrie" redet. Nathan spricht auch von Ethnopsychotherapie, die seiner therapeutischen Praxis entspricht (Nathan 1988).

2 Aus Gründen der Schweigepflicht mache ich keine präzisen Angaben über die Herkunft der Patientenfamilie.

3 Die Therapeuten greifen die Formulierungen der Patienten auf. Jede Formulierung wird respektiert und bewußt nicht an ein korrektes Französisch angepaßt, denn die Art und Weise die Dinge zu bezeichnen, gibt Auskunft über die Vorstellungen des Patienten.

4 Dieses Vorgehen gehört zum Setting: Die Patienten werden in eine Gruppe aufgenommen, die Gruppe soll sie tragen. Die behandelnde Gruppe sollte möglichst ein Gruppengefühl vermitteln, indem sie als konzentriertes, einheitliches Gebilde die Patientenfamilie in ihrer Mitte empfängt.

5 In der Kultur der Patientin wird darauf geachtet, soweit wie möglich über Vermittler zu kommunizieren. Direkte und vor allem duale Beziehungen sind selten, sie werden als gefährliche gemieden.

6 Dies steht im Gegensatz zur Vorstellung, daß manche Menschen geboren werden, um bald wieder zu sterben: „Sie kamen um zu gehen".

7 Es ist kein Zufall, daß die Patientin ihre Mutter nicht als „meine" Mutter bezeichnet. In Afrika wird meistens mit respektvoller Distanz über Eltern und Personen aus älteren Generationen gesprochen.

8 „Diese Dinge" ist eine bewußt gewählte vage Formulierung, die darauf hinweist, daß über Hexerei gesprochen wird. Eindeutige Formulierungen müssen als gefährdend (im Sinne von ansteckend) gemieden werden. Diese Wortwahl zeigt der Patientin, daß die Therapeutin über diese Fragen Bescheid weiß und die Patientin zu schützen versteht.

9 Es werden in einer ethnopsychiatrischen Behandlung Wege gesucht, wie kulturell kodiertes bzw. ritualisiertes Verhalten oder Regeln, die zur Heilung der Patienten beitragen können, an die Pariser Verhältnisse der Patienten angepaßt werden können.

Literatur

Devereux, Georges. (1973): Angst und Methode in den Verhaltenswissenschaften. Fft. a.M.

Devereux, Georges. (1977): Essais d'ethnopsychiatrie générale. Paris: Gallimard. Dt. in: (1982): Normal und anormal. Fft. a.M.: Suhrkamp.

Moro, Marie Rose. (1989): D'où viennent ces enfants si étranges. In: NRE Nr. 12.

Moro, Marie Rose und Nathan, Tobie. (1992): Ethnopsychiatrie de l'enfant. In: Diatkine, R., Lebovici, S. und Soulé M. (Hg.): Traité de Psychiatrie de l'enfant et de l'adolescent. Paris: PUF.

Moro, Marie Rose. (1994): Parents en exil: Psychopathologie et migrations. Paris, PUF.

Moro, Marie Rose. (1998): Pychothérapie transculturelle des enfants migrants. Paris: Dunod.

Moro, M.-R. und Nathan, T. (1989): Le bébé migrateur. In: Lebovici S. und Weil-Halpern, F. (Hg.): Précis de psychopathologie du nourisson. Paris: PUF, S. 663-748.

Moro/Nathan/Rabain-Jamin/Stork/Si Ahmed. (1989): Le bébé dans son univers culturel. In: Lebovici S. und Weil-Halpern, F. (Hg.): Psychologie du bébé. Paris: PUF.

Nathan, Tobie. (1986): La folie des autres. Traité d'ethnopsychiatrie clinique. Paris: Dunod.

Nathan, Tobie. (1987): Prolégomènes à une théorie générale des opérateurs thérapeutiques. In: RNEPSYA Nr.8/9, S. 70-84.

Nathan, Tobie. (1988a): Le sperme du diable. Paris: PUF.

Nathan, Tobie. (1988b): Psychanalyse paienne. Paris: Dunod.

Nathan, Tobie. (1993): ... Fier de n'avoir ni pays, ni amis, quelle sottise c'était. Grenoble: La pensée sauvage.

Nathan, Tobie. (1994): L'influence qui guérit. Paris: Odile Jacob.

Nathan, Tobie und Hounkpatin, Lucien. (1998): La guérison yoruba. Paris: Odile Jacob.

Real, I. (1994): De la thérorie à la clinique: L'enfant-ancêtre. In: Neuropsychiatrie de l'enfance, t. 42 (1-2), S. 16-20.

Zempléni, A. (1985): La maladie et ses causes. Introduction. In: L'Ethnographie, t. LXXXI, nr. 2, S. 13-44

Zempléni, A. und Rabain J. ([1965] 1985): L'enfant. Un tableau psychopatholoqique traditionenel chez les Wolof et les Lebou du Sénégal. In: Nouvelle Revue d'Ethnopsychiatrie, nr. 4, S. 9-41. (1965 in: Psychopathologie africaine, t. I, nr. 3, S. 329-441.

Pädagogik oder Psychotherapie beim Kind
Wo ist der Unterschied?

Reinhart Lempp

Ein Vergleich der Pädagogik, der Erziehung des Kindes, mit der Psychotherapie beim Kinde muß zunächst klären, was unter den Begriffen jeweils zu verstehen ist. Dabei meint im folgenden der Pädagoge auch immer die Pädagogin und der Psychotherapeut auch die Psychotherapeutin.

Die Beziehung als Bedingung für Erziehung und Psychotherapie

Der Züricher Kinder- und Jugendpsychiater und Psychotherapeut Heinz Herzka sagte einmal: „Das psychoreaktiv erkrankte Kind braucht Psychotherapie, weil es krank ist – und es braucht Pädagogik, weil es ein Kind ist." Das erscheint zunächst einmal einleuchtend. Dieser Unterschied wird jedoch ausschließlich von den Erwachsenen, dem Pädagogen oder Psychotherapeuten, und nicht von dem Kind gemacht.

Das Kind, jedenfalls das Vorschul- und Grundschulkind, erwartet ja weder vom Pädagogen, daß er es erziehe, noch vom Psychotherapeuten, daß es ihn gesund mache, denn diese Bedürfnisse hat es in aller Regel gar nicht. Meist ist es ja nicht das Kind, das leidet, sondern sind es die Erwachsenen, die an ihm leiden. Das Kind kann zwar unterscheiden, daß es zum Bäcker gehen muß, wenn es ein Brötchen will, und zur Großmutter, wenn es etwas vorgelesen haben möchte, aber es geht nicht von sich aus zum Pädagogen oder Psychotherapeuten. Das Kind erlebt sich als eine Einheit und unterscheidet nicht zwischen einem zu erziehenden und einem zu therapierenden Anteil.

Allenfalls empfindet ein Kind, daß es Schwierigkeiten mit seiner Umgebung hat, die etwas von ihm erwartet, was es nicht leisten kann oder will. Diese Schwierigkeiten rühren aber im Grunde alle daraus, daß das Kind in einer Welt lebt, die in gewissen Bereichen nicht oder noch nicht der Welt der Erwachsenen entspricht. Es handelt sich um ein Problem der Reife des Realitätsbezugs. Das Kind lebt – wenn wir von den einfachsten Regeln des täglichen Lebens absehen – überwiegend in einer Phantasiewelt, einer Nebenrealität, die noch nicht mit der Realität der Erwachsenenwelt kompatibel ist. Daraus ergeben sich für beide, für das Kind wie für den Erwachsenen, Probleme.

Die gemeinsame Aufgabe von Pädagogik und Psychotherapie

Für den Pädagogen bedeutet das: Das Kind kann etwas noch nicht, es muß noch lernen, wie die Erwachsenenwelt aussieht und wie man mit ihr umgeht. Der Psychotherapeut sagt: Das Kind ist in seiner Beziehung mit den Erwachsenen gestört, zieht sich daher von deren Welt zurück und sucht in seiner eigenen Nebenrealität Zuflucht und Sicherheit. Es muß erfahren, daß es keine Angst vor dieser Erwachsenenwelt haben muß. Deshalb muß man ihm zu einer Sicherheit bietenden Beziehung verhelfen.

Es könnte nun scheinen, als ob der Unterschied zwischen dem Pädagogen und dem Psychotherapeuten in der emotionalen Beziehung liege, die nur beim Therapeuten von Bedeutung sei. Tatsächlich ist jedoch die positive emotionale Bindung auch für den Pädagogen wesentlich, zumindest solange es sich um ein Kind handelt. Erst das reifere Kind oder der Jugendliche kann auch ohne diese positive Beziehung lernen, wenn ihn etwas interessiert und das Lernziel dadurch zum Objekt wird. Das jüngere Kind jedenfalls lernt ohne positive Beziehung nichts Positives. Unter Angst oder Drohung kann es auch lernen, aber alles, was es auf diese Weise lernt, erhält auf die Dauer ein negatives Vorzeichen. Man spricht dann besser nicht von Erziehung, sondern von Dressur.

Anders gesagt: Echte Erziehung ist nicht ohne Vorbild möglich, und Psychotherapie ist nicht ohne positive Übertragung wirkungsvoll. In beiden Fällen geht es um die positive emotionale Bindung und Beziehung, ohne die das

Kind nicht aus seiner unreifen Nebenrealität zur gemeinsamen Realität mit den Erwachsenen hingeführt werden kann.

Die zwei Realitätsebenen

Das Verhältnis zwischen gemeinsamer Realität oder Hauptrealität und der Phantasietätigkeit oder Nebenrealität ist für das Verständnis der psychischen Entwicklung, insbesondere der psychosozialen Entwicklung, aber auch zum Verständnis der Psychopathologie der Persönlichkeitsstörungen, der Neurosen und Psychosen und damit auch für das Verständnis von Pädagogik und Psychotherapie von großer Bedeutung (Lempp 1992).

Das Kind bildet sein Ich-Bewußtsein in der Geborgenheit seiner ersten Bezugspersonen aufgrund der mit ihnen gemachten Erfahrungen in einer zunächst egozentristischen Welt. Es empfindet sich als Mittelpunkt der gesamten von ihm erlebbaren Welt und bezieht alles, was es erlebt, auf sich. Unter Erwachsenenperspektive ist das ein paranoischer Zustand. Erst ganz allmählich erkennt es sich selbst als einen Teil seiner Umwelt und ordnet sich neben seine Mitmenschen, neben seine Eltern, Geschwister und die anderen Menschen seiner näheren Umgebung ein. Es lernt, daß es unterscheiden muß zwischen dem, was und wie es selbst erlebt, und dem Erleben seiner Bezugspersonen. Um sich mit diesen zu verständigen, muß es die wechselseitige Beziehung erkennen, anerkennen und pflegen.

Da die höchsteigene und individuelle Weltvorstellung, die Nebenrealität, zwar allmählich in den Hintergrund tritt, aber trotzdem erhalten bleibt, lernt das Kind von einer Realitätsebene zur anderen zu wechseln und sich im Umgang mit anderen Menschen jederzeit bewußt zu sein, in welcher Realitätsebene es sich bewegt, in der Haupt- oder in der Nebenrealität. Es erwirbt die Überstiegsfähigkeit. Da die Nebenrealität in der Gemeinschaft meist als kindische Phantasie, als Irrealität, als Pseudologie oder gar als Lüge abgewertet wird, lernt das Kind nicht mehr über sie zu sprechen, sondern sie für sich zu behalten. Später darf der Künstler, der Dichter, der Schriftsteller oder abstrakte Maler sich wieder zu seinen Nebenrealitäten bekennen, solange er sie als solche und nicht als Wirklichkeit bezeichnet, das heißt, solange er jederzeit zum Überstieg fähig ist.

Dieser Prozeß, der etwa bis zum Einschulungsalter dauert, ist beim frühkindlich autistischen Menschen schon früh gestört. Die Akzeptanz der gemeinsamen Realität gelingt beim Kanner-Autismus gar nicht oder nur sehr begrenzt, beim Asperger-Autismus im Laufe der Jahre mehr und mehr, allerdings nur durch einen Lernprozeß, der dem mechanischen Erlernen einer Fremdsprache gleicht, und nicht durch eigenes Erleben. Der Egozentrismus bleibt weitgehend mit fließenden Übergängen zu einer autistoiden Persönlichkeit und Charaktervariante erhalten.

Verliert der heranwachsende oder schon erwachsene Mensch diese Fähigkeit zum Überstieg und muß deshalb in seiner individuellen Nebenrealität verharren, bezeichnet der Psychiater ihn als schizophren. Dieser Verlust kann als eine Regression in die vermeintliche Sicherheit infantilen Denkens und Erlebens beschrieben werden, die die Flucht vor einer für den Betroffenen plötzlich nicht mehr erträglichen gemeinsamen Realität ermöglicht. Dann sprechen wir von einer akuten Psychose. Möglich ist aber auch ein ganz allmählich zunehmender Verzicht auf den Bezug zur Realität, den man als Dementia simplex bezeichnet. Dabei sind alle Zwischen- und Wechselformen möglich. Ein Überstieg oder „Rückstieg" ist dem Betroffenen meist nicht ohne Hilfe, d.h. ohne Psychotherapie (mit oder ohne psychopharmakologische Behandlung) möglich.

Bei einer reaktiven psychischen Störung, der Neurose, versucht der Patient der gemeinsamen Realität zu entfliehen, ohne daß es ihm möglich ist, seine Überstiegsfähigkeit aufzugeben und leidet daher am Widerspruch zwischen seiner Nebenrealität und der unerträglichen gemeinsamen Wirklichkeit, der er nicht entgehen kann. Der Borderline-Patient dagegen hat nur in einem umschriebenen Bereich die gemeinsame Realität aufgekündigt und abgespalten und kann oder will in diese auch nicht mehr übersteigen. Daher leiden nur seine Mitmenschen im Umgang mit ihm und er selbst allenfalls an den hieraus entstehenden Beziehungsstörungen.

Psychotherapie und Pädagogik wollen beide das Kind oder den Patienten an die gemeinsame Realität heranführen. Der Pädagoge führt das Kind an eine diesem noch unbekannte Wirklichkeit, der Psychotherapeut den Patienten an eine abgelehnte, belastende oder gar verlorengegangene, aber immer gefürchtete Wirklichkeit. Dabei befaßt sich die Pädagogik keineswegs nur mit Kindern, da auch Erwachsene manchmal der Pädagogik bedürfen, weil es auch für sie unbekannte Realitäten geben kann. Negative Erfahrungen mit der Wirklichkeit können schon mit der Geburt oder sogar schon vor der Geburt, sobald ein Lebewesen überhaupt in der Lage ist, Reize wahrzunehmen und zu speichern, gemacht werden. Das Wesentliche und Gemeinsame von Pädagogik und Psychotherapie besteht darin, daß dieses „Heranführen an die Wirklichkeit" kein unpersönlicher Prozeß ist, sondern eine Interaktion zwischen zwei Menschen, die durch ihre gegenseitige Beziehung bestimmt wird.

Die scheinbaren Unterschiede zwischen Pädagogik und Psychotherapie

Damit besteht auf der Ebene der Beziehung kein grundsätzlicher Unterschied zwischen Pädagogik und Psychotherapie. Natürlich kann sich ein Lehrer oder ein Therapeut mehr um die eine Seite und ein anderer mehr um die andere Seite kümmern, aber das begründet noch keine getrennten Wissenschaftsgebiete. Dennoch nehmen beide Disziplinen vielfach nur einen Teil dieser Aufgabe wahr.

Die Pädagogen neigen dazu, sich nur um die zu erfahrende neue Wirklichkeit zu kümmern und übersehen dabei die Bedeutung ihrer eigenen Persönlichkeit. Wenn es nur um die neue Wirklichkeit ginge, dann könnte man die Förderung und Erziehung Robotern überlassen oder den Kindern alles, was sie wissen müssen, über den Bildschirm vermitteln. Bei Erwachsenen ist das möglich, weil sie meistens sehr an neuen Wirklichkeiten interessiert sind und bereits als Kind gelernt haben, wie man lernt. Das aber können Kinder nur im persönlichen Kontakt.

Die Psychotherapeuten dagegen interessieren sich im allgemeinen nur für ihre Beziehung zum Patienten und tummeln sich gemeinsam mit ihnen in deren Nebenrealitäten und Träumen. Dabei übersehen sie leicht die Wirklichkeit, die sie ihren Patienten mit Hilfe des Vertrauens, das diese zu ihnen gefaßt haben, so vermitteln könnten, daß die Patienten weniger oder keine Angst mehr vor dieser Realität haben müßten. Der Psychotherapeut kann, wenn er helfen und heilen will, dem Patient vorleben und zeigen, daß auch seine Realität erträglich und positiv ist oder von ihm selbst positiver gestalten werden kann. Wenn es nur um die positive Beziehung ginge, könnte dies auch jeder Freund oder Angehörige leisten.

Nur wenn beide, die Pädagogen wie die Psychotherapeuten, beide Anteile ihrer Aufgabe sehen und wahrnehmen, erfüllen sie ihren Beruf wirklich.

Die Angst der Pädagogen und Psychotherapeuten vor dem Chaos

Sowohl die Pädagogen als auch die Psychotherapeuten, vor allem die Psychoanalytiker, werden sich gegen eine solche Gleichstellung zur Wehr setzen. Die Pädagogen werden beklagen, daß man ihnen zu viel aufbürde. Sie lehnen es ab, sich so eingehend mit den Persönlichkeiten ihrer Schüler und Schülerinnen zu befassen. Sie könnten nicht zu jedem von ihnen eine tragfähige positive emotionale Beziehung aufbauen und aufrecht erhalten. Tatsächlich ist das eine immense Aufgabe. Daß ihnen dies nicht möglich ist, liegt auch am Schul- und Ausbildungssystem. Solange aber ihnen das nicht gelingt, bleiben sie im wesentlichen Wissensvermittler und sind keine Erzieher. Entscheidend ist ihre Bereitschaft, sich als Vorbild gebrauchen zu lassen, denn das Vorbild begründet immer auch eine positive emotionale Beziehung.

Die Psychoanalytiker dagegen befürchten, daß ihr sorgfältig entwickeltes System mit seinen strengen Regeln und Vorgaben beiseite geschoben würde. Ein Chaos entstehe dann. Das mag sein. Es hat sich aber längst gezeigt, daß beispielsweise das psychoanalytische Dogma von der Passivität des Therapeuten bei der Psychotherapie von Kindern und Jugendlichen nicht aufrechtzuhalten ist, ja unangebracht und therapieverhindernd ist. Auch kann von Kindern und vielen Jugendlichen gar nicht erwartet werden, daß sie von sich aus zu einer Therapie motiviert sind. Diese Motivation muß erst in der Therapie geweckt werden. Das Gleiche gilt für die unfreiwillige Therapie, etwa bei Strafgefangenen (Rauchfleisch 1999). Auch unter solchen, den ursprünglichen Grundvoraussetzungen der Psychoanalyse völlig widersprechenden Bedingungen, ist Psychotherapie möglich und auch erfolgreich.

Das alles sind Erfahrungen, die in der Kinder- und Jugendpsychiatrie, aber auch bei der Psychotherapie von psychotischen Patienten, von Autisten und von sozial schwer gestörten jungen und älteren Menschen zur Selbstverständlichkeit geworden sind. Die Psychoanalyse ist hier weniger eine streng bestimmte Methode der Psychotherapie als vielmehr ein hilfreicher und bewährter Ansatz zur Interpretation und zum Verständnis des Verhaltens der

Patienten und Klienten, vor allem aber dient sie den Therapeuten selbst zum besseren Verständnis und zur Kontrolle ihrer eigenen Reaktionen und Verhaltensweisen.

Das Chaos ist also schon längst eingetreten. Aber eine strenge rigide Ordnung kann dem Leben in seiner Vielfalt und seinem ständigen Wandel nicht gerecht werden und damit auch nicht der unerhörten Vielfältigkeit des Individuums. Ordnung führt zum Stillstand und schließlich zur Erstarrung, zum Tod. Das Chaos ist die Voraussetzung für jede Kreativität, für das Neue und für das Erkennen der Wirklichkeit des einzelnen Menschen.

Mein Freund, der Psychoanalytiker Aron R. Bodenheimer, schreibt in seinem Buch „Plädoyer für die Unordnung": „... daß dann ein innergesetzlicher Ablauf das Diktat der oktroyierten und starr eingehaltenen Ordnung von selbst obsolet werden läßt, wenn man dem Wandel das Seine zugesteht." (1994, S. 344)

Mein anderer Gewährsmann, mein – leider schon verstorbener – Freund und Lehrer Wolfgang Loch, ein großer und kreativer Psychoanalytiker, schreibt über das Ziel der Psychoanalyse: „Man sollte nicht vergessen: Die Wahrheit ist meist etwas allen Gemeinsames; zuweilen darf sie jedoch individuell bleiben. Sie ist aber immer dort im Wachsen, wo der Spielraum der Freiheit zunimmt. ... Darum weist sie, wie ihr Träger, der Mensch, stets ins Zukünftige. Schon deshalb kann und darf sie nicht aufhören, ,den Frieden zu stören'." (1972, S. 112)

Also. Mut zum Chaos!

Literatur

Bodenheimer, A. R. (1994): Plädoyer für die Unordnung. Bielefeld.

Herzka, H. S. (1979): Editorial: Psychotherapie und Pädagogik – eine Gegenüberstellung. Acta paedopsychiat. 45, S. 171-174.

Lempp, R. (1992): Vom Verlust der Fähigkeit, sich selbst zu betrachten. Eine entwicklungspsychologische Erklärung der Schizophrenie und des Autismus. Bern, Göttingen, Toronto: Huber.

Loch, W. (1972): Zur Technik und Theorie der Psychoanalyse. Conditio humana. Frankfurt a.M.: S. Fischer.

Rauchfleisch, U. (1999): Ambulante Psychotherapie bei Straftätern. Vortrag gehalten beim Symposium „Intramurale Straftäterbehandlung". Kiel 12. 3. 1999.

„Die Rechenmaschine" – zur Bedeutung von Ordnung und Chaos bei der Entstehung und Behandlung einer Rechenschwäche

Ulrike Becker

1. Vera in der Schule

In meiner Funktion als Beraterin in einer Grundschule werde ich von der Lehrerin einer dritten Klasse wegen der neunjährigen Vera angesprochen, die ihr seit etwa einem Jahr aufgrund ihrer massiven Schwierigkeiten im Mathematikunterricht große Sorgen macht. Da sich die Lehrerin in ihrer Schülerbeobachtung vorrangig an Veras Leistungen orientiert, erzählt sie mir zunächst nur von ihrer Rechenschwäche.

In allen Unterrichtsfächern erreicht Vera knapp ausreichende Ergebnisse, nur in Mathematik eben nicht. Als ich nachfrage, wird sich die Lehrerin immer mehr bewußt, daß sich Vera nicht nur aus dem Mathematikunterricht, sondern eigentlich aus allen schulischen Aktivitäten herauszuhalten versucht und die Ausführung schriftlicher Arbeitsaufträge jeglicher Art vermeidet. Insistiert die Lehrerin auf die Erledigung von Arbeitsaufträgen, reagiert Vera bockig und aggressiv, macht es aber letztendlich doch. Nur der Bearbeitung von Mathematikaufgaben widersetzt sie sich konsequent.

Für die Beratung dieser Lehrerin entwickle ich folgendes Setting: Ein Erstgespräch sowie ein Abschlußgespräch mit der Lehrerin, eine Unterrichtshospitation, fünf Einzelstunden mit Vera sowie drei Elterngespräche.

Als ich in der dritten Klasse hospitiere, wirkt Vera einsam und verlassen. Ich entwickle als Gegenübertragungsreaktion das Gefühl „Ich muß mich um sie kümmern" und den Impuls, sie versorgen zu wollen. Vera erscheint in ihrer Schulklasse als ein sehr trauriges und unglückliches Kind. Nach den Schilderungen ihrer Lehrerin, ihrer Mutter und ihren Mitschülern ändert sich dies schlagartig, sobald Vera mit ihren Freundinnen die Schule verläßt oder sich außerhalb des Unterrichts mit ihnen trifft. Offenbar verbringt Vera ihre gesamte freie Zeit mit ihren Schulfreundinnen und scheint in ihrer Peer-group sehr anerkannt zu sein.

Während ich hospitiere, versucht Vera den Anschein zu erwecken, wie die anderen zu arbeiten, indem sie Stifte und Hefte herausholt und schreibt. Manchmal schaut sie bei ihren Mitschülern ab, manchmal krickelt sie nur Linien auf das Papier. Ihre Mitschüler verstehen, daß sie keine Lust hat, Mathematikaufgaben zu rechnen. So lassen sie Vera abschreiben und sind bereit, alles zu tun, damit die Lehrerinnen dies nicht bemerken.

Vera möchte darüber hinwegtäuschen, daß sie die Rechenaufgaben nicht rechnet. Sie schummelt nicht, weil sie gute Noten haben möchte, sondern um zu vermeiden, daß ein Lehrer großzügig seine Hilfe anbietet, indem er ihr alles noch mal langsam Schritt für Schritt erklärt und sie letztendlich auf diese Weise doch zur Auseinandersetzung mit Rechenaufgaben bringen könnte. Wie ich im anschließenden Gespräch mit ihr erfahre, stellt dies für sie eine „Horrorvorstellung" dar. Schließlich hat sie ja schon zu Hause ihre Mutter, die ständig mit ihr üben möchte, und eine von der Mutter bezahlte Nachhilfelehrerin, die sie in Einzelstunden mit ihrer freundlichen Art so einwickle, daß sie dann doch oft bereit sei, sich mit Zahlen zu beschäftigen. Sie ärgert sich dann rückwirkend über sich selbst, denn eigentlich will sie nicht rechnen. Wenn ihr dann auch noch die Lehrerin im Unterricht ihre Hilfe anbieten würde, wäre ihr dies endgültig zuviel.

Vera hat in der ersten Klasse erfolgreich ihre Strategie verfolgt, bis im letzten Schuljahr ihre Mathematiklehrerin aufmerksam wurde. Wenn diese wohlmeinend versucht, sie im oben beschrieben Sinne zu unterstützen, reagiert Vera aggressiv. Die Lehrerin sagt, das sonst verschüchterte Mädchen entwickle sich dann zu einem „Monster", worauf die Lehrerin ängstlich reagiert und sie lieber nicht mehr so oft auf ihre Rechenprobleme anspricht, da sie offenbar die Sorge hat, etwas falsch zu machen. In diesem ersten Beratungsgespräch berichtet sie mir von Gesprächen zwischen ihr und Veras Mutter, die zu diesem Zeitpunkt etwa ein Jahr zurückliegen. Vera wurde in diesem Zusammenhang zur Diagnostik einer psychosozialen Einrichtung vorgestellt, wo eine massive Rechenschwäche festgestellt wurde. Dort hat Vera offenbar bereitwillig mitgearbeitet. Vera konnte Aufgaben im Zahlenraum bis 5 nicht sicher lösen. Bei der Überprüfung ihres Mengen- und Zahlenverständnisses wurde festgestellt, daß sie offenbar noch keine Mengeninvarianz entwickelt (Piaget 1965) hat, was dem prälogischen und anschaulichen Denken von Vorschulkindern entspricht. Auf diese Weise wird verständlich, warum Vera sich oftmals bei einfachen Aufgaben wie 3+2 oder 6-4 verrechnet und Aufgaben im Zahlenraum bis 100, die ihrer Altersstufe entsprechen, nicht bearbeiten kann. Die Psychologin erklärte nach Abschluß der Diagnostik, daß Vera aufgrund ihrer Rechenschwäche überfordert sei und eine ausgeprägte Schulmüdigkeit entwickelt hätte. Auch wohlgemeinte Unterstützungen könnten dann nur zur Manifestierung ihrer Abneigung gegen die Schule beitragen. Die Psychologin empfahl, Vera im Unterricht zunächst nur Aufgaben im Zahlenraum bis 10 zu geben und Vera zu einem speziellen Rechentraining anzumelden. Die Kosten für das Rechentraining wurden aber weder von der Krankenkasse noch von der Jugendhilfe übernommen. Die Mutter sah sich außerstande, dieses Training selbst zu finanzieren, so daß zu diesem Zeitpunkt keine Hilfemaßnahme für das Kind zustande kam.

2. Die Umkehr der Ordnung – Vera übernimmt die Macht

2.1 „Ich mach' aber keine Mathematikhausaufgaben!"

Als ich im Rahmen meiner Beratung ein erstes Gespräch mit der Mutter führe, beginnt sie erleichtert zu berichten, wie schwierig sich für sie die Hausaufgabensituation darstellt. Vera weigere sich meist, die Mathematikarbeitsbögen, die die Lehrerin entlang der Empfehlung der Psychologin mit Aufgaben im Zahlenraum bis 10 gestaltet, aus der Schultasche zu holen. Dann käme es fast täglich zu massiven Machtkämpfen zwischen ihr und ihrer Tochter, die dann meist damit enden, daß Vera die Arbeitsbögen zerknüllt, zerreißt und in den Mülleimer wirft. Die Mutter wußte sich keinen Rat mehr und war so verzweifelt, daß sie vor kurzem eine Nachhilfe organisiert hat, die sie mit ihrem Einkommen gerade noch finanzieren kann. Die Nachhilfelehrerin entwickelte schnell eine gute Beziehung zu Vera, so daß sie sich heute gele-

189

gentlich überreden läßt, Aufgaben im Zahlenraum bis 5 zu bearbeiten. Vera führt massive Machtkämpfe mit ihrer Mutter über die Frage, ob sie Mathematikhausaufgaben macht oder nicht.

2.2 „Ich habe eine Rechenschwäche. Ich muß in der Schule nicht rechnen."

Die Lehrerin erzählte in unserem zweiten Gespräch, wie sie im Rahmen von Binnendifferenzierung im Unterricht versucht, Vera sehr einfache Aufgaben im Zahlenraum bis 10 zu geben. Sie sprach mich nun als Beraterin an, da Vera auch nicht bereit sei, diese Aufgaben zu bearbeiten und sie nun nicht mehr wisse, wie sie mit Vera umgehen solle. Aufgrund der Diagnostik hätte Vera nun einen Sonderstatus und einen anerkannten Grund, die Rechenaufgaben der Klasse nicht bearbeiten zu müssen. Bei der Lehrerin verbleibt aber das Gefühl, Vera würde dies zum Anlaß nehmen, um sich grundsätzlich nicht mehr mit Mathematik beschäftigen zu müssen. Die Lehrerin traut sich nun gar nicht mehr, Forderungen an Vera zu stellen, weil sie nichts falsch machen möchte.

In diesem Moment kehren sich die Rollen zwischen Vera und ihrer Lehrerin um. Vera, die sich einsam und verlassen und somit ohnmächtig im Unterricht fühlt, wird durch ihren Sonderstatus zur mächtigen Person; die Lehrerin fühlt sich dagegen hilflos. Hier wird die Lehrerin zur ohnmächtigen Helferin, die subjektiv das Gefühl hat, durch falsches Verhalten Vera so zu schaden, daß Vera entweder wieder zum aggressiven „Monster" wird oder aber sich ihr Widerstand gegenüber schulischem Lernen weiter manifestiert. Im Gespräch mit der Lehrerin stellt sich heraus, daß sie befürchtet, die Psychologin sowie die Mutter würden sie dann dafür verantwortlich machen.

3. „Wir sind alle eine Familie"

Als ich die Mutter in unserem zweiten Gespräch zur Familiensituation befrage, stellt sich heraus, daß die Mutter seit Veras erstem Lebensjahr mit einem neuen Partner zusammenlebt. Vera und ihr Stiefvater verstehen sich sehr gut. Der Stiefvater hat drei Kinder aus einer früheren Beziehung, die mal hier und mal dort wohnen. Sie hätten immer ein offenes Haus und die Kinder könnten immer kommen. Sie bilden eine „offene Wohngemeinschaft". Vera habe zu allen ein gutes Verhältnis. In den Sommerferien verreisen sie meist alle zusammen zur Verwandtschaft des Stiefvaters in die USA. Die ehemalige Partnerin des Stiefvaters hat inzwischen vier weitere Kinder von drei verschiedenen Lebenspartnern bekommen. Vera ginge oft mit ihnen spazieren und liebe sie.

Veras Großmutter ist gestorben, als Veras Mutter in die Pubertät kam, nachdem sie etwa acht Jahre lang unter einer Autoimmunerkrankung litt. Die Großfamilie von Vera lebt in Freiburg. Alle anderen sind dort verblieben und arbeiten im Familienbetrieb, einem Ausflugslokal im Schwarzwald. Veras Vater lebt in Leipzig. Vera hat Kontakt zu ihm, aber er könne nicht akzeptieren, daß seine Tochter eine Rechenschwäche habe.

In der Schilderung der Mutter wird deutlich, wie gut ihre Familie zusammenhält und wie gut sich alle verstehen. Alle seien nett zu Vera, trotz ihrer Schwierigkeiten. Keiner aus der Familie hat sonst jemals Probleme in Mathematik gehabt, zumal das Rechnen mit Geld täglich allen Familienmitgliedern im Familienbetrieb abverlangt werde.

4. Vera im „Lernlabor"

Nach Rücksprache mit der Lehrerin beschließen wir ein an Veras Schwierigkeiten orientiertes schulisches Hilfeangebot. Dies ist zunächst nicht im Rahmen meines Beratungssettings vorgesehen. Da dieses aber flexibel und offen entlang der Bedürftigkeit des Klienten gestaltet werden kann, ist dies trotzdem möglich. Ich nehme Vera in eine Kleingruppe „Lernlabor" mit sechs Kindern auf, die sich zweimal wöchentlich nachmittags für zwei Stunden trifft. Vera soll zwölf Wochen an der Gruppe teilnehmen.

Wir arbeiten einerseits an dem Wochenplan der Klasse, und andererseits hat Vera die Möglichkeit, durch „freies Experimentieren" an einem eigenen Thema zu arbeiten (Bannach 1997). Der Wochenplan, den die Klassenlehrerin zu Wochenbeginn an die Schüler austeilt, besteht aus Arbeitsaufträgen in Deutsch und Mathematik. Für den Bereich Mathematik gibt es Arbeitsbögen. Der Wochenplan beinhaltet für die Schüler die Möglichkeit, ihre Arbeit selbst zeitlich zu strukturieren. Er beinhaltet aber keine Angebote zur Freiarbeit. Es handelt sich um einen geschlossenen Wochenplan. Für Vera stellen die Mathematikbögen des Wochenplans einen Horror dar, was dazu führt, daß sie oftmals den Wochenplan als Ganzes versteckt, verliert oder verschenkt.

4.1 Vera verbrennt ihre Mathematikaufgaben

In der Kleingruppe verfahren wir so, daß Vera ihren Wochenplan mitbringt und sie mit meiner Unterstützung auswählt, welche Aufgaben sie gestrichen haben möchte. Wir nehmen dann eine Schere und schneiden diese Aufgaben ab, wobei ich verlange, daß sie von jedem Mathematikbogen zumindest eine Aufgabe für sich übrig behält. Die Aufgaben, die wir abschneiden, nehmen wir dann mit zu einer Feuerstelle auf dem Schulgelände und verbrennen sie dort im Rahmen eines Rituals. Dabei stellt sich heraus, daß Vera zunächst große Angst vor dem Feuer hat und sich nicht traut, ein Streichholz anzuzünden. Trotzdem ist sie begeistert von der Idee, einen Großteil der Mathematikaufgaben zu verbrennen. In der ersten Woche übernimmt ein Mitschüler das Verbrennen der von ihr ausgewählten Matheaufgaben für sie. Bereits in der zweiten Woche will sie dann doch selbst das Streichholz anzünden. In der dritten Woche zündet sie selbst die Aufgaben an und wacht über das Feuer. Sie möchte die Feuerstelle gar nicht mehr verlassen und am liebsten den ganzen Tag dort verbringen. Das Verbrennen des Großteiles der Mathematikaufgaben führt bei Vera dazu, daß sie bereit ist, die wenigen verbliebenen Aufgaben zügig zu bearbeiten. Dabei handelt es sich um Aufgaben im Zahlenraum bis 5 und bereits nach sechs Wochen auch um Aufgaben ihrer Klassenstufe, die so in Teilaufgaben zerlegt werden, daß sie sie mit Rechenmaterialien bearbeiten kann. So werden z.B. Aufgaben zur schriftlichen Addition, wie $295 + 812$, in Additionsaufgaben im Zahlenraum bis 10 zerlegt, so daß sie sie dann mit Hilfe eines Rechenzuges selbst lösen kann. In diesem Rahmen läßt sie sich Aufgaben erklären und fragt, wenn sie etwas nicht versteht.

4.2 Vera erzeugt Überdruck

Im Rahmen eines Angebotes zum „freien Experimentieren" wählt sich Vera durchsichtige Schläuche, verschieden große Glasbehälter, Reagenzgläser und Ventile aus. Vera schickt nun mit Tinte gefärbte Flüssigkeiten durch die verschieden großen Behälter, die sie wiederum mit Schläuchen verbindet. Um die Flüssigkeiten von einem Behälter in den anderen fließen zu lassen, baut sie eine Vakuumpumpe und Überlaufventile ein. Nach einigen Wochen entsteht ein ganzes Labyrinth, durch das sie Flüssigkeiten schickt, die immer wieder an einzelnen Ventilen und Rohren überlaufen.

4.3 Vera wird zur strengen Lehrerin

Zum Abschluß des „Lernlabors", nach zwölf Wochen in der vorletzten Stunde, übernimmt Vera die Rolle der Lehrerin. Alle schreiben von ihr diktierte Aufgaben ins Heft und rechnen sie. Vera ist sich unsicher bei der Formulierung der Aufgaben, da sie offenbar darauf achtet, sie als Lehrerin auch selbst lösen zu können. Vera formuliert dabei zur Überraschung aller Beteiligten Additions-, Subtraktions- und Multiplikationsaufgaben im Zahlenraum bis 100. Vera kontrolliert alle Aufgaben mit einem Rotstift, obwohl dies an ihrer Schule nicht üblich ist. Bei ihrer Kontrolle ist sie sehr gerecht, aber streng. Ziffern, die für sie unleserlich geschrieben sind, gelten als Fehler. Vera ist stolz auf ihre Rolle und darauf, die Aufgaben rechnen zu können.

In der nächsten Stunde bringt sie eine Rechengeschichte mit, die sie der Gruppe als Sachrechenaufgabe präsentiert:

4.4 Vera schreibt eine Rechengeschichte

Die Rechenmaschine
Eines Tages kommt die Kassiererin in den Laden und rechnet mit der Rechenmaschine an der Kasse: 5 x 35 DM = , dann rechnet sie 6 x 75 DM = und dann 3 x 39 DM = . Die Kassiererin addiert alle Ergebnisse. Wieviel muß der Kunde bezahlen, damit die Kasse stimmt?

Der Begriff der „Rechenmaschine" scheint bei Vera mehrfach determiniert zu sein. Vera möchte selbst die Besitzerin der Rechenmaschine sein, die die Aufgaben von einer Maschine lösen läßt. Zum anderen fühlt sie sich offenbar in der Hausaufgabensituation mit der Mutter oder im Mathematikunterricht wie eine Maschine behandelt, deren Tasten von anderen einfach bedient werden. Offenbar weigert sie sich zu rechnen, weil sie sich nicht wie ein totes Objekt, wie eine Maschine, behandelt fühlen möchte.

5. Veras Veränderung im Unterricht

Bereits nach der Hälfte der Sitzungen im Lernlabor berichtet die Lehrerin in unserem dritten Beratungsgespräch, wie sich Vera im Unterricht verändert habe. Vera hole nun immer von sich aus die Mathematikbögen aus der Schultasche und rechne sehr langsam und mit Hilfe von Rechenmaterialien, wie dem Rechenzug, sicher Aufgaben im Zahlenraum bis 100. Sie würde auf diese Weise die Hälfte des Arbeitspensums ihrer Klassenkameraden schaffen. Die Lehrerin ist aber offenbar enttäuscht, daß sie sich immer noch nicht von ihr helfen und unterstützen läßt, sondern dies nach wie vor aggressiv ablehnt. Ich erläutere ihr, daß sich Vera, wenn sie Mathematikarbeitsbögen zu Hause oder im Unterricht bearbeiten soll, subjektiv wie eine Maschine behandelt fühlt, die wie ein Computer Aufgaben löst. Wir erarbeiten gemeinsam, daß Vera sie als Lehrerin genauso behandelt wie ihre Mutter und sie deshalb in einen ähnlichen Machtkampf mit ihr gerate. Veras subjektives Erleben im Mathematikunterricht könne sich nur verändern, wenn sich der Machtkampf in einen Dialog verwandele. Das Gespräch mit der Lehrerin bewirkte eine „minimale Einstellungsänderung" (Balint 1939, Becker, U. 1997), und ermöglichte ihr, sich auf Veras subjektives Erleben einzulassen, was die Grundlage für die Entwicklung von Ideen zur Gestaltung des Unterrichts mit Vera darstellt. Im Anschluß daran eröffnete sich für die Lehrerin die Möglichkeit, den Mathematikunterricht so zu gestalten, daß Vera, wie im Lernlabor, aktiv an der Auswahl der Mathematikaufgaben beteiligt sein konnte. Vera durfte, Aufgaben, die sie weglassen möchte, von dem Mathematikarbeitsbogen abschneiden. Die Lehrerin hat Vera auch gebeten, einmal wöchentlich Mitschüler im Einmaleins abzufragen und somit die Rolle der Lehrerin zu übernehmen.

6. Leben oder Tod?

Offenbar sind Vera und ihre Mutter in einen Machtkampf um die Erledigung der Mathematikaufgaben verwickelt. In Veras Gedankenwelt scheint es nur einen Mächtigen und einen Ohnmächtigen geben zu können, wobei Vera ihre Mutter in den Hausaufgabensituationen wie den Bediener der Rechenmaschine erlebt und sich selbst als eine Maschine, die die Rechenoperationen ausführt. Durch die Diagnostik der Rechenschwäche haben sich die Machtverhältnisse umgekehrt. Bei der Störung eines Computers erhält die Maschine insofern plötzlich Macht über den Menschen, als dieser ohne den Computer nicht arbeitsfähig ist. Genauso stellt sich die Wirkung von Veras diagnostizierter Rechenschwäche dar. Diese wirkt auf ihre Mutter wie ein Fehler im System. Durch ihn kann Vera die verordneten Aufgaben nicht bewältigen. Die Rechenschwäche macht Vera zur Mächtigen gegenüber ihrer Mutter und ihren Lehrerinnen.

Veras Mutter hat als Kind erlebt, daß ihre Mutter unter einer Autoimmunerkrankung litt und nach acht Jahren verstarb. Der Zeitpunkt der Erkrankung der Großmutter lag etwa um das fünfte Lebensjahr von Veras Mutter, und ihr Tod fiel in die Pubertät von Veras Mutter. Die Zeitpunkte der Erkrankung und des Todes der Großmutter fallen in Lebensphasen, in die ödipale Phase und die Pubertät, in denen Töchter mit ihren Mütter unbewußt in eine Rivalität treten (Blos 1962). Stirbt oder erkrankt zu diesem Zeitpunkt das gleichgeschlechtliche Elternteil, so entwickelt die Tochter unbewußte Schuldgefühle und übernimmt unbewußt die Verantwortung für den Tod der Mutter (Blos 1962). Auf diese Weise führt Veras Mutter vermutlich die Krankheit und den zu frühen Tod ihrer Mutter auf sich selbst und ihre Aggressionen gegenüber der Mutter zurück. Sie hat vermutlich das Gefühl, ihre Mutter durch ihre Aggressionen in die Krankheit und in den Tod getrieben zu haben.

Zwischen Vera und ihrer Mutter wiederholt sich ein Stück weit die Beziehungsdynamik, die zwischen Veras Mutter und ihrer Großmutter bestanden hat. Auch in dem Machtkampf um die Erledigung von Mathematikaufgaben geht es darum, wer die Rivalität überlebt. Das unbewußte gemeinsame Thema zwischen Mutter und Tochter könnte so formuliert werden: Bringt Vera ihre Mutter um, oder bringt die Mutter die Tochter um?

Mit dem Eintritt in die Schule hat Vera eine Rechenschwäche entwickelt. Gleichzeitig entzieht sie sich allen schulischen Aktivitäten, bei denen es um die Erledigung schriftlicher Arbeitsaufträge geht. Offenbar stellt die Rechenstörung und die Hemmung, schriftliche Arbeiten zu verfassen, eine Abwehr der Angst dar, als Rivalin der Mutter erkannt und dafür kastriert zu werden (Becker, U. 1995, Zulliger 1930). Durch die Diagnostik der Rechenschwäche erhält Vera einen Sonderstatus, durch den sie nicht mehr angreifbar ist. Auf diese Weise kann sie weder Schuld noch Verantwortung übernehmen. Vor dem Hintergrund des Wissens um den sehr frühen Tod der Großmutter schützt sie sich davor, für einen eventuellen Tod ihrer Mutter verantwortlich gemacht werden zu können.

7. „Wir sind alle eine Familie!" Oder ... Eine unendliche Menge

Im zweiten Gespräch mit der Mutter habe ich erfahren, daß Vera in einer „offenen Wohngemeinschaft" lebt, in denen Kinder und Eltern aus verschiedenen Kleinfamilien zusammenleben. Alle verstehen sich gut. Es gibt keine Probleme, auch nicht mit Veras Vater, der sich in Veras Babyalter aus der Beziehung mit ihrer Mutter und somit auch von Vera zurückgezogen hat. Alle verbringen viel Zeit miteinander. Beim Zuhören gewinne ich den Eindruck, daß die Familienmitglieder sich durch das ständige Zusammensein immer wieder der Zuverlässigkeit untereinander versichern müssen, da dies offenbar vor dem Hintergrund der Erfahrung des frühen Todes der Mutter und dem damit notwendigerweise verbundenen Gefühl des „Verlassenwerdens" nicht selbstverständlich ist.

7.1 Der Mengen- und Zahlbegriff als Abstraktion familiärer Beziehungen

Mannoni beschreibt Mengen und Zahlen als eine Abstraktion von Familienbeziehungen. (Mannoni, M. 1976). Betrachtet man Veras Familie, so ist es relativ einfach zu sagen, wer dazu gehört, nämlich „alle". Es wird aber weder deutlich, wer nicht dazugehört, noch wer sich in einer Elternposition, in der Position eines Geschwisters, eines Großvaters usw. befindet. Es ist schier unmöglich, ein Familiendiagramm aufzuzeichnen und beispielsweise die Anzahl der Familienmitglieder zu zählen. Auf diese Weise sind auch die Positionen der verstorbenen Großmutter und von Veras Vater mathematisch nicht mit ganzen Zahlen faßbar. Bildet man die Menge aller Familienmitglieder, so haben sie beide je einen Platz innerhalb als auch außerhalb der Familie, so daß z.B. diese beiden Personen immer mehrere mögliche Aufenthaltsorte gleichzeitig haben können. Veras Familie ist nicht als eine „diskontinuierliche" und finite Menge abbildbar (Piaget 1965). Vor diesem Hintergrund wird verständlich, warum Vera keine Mengeninvarianz und keinen Zahlbegriff entwickelt hat. Veras Familie stellt eine unendliche Menge ohne Grenzen dar, die wie eine Flüssigkeit in unterschiedliche Richtungen fließen kann. Veras Labyrinth, das sie mit Glasbehältern, Schläuchen und Vakuumpumpen konstruiert, stellt ein Versuch dar, Flüssigkeiten zu lenken. Offenbar steht die Flüssigkeit unbewußt für ihre „unendliche" Familie, die sie durch die Gefäße und Schläuche zu kontrollieren sucht. Dies stellt, bezogen auf die Mathematik, eine erste Annäherung an ein Verständnis von finiten Mengen dar.

7.2 Chaos und Ordnung

7.2.1 Veras Zahl- und Mengenbegriff – ein „Fraktal" familiärer Beziehungen

Verfolgt man die These Mannonis, daß Zahlen- und Mengenbegriffe eine Abstraktion von Familienbeziehungen darstellen, so können die Rechenfehler von Vera vor dem Hintergrund ihres subjektiven Erlebens verstanden werden (Mannoni, M. 1976). So verdreht Vera z.B. Zahlen wie 35 und 53. Sie kann Zehner, Einer und Hunderter nicht unterscheiden. Die Größe der Zahl richtet sich für sie nach der Positionierung der Ziffern innerhalb einer Zahl, genauso wie sich die Rolle von Personen innerhalb einer Familie über ihre Positionierung definiert.

So könnte man Veras Zahlen- und Mengenverständnis letztendlich als ein „Fraktal" ihrer familiären Beziehungsstrukturen verstehen. Ein Fraktal erkennt man daran, daß es in verschiedenen Größenordnungen ähnliche Strukturen aufweist, wie z.B. die großen Muster von Küstenlinien, die sich bei näherer Betrachtung auch in jedem kleineren Abschnitt dieser Küstenlinie wiederholen. „In ein Fraktal kann man immer weiter und weiter hineinsehen, es bleibt immer ein Fraktal" (Hockney, D. in: Briggs/Peat 1990). Bei Fraktalen handelt es sich also um Zwillinge in verschiedenen Größen (Greschik 1998). In diesem Zusammenhang sei auch auf die Selbstähnlichkeit von wachsenden Kristallen und Schneeflocken verwiesen (Sander 1989, Greschik 1998). Die Einführung des Fraktalbegriffs stellt einen Versuch dar, Veras Symptomatik nicht nur hinsichtlich ihrer inhaltlichen Dimension, sondern auch in ihrer Struktur zu erfassen, und somit den nicht-linearen Zusammenhang zwischen Veras familiären Beziehungsstrukturen und der Entstehung ihrer Rechenschwäche zu präzisieren. Ein Fraktal hat in „[...] allen Größenordnungen [...] ähnliche Strukturen. Ein Fraktal sieht also gleich aus, wenn man es beispielsweise auf Skalen von einem Meter, einem Millimeter oder einem Mikrometer [...] betrachtet. Mandelbrot hat darauf hingewiesen, daß viele ungeordnete Objekte in der Natur diese Eigenschaft haben." (Sander, L. M. 1989)

7.2.1 / 35 oder 53?

Die Größe einer Zahl definiert sich sowohl über die Positionierung der Ziffern als auch über das Vorhandensein von Nullstellen. Auf diese Weise kann eine dreistellige Zahl die beispielsweise aus den Ziffern 5, 0 und 3 besteht, ganz unterschiedlich groß sein. Je nach der Positionierung der Ziffern können folgende Zahlen entstehen: 035, 305, 350, 053, 503, 530. In dem Maße wie die Positionen und Rollen einzelner Personen innerhalb Veras Familie nicht festgelegt sind, bleiben die Positionen der Ziffern innerhalb von Veras Zahlengebilden offen. Auf diese Weise taucht das strukturelle Problem der Familie wie ein Fraktal in Gestalt von Veras Rechenschwäche auf.

7.2.1.2 Was ist größer? 0 oder 9?

Bei näherer Betrachtung der familiären Beziehungen wird deutlich, daß abwesende Personen wie die verstorbene Großmutter und Veras Vater, die in Bezug auf ihre Anwesenheit bei einer Darstellung durch ganze Zahlen mit einer 0 beschrieben werden müßten, die wichtigsten Personen in ihrem Leben darstellen. Die zahlreichen Kinder aus Veras „offenen Wohngemeinschaft" sind für sie nur von geringer Bedeutung, müßten aber im Rahmen der ganzzahligen Mathematik in bezug auf ihre Anzahl mit einer Ziffer zwischen 1–9 versehen werden. Insofern kehrt sich in Veras subjektiven Erleben die Bedeutung der Zahlen um, so daß die Ziffer 0 viel bedeutsamer und daher größer ist als die Ziffern 1–9. Bei der Bearbeitung von Rechenaufgaben und beim Einordnen von Zahlen und Mengen empfinden Veras Lehrer ihr Zahlen- und Mengenverständnis als noch nicht ausreichend entwickelt. Unter Berücksichtigung ihres subjektiven Erlebens ergibt sich aber durchaus eine Ordnung in ihren Rechenoperationen, interpretiert man sie auf die hier beschriebene Weise.

Aufgrund der unbewußten Angst, sie oder Vera könnten sterben, wagt Veras Mutter nicht, der Tochter haltgebende Strukturen zu setzen. Der leibliche Vater hat sich aus dem Leben Veras herausgezogen. Der Stiefvater fühlt sich nicht zuständig, da er nicht der leibliche Vater ist. Die Teilnahme der anderen Kinder am Lebensalltag der „offenen Wohngemeinschaft" ist unverbindlich. Da es in Veras Familie kein „Nein" gibt, entwickelt sich die Teilnahme von Personen am Familienleben spontan und kurzfristig. Die Anzahl der Mitglieder ist unbegrenzt. Diese können zu nicht festgelegten Zeitpunkten in den verschiedensten Konstellationen, mit den unterschiedlichsten Rollen aufeinandertreffen. Die Entwicklung des Lebensalltags dieser Familie ist nicht vorhersehbar. Bei Familien handelt es sich um „komplexe Systeme", die einer nicht-linearen Entwicklung unterliegen. Solch ein System entwickelt sich durch ständige Rückkopplung mit sich selbst (Iteration). Durch diesen Vorgang können winzige Details große Bedeutung für das Wachstum des ganzen Systems erlangen, wie dies bei dem inzwischen vielzitierten Flügelschlag des Schmetterlings in China der Fall ist, der zu einem Hurrikan in Amerika führen kann (Greschik 1998). Dabei kommt es wie beim Kneten eines Teiges dazu, daß Dinge, die räumlich und zeitlich in einem Zusammenhang stehen, auseinandergerissen werden, oder Dinge, die keinen solchen Zusammenhang haben, plötzlich eine Verbindung eingehen. Dies erscheint

uns zunächst als „chaotisch" und wird in der Naturwissenschaft auch so bezeichnet. Da diese chaotische Entwicklung aber doch zu Ordnungen führt,
spricht man in diesem Zusammenhang von einem „deterministischen Chaos"
(Greschik 1998). Bezogen auf Veras Schwierigkeiten in der Mathematik
ermöglicht uns die Chaostheorie, einen nicht-linearen Zusammenhang zwischen ihren familiären Beziehungsstrukturen und ihrer Rechenschwäche zu
entdecken.

Ordnungen und Strukturen entstehen innerhalb einer Familie durch die
Formulierung von Verboten bzw. durch die Einführung eines Mangels (Lacan 1966). Durch den zu frühen Tod der Großmutter mütterlicherseits besteht bei allen Beteiligten eine unbewußte Angst, erneut den Tod einer Mutter herbeiführen zu können. Aus diesem Grunde kommt es zu einer ständigen
Vergewisserung über die Zuverlässigkeit des anderen, zu einem intensiven
Zusammenhalten, in dem es kein „Nein" und keine Aggressionen geben darf.
Durch die Entwicklung einer Rechenschwäche inszeniert Vera unbewußt
einen Mangel. Auf diese Weise identifiziert sich Vera mit einem Aspekt
(*trait*) der Großmutter und des Vaters, nämlich dem Aspekt der „Abwesenheit" (Lacan 1966). Sie führt das fehlende „Nein" in Form der Weigerung,
Rechenaufgaben zu lösen, ein. Durch einen „chaotischen" Umgang mit Zahlen und Mengen bringt sie eine Ordnung in die Familie. Bei diesem Prozeß
handelt es sich um das oben beschriebene „deterministische Chaos".

7.2.1.3 Vera als Kassiererin?

Die verstorbene Großmutter arbeitete mehr als zwölf Stunden täglich an der
Kasse in dem Ausflugslokal, dem Familienbetrieb. Im Gespräch mit der
Mutter erfahre ich, daß Vera den Betrieb irgendwann übernehmen und in die
Fußstapfen der Großmutter treten soll. Die Rechenschwäche schützt Vera
davor, den Ansprüchen der Großfamilie gerecht werden zu müssen. Im Imaginären stellt sie jedoch über die Identifkation mit dem Aspekt der „Abwesenheit" eine Verbindung zu ihr und ihrem abwesenden Vater her. Da es ihr
auf diese Weise sogar unbewußt gelingt, innerhalb ihrer Familie eine neue
Ordnung herzustellen, in der sie anstelle der Mutter das Sagen hat, rückt sie
strukturell in die Position einer gesetzgebenden Erwachsenen und wird über
die Rechenschwäche scheinbar zur Siegerin im ödipalen Konflikt (Ekstein
1993, persönl. Mitteilung).

7.3 Der „Attraktor" als Organisator zwischen Chaos und Ordnung

Veras Rechenschwäche schafft eine Ordnung und eine Struktur innerhalb einer sich „chaotisch" entwickelnden Familie. Zugleich schützt sie die Rechenschwäche vor Projektionen und unbewußten Erwartungen der gesamten Großfamilie. Letztendlich entspricht ihre variante Vorstellung von Mengen als auch ihr Zahlenbegriff einem Denken, das bei Kindern im vorschulischen Bereich als präoperationales Denken bekannt ist (Piaget 1965). Veras Mengen- und Zahlenbegriff erscheint zunächst als prälogisch. Interpretiert man jedoch ihr Zahlen- und Mengenverständnis als ein Fraktal ihrer Familienstrukturen, so entpuppen sich diese als entscheidende Grundlage ihres scheinbar „chaotischen" Zahlenverständnisses, das sie im schulischen Rahmen als ein Mädchen mit einer Rechenschwäche erscheinen läßt.

Bei näherer Betrachtung der familiären Strukturen ergibt sich, daß sich in Veras Familie aufgrund des subjektiven Erlebens des Todes ihrer Großmutter keine Verbote bzw. keine Gesetze entwickeln konnten. Die Familie stellt eine infinite Menge an Personen dar, deren Rollen innerhalb der „offenen Wohngemeinschaft" weitgehend ungeklärt sind. Durch den Tod der Großmutter entstand innerhalb der ödipalen Beziehung zwischen Vera und ihrer Mutter indirekt eine Dominanz von Veras Großmutter. Diese Dominanz verhinderte das Entstehen von haltgebenden Strukturen in Veras primärer Beziehung wie auch ein altersgemäßes Zahlen- und Mengenverständnis. Vielmehr entwickelte sie ein Zahlen- und Mengenverständnis, das wie ein Fraktal dieser familiären Beziehungen erscheint. Die unbewußte Verarbeitung der „Abwesenheit" der Großmutter führt zu ihrer Dominanz in Veras Familie und trägt entscheidend zur Entwicklung der Strukturlosigkeit bei. Die „Abwesenheit" der Großmutter wird in Veras Leben durch die „Abwesenheit" ihres leiblichen Vaters aktualisiert. Letztendlich entpuppt sich Veras Rechenschwäche, die scheinbare „Abwesenheit" von mathematischen Fähigkeiten, als eine „Identifikation mit einem Zug des anderen". (Lacan 1961-1962) Die verstorbene Großmutter taucht fraktal in unterschiedlichen Bereichen der Familie auf und kann als „Attraktor" gelesen werden. Der „seltsame Attraktor", der selbst ein Fraktal ist, übt eine magnetische Anziehungskraft auf ein System aus und will dieses scheinbar ganz in sich hineinziehen (Briggs/Peat 1990). Dieser Attraktor kann als eine geometrische Figur im Phasenraum abgebildet werden, die die möglichen Zustände und Bewegungen des Systems beschreibt. So erzeugt der Aspekt der „Dominanz der Großmutter mütterlicherseits" „chaotische" Strukturen, die dann wieder zu einer Ordnung, in unserem Fall zu Veras „Rechenschwäche", führen.

Da es sich um fraktale Wachstumsprozesse handelt, wird erklärbar, wie dieser Attraktor, der an sich ein Detail darstellt, zu Veras Zahlen und Mengenverständnis geführt hat. „ [...] beginnt das Denken als ein hochkomplexes, ja chaotisches Bündel von Empfindungen, Nuancen und ‚Gefühlstönen', die vom limbischen System aus durch den Kortex kreisen. In diesem Rückkopplungskreis wählt die Gehirnrinde einige dieser Gefühlstöne aus oder ‚abstrahiert' von ihnen. Diese Abstraktionen werden dann in die Schleife zurückgeschickt. Der fortgesetzte Abstraktionsprozeß führt zur nichtlinearen Verstärkung einiger Nuancen, die dadurch zu Gedanken oder Emotionen werden, die nun ihrerseits wieder die komplexen Bündel nunancenreicher Empfindungen und Gefühle organisieren. (Briggs 1990, S.257)

8. Chaos und Entwicklung

Bei der Entwicklung meines Beratungssettings und des Settings im „Lernlabor" versuchte ich, dem Theorem des „deterministischen Chaos" Rechnung zu tragen, indem ich ein Setting mit haltgebenden Strukturen „als Möglichkeitsraum" gestaltete (Becker, U. 1997). Das Setting im „Lernlabor" ähnelte einem „Billardtisch", der aus einer Fläche besteht, auf der die Kugeln rollen können, als auch aus einer Bande, einer Degrenzung. Unter Einbeziehung der Analyse der Übertragungs-Gegenübertragungsbeziehung zwischen Vera und ihrer Lehrerin stieß zunächst ich und später auch Veras Klassenlehrerin wie im Billard Kugeln an, die dann einen nicht vorhersehbaren „chaotischen" Verlauf nahmen. Im Billardspiel trifft man nach reichlichen Überlegungen oder gar Berechnungen über den möglichen Verlauf einer bestimmten Kugel eine Entscheidung über den nächsten Kugelstoß. Letztendlich kann man aber den Verlauf der Kugel nie vorherbestimmen, da sich in einem „komplexen System" das Zusammenwirken der vielen Faktoren nie präzise bestimmen läßt. So können minimale Details wie die Abweichung der Kugel von ihrer Laufrichtung um etwa 2° dazu führen, daß sie beispielsweise mit mehreren anderen so zusammentrifft, daß die Abweichung von 2° exponentiell anwächst und die Kugel an einer ganz anderen Tischecke anstößt, als vorhergesehen. (Greschik 1998)

Genauso wie das Billardspiel unterliegt das Lernen in der Schule dem „deterministischen Chaos", was bedeutet, daß man meist nicht vorhersagen kann, was ein Schüler lernen wird. Durch das Setting im Lernlabor kann ich „Kugeln" nach der Durchführung bestimmter Überlegungen anstoßen. Ich konnte aber nicht vorhersagen, zu welchem Lernziel dies beispielsweise bei „Vera" führen wird.

Erst durch das Zulassen meines Nichtwissens über ihre Entwicklungsmöglichkeiten konnte ein Zugang zu Veras Zahlen- und Mengenbegriff gefunden werden: „Wir müssen in der Lage sein, die Stadien der Desintegration des Patienten in uns aufzunehmen so weitgehend, daß wir selbst in einen Zustand tiefer Verwirrung geraten, bei denen wir mindestens ein Stadium der Nichtintegriertheit erleben." (Becker, St. 1990) Dabei mußte ich zunächst – wie auch Veras Lehrerin – das Chaos des Nicht-Wissens zulassen, um dann Vera gegenüber zu einer Lernenden werden zu können.

Durch die subjektive Rekonstruktion der familiären Beziehungsstrukturen um den Attraktor „Tod der Großmutter" geriet Veras Zahlen- und Mengenverständnis in einen für mich nachvollziehbaren Zusammenhang. Auf dieser Grundlage konnte ich das Materialangebot im Lernlabor zusammenstellen und eine Einstellungsänderung der Lehrerin bewirken. Dann wurde die durch die Rechenschwäche entstandene Ordnung zunächst dergestalt in ein Chaos verwandelt, daß Mathematikaufgaben verbrannt wurden und die Schülerin die Rolle der Lehrerin übernahm. In dieser Negation der üblichen Ordnung entstand ein neuer Attraktor und Vera konnte neue Erfahrungen machen, die zu der Auflösung ihrer „Rechenschwäche" führten. Die entscheidende Erfahrung innerhalb der Lehrer-Schüler-Beziehung bestand darin, daß es der Lehrerin gelang, die von Machtkämpfen geprägte Beziehung mit Vera in eine dialogische zu verwandeln. Dies wiederum wurde möglich, da die Lehrerin und ich Vera Räume zur Verfügung stellten, in denen sie ihr inneres Chaos, das sich in ihrem Zahlen- und Mengenbegriff niederschlug und auf den familiären Beziehungsstrukturen beruhte, zu einem äußeren Chaos im Klassenraum werden ließ. Auf diese Weise führte die Auflösung der Ordnung über ein Chaos zu einer anderen Ordnung: Mit zunehmendem Erfolg im „Lernlabor" erschien Vera zufriedener und nahm aktiver am Klassengesche-

hen teil. Diese Entwicklung ging mit einem veränderten altersgemäßen Zahl-
und Mengenbegriff einher.

In einem dritten und abschließenden Gespräch mit der Mutter konnten die
Zusammenhänge zwischen Veras Rechenschwäche und den familiären Beziehungsstrukturen angesprochen werden. Veras Mutter möchte sich nun zusammen mit ihrem Lebenspartner an die Erziehungsberatungsstelle wenden,
um dort kontinuierliche Gespräche zu führen. Veras Veränderungen im Unterricht können nur dann von Dauer bleiben, wenn sie langfristig nicht mehr
dem Druck ausgesetzt wird, der aus der Psychodynamik der Familie resultiert. Dies kann nur durch eine kontinuierliche Beratung von Veras Mutter
und ihrem Lebenspartner gelingen.

Literatur

Balint, M. ([1939] 1969): Ich-Stärke, Ich-Pädagogik und Lernen. In: Balint, M.: Urformen der Liebe. Hamburg.

Bannach, M. (1997): Eigenständige Arbeit an selbstgewählten Themen. In: Bannach, M., Sebold, L., Welmeyer, B.: Wege zur Öffnung des Unterrichts. München.

Becker, St. (1990): Objektbeziehungspsychologie und katastrophische Veränderung. Tübingen.

Becker, St. (1987): Loslassen und Nichtfallenlassen: Die psychotherapeutische Arbeit mit Eltern als Funktion der Ablösung von Kindern und Jugendlichen. In: Lempp, R. (Hg.): Reifung und Ablösung. Bern.

Becker, U. (1995): Trennung und Übergang. Tübingen.

Becker, U. (1997): Von der Störung zur Botschaft. In: Zeitschrift für Pädagogik 10/97. S. 25-30.

Blos, P. (1962): Adoleszenz.

Briggs, J. und Peat, F. D. (1990): Die Entdeckung des Chaos. München, Wien.

Crutchfield, J. P. (1989): Chaos. In: Chaos und Fraktale. Spektrum der Wissenschaft: Verständliche Forschung. Heidelberg.

Einstein, A. [1936]: Physik und Realität. In: Einstein, A. (1979): Aus meinen späten Jahren. Stuttgart.

Greschik, St. (1998): Das Chaos und seine Ordnung. München.

Lacan, J. (1961-1962): L'identification. Unveröff. Manuskript.

Lacan, J. (1966): Écrits. Paris.

Mannoni, M. (1976): Un lieu pour vivre. Paris

Piaget, J. ([1965] 1975): Die Entwicklung des Zahlbegriffs beim Kinde. Stuttgart.

Sander, L. (1989): Fraktales Wachstum. In: Chaos und Fraktale. Spektrum der Wissenschaft: Verständliche Forschung. Heidelberg.

Senge, P. (1990): Die fünfte Disziplin. Stuttgart.

Chaos beim Aufbau
einer Kriseninterventionsstation

Bernhard Wurth

Das hatte ich nicht erwartet, als ich im Sommer 1998 einen Anruf aus der Schweiz bekam mit der Frage, ob ich Interesse daran hätte, eine stationäre Einrichtung für Kriseninterventionen zu konzipieren und zu gestalten.

Die Vorgabe war ein Haus mit 16 Betten, das die letzten 30 Jahre als „Männerheim" geführt worden war. Die Bewohner wurden mir als ältere Männer mit Alkoholproblemen beschrieben, die in diesem Haus einen Rahmen gefunden hätten, der ihnen erlaubte, einigermaßen stabil alkoholabstinent und sozial integriert zu leben. Die Männer lebten dort im Status von Pensionsgästen, d.h. es würde für sie gekocht, ihre Wäsche gewaschen und in praktischen Dingen für sie gesorgt. Betreuung im eigentlichen Sinn war aber nicht vorgesehen. Die Männer gingen in der Regel einer Arbeit außerhalb des Hauses nach. Das war neben der Alkoholfreiheit Bedingung für ihre Aufnahme.

Träger des Hauses war ein privater Verein, der eigens dieses Haus als Vereinszweck hatte. Nachdem es in der Vergangenheit immer wieder Belegungsschwierigkeiten gegeben hatte, da es sich bei den bisherigen Bewohnern anscheinend um eine aussterbende Klientel handelte, und im Zusammenhang mit der bevorstehenden Berentung des bisherigen Leiters und eines Großteils der Mitarbeiter, hatte der Verein eine Gruppe von Vorstandsmitgliedern beauftragt zu überlegen, was mit dem Haus weiter passieren sollte. Die Mitglieder dieser Gruppe hatten zwei Fachleute aus dem Suchtbereich zu Rat gezogen, einen Vertreter des Bereichs „illegale Drogen" – meinen Anrufer – und einen Vertreter aus dem Bereich „legale Drogen".

Diese Projektgruppe hatte Ende 1997 ihre Arbeit aufgenommen und zunächst verschiedene Möglichkeiten durchgespielt, angefangen bei Überlegungen, das Haus zu verkaufen und den Verein aufzulösen, bis dahin, es jemandem zu überantworten, der selbst über die Verwendung des Hauses entscheiden sollte. Schließlich hatte man die zunächst vage Vorstellung entwickelt, das Haus als Einrichtung für Kriseninterventionen weiterzuführen. Vorgabe der Mitglieder des Vereins für eine Weiterführung war, daß die bisherigen Bewohner weiter im Haus leben können und daß ein künftiger Leiter der christlichen Gesinnung des Trägervereins einigermaßen entspricht.

Auf dieser Grundlage hatte man dann die Stelle des Leiters in den großen Tageszeitungen der Region ausgeschrieben und aus etwa 80 Bewerbungen eine Reihe Bewerber eingeladen. Im Laufe der Bewerbungsgespräche hatte die Projektgruppe ihre Vorstellung weiterentwickelt. In Auseinandersetzung mit den relativ starren Vorstellungen der Bewerber, die z.T. ausgesprochen elaborierte Konzepte, aber immer für in sich geschlossene Institutionen vorstellten, war die Projektgruppe zu der Vorstellung von einer dem bestehenden sozialen Netz gegenüber offenen Einrichtung gekommen. Ob mich so etwas interessieren würde.

Ich hatte in der Vergangenheit sowohl in der ambulanten wie auch in der stationären Versorgung von Suchtkranken gearbeitet und den Ausfall eines Bereichs dazwischen immer als Mangel empfunden. Aus der Perspektive der ambulanten Arbeit stand ich oft genug vor der Situation, die Behandlungen auch dann fortzusetzen, wenn der ambulante Rahmen zumindest zeitweise für bestimmte Klienten nicht ausreichte und eine Fortsetzung der Behandlung in diesem Rahmen eine chronische Gefährdung der Klienten implizierte. Den Klienten zu einer stationären Therapie zu raten, fand ich in den meisten Fällen wenig überzeugend. Zum ersten hätte dies faktisch einen Abbruch der Therapie bedeutet, da die therapeutischen Konzepte der stationären Einrichtungen ein rigides Verhältnis von Innen und Außen organisieren, bei dem auch der ambulante Therapeut Teil der ausgeklammerten Außenwelt ist. Oft genug kommt dies ja auch den Therapeuten entgegen, und hinter einer stationären Einweisung stecken Gekränktheit und Wut darüber, daß ein Klient seinen Therapeuten nicht mit Fortschritten für seine Mühen belohnt und statt dessen hilflos gemacht hat. Zum zweiten ist der sicherere stationäre Rahmen immer auch mit einem Stück Realitätsverlust verbunden. Es ist fraglich, wieweit die Erfahrungen, die Klienten dort machen, auch für die Bewältigung eines ganz normalen Alltags tragfähig sind. In der stationären Arbeit stellt sich die Frage, wie realistisch man den Rahmen gestalten kann, so daß die Klienten möglichst viel mitnehmen können, wenn sie nach draußen gehen.

Ich machte die Erfahrung, wie begrenzt diese Möglichkeiten im Rahmen der stationären Therapie sind, und wie sich eine Therapie immer mehr oder weniger als Maschine etabliert, schon aus Gründen des Selbsterhalts und der eigenen Reproduktion.

Das Angebot des Anrufers interessierte mich aus diesen Gründen. Ich fuhr die folgenden Monate jedes zweite bis dritte Wochenende in die Schweiz. Zunächst lernte ich dort die Mitglieder der Projektgruppe kennen, die drei sozial engagierten, aber fachfremden Mitglieder aus dem Vorstand des Vereins, den Vertreter des Bereichs „legale Drogen", der als Politiker aktiv war und seine Funktion in der Gruppe eher politisch verstand, und den Vertreter des Bereichs „illegale Drogen", der inhaltlich und dynamisch der Motor der Gruppe war. Die Mitglieder des Vorstands sahen sich relativ unversehens vor ihre Aufgabe gestellt, da das Haus in der Vergangenheit und unter dem bisherigen Leiter selbstverständlich funktionierte und das Vereinsleben auf die Jahresversammlungen und die problemlose Verabschiedung des Geschäftsberichts beschränkt war. Entsprechend war das Vereinsleben eher wenig lebendig und die Aufgabe des Vorstands bisher ein beiläufiges Ehrenamt gewesen. Im Vorfeld hatte ich gehört, daß es bei einer Mitgliederversammlung, bei der die Projektgruppe den Vorschlag der Einrichtung von Kriseninterventionsplätzen vorgestellt hatte, erstmals kontrovers zugegangen sei, daß ein großer Teil zwar die Notwendigkeit von grundlegenden Veränderungen gesehen habe und mittragen wolle, daß es aber auch Widerstände und Skepsis gegenüber dem Vorschlag der Projektgruppe gegeben habe, die von konservativen und ängstlichen Teilen des Vereins ausgegangen seien.

Nach einigen Vorgesprächen mit der Projektgruppe entwickelte ich zunächst eine Konzeption, welche die Vorgaben präzisierte und weiter ausbaute. Danach sollte das Haus in zwei miteinander in Verbindung stehenden Teilen weitergeführt werden. In einem Teil mit der Hälfte der Plätze sollten wie bisher alkoholkranke Männer im Status von Pensionären ihr Zuhause haben. Daneben sollte in einem zweiten, gleich großen Teil ein Angebot für Krisenpatienten geschaffen werden. Ich dachte dabei zunächst sehr breit an Menschen in Lebenskrisen, die einen stabilisierenden, stationären Rahmen benötigen, aber nicht so krank sind, daß sie in einer Psychiatrie hospitalisiert werden müßten, etwa Patienten in ambulanten Psychotherapien, die in bestimmten Phasen ihrer Therapie einen schützenden Halt brauchen, um nicht psychotisch oder suizidal zu werden, oder umgekehrt Patienten, die in einer

Psychiatrie hospitalisiert waren und für den Übergang in ein selbständiges Leben einen solchen Rahmen brauchen könnten.

An der Frage, wer die Kosten für ein solches Angebot übernehmen würde, wurde schnell klar, daß eine gesicherte Finanzierung am ehesten für die Gruppe Abhängigkeitskranker von illegalen Drogen zu erreichen sein würde, die sich in ambulanten Therapien befinden und für die eine zeitweise stationäre Unterbringung aus verschiedensten Gründen nützlich sein könnte. Etwa Drogenabhängige, die in ihrer Therapie insgesamt in eine Krise gekommen sind und einen Rahmen benötigen, in dem sie überlegen und entscheiden können, was sie weiter machen wollen, oder Drogenabhängige, die sich im Rahmen einer ambulanten Therapie bis zu einem gewissen Punkt stabilisieren konnten, bei denen sich aber gezeigt hat, daß sie in Teilen ihrer Lebensgestaltung (Arbeit, Freizeit, Wohnen) oder zu bestimmten Zeiten (Wochenende) besonders gefährdet sind.

Die Philosophie des Angebots sollte sein, die Ressourcen, die ein Klient hat, auch bei einer stationären Unterbringung zu erhalten und zu fördern, und zu untersuchen, welche spezifischen Defizite und welchen Entwicklungsbedarf ein Klient hat. Also: so wenig Hilfen wie möglich und soviel wie nötig zur Verfügung zu stellen. Das Angebot war konzipiert als Dienstleistung sowohl für die Klienten, als auch für die ambulanten Behandler, die gemeinsam jeweils spezifische Interventionsaufträge erteilen. Die Intervention ist dabei wie jede andere Intervention zu verstehen, etwa als Deutung innerhalb einer Therapie.

Pensionsteil und Krisenteil sollten dadurch miteinander in Verbindung stehen, daß die Mitarbeiter für jeden der beiden Bereiche und ihr Zusammenleben sorgen. Außerdem sollte ein tagesstrukturierendes Angebot des Krisenteils die Arbeit im Haus, d.h. auch die Versorgung der Pensionäre sein. Die Funktionsräume (Speiseraum, Aufenthaltsräume) sollten von beiden Gruppen gleichermaßen genutzt und die Mahlzeiten gemeinsam eingenommen werden und bestimmte Angebote für die Krisenklienten prinzipiell auch den Pensionären offen stehen.

Im Unterschied zu den herkömmlichen Institutionen mit ihren homogenen Gruppen sollen im Zusammenleben dieser zwei Gruppen auch im Binnenraum der Einrichtung Unterschiede erhalten bleiben, wie sie im alltäglichen Leben selbstverständlich sind. Anstelle eines gemeinsamen Problems, das die Gruppe wie eine Ideologie zusammenschweißt, sollten die Bewohner so immer wieder zum Zusammenleben im eigentlichen Sinn von Nähe und Distanz zueinander finden müssen. Aus demselben Grund sollte auch die Monokultur des Männerheims beendet und zumindest das Krisenangebot auch für Frauen geöffnet werden.

Gleichzeitig sollten Rückzugsräume der einzelnen Gruppen, die durchaus sinnvoll und notwendig sein können, erhalten bleiben. Krisenklienten und Pensionäre sollten in zwei unterschiedlichen Stockwerken des Hauses untergebracht werden; bei den Krisenklienten sollte es den Frauen durch bauliche Maßnahmen möglich gemacht werden, sich in einen separierbaren Teil des Krisenstockwerks zurückzuziehen.

Natürlich war es zuerst einmal die Vorgabe des Vereins, die ich an dieser Stelle in meinem Konzept zu solchem Realismus als einem Element des therapeutischen Milieus verarbeitete. Darüber hinaus war es aber auch die Erfahrung, die ich bei der gemeinsamen stationären Behandlung von Abhängigkeitskranken von legalen und illegalen Drogen gemacht hatte, daß beide Gruppen sich gegenseitig als Adressaten für negative Projektionen benutzten und dieser Mechanismus auch durchschaubar gemacht und als ein Stück Selbsterkenntnis integriert werden kann.

Zur guten Arbeit eines Teams in diesem stationären Rahmen gehörte konzeptionell, daß es den Bewohnern eine fördernde Umwelt zur Verfügung stellen sollte, d.h. ein Milieu von Zugewandtheit und Klarheit zu schaffen hätte. Dabei war der Punkt „Klarheit" zum einen bestimmt durch Regelhaftigkeit und Berechenbarkeit als notwendigen Elementen zumal in der Therapie von Suchtkranken, zum anderen dadurch, daß es im Binnenraum der Einrichtung eine Struktur geben sollte, wobei Struktur verstanden werden sollte als Zusammenbringen unterschiedlicher Elemente. Vorbild für die Struktur des Hauses sollte die Familie sein. Analog zu Vater und Mutter, die sich die Leitung der Familie teilen, sollte die Leitung des Hauses aufgeteilt sein zwischen einer administrativen und einer therapeutischen Leitung, die administrative Leitung in der Rolle des Vaters, der den Realitätsaspekt vertritt, die therapeutische Leitung in der Rolle der Mutter, die sich um den Binnenraum kümmert. Mit dieser Teilung der Macht sollte außerdem der Tendenz der Krisenpatienten begegnet werden, zumindest unbewußt einen omnipotenten Retter zu erwarten, und die Übernahme von Eigenverantwortung erleichtert werden. Außerdem wollte ich mit der Installation von zwei Leitern, deren Kompetenzbereich sich unweigerlich immer wieder überschneidet, die Möglichkeit von Konflikten zwischen beiden, d.h. die Notwendigkeit, sich immer wieder neu einigen zu müssen, schaffen. Vor dem Hintergrund, daß ein Großteil der Krisenpatienten die Erfahrung gemacht hat, daß die Eltern sich nicht streiten konnten, sondern sich entweder zerstritten oder verstummten, war die Erfahrung von einem reifen Austragen von Konflikten auf der Elternebene im Konzept als genuin therapeutisches Moment einer alternativen Erfahrung gedacht. Als Teil der Struktur war selbstverständlich eine Tagesstruktur konzipiert, wobei im Grunde nur klar war, daß es eine solche geben müßte, sie aber in jedem einzelnen Fall im Zusammenhang der Entwicklung der jeweiligen individuellen Therapieaufträge festgelegt werden müßte. Was ich mit dem Konzept anbieten konnte, war sozusagen ein Konfektionsmodell und bestimmte Prinzipien, die bei den individuellen Festlegungen zu bedenken wären, wie etwa der Realismus beim Arbeitsangebot, daß also den Klienten in der Zeit ihres Aufenthalts in der Einrichtung nicht durch Unterforderung ihrer Arbeitsfähigkeit geschadet würde, oder die Reflektiertheit, daß die Krisenklienten mit einem(r) Mitarbeiter(in) täglich am Morgen ihren Tag planen und am Abend den Stand der Realisierung ihrer Pläne untersuchen können. Ebenso eine Freizeitaktivität, die nach Möglichkeit von den Klienten selbst initiiert werden sollte, die die Mitarbeiter aber für den Fall vorbereitet haben, daß den Klienten nichts oder immer nur dasselbe einfällt, die also auch möglichst unterschiedlich sein sollte, um die Freizeitkompetenz der Klienten/Klientinnen zu fördern, und ebenfalls realistisch, damit die Klienten sie auch in ihrem alltäglichen Leben weiter praktizieren können. Solche Strukturelemente sollten als Angebot verstanden werden, als mögliche Dienstleistung, die nur bei Bedarf und entsprechendem Auftrag verwendet wird. Als einzige feststehende Bedingung für den Aufenthalt war die Einhaltung von Suchtmittelabstinenz und Gewaltfreiheit vorgesehen. Die Mitarbeiter sollten innerhalb dieses Konzepts die Rolle von Hilfs-Ichs einnehmen, welche die individuellen Therapiepläne umsetzen und die Klienten bei der Bewältigung der jeweils aus ihnen resultierenden Anforderungen unaufdringlich unterstützen.

Zunächst fand die Projektgruppe ihre eigenen Vorstellungen in diesem Konzept ganz wieder, die Fachleute sahen einen Bedarf von durchgehend 8 bis 10 Plätzen, so daß ich davon ausging, daß eine durchschnittliche Belegung von ca. 80% oder 6 Krisen-Klienten realistisch wäre, sowohl was den Bedarf als auch den Charakter der Einrichtung betrifft. Umgekehrt ging ich davon aus, wieviel Personal die Einrichtung unter der Bedingung ausreichender Präsenz rund um die Uhr bräuchte und kalkulierte danach die Kosten für einen Therapieplatz; die Tagessätze der Pensionsplätze waren vorgegeben. Auch die so kalkulierten Kosten von 400 SFr. pro Klient und Tag wurden in der Projektgruppe vor dem Hintergrund der viel höheren Kosten etwa für die Unterbringung in einer psychiatrischen Klinik als realisierbar angesehen.

Der nächste Schritt war, dieses Konzept, das auch die Veränderung der Statuten implizierte, der Mitgliederversammlung des Vereins vorzustellen, zu der von den 300 Mitgliedern etwa 10 bis 15 überwiegend sehr alte Menschen kamen, die sich mit einem bewundernswerten Elan dem Neuen anschlossen. Auch von der Frage der christlichen Gesinnung des Leiters, die im Vorfeld eine große Rolle gespielt hatte, war nicht mehr die Rede. Zumindest jetzt nicht. Ein halbes Jahr später, als wir bereits eine Zeitlang nach dem neuen Konzept arbeiteten, war allerdings bei einer erneuten Mitgliederversammlung für einzelne Mitglieder Hauptthema, daß das Haus zu einem Betrieb verkomme und dort nicht mehr gebetet würde. An den sehr realen Schwierigkeiten, unser Angebot unter den drogenpolitischen Umständen und in Konkurrenz mit anderen, etablierten Einrichtungen durchzusetzen, bestand dagegen wenig Interesse.

Alle Versuche, den Vorstand zu bewegen, das Projekt einem größeren, ökonomisch potenteren und professionellerem Träger zu übergeben und auch der Verweis auf die Dringlichkeit, dem Projekt einen sicheren Rahmen zu geben, solange es noch ökonomisch attraktiv ist, die in einer Beratung unserer Einrichtung durch den Berliner Psychoanalytiker Stephan Becker überdeutlich wurde, stießen auf Ablehnung. Das könne man nicht machen. Schließlich handle es sich bei den Mitgliedern um Menschen, die teilweise mit ihren eigenen Händen das Haus nach einem Brand in den 60er Jahren wiederaufgebaut hätten.

In der Chronologie folgte dann auf diese erste Mitgliederversammlung der Antrag auf Zulassung des Konzepts beim Kantonsarzt und eine Anhörung vor einem für die Begutachtung stationärer Einrichtungen eingesetzten Ausschuß von Fachleuten, die mir, der mit den lokalen Gegebenheiten nur mäßig vertraut war – vor sieben Jahren hatte ich in diesem Kanton zwei Jahre lang gearbeitet –, von den Mitgliedern der Projektgruppe als entscheidend vorgestellt wurde. Entsprechend war die Stimmung, als diese Kommission das

Projekt befürwortet hatte, zwar zunächst für eine Pilotphase von einem Jahr, aber für dieses Jahr schien mit ihrem o.k. die Finanzierung gesichert.

Etwa zu diesem Zeitpunkt im Herbst 1998 lernte ich auch die derzeitigen Bewohner des Hauses bei einem Abendessen kennen. Wie sehr sie sich von meinen Vorstellungen unterschieden, wurde mir erst ein paar Wochen später klar, als ich angefangen hatte, im Haus zu arbeiten. Die Zeit vorher war ich wohl mit dem Abschluß meiner bisherigen Arbeit und der Suche nach einem(r) administrativen Leiter(in) und Mitarbeitern für die Einrichtung zu sehr beschäftigt.

Am 1. November begann ich mit der Arbeit, nachdem ich kurz vorher die Erlaubnis der Fremdenpolizei bekommen hatte, in der Schweiz zu arbeiten, unter der Bedingung, daß ich sie am Abend wieder verließ.

Am 2. November war Sitzung der Projektgruppe und eines der Mitglieder berichtete, daß auf eine Anfrage hin sämtliche Nachbarkantone dem Projekt eine Absage erteilt hätten. Mir wurde bald klar, weshalb und wie unzeitgemäß dieses Projekt in der politischen und drogenpolitischen Landschaft der Schweiz vom Winter 1998 war. Neben den teuren stationären Suchttherapien mußten die Fürsorgebehörden seit einiger Zeit auch eine Klientel finanzieren, die ihnen bis vor kurzem noch unvorstellbar gewesen war, nämlich die aus dem Netz der sozialen Sicherheit gefallenen Arbeitslosen. Entsprechend unzeitgemäß war das Projekt mit seinen auf den ersten Blick horrenden Tagessätzen.

Nur wenige Wochen nach meinem Arbeitsbeginn stimmten die Schweizer darüber ab, ob der Konsum sämtlicher Drogen ins Belieben der erwachsenen Konsumenten gestellt werden solle. Neben respektablen fachlichen Argumenten dürfte für den größten Teil der mehr als 30% Befürworter in der deutschsprachigen Schweiz bei ihrer Zustimmung eine durch den ökonomischen Druck geförderte Wahrnehmung gewesen sein, daß die therapeutischen Anstrengungen, welche die Schweiz mit erheblichem finanziellen Aufwand in den letzten 10 Jahren für ihre Drogenabhängigen unternommen hatte, im Verhältnis zu den daran geknüpften Erwartungen wenig bewirkten, was zu dem Schluß führte, daß man sich darauf einstellen müßte, daß ein Teil der Generation der jetzt 35- bis 45jährigen eben drogenabhängig ist und auf eine ökonomisch sinnvolle Art und Weise von der Gesellschaft mitgeschleppt werden muß.

Klar war, daß es schwer werden würde, die Einrichtung aus dem Bedarf bzw. den finanziellen Mitteln eines einzigen Kantons auf die Beine zu stellen. Eine neue Bedarfsschätzung kam zur Prognose einer Belegung mit durchschnittlich 4 Krisen-Klienten. Und selbst die Finanzierung von 4 Klienten würde einen beträchtlichen Teil des Budgets verschlingen, das der Kanton für stationäre Therapien vorgesehen hatte. Effektive Einsparungen waren umgekehrt nur zu machen durch Reduktion der Kosten für das Personal, das mit 900 Stellenprozent für die vorgesehene und bei einer Kriseneinrichtung notwendige Tag- und Nachtpräsenz schon an einer unteren Grenze kalkuliert war. Eine Belegung mit durchschnittlich 4 Klienten neben 8 Bewohnern, die Tagessätze von 95 SFr. bezahlten, deckte aber bei einem Tagessatz von 400 SFr., den zu überschreiten nicht in Frage kam, nur knapp die Finanzierung von 7 Stellen.

Eigentlich wollte ich zu diesem Zeitpunkt das Projekt aufgeben. Die Kürzung der Mittel machte weitgehende Abstriche von der ursprünglichen Konzeption nötig. Ein Funktionieren des Hauses war jetzt überhaupt nur unter der Bedingung der Spezialisierung der Mitarbeiter vorstellbar, so daß die knappen Ressourcen gezielt eingesetzt würden und nicht eine einheitliche Gruppe von Mitarbeitern alle anfallenden Arbeiten übernehmen würde. Das hieß, daß wir eine(n) Koch/Köchin einstellen müßten, der/die garantierte, daß mittags und abends das Essen auf dem Tisch steht, eine Putzfrau und Nachtwachen, so daß bei einer minimalen Besetzung dieser Funktionen und einer Leitungsstelle 400 Stellenprozent für die betreuende Arbeit blieben, die gerade mal ausreichten, daß ein(e) Betreuer(in) in der Zeit von 7 Uhr am Morgen bis 22.30 Uhr am Abend zur Verfügung stünde. Neben der Frage, wie so noch ein qualifiziertes Angebot an individuellen Hilfen in Krisen gemacht werden könnte, sah ich es auch als Zumutung für jeden Mitarbeiter, unter diesen Bedingungen zu arbeiten. Ich informierte also die Mitarbeiter, die wir zu diesem Zeitpunkt schon ausgewählt und die von uns Anstellungszusagen hatten, über die veränderte Situation mit dem Hinweis, es jedem freizustellen, das Projekt wieder zu verlassen. Nur einer entschied sich, aus dem Projekt auszusteigen. Die vier anderen wollten es auch unter den neuen, insbesondere die betreuenden Mitarbeiter belastenden und die Erfolgsaussichten des Unternehmens stark einschränkenden Umständen versuchen.

In den ersten Wochen in der Einrichtung war ich dann damit beschäftigt, das Haus und seine Bewohner kennenzulernen und Kontakte zu möglichen zuweisenden und finanzierenden Stellen zu etablieren. Was die Übernahme des Hauses betrifft, stieß ich auf eine Dynamik, die auch darin zum Ausdruck kam, daß der alte Leiter mir im entferntesten Teil des Hauses ein provisorisches Büro eingerichtet hatte. Die Beziehung, die sich zwischen ihm und mir entwickelte, würde ich als eine Art subtilen Kampf bezeichnen, bei dem es darum ging, daß ich ihn gewissermaßen „ermorden" mußte, damit er das Haus nach über 30 Jahren als Leiter loslassen konnte. Umgekehrt sah ich mich dauernd mit der unbewußten Sabotage der Übernahme konfrontiert.

Ein Beispiel: Es war in der Einrichtung üblich, daß der Leiter nach dem Abendessen eine kurze Geschichte vorlas, die in der Regel einen frommen Hintergrund hatte und die Zuhörer zum Nachdenken anregen sollte. Am Tag, an dem er mich den Bewohnern als künftigen Leiter vorstellte, las also der Noch-Leiter eine düstere, hoffnungslose Geschichte mit dem Titel „Es gibt keine Zukunft" vor. Ein anderes Beispiel: vier Tage vor seinem Arbeitsende fragte ich ihn, nachdem ich den Eindruck gewonnen hatte, daß sein Ausscheiden bei den Bewohnern überhaupt kein Thema war, und sie sich unvermindert vertrauensvoll an ihn wandten, wenn sie irgendwelche Sorgen hatten, ob er ihnen denn gesagt habe, daß er zu diesem Zeitpunkt aufhören würde, worauf er meinte, nein, das habe er nicht, er habe sie nicht unnötig beunruhigen wollen.

Ich sah mich in dieser ersten Zeit vor allem mit einer Reihe von Enttäuschungen und Idealisierungen konfrontiert. Die trockenen Alkoholiker, die ich erwartet hatte, erwiesen sich als ausgesprochen sympathische ältere Männer, die eingesponnen waren in ihre Eigenheiten und bei denen der Alkohol die Rolle hatte, Freundin, Kontakte und soziale Anerkennung zu ersetzen, bei denen er also weniger ein eigenes Problem darstellte, sondern Teil eines Lebensmusters war, bei dem ich mir schwer vorstellen konnte, wie er verzichtbar werden könnte. Überflüssig zu erwähnen, daß ich mich gleich daran machte, mit jedem einzelnen von ihnen darüber zu sprechen, was wir Neues vorhatten und welche Rolle dabei spielte, daß sie kooperierten und suchtmittelabstinent blieben. Inzwischen, denke ich, hält sich ein Teil der Pensionäre daran, zumindest aus Loyalität und Dankbarkeit dafür, daß wir darum bemüht sind, ihnen bei allen Veränderungen im wesentlichen ihre Lebensbedingungen zu erhalten. Dabei spielte auch eine Rolle, daß wir einen Bewohner, der Lungenkrebs hatte, gut versorgten, bis er Ende April starb. Einige von ihnen haben auch eine echte Entwicklung gemacht wie der Bewohner, der von der reinen Reproduktion von Bildern in der Vergangenheit inzwischen dazu übergegangen ist, beachtliche und viel beachtete ornamentale Bilder mit feinen Verletzungen der Symmetrie frei zu malen, oder andere, die an den Freizeitaktivitäten, die Teil des Therapieangebots der Krisenklienten sind, teilnehmen. Auch die Hausgruppe, in der sich Bewohner, Klienten und Mitarbeiter einmal pro Woche treffen, um Belange, die das ganze Haus betreffen, zu besprechen, haben die Bewohner insgesamt entgegen der Prognose des alten Leiters als Forum für sich besetzt.

Idealisierungen meiner Person begegnete ich immer dort, wo Schwierigkeiten auftauchten. Schließlich hatte man mich aus dem fernen Berlin gekauft, da mußte ich doch auch jeweils die Lösungen der Probleme kennen. Überhaupt wurde dann das Projekt in einer Art mit meiner Person verbunden, die mir angesichts der großen Schwierigkeiten ausgesprochen unbehaglich war. Zumal ich umgekehrt die Erfahrung machte, daß ich nicht nur viele lokale Gegebenheiten nicht kannte und mich in einem in vielem unbekannten Feld orientieren mußte, sondern als „Schwob" auch quer stand zu einem Familialismus der Schweizer, der zumindest auf Leitungsebene bestimmend ist. Und schließlich stieß ich beim Werben für unser Haus bei Einrichtungen der regionalen Suchthilfe auf eine mehr oder weniger geschlossene Gesellschaft, da der Bedarf an Therapieplätzen mehr als gedeckt war und einzelne Einrichtungen der Region bereits hatten schließen müssen.

Es ist schwierig, das Chaos zu beschreiben, das in den ersten Wochen losging, nachdem wir mit der neuen Mannschaft angefangen hatten zu arbeiten, zumal es anhält.

Der erste Impuls der Mitarbeiter war, das Haus völlig neu einzurichten. Jahrelang war es mit geringsten Mitteln und unter dem Prinzip der Sparsamkeit geführt worden. Entsprechend waren die Böden abgenutzt, die Wände grau und die Möbel zerschlissen, alles auf dem Stand von vor etwa 30 Jahren. Auf jeden Außenstehenden, insbesondere die jüngeren Drogenabhängigen, die jetzt wegen der Krisenplätze kamen, machte es einen muffigen, alten und depressiven Eindruck. Also war das Haus erst einmal Baustelle: Zwei Zimmer mußten total saniert werden, außerdem bauten Handwerker in einem Teil des Hauses eine Abtrennung für den Krisen-Frauenteil. Die Mitarbeiter räumten Schränke, in denen sich unendlich viel Kram befand. Der erste Impuls war, alles rauszuschmeißen, um Platz und Luft für das Neue zu schaffen. Dagegen setzten sich die Bewohner zur Wehr und stoppten diesen ersten

Elan, was wieder bei den Mitarbeitern, die ohnehin das Gefühl einer Herkulesarbeit hatten, zu einem resignierten Rückzug führte, so daß eine Zeit lang große Unordnung im Haus herrschte und die Mitarbeiter sich auf ihre professionellen Gesten und ins Betreuerzimmer zurückzogen. Eine Mitarbeiterin kündigte nach vier Wochen. Erst langsam und behutsam, unter Einbezug der bisherigen Bewohner gelang es, das Haus zumindest in Teilen freundlicher und moderner einzurichten.

Immer wieder mußten wir uns auf die Suche nach geeigneten Mitarbeiter(innen) machen mit dem Paradox, die Bewerber ausreichend darüber zu informieren, welches Risiko sie in einer Situation eingingen, in der wir nicht garantieren konnten, daß sie auch in einem halben Jahr ihre Arbeit noch hätten, gleichzeitig aber höchste Qualifikation und Erfahrung erwarteten.

Bei der Resignation der Mitarbeiter spielte auch eine Rolle, daß das Haus an allen Ecken und Enden reparaturbedürftig war. Es gab keinen Wasserhahn, der nicht leckte. Im 30 Jahre alten Heizkessel war ein wahres Bergwerk an Kalk. Die genauso alten Waschmaschinen und Trockner waren so anfällig, daß sie ohnehin nur von einer Mitarbeiterin bedient werden konnten. Für die Krisen-Klienten wurde die Anschaffung einer robusten, neuen Waschmaschine nötig. In der Nacht konnte völlig unmotiviert die veraltete Feueralarmanlage losheulen, eine Türe oder einen Schrank aufzuschließen konnte zur Falle werden, weil der Schlüssel nicht mehr aus dem ausgeleierten Schloß zu ziehen war. Bei allem und jederzeit mußten wir mit einer kleineren oder größeren Katastrophe rechnen, wie etwa Ostersamstag, als ein defektes Abflußrohr dazu führte, daß eine Badewannenfüllung Wasser sich in Toiletten- und Waschräume des darunterliegenden Stockwerks ergoß und ein Notdienst die Decke zwischen beiden Stockwerken aufspitzen mußte.

Einfacher war da schon, mit Computer, Fax und Telephonanlage eine technische Infrastruktur herzustellen, die den Anforderungen des Betriebs genügte. Ausgangspunkt war ein altes Kopiergerät, eine elektrische Schreibmaschine und ein Telefon.

Und es kamen zunächst keine Klienten. Es interessierten sich zwar einige für unser Angebot, aber nach einem ersten Informationsgespräch und Besichtigung des Hauses, entschied sich von etwa 10 Interessenten zunächst nur einer, das Haus nach einem Entzug zur Stabilisierung und sozialen Reintegration zu nutzen. Die verwohnte Atmosphäre und resignative Stimmung im Haus verstärkte die zu erwartende Ambivalenz der Suchtpatienten gegenüber der Therapie. Die Schwierigkeit war dann, daß sich alle Mitarbeiter auf diesen einen Klienten stürzten, anstatt ein adäquates therapeutisches Angebot zu entwickeln.

Inzwischen hat sich die Situation etwas gebessert, nachdem die Krisenplätze mit drei bis vier Klienten belegt sind und ein sinnvolles Arbeiten leichter möglich ist, auch wenn mit der größeren Klientenzahl neue Schwierigkeiten auftauchen. Die individuellen Therapieaufträge machen es nötig, daß die Mitarbeiter sich bei jedem einzelnen Klienten auf sehr unterschiedliche Tagesabläufe, Beziehungen, Rhythmen und therapeutische Bedürfnisse einstellen. Gleichzeitig müssen sie bei aller Unterschiedlichkeit gemeinsam einen haltgebenden Rahmen herstellen und verdeutlichen. Neben den Anforderungen des Hauses und der Versorgung der Bewohner ist das eine Aufgabe, die so komplex ist, daß immer wieder die Gefahr besteht, daß entweder der Bezug zu den Klienten verloren geht oder die individuellen Hilfen gekappt werden zugunsten eines traditionellen Therapieangebots.

Um zu einem Ende zu kommen, möchte ich nur noch einige weitere Momente des Chaos nennen, die wir beim Aufbau unserer Einrichtung erleben:

Bei den Zuweisenden herrschen diffuse Vorstellungen, was wir alles machen können. Wir sollen akut rückfällige Klienten sofort aufnehmen können, denn schließlich seien bei den allermeisten Klienten in ambulanten Therapien Krisen mit Drogenkonsum verbunden; wir sollen aber auch einen Rahmen zur Verfügung stellen, in dem gefährdete Klienten geschützt sind; wir sollen qualifizierte Angebote haben für Junge, Alte, Paare, Mütter mit Kindern. Neben den individuellen Hilfen soll die Einrichtung auch ein eigenes therapeutisches Angebot machen, so daß die zuweisenden Therapeuten sich nicht um die Planung der Intervention kümmern müssen. Gleichzeitig erwarten die Zuweisenden, daß die Einrichtung ihrem Anspruch gerecht wird, in einer Zeit von höchstens drei Monaten effektive Übergänge zu schaffen. Nachdem ich in einer Situation, in der das Betreuerteam sehr mit den bereits bestehenden Schwierigkeiten zu kämpfen hatte, ablehnte, eine wenig motivierte Jugendliche aufzunehmen, gab es 6 Wochen lang keine weiteren Anmeldungen mehr. Die Erklärung dafür war dann, so sei das eben; wenn man jemanden ablehne, werde man bei den zuweisenden Stellen ganz schnell vergessen. So ist die Dynamik der Sucht. Also müssen wir auch damit umgehen. Wir tun es, indem wir mit den wichtigsten zuweisenden Stellen feste Termine zur Abklärung von Indikationen für eine therapeutische Intervention vereinbaren.

Mit den Kostenträgern und Verwaltungsstellen, deren Strukturen ein Angebot wie unseres nicht vorsahen, mußten eigene Konstruktionen entwickelt werden, etwa die Verabredung von „Zeitraum-Klienten", d.h. Klienten, denen die Therapiekosten für eine bestimmte Anzahl von Tagen in bestimmten Zeiträumen gutgesprochen werden, damit auch von der administrativen Seite möglich wird, daß Klienten nur zu kritischen Zeitpunkten wie etwa an den Wochenenden den schützenden Rahmen unseres Hauses nutzen bzw. an ihren dann offensichtlichen Defiziten arbeiten können. Administrativ aufwendig stellte sich auch das Miteinander der beiden Gruppen (Klienten und Bewohner) heraus, für die unterschiedliche kantonale Stellen zuständig sind. So muß jeder von beiden Bereichen, was Budgetierung, Personaleinsatz etc. betrifft, eigenständig ausgewiesen sein.

Beim Trägerverein lösten die Entwicklungen der Einrichtung eine eigene Dynamik aus. Innerhalb des Vereins begann eine Auseinandersetzung zwischen Traditionalisten und Realisten, während der bisherige Präsident, der von Anfang an dem Projekt distanziert gegenüber stand, sein Amt niederlegte und zwei Mitglieder aus dem fünfköpfigen Vorstand austraten. Ersatz konnte bisher für keinen von ihnen gefunden werden. Getragen wird das Projekt also gegenwärtig von den restlichen drei Mitgliedern des Vorstands. Wir hatten dem Verein angesichts der Größenordnung des Projekts mit einem Jahresetat von 1 Million SFr. und dem Risiko des ganzen Unternehmens bei einem Vereinsvermögen von etwa der Hälfte seines Jahresetats schon in der Planungsphase empfohlen, eine Kommission von Fachleuten aus unterschiedlichen relevanten Bereichen zur Aufsicht über den Betrieb einzusetzen. Bisher war der Verein mit seinen eigenen Schwierigkeiten so beschäftigt, daß erst jetzt, zum Zeitpunkt, zu dem ich dies schreibe, und nachdem die praktische Arbeit und mit ihr die Verwendung großer Summen seit drei Monaten begonnen hat, die Konstituierung einer solchen Kommission bevorsteht.

Über das Chaos auf der Ebene der Behandlungen, den Wirbel und das Spannende in der Arbeit mit den Klienten und im Zusammensein von Klienten und Bewohnern in dieser Situation des Neubeginns der Einrichtung, also dem, worum es letztlich geht, schreibe ich jetzt nicht mehr. Zum einen drückt sich darin, daß die eigentliche Arbeit bei der Darstellung hier in den Hintergrund tritt, etwas von der Gefahr aus, daß die Einrichtung unter dem Druck der Schwierigkeiten bei den Rahmenbedingungen zu einer „toten Institution" wird, zum anderen wäre es ein Thema, das eine eigene Bearbeitung wert ist.

Nur so viel in einer ersten Zwischenbilanz, nachdem insgesamt 6 Klienten eine Behandlung in unserer Einrichtung abgeschlossen haben und drei gegenwärtig unser Angebot nutzen: In der Arbeit mit den Klienten ging unser Konzept der gezielten Intervention einerseits und des fördernden heterogenen Milieus andererseits weitgehend auf. Insbesondere hat sich gezeigt, daß vom Zusammensein von älteren Pensionären und jüngeren Krisenklienten beide Gruppen profitieren. Die älteren Bewohner sind mit ihrer Rolle als „Großväter", die den „Enkeln" mit einem Verständnis begegnen, das in eigener Lebenserfahrung gründet, lebendiger, aktiver und selbstbewußter geworden, während die Krisen-Klienten sich damit auseinandersetzen, daß das Leben auch so aussehen kann wie jenes, das die Pensionäre geführt haben. Auch die Entwicklung eines familiären Milieus, in dem eine administrative Leiterin die Position des Vaters und ich als therapeutischer Leiter die der Mutter einnehmen, beide sich immer wieder auseinandersetzen und einigen müssen, ist trotz aller Schwierigkeiten mit den Rahmenbedingungen und der Gefährdung der Einrichtung gelungen. Von hier aus sind auch Resignation und Überforderung der Mitarbeiter bisher immer aufzulösen gewesen.

Kritisch dagegen ist die Frage, ob dieses Angebot genügend gebraucht wird, daß es sich ökonomisch tragen kann, und damit zusammenhängend die Auseinandersetzung mit der Formulierung eines Bedarfs, bei dem die Dynamik der Sucht organisierendes Prinzip ist. Das heißt, wir stehen an dem Punkt zu verstehen und zu integrieren, daß auch die Auseinandersetzung und Formulierung flexibler Antworten auf diese Probleme Teil unserer Arbeit ist.

Supervision in „Non-Profitorganisationen"
Verbindlichkeit und Supervision
oder Knäuel – Konzept – Lösung

Otto Jossi und Daniel Helmrich

In vielen Einrichtungen, deren „Arbeitsgebiet" in irgendeiner Konstellation der „Mensch" ist, finden Supervisionen statt. Die einzelnen Arbeitsteams werden häufig durch eine(n) externen Supervisor(in) begleitet.

Dieser Ansatz – *human ressources technic* – hat eine lange Tradition, deren Wurzeln letztlich in der Psychoanalyse zu finden sind. Der Arbeits- und Reflexionsstil der ausklingenden 60er Jahre definierte Supervision zu großen Teilen über das Moment der Selbsterfahrung, welches zwar nicht mit Therapie verwechselt werden durfte, sich aber nur allzu leicht in diese Richtung entwickelte. Der Supervisor, weitgehend mit den Anliegen seiner Supervisanden im Sinne des therapeutischen Arbeitsbündnisses identifiziert, schützte sich durch Distanz und Abgrenzung gegenüber den kontextbedingten Rahmenstrukturen und ließ seine Klientel damit auch ein Stück weit allein.

Nun gut. Alles hat seine Geschichte, seine Entwicklung und dies birgt ein großes Potential – wenn man daraus zu lernen und die entsprechenden Paradigmenwechsel vorzunehmen bereit ist!

Im Oktober des Jahres 1994 erhielt ich den Anruf eines Heimleiters, ich sei ihm für „sein" Heim, in welchem verhaltensauffällige und verwahrloste Kinder und Jugendliche betreut werden, als Supervisor empfohlen worden. Verschiedene Verabredungen für eine Vorbesprechung des Supervisionsauftrages kamen auf Grund zeitlicher Probleme des Heimleiters aber nicht zustande, so daß ich eines schönen Tages morgens um 08.00 Uhr im Heim stand und die Supervision, entsprechend dem telephonisch vorbesprochenen „Fahrplan", beginnen sollte.

Beim Betreten des Heimes bot sich mir folgende Situation: In dem großen Atrium, das als Aufenthaltsraum und für die Kaffeepause der Mitarbeiter genutzt wurde, stand ein Grüppchen beieinander, in der Nähe stand „sein Pfeifchen schmauchend" der Heimleiter, der auf mich zukam und mich mit der Frage begrüßte, ob wir jetzt einige Dinge besprechen wollten. Etwas überrascht verneinte ich höflich mit der Begründung, daß ich jetzt mit der Gruppe die Supervision beginnen wolle. Ein Mitarbeiter der Gruppe kam nunmehr zu mir und bat mich, die Supervision außerhalb der Institution abzuhalten, da sich die Mitarbeiter so unbefangener ausdrücken könnten. Ich willigte ein, lud die ganze Gruppe in meinen Wagen, da kein anderes Transportmittel zur Verfügung stand, und fuhr in ein nahegelegenes Restaurant, wo wir angesichts der frühen Tageszeit ungestört in einer Ecke mit der Arbeit beginnen konnten.

Es erstaunte mich dann nur noch wenig, daß die Thematik des Gesprächs ganz wesentlich durch die Mitteilung von massiven Mißtrauensgefühlen gegenüber dem Heimleiter bestimmt war. Ich war froh, beim Betreten des Heimes so „strukturiert" reagiert zu haben, um das Mißtrauen der Mitarbeiter nicht a priori auch auf mich zu ziehen. Andererseits wurde der Heimleiter in so „häßlichen" Farben geschildert, daß ich Mühe hatte, mir vorzustellen, es handle sich tatsächlich um die Arbeitsrealität der Institution.

Der begonnene Tag ging etwa in diesem Stil weiter. Ich mußte eine Menge von verhaltener und offener Aggression gegen den Heimleiter entgegennehmen, bis hin zur Unterstellung von sexuellen Übergriffen. Demgegenüber stand der recht lockere und freundliche Umgang unter den Mitarbeitern und dem Heimleiter in den „öffentlichen" Momenten wie der Kaffeepause oder dem Mittagessen. Auch in den kurzen Gesprächen, die ich bei dieser Gelegenheit mit dem Heimleiter führte, konnte der Eindruck, der sich in der Supervision ergeben hatte, nicht bestätigt werden.

Ich muß zugeben, daß ich die einstündige Rückkehr nach einem intensiven Supervisionstag in recht nachdenklicher Stimmung verbrachte. Hier waren ohne erkennbaren Grund zwei diametral entgegengesetzte Realitäten dargestellt worden, und möglicherweise ahnte der Heimleiter gar nichts von dieser schwierigen Stimmung, denn als einen Schauspieler, der sich über gefühlsmäßige Realitäten einfach so hinwegsetzt, hatte ich ihn nicht erlebt.

Nach einigen wenigen weiteren Besuchen der Institution wurde das Bild schon etwas klarer: Der Heimleiter hatte vor kurzer Zeit die Stelle angetreten, nachdem sein Vorgänger sich in einem heftigen Konflikt mit der Heim-kommission, seiner vorgesetzten „Behörde" also, aus seiner Tätigkeit hatte zurückziehen müssen. Viele Mitarbeiter dieser regional schon stark eingeeng-ten Berggegend waren nach wie vor deutlich mit dem ehemaligen Heimleiter identifiziert und standen allein aus diesem Grund dem neuen Heimleiter kri-tisch gegenüber, der zudem den Auftrag hatte, die Strukturen des Heimes so zu entwickeln, daß das Heim auch die Anerkennung und die damit verbunde-ne Subventionsberechtigung des zuständigen Eidgenössischen Amtes erhal-ten sollte. In vielen Gesprächen wurde die Supervision, die für den Kanton eine einzigartige Neuerung darstellte und daher auch von der Heimkommis-sion mit Argusaugen betrachtet wurde, hinsichtlich ihrer Effizienz und ihres direkten Nutzens für die Institution thematisiert. Vor allem sollte vermieden werden, daß sie ungewollt (oder zumindest unbewußt) ein Nährboden für die Befürchtungen der Mitarbeiter werden könnte, ohne daß auf der Hand-lungsebene eine Klärung herbeigeführt werden könnte.

Es hatte sich zwar in der Zwischenzeit bewährt, bei institutionellen Kon-flikten oder solchen, die sich direkt zwischen Heimleitung und Mitarbeitern abspielen, den Heimleiter in die Supervision einzuladen, doch war hier auch dann nur in vereinzelten Fällen eine Klärung möglich.

Allerdings führte die gegebene Situation zu dem Bedürfnis nach grund-sätzlicher Strukturauffassung und -klärung. Aus diesem Bedürfnis entstand der nachstehende, gemeinsam erarbeitete Artikel und die darin enthaltenen Sichtweisen. Unsere Problemlage kann wie folgt verallgemeinert werden:

1. Auf der institutionellen Ebene

- Die Arbeit kann kaum evaluiert werden.
- Was in der Supervision passiert, ist kaum transparent.
- Dadurch kann erhebliches Mißtrauen von Seiten der Institution (Heimkommission) entstehen.
- Konflikte in der Supervision können nicht in einer Rahmenstruktur gelöst werden, wodurch sich ein ungewolltes Agierfeld ergibt.
- Die Institution finanziert eine Leistung, deren Inhalt sie praktisch nicht kennt.
- Die in der Supervision geleistete Arbeit kann institutionell, also teamüber-greifend, wenig genutzt werden.

2. Auf der Leitungsebene

Es gibt Institutionsleiter, die aus folgenden Gründen keine Supervision mehr wollen:

- Eventuelle institutionsgefährdende Haltungen von Mitarbeitern bleiben geheim.
- Massive Arbeitsbehinderungen (z.B. Alkoholkrankheit, Suchtprobleme, schwere psychische Probleme) können nicht rechtzeitig und adäquat angegangen werden.
- Supervision schafft Probleme, anstatt Strategien zur Lösung von Problemen zu entwickeln.

3. Auf der Mitarbeiterebene

- Spaltungen zwischen Struktur und eigener Empfindung bleiben unbearbeitbar.
- Mitarbeiter geraten in eine Position der Hilflosigkeit, weil sie relevante Probleme, die aus den Rahmenbedingungen stammen, *nicht* als innerpsychische Konfliktlagen klären können. Respektive ergibt sich eine Verwirrung durch die mögliche Verwechslung von ursächlichem und auslösendem Moment. (Ursache: Konfliktpotential des Mitarbeiters – innerpsychisch; ausgelöst durch Konflikt mit den Rahmenbedingungen – strukturell!)
- Innere Drucksituationen verleiten in wenig produktiver Weise zum Agieren.

4. Auf der Ebene des Supervisors

- Mangel an Kenntnis der konkreten Strukturen verhindert klare Orientierung, Stellungnahmen und Anleitung in Konfliktlösungsprozessen.
- Probleme können oft nicht an dem Ort aufgegriffen werden, wo sie entstehen.
- Die Supervision verkommt zu einem isolierten Inseldasein, in dem zwar reflektiert wird, der reale, arbeitsbedingte Kontext jedoch nicht genügend Berücksichtigung finden kann.
- Der Supervisor läuft Gefahr – bei bester Motivation, menschlicher Kompetenz und großem Einfühlungsvermögen – zwischen den Fronten „zermahlen" zu werden.

Vor diesem Hintergrund haben wir für institutionelle Probleme eine Beratungslösung erarbeitet, die wir hier gerne als Anregung vorstellen. Die Institution, in der diese Lösung bereits zur Anwendung kommt, verfügt über ein Rahmenkonzept und vorgesehene Strukturen. Wo dies fehlt, oder aber das Konzept zwar schriftlich existiert, aber nicht angewendet wird, ist zunächst konzeptionelle Arbeit nötig. Dazu sollten externe Beratungspersonen beigezogen werden, die folgende Schlüsselqualifikationen besitzen: Supervisonsqualifikation und Erfahrung in der Entwicklungsarbeit!

Zur Lösung des geschilderten Problemkomplexes, der sich rasch recht negativ auf das Arbeitsklima und die Vertrauenssituation innerhalb einer Institution auswirken kann, stellen wir ein *Vertragsmodell* vor, das den oben genannten Gefahren einigermaßen Rechnung trägt. Ganz bewußt verzichten wir auf den eigentlich recht ungenauen und projektionsfördernden Begriff „Supervision" und ersetzen ihn durch den Begriff „externe Begleitung".

Daraus ergibt sich folgende konkrete Struktur:

Die Institution erteilt dem externen Begleiter

einen *definierten* Auftrag

zur „externen Begleitung", „Teamentwicklung" und „Supervision",
der auch Schulungselemente enthalten kann.

- *Begleitung und Supervision von Teams:*
  Aufzählung der Teams und der jeweiligen Anzahl erwartbarer Teilnehmer:
  Zeitlicher Aufwand ca. je 90 Minuten pro Monat, pro Team.
- *Zusätzliche Aufträge:*
  Zusätzliche nötige Supervisionen, Planungssitzungen mit der Heimleitung,
  die Moderation von Gesamtveranstaltungen und Begleitungen von Arbeitsgruppen sind mit der Heimleitung separat zu vereinbaren.

Weiter umfaßt die Vereinbarung *beispielsweise* folgendes:

Gemeinsame Abmachungen über Inhalt dieser Begleitungen (diese können im Laufe des Prozesses verändert werden):
- Die Institution X befindet sich in einem Entwicklungsprozeß. Der externe Begleiter kennt die Rahmenbedingungen, die Zuständigkeitsordnung, das

Rahmenkonzept und die Reglemente und Verordnungen. Bei Unklarheiten hält er Rücksprache mit der Institutionsleitung.
- Diese sind mit seinem Menschen- und Weltbild vereinbar.
- Während des Prozesses entstehende Strukturen, und neue Abmachungen werden dem externen Begleiter durch die Institutionsleitung unterbreitet, damit er feststellen kann, ob sie mit seinem Weltbild noch vereinbar sind. Sollte dies nicht der Fall sein oder/und kann keine einvernehmliche Lösung gefunden werden, gilt der Auftrag als aufgelöst.

Die Inhalte und vor allem die persönlichen Stellungnahmen in den Begleitungsgesprächen unterstehen der Schweigepflicht:
- Bei institutionsschädigendem Verhalten von Mitarbeiter/innen ist dies – wenn immer möglich – transparent zu machen, ohne daß der Persönlichkeitsschutz verletzt wird.
- Das Gleiche gilt, wenn der externe Begleiter institutionelle Vorgänge feststellt, die sich auf der Ebene der Mitarbeiter negativ auswirken.
- Er bemüht sich, die Konfliktparteien an einen Tisch zu bringen, um gemeinsam unter Kenntnis sämtlicher Rahmenbedingungen in einer von Transparenz getragenen Atmosphäre Lösungen zu erarbeiten.

Als wesentlichen Bestandteil der Erfolgskontrolle sehen wir folgendes Vorgehen:

- Der *Entwicklungsstand* der Teams wird von Zeit zu Zeit mit der Leitung evaluiert, um Entwicklungsschritte der *gesamten Institution* koordinieren zu können. Zu diesen Besprechungen können gegebenenfalls außenstehende Berater beigezogen werden.
- Bei der Arbeit mit den Teams werden folgende *Schwerpunkte* gesetzt:
  - Erhöhung der Effektivität bei der speziellen Auftragsausführung,
  - Erlernen kooperativen Problemlösungsverhalten (in der Institution, mit Klienten),
  - Hilfen für die Teams bei der Überleitung in die neuen Strukturen,
  - Optimierung von Arbeitsabläufen,
  - Förderung der Zusammenarbeit durch Transparenz und Kongruenz (im Heim, mit Klienten).

Der Teamentwicklungsansatz hat immer die Gesamtinstitution im Auge:

- Bei der Arbeit ist auf die Strukturen der Institution und Problemlösungs-
strategien bzw. -settings hinzuweisen.
- Bei Problemen, die die Heimleitung betreffen, ist das Team auf die Möglichkeit aufmerksam zu machen, die Heimleitung für eine Sitzung einzuladen (Transparenz).

Der externe Begleiter muß grundsätzlich bereit sein, die Institution
während des *ganzen* Entwicklungsprozesses zu begleiten. Er ist dadurch in der Lage, das in der Arbeit entstehende Hintergrundwissen
sinnvoll in die Begleitungen der einzelnen Teams *und* in den Entwicklungsprozeß der Institution laufend einfließen zu lassen.

Vermutlich löst dieses Konzept bei einigen Kolleginnen und Kollegen, die
Supervisionen übernehmen, Bedenken aus, da sie befürchten, ihren bisherigen Freiraum und ihre Unabhängigkeit zu verlieren. Eine Form der Supervision, die in den zu Grunde liegenden Kontext integriert ist und auf Transparenz aufbaut, wird aber in vieler Hinsicht für den Supervisor, die begleitenden Teams mit ihren MitarbeiterInnen und für die Institution zu einer ge-
winnbringenden Ebene der gemeinsamen Auseinandersetzung von arbeitsbe-
dingten Fragestellungen, Problemen und Konflikten führen, die so verbindli-
cher und möglicherweise auch intensiver und nutzbringender – im Sinne der
der Institution anvertrauten Klientel – ausgetragen werden können!

Andererseits sind wir überzeugt, daß Begleitungen gerechtfertigt und nötig sind. Sie sollen Lernschritte ermöglichen, die der gesamten Institution
entgegenkommen. Das bringt eine Qualitätssteigerung, die gemeinsam (nicht
einsam) erlebt und genutzt werden kann.

Das Weiter- und Fortbildungskonzept

Wir erachten Supervision als Teil eines Weiter- und Fortbildungskonzeptes,
das arbeitsplatzbezogenes Lernen als Grundlage vorsieht. Vielen Betrieben
und Institutionen (Schulen sind für uns auch Betriebe und Institutionen) erscheint bis heute ein Weiter- und Fortbildungskonzept als wenig notwendig.

Das eher traditionelle Vorgehen ist immer noch so, daß Mitarbeiter/innen
in Kurse geschickt werden, die außerhalb der Institution oder des Betriebes
stattfinden. Die besuchten Kurse richten sich eher nach den Bedürfnissen der

Mitarbeiter/innen, die institutionellen Bedürfnisse sind unklar. Die gemachten Erfahrungen, das erworbene Wissen, wird kaum evaluierbar und kaum evaluiert. Externe Fort- und Weiterbildung finden wir dann nutzbringend, wenn sie in ein Konzept eingebunden ist.

Beim *arbeitsplatzbezogenen* Lernen werden die Beteiligten in die Planung miteinbezogen und die Fortbildung wird institutionsadäquat ausgewählt. Die Evaluation und Anpassung der Fortbildung kann so dauernd auf die Bedürfnisse des Betriebes abgestimmt werden.

Die beigezogenen Experten haben die Rolle des *Wissenslieferanten, Moderators, Beraters* und des *Infragestellers*. Die eigentlichen Fachexperten sind die Führungsverantwortlichen.

Der Nutzen der arbeitsplatzbezogenen Fortbildung fördert das Zusammengehörigkeitsgefühl und zielgerichtetes Vorgehen, es ist flexibel zu handhaben und schlußendlich werden Kosten gespart.

Mögliche Ausbildungsformen (neben Supervision und Teamentwicklung) innerhalb eines Betriebs sind:

- Vermittlung von *Coaching*-Kompetenz an die Führungskräfte.
- *Kaizen* zielt darauf ab, innerhalb des Betriebes mit den Mitarbeiter/innen alltägliches Lernen zu verankern und Veränderungsprozesse als Bestandteil des Arbeitslebens zu erleben.
- *Innovationsgruppen* entwickeln Lösungen zu den Problemen, die nach sofortiger Lösung verlangen. Diese Gruppen bestehen vor allem aus dem mittleren und oberen Kader. Sie werden anfangs durch außenstehende Experten moderiert, nachher arbeiten sie allein.
- *Qualitätszirkel* arbeiten mit dem Ideenpotential der Mitarbeiter/innen. Ihre Aufgabe ist Analyse, Planung und Durchführung von qualitäts- und leistungsverbessernden Maßnahmen.
- *Korridore:* die Geschäftsleitung will den Führungsverantwortlichen die Marschrichtung verständlich machen und diese darauf verpflichten. Der Name soll folgendes Bild symbolisieren: Die Mitarbeiter kommen aus ihren Zimmern und treffen sich im Gang. Nach Besprechung der Teilschritte, gehen sie in ihr Büro und erarbeiten für ihr Gebiet die Voraussetzungen, um sie nachher wieder im Gang mit den anderen zu besprechen.

- *Entwicklungslernen:* Seminare und Workshops sind ein themenbezogenes Angebot, das für den Betrieb von Belang ist.
- *Assessment* dient der Mitarbeiter/innenpotentialerfassung; diese wird unter Anleitung durch Führungskräfte durchgeführt. Zusammen mit den Mitarbeiter/innen werden dann die festgestellten Stärken und Schwächen besprochen und nächstmögliche Verbesserungsschritte eingeleitet. Die Führungskräfte werden in Mitarbeiter/innenqualifikation geschult.
- *Lerngruppen* sind ausgewählte Mitarbeiter/innen, die eine Fortbildung besuchen, die ihre gemeinsame Arbeit betrifft.
- *Know-how* ist eine zielgerichtete arbeitsplatzbezogene Ausbildung durch Führungskräfte, die sich Moderations- und methodische/didaktische Kompetenz erarbeitet haben.

Das Hinterfragen von Verhalten, Arbeitsweisen und der dahinterstehenden mentalen Modelle setzt Entwicklungen in Gang, in der sich verschiedene Bereiche wechselseitig positiv beeinflussen und eine zielgerichtete Entwicklung ergeben.

Meistens beginnt die Fort- und Weiterbildung bei den Mitarbeitern, die ihren Sinn und Nutzen erleben müssen.

Nicht alle der beschriebenen Formen sind für jeden Betrieb adäquat, eine gezielte Bedarfsanalyse bringt Klarheit.

Nach diesem Überblick über verschiedene Techniken, der vor allem zeigen soll, daß die „heilige Kuh" Supervision durchaus nennenswerte und kraftvolle Geschwister hat, möchten wir – quasi der Vollständigkeit halber – die anfangs begonnene Geschichte auch noch zu Ende erzählen.

Wie berichtet, entstammt das dargestellte Konzept einer Situation, die vor allem durch Mißtrauen geprägt war. Es sollte das Mißtrauen durch Transparenz und Offenheit relativieren, ja möglicherweise beilegen. Kurz nach der Fertigstellung des Konzepts entließ die Heimkommission den Heimleiter fristlos. Dem Supervisor wurde telefonisch mitgeteilt, daß das Arbeitsverhältnis durch die Heimkommission beendet werde, da er zu eng mit dem Heimleiter zusammengearbeitet habe.

Wir lernen daraus, daß nicht alle Strategien zur Bewältigung vorhandener Probleme wirklich dort angreifen können, wo das Problem eigentlich liegt. Wo Ängste die Handlung bestimmen, kann kein Raum für wirkliche Auseinandersetzung, kann keine wirkliche Kooperation entstehen.

veni, vidi ... Verdi?
Zur Notwendigkeit verbindlicher pädagogisch-therapeutischer Eingriffe

Peter Rödler

Non m'amate.
Voi mentite.

(Verdi: Ernani)

Liebe Leserin, lieber Leser, der Titel meines Aufsatzes steht im Zusammenhang mit meiner Liebe zur Musik, insbesondere zur italienischen Oper. So
möchte ich von diesem etwas ungewöhnlichen Ort her – bzw. um diesen herum – einige mir wichtige Gedanken über das pädagogische und therapeutische Handeln entwickeln.

„Veni, vidi, vici"

„Ich kam, sah, siegte", dies ist das Modell erfolgreicher medizinischer Behandlung. Dieses Modell ist dem linear funktionierenden materialen Grund
menschlicher Existenz durchaus angemessen. In diesen Funktionsbereichen
führt die richtige Diagnose einer heilbaren Krankheit in Verbindung mit der
richtigen Durchführung der dieser Krankheit zugeordneten Therapie – einen
eventuellen sekundären Krankheitsgewinn und die damit verbundenen psy-
chosomatischen Komplikationen beiseite lassend – zum Sieg über die Krankheit. In diesem Bereich ist der Arzt im Hinblick auf seine professionellen
Aufgaben deshalb durchaus berechtigt zu sagen, er müsse noch mal bei
„seinem Beinbruch" oder „seiner Herzklappe" vorbeischauen. Diese Art der
Beschränkung des Kontaktes auf den funktionellen Bereich der Begegnung
hat sogar Sinn, da diese Beschränkung dem Arzt eine schwere Operation,

z.B. am Herzen, möglicherweise psychologisch überhaupt erst ermöglicht (Devereux 1984, S. 124, Fall 57).

Der obige Hinweis auf einen sekundären Krankheitsgewinn weist allerdings über diese Überlegungen hinaus. So kann ein psychisches Motiv, das bei der Erkrankung eine Rolle spielt, so stark werden, daß es den Krankheitsverlauf verändert, verlängert oder gar eine Heilung unmöglich macht. Damit sind wir selbst in der Medizin auf das psychotherapeutische bzw. pädagogische Handeln angewiesen, dessen Gegenstand grundsätzlich anderen Charakter hat. Bereits den Gründungsvätern der Psychoanalyse wurde immer wieder deutlich, daß das ihnen gewohnte medizinische Paradigma – die Offenlegung eines Problems und die damit verbundene Bewältigung der Problematik – in dem neuen Gegenstandsbereich psychischer Störungen so einfach nicht verfing. Allein vor diesem Hintergrund leuchtet es ein, daß die nicht-medizinischen Mitglieder in der Mittwochsgesellschaft, die die Psychoanalyse am Anfang des Jahrhunderts aus der Taufe hob, außerordentlich geschätzte, ja aus heutiger Sicht geradezu notwendige Mitglieder waren (Nunberg/Federn 1976-81). Um so bedauerlicher ist die „Remedizinierung" der Psychoanalyse im amerikanischen Exil, auf die Ernst Federn immer wieder verweist (1990).

Was ist aber nun der Charakter des pädagogisch-therapeutischen Gegenstandsbereiches im Unterschied zu dem hier kurz angesprochenen Bereich traditionellen medizinischen Handelns?

In der Theorie komplexer Systeme (Chaostheorie) werden lineare Systeme von komplexen Systemen unterschieden.[1] Diese Unterscheidung ist auch für das hier behandelte Verhältnis kennzeichnend: Traditionelle medizinische Gegenstände[2] haben in der Regel linearen Charakter, während der pädagogisch-therapeutische Gegenstandsbereich sich auf komplexe Zusammenhänge bezieht. Nun können aber komplexe Verhältnisse quasi linearisiert werden, indem man den Fokus von dem einzelnen „Fall" oder Phänomen eines komplexen Zusammenhanges auf eine große Zahl von „Fällen" oder Phänomenen eines gegebenen Zusammenhanges erweitert. Man kommt so zu *statistischen* Aussagen, die jenseits von Abweichungen im Einzelfall für die Mehrheit der „Fälle" recht sichere Vorhersagen ermöglichen. Dieser Möglichkeit bedient sich die „Regelpädagogik" wie auch die Generierung von phänomen- oder gruppenbezogenen Therapien innerhalb der Psychologie.

Der Gegenstandsbereich pädagogisch-therapeutischen Handelns, das heißt das Arbeiten mit Menschen, die irgendwelche pädagogisch oder therapeutisch relevanten Probleme haben, kann sich der „linearisierten" Erfahrungsfiguren zwar durchaus bedienen, da es hier aber um ein Handeln mit und gegenüber dem *einzelnen* Menschen geht, kann sich diese Arbeit weder auf statistische Gruppeneigenschaften noch auf abgrenzbare funktionelle Teilbereiche beziehen, sondern muß immer die Gesamtpersönlichkeit des Schülers/Klienten in seinen vielen aktuellen wie individual-historischen Bedingtheiten zum Gegenstand haben. Die angesprochenen statistischen Aussagen bleiben immer nur von sehr begrenztem Wert. Im Folgenden soll deshalb das menschliche Beziehungs- und Weltverhältnis[3] als Grundlage der pädagogisch-therapeutischen Arbeit erläutert werden.

Anthropologische Grundlagen

Die Entwicklung eines jeden Lebewesens folgt nicht allein einem inhärenten biologischen Bauplan, sondern ist Ausdruck seiner jeweils gattungsspezifisch prädisponierten Potenz im Zusammenhang mit den je speziellen Erfahrungen, die es in seinem Leben macht. Mit zunehmender Kompliziertheit der biologischen Struktur wird es ihm möglich, sich den Fluktuationen und Zufälligkeiten der Umwelt flexibler anzupassen. Dieser Austausch mit der Umwelt bezieht sich – ab der Entwicklungsstufe von Lebewesen mit einem Zentralnervensystem als dessen Organisator – auf ein auf der Basis der Erfahrungen konstruiertes Abbild der Welt. Das Abbild darf nicht mit einem irgendwelche Eigenschaften der Umwelt fixierenden Bild verwechselt werden. Als Konstruktion des Nervensystems kann es immer nur vor dem Hintergrund und in bezug auf eine individual-historisch komplexe Logik verstanden werden.

So ist es Tieren mit einem weit entwickelten Nervensystem sogar möglich, individuelle instrumentelle Erfindungen zu machen und sich so von ihren Gattungsgenossen zu unterscheiden. Damit wird es auf dieser Stufe der Entwicklung der Lebewesen sogar möglich, Beweise von instrumenteller reflexiver Individualität zu finden. Gleichzeitig ist es möglich, daß diese Erfindung von anderen Artgenossen übernommen wird und in einer sozialen Gruppe von Tieren über die Lebensdauer des Lebewesens hinaus, das ursprünglich diese Erfindung gemacht hatte, stabil erhalten bleibt. Diese Gruppe unterscheidet sich damit von einer genetisch gleich ausgestatteten Gruppe von Lebewesen, die diese Erfindung nicht gemacht hat, d.h. es wird das Rudiment einer instrumentellen Kultur möglich (vgl. Maturana/Varela 1987, S. 229f., 241f.).

Dennoch verbleiben diese Konstruktionen bei Tieren immer in dem instrumentellen Bereich der Mittel. Der Bereich der Ziele, die instinktive Orientierung des Lebewesens in seinem Milieu, zeigt sich als noch festgelegt. Es muß an dieser Stelle betont werden, wie stabil und überlebensfähig diese Organisation tierischen Lebens ist. Die instinktive Ausrichtung gewährleistet eine stabile Orientierungsbasis in dem gegebenen Milieu, während das Fluktuieren der Mittel einen außerordentlich flexiblen Anpassungsbereich darstellt. Eine Weiterentwicklung scheint undenkbar.

So ist der Schritt zur Weltkonstruktion der Menschen denn auch mit einem weitestgehenden Verlust der instinktiven Orientierung erkauft. Dieser Verlust – eventuell durch die phylogenetische Frühgeburtlichkeit des Menschen mit bedingt – macht nun nicht nur eine individuelle Konstruktion im Bereich der Werkzeuge, sondern auch im Bereich der Ziele, d.h. der Orientierung selbst notwendig.[4] Damit werden individuelle wie soziale Konstruktionen möglich, die das Individuum wie auch die Menschen insgesamt in ihrer Bedeutung in der Welt zum Gegenstand haben. Auf dieser Ebene sind denn auch die kulturellen Produkte der Menschen von der Sixtinischen Kapelle bis Auschwitz angesiedelt. Diese Möglichkeiten, von ihrer faszinierendsten bis zur barbarischsten Seite hin, begründen allerdings auch eine spezifische Notdurft des Menschen: Biologisch orientierungslos und nur mit basalsten überlebensnotwendigen Reflexen ausgestattet, bedarf der Mensch von der Geburt an nicht nur der körperlichen Pflege – „satt und sauber" –, sondern auch und vor allem sozialer, auf ihn gerichteter Intentionen als Orientierungshilfen in seinem Umfeld, um überleben zu können. Ein Entzug dieser Hinwendungen und ein Rückzug auf rein pflegerische Handlungen an Neugeborenen kann zu deren Tod führen (wie Versuche im letzten Jahrhundert gezeigt haben). Der Mensch bedarf von Anbeginn an der sozialen Deutung und Bedeutung, um seine potentielle Organisation mit und gegenüber diesen Orientierungshilfen realisieren zu können.

Damit gerät die menschliche Existenz allerdings in eine paradoxe Falte: Zum einen ist ein soziales Angebot als Orientierung im Umfeld überlebensnotwendig. Zum anderen würde eine unbedingte eindeutige soziale Orientierung die humane individuelle Selbstbeschreibung unmöglich machen. Das heißt, das menschliche Leben ist individuell wie gesellschaftlich grundsätzlich dem Spannungsfeld von Bevormundung und Beherrschung bis hin zur Diktatur einerseits sowie der Isolation und Orientierungslosigkeit bis hin zum Autismus andererseits ausgesetzt.

Die Heimat der Menschen im Sprachraum

Daß dieser Austausch dennoch überraschend gut funktioniert, liegt an der Eigenart des Raumes, der durch die wechselseitige Zuweisung von Bedeutungen im gemeinsamen Handeln von Menschen entsteht. Ich möchte diesen Raum Sprachraum nennen, obwohl die Mehrheit der Bedeutungen und Orientierungen, durch welche die mitmenschliche Welt einem Menschen eröffnet wird, sicher keine gesprochenen Mitteilungen sind. Neben den gesprochenen Hinwendungen besteht er aus allen nicht gesprochenen Handlungen, die sich auf den Menschen beziehen, und darüber hinaus aus allen Bedeutungen, die in den von Menschen geschaffenen Kulturgütern geronnen sind (wie z.B. in einem Waschbecken; Lacan 1980, S. 15). Indem ich es hier dennoch vorziehe, von einem Sprachraum anstatt von Kultur zu sprechen, knüpfe ich an Maturana (1987) an, der den spezifisch menschlichen Austausch „Linguolaxis" (S. 228) und den von diesem Austausch gebildeten Raum „Reich der Sprache" (S. 226) nennt. Ebenso wichtig erscheint mir die Möglichkeit, diesen Raum – im Unterschied zum Begriff „Kultur" und in Ergänzung zu Maturanas Theorie – als zeichenhaft zu beschreiben.

Die Beschreibung des Sprachraums als zeichenhaft begründet eine strukturelle Differenzierung dieses Raumes. Analog dem Zeichen selbst kann dieser Raum als aufgeteilt in seine signifikanten Codes und die von diesen aufgerufenen Bedeutungen (Signifikate) verstanden werden. Diese Beschreibung des Sprachraums ermöglicht es, die Verständigung in diesem Raum *bei fortbestehender individueller Position (!)* als dennoch möglich zu beschreiben. Diese Verständigung findet über die Ebene der Signifikanten statt, wobei die je *individuelle* Anknüpfung der Beteiligten über die jeweils durch die Signifikanten aufgerufenen Signifikate erfolgt, d.h. über einen Akt individueller Interpretation erschlossen wird.

So ermöglicht die beschriebene Strukturierung des Sprachraums eine *mehrdeutige* Verständigung und erfüllt die Notwendigkeit, die Orientierung möglich zu machen *und* die je eigenen individuellen Zugänge zu bewahren. Damit wird der Erhalt dieser Struktur aber auch zu einer grundsätzlichen Norm für die Gestaltung von humanen Relationen insgesamt. Als eine erste Konsequenz aus diesen Überlegungen bleibt festzuhalten, daß alle Sprachräume, die so gestaltet sind, daß den stattfindenden Verständigungsprozessen bestimmte sehr beschränkte oder gar eindeutige Bedeutungen aufgezwungen werden – wie z.B. in der Verwendung des Wortes „Jude" während der Zeit des Nationalsozialismus in Deutschland, aber auch der Worte „Asylant", „Bulle" oder auch „Serbe" oder „Kurde" heute –, von dieser Norm her als inhuman kritisiert werden müssen.

Folgerungen für die pädagogisch-therapeutische Arbeit

Was heißt dies nun für die pädagogische und therapeutische Arbeit? Auf den ersten Blick scheinen meine Überlegungen das allseitig beklagte „Technologiedefizit" der Pädagogik voll zu bestätigen. Im Grunde machen meine Überlegungen sogar deutlich, daß dieses Technologiedefizit über die Pädagogik hinaus bei *allen* Aktivitäten, die sich auf komplexe Systeme beziehen, d.h. unter anderem auch bei allen sozialen Aktivitäten, feststellbar ist. Der Schluß der radikalen Konstruktivisten ist klar. Im Sinne unseres Themas:

„veni, vidi, ... vidi?, ... ???" (da capo sine fine)

Sollte dies auch das Ergebnis unserer Untersuchungen sein? Dies wäre für die angestrebte Arbeit mehr als fatal, da auf dieser Basis eine *reflektierte* Politik, Pädagogik und Therapie letztlich unmöglich wird! Aber gibt es aus dieser Situation überhaupt einen denkbaren Ausweg? Ist nicht am Ende die aufgeklärt-aufgeklärte Ratlosigkeit der Postmoderne, wie sie in dem *„veni, vidi, vidi, vidi ..."* zum Ausdruck kommt, doch die einzig „wahre" Beschreibung der Handlungsmöglichkeiten gegenüber einem komplexen System?

Die Antwort auf diese Frage bzw. der Ausweg aus der beschriebenen Sackgasse wird deutlich im Zusammenhang mit den Ergebnissen über die Struktur des Sprachraums. Wir hatten als dessen wesentliches Merkmal die *Mehrdeutigkeit* herausgestellt. Dieser Blickwinkel zeigt nun aber sowohl das *„veni, vidi, vici"* als auch das *„veni, vidi, ???"* als Aussagen, die eine eindeutige Antwort suchen: die erste behauptet einen (1) Lösungsweg, die zweite keinen (0) Lösungsweg bieten zu können. Die Fragestellung zeigt sich in beiden Fällen als binär und als der Funktion des Sprachraums nicht angemessen!

Aber gibt es systematisches Handeln unter der fortdauernden Bedingung der Mehrdeutigkeit? Woraus könnte dieses Handeln seine Verbindlichkeit (auch im wörtlichen Sinne verstanden) beziehen?

Ein erster Bereich, der die Vielfalt der Möglichkeiten der gültigen Konstruktionen in einer gegebenen Situation einschränkt, ist der Bereich der materialen Gesetzmäßigkeiten.[5] Im Anschluß an unsere Überlegungen im Zusammenhang mit der sprachlichen (*nicht sprechlichen!*) Existenz der Menschen können wir zwar sagen, daß die *Wahrnehmung* dieser materialen Gegebenheiten immer eine Konstruktion im und über den Sprachraum und damit ein sozial-zeichenhaftes Konstrukt darstellt. Diese Konstruktionen können aber die materialen Gesetzmäßigkeiten, auf die sie sich beziehen, nicht vernachlässigen, ohne bei einem Handeln auf der Grundlage dieser Konstruktionen durch eben diese materialen Gegebenheiten in Frage gestellt zu werden (Peirce 1985).

„D.h. in gleicher Weise wie es möglich ist, im Traum zu fliegen, ist dies auch im Wachen imaginierbar. Wenn ich aber auf der Basis einer solchen Imagination aus dem Fenster eines Hochhauses herausspringe, macht sich die Vernachlässigung der materialen Gegebenheiten in meiner Konstruktion schlagartig und in diesem Fall existenziell bemerkbar! Dennoch ist das linear material gegebene Faktum, nicht fliegen zu können, weiter mehrdeutig (!), da die Interpretation dieses Faktums, d.h. das was verschiedenen Menschen dieses Faktum bedeutet und wie sie aus dieser Interpretation heraus mit diesem Faktum umgehen, sehr unterschiedlich sein kann. So wäre es neben vielen anderen Möglichkeiten z.B. möglich, Höhenangst auszubilden und deshalb nie mehr in Häusern über den ersten Stock hinaus zu gehen oder auch die physikalischen Gegebenheiten so zu beforschen, daß es möglich wird, mit Hilfe einer materialen Konstruktion die soziale Konstruktion ‚fliegen-zu-können' eben doch zu realisieren, d.h. Drachenflieger zu werden."

Gleiches gilt allerdings auch für die in einem bestimmten Handlungsbereich vorhandenen sozialen Gesetze und Regeln. Auch diese können den Bereich möglicher Interpretationen mit Handlungsoption und damit die Freiheit des Handelns eines Menschen einschränken. So kann die Verletzung eines Tabus in einer gegebenen Kultur, auf welcher Grundlage auch immer entstanden, für die Existenz eines Menschen ähnlich bedrohlich sein, wie der oben beschriebene Sprung aus dem Fenster. Die Erschließung dieser Regeln ist nun allerdings nicht durch naturwissenschaftliche Versuche, sondern nur durch Beobachtungen, Interpretationen und ein Mithandeln auf der Basis dieser Interpretationen, d.h. durch eine hermeneutisch-dialogische Erschließung möglich.

Der Begriff „hermeneutisch" verdeutlicht in diesem Zusammenhang die notwendige Vorleistung des Menschen, einen Entwurf, eine erste Interpretation der Situation, um überhaupt handeln zu können! Auch der in Passivität und Neutralität verharrende Therapeut oder der sich auf anti-pädagogischer Grundlage zurückhaltende Pädagoge bilden jeweils Sprachräume, die von dem Schüler/Klienten interpretiert werden. Gerade das erste Beispiel des schweigenden Gegenübers zeigt in der Reaktion der Klienten häufig, wie massiv eine solche Zurückhaltung auf das Verhalten von Menschen wirkt. *Pädagogisch-therapeutische Arbeit ist in jedem Fall ein Eingriff,* der in jedem Fall zu verantworten ist. Diese Verantwortung kann dabei nicht durch die Imagination von Symmetrie ersetzt werden.

Wichtig bei dieser Verantwortung ist zu bedenken, daß die Annahmen, mit denen sich Pädagogen und Therapeuten in die Szene begeben, völlig an ihre eigenen und für sie relevanten Vorerfahrungen gebunden bleiben. Mit dem Begriff „dialogisch" wird deshalb ein zweiter notwendiger Schritt in Richtung auf die Erschließung vorhandener sozialer Regeln beschrieben. In diesem zweiten Schritt werden die im Handeln gemachten Erfahrungen mit den dieses Handeln begründenden Annahmen verglichen. Werden hierbei wesentliche Differenzen offenbar, wird eine Veränderung der Annahmen über den entsprechenden sozialen Regelraum notwendig. Obwohl diese Wahrnehmung der Differenzen, wie auch die hieraus folgenden Veränderungen wiederum Interpretationen des Individuums darstellen, wird erkennbar, daß in diesem Schritt determinierende Informationen – wenn auch keine instruierenden – in dieses Interpretationssystem einfließen.

Diese Beschreibung der Erschließung sozialer Regeln macht deutlich, daß ein „Verstehen" eines von einer Gruppe oder einem Menschen gebildeten Sprachraums weder durch einfache Mitteilungen noch durch ein voraussetzungsloses, emphatisches und intuitives Erfassen möglich ist. Ein ver*Ant*wort*liches Umgehen mit diesem Spannungsfeld zeichnet sich dadurch aus, daß in der Erfahrung einer dialogischen Situation eine Korrektur an den dieser Situation vorausgehenden eigenen Vorannahmen und damit eine Antwort möglich wird.

Diese Überlegungen machen deutlich, daß eine „volle Verständigung", ein Verstehen, das soweit geht, daß die Wirklichkeit mit den Augen des Gegenüber gesehen wird, grundsätzlich nicht möglich ist, da alle Schritte der Erschließung eines sozialen Raumes letztlich individuelle Interpretationen darstellen. „Gelungene" Verständigung bleibt immer an die Beschränkung des Verstehenwollens auf das pragmatisch Notwendige oder Relevante gebunden! So zeigen unsere Überlegungen zwar durchaus Prozesse der Annäherung individueller Sprachräume. Das Maximum erreichbarer Nähe besteht aber allein in der Verdrängung des Mißverständnisses aus dem gemeinsamen Handlungsraum! *Dies bedeutet, daß andere Menschen ihren Mitmenschen letztlich immer ein Geheimnis bleiben!*

Zur pädagogisch-therapeutischen Leidenschaftlichkeit

An dieser Stelle möchte ich auf den etwas ungewöhnlichen Ausgangspunkt unserer Überlegungen zurückkommen:

„veni, vidi, ... Verdi?"

„Verdi" steht hier, wie gesagt, für die italienische Oper. Diese gewinnt ihren ungeheuren emotionalen Ausdruck daraus, daß sich die Menschen in den von ihr erzählten Geschichten auf der Basis des Mißverstehens sowie eines absehbaren Scheiterns – zum Teil von Anfang an hörbar (Ouvertüre zu Pucchinis „Tosca" oder Verdis „La Traviata") – dennoch und gerade deshalb immer wieder aneinander wenden. Hier zeigt sich im Wortsinne leidenschaftliche Liebe. So und nur so gelingt hier eine Transzendierung der liebenden

Beziehung in einer Intensität, daß diese letztlich unabhängig von dem real ablaufenden Schicksal wird.

In gleicher Weise zeigt sich der Grund für pädagogisch-therapeutisches Handeln als leidenschaftlich, will dieses nicht in der Agonie des Beobachters – *veni, vidi, vidi, vidi ...* – verbleiben. Auch dieses Handeln ist immer ein Versuch, eine Gleichung mit zu vielen Unbekannten zu lösen und ist damit in vielfacher Weise vom Zufall bzw. Schicksal abhängig. Die pädagogisch-therapeutische Annäherung an die Gesamtpersönlichkeit des Schülers/der Klientin dennoch immer wieder zu versuchen, macht die Leidenschaftlichkeit dieses Handelns aus. Die Akzeptanz des Leidens an diesen konstitutiven Spannungen wird damit zur professionellen Grundbedingung für Pädagogen und Therapeuten: „ *... es geht darum, daß man diese Spannungen aushalten muß, Spannungen, die unauflösbar sind ...* " (Hellmut Becker in: Adorno 1971, S. 119)

Gleichzeitig darf die hier eingeforderte pädagogische Leidenschaft nicht zum Wert an sich werden![6] Dies unterscheidet das pädagogisch-therapeutische Handeln dann doch wieder von dem Bild der Liebe, das die Oper zeichnet. In diesen Opern wird ja deutlich, daß es gerade das oft blinde Wüten der Liebe ist, das das Feuer an die Lunte des Schicksals legt. So gilt es innerhalb unseres Bereiches gerade trotz des Wissens um die Begrenztheit der Mittel, die Zahl der möglichen Wege und die Zahl der *erkennbaren* Irrwege einzuschränken, d.h. dem Wißbaren im Handlungsbereich seine Bedeutung zu geben. Dieser Bezug auf eine permanente Realität mit einer wesentlichen, wenn auch durch die immer vorhandenen Interpretationen begrenzten Bedeutung schafft in diesem Prozeß die notwendig reflexive Distanz. Gerade wegen der Forderung, die leidenschaftliche Position einer jeden pädagogisch-therapeutischen Arbeit zu akzeptieren, ergibt sich in diesem Zusammenhang auch die Forderung nach der Herstellung von Distanz in diesem Prozeß als Teil seiner Leidenschaftlichkeit! Hilfen zur reflexiven Entwicklung des Geschehens bieten:

- der Bezug auf die realen Gesetzmäßigkeiten der Welt,
- pädagogische und therapeutische Techniken und
- Supervisionen

Trotz dieser Hilfen zeigt sich pädagogisch-therapeutisches Handeln aber dennoch immer als superfaktisch,[7] weder von der Basis materialer (Erklären) noch intuitiver Sicherheit (Verstehen) gestützt. Es ist ein Handeln auf der Basis von Mißverständnissen und Störungen, die allein durch den beschriebenen Prozeß einer kontinuierlichen ver*Antwort*lichen hermeneutisch-dialogischen Erschließung soweit geklärt werden können, daß sich ein fruchtbarer Effekt für den Schüler bzw. Klienten erwarten läßt.

Di più non bramo!

(Verdi: La Traviata)

Anmerkungen

1   So unterscheide ich im Folgenden „Kompliziertheit" und „Komplexität". Komplizierte Zusammenhänge kennzeichnen dabei solche mit linearem Charakter, d.h. die Zusammenhänge können, wie strukturell differenziert sie auch immer geformt sind, letztlich doch abgebildet werden. Gelingt dies im konkreten Fall nicht, so fehlen noch Informationen über diese Zusammenhänge oder es werden falsche Schlüsse aus den bekannten Informationen gezogen, prinzipiell ist die Abbildung aber möglich. Nicht-lineare komplex-dynamische Zusammenhänge sind dagegen solche, die sich in ihrem Funktionieren zyklisch rekursiv auf sich selbst beziehen, d.h. das Ergebnis eines Durchganges eines solchen Prozesses wird zur Eingangsbedingung für den nächsten Durchgang des Prozesses selbst. Diese Rekursivität bewirkt, daß selbst kleinste, oft zufällige Einflüsse auf den Prozeß, innerhalb dieses Prozesses Bedeutung gewinnen können, sie nicht einmalig auftreten und wieder verschwinden, sondern in dem zyklischen Funktionieren bewahrt und evtl. so sehr verstärkt werden können, daß sie letztlich evtl. den ganzen Prozeß dominieren. Diese Eigenschaft bewirkt, daß solcher Art geformte Prozesse prinzipiell, selbst bei einfachster Struktur *nicht* abgebildet werden können. Ich bezeichne solche Prozesse im Fortgang im Unterschied zu komplizierten linearen Prozessen als komplex (Briggs/Peat 1990).

2 Hierbei darf nicht übersehen werden, daß sich diese Aussage nur auf das vorherr-schende Paradigma in der Medizin und einen sehr großen Teil der von ihr angegange-nen organischen Erkrankungen bezieht. So entstehen gerade auf der Basis der Theorie komplexer Systeme neue Deutungsmöglichkeiten für organische Störungen wie den plötzlicher Herzstillstand oder Kindstod.

3 Diese Reihenfolge ist bewußt gewählt: „Der Mensch wird am Du zum Ich"!

4 Im Kontext der systemtheoretischen Diskussion könnte vor dem Hintergrund dieser Überlegungen im engen Sinne nicht mehr von Autopoiese der menschlichen Lebewe-sen gesprochen werden, da der Zusammenhang Körper-Zentralnervensystem auf der den Menschen gegebenen biologischen Basis nicht mehr in der Lage ist, eine auto-poietische Organisation zu sichern. Der biotische Bereich menschlicher Existenz (körperliches und zentralnervöses System) muß deshalb für sich allein als dissipativ organisiert angesehen werden. Allein die Entstehung der psychischen Organisation an der Schnittstelle zwischen biotischem und sozialem Bereich, die sich beider Bereiche als Milieu bedient, wobei der Zugang zum einen Milieu immer die Referenz des je-weils anderen Milieus erfordert, sichert mit seiner vermittelnden Funktion das Überle-ben des biotischen Grundes menschlicher Existenz.

5 Dieser Bereich der materialen Gesetzmäßigkeiten besteht nicht allein aus den linearen, naturwissenschaftlich eindeutig beschriebenen oder beschreibbaren Zusammenhängen, sondern auch aus solchen, die komplexen Charakter haben und sich deshalb je nach Untersuchungsmethode verschieden darstellen (z.B. Dualismus von Teilchen und Welle beim Elektron). So gibt es eben gerade auch in dieser zweiten Gruppe, die in den Naturwissenschaften in ihrer Eigenart schon lange bekannt ist – wie ja dort schon länger über die Komplexität der Welt nachgedacht wird als in den Geistes- und Sozi-alwissenschaften – zwar mehrere mögliche Zustände eines beobachteten Phänomens, *nicht aber beliebig viele!*

6 Während ich dies schreibe, muß ich an die serbisch-nationale Identität im Zusammen-hang mit der Schlacht auf dem Amselfeld denken. Auch diese zeigt sich darin leiden-schaftlich der serbischen Sache verbunden, daß sie die *verlorene(!)* Schlacht zum na-tionalen Denkmal verklärt. Ein weiteres Argument, Leidenschaftlichkeit nicht zum Wert an sich, sondern zu einer reflektierten und damit wichtigen aber begrenzten Grundlage menschlichen Handelns werden zu lassen.

7 Das heißt über die erkennbaren und verstehbaren Fakten hinausgehend, nicht kon-trafaktisch, nicht gegen diese Fakten!

Literatur

Adorno, Th. W. (1971): Erziehung zur Mündigkeit. Frankfurt a.M.

Briggs, J. und Peat, F. D. (1990): Die Entdeckung des Chaos. München.

Devereux, G. (1984): Angst und Methode in den Verhaltenswissenschaften. Frankfurt a.M.

Federn, Ernst. (1990): How Freudian are the Freudians? In: Witnessing Psychoanalysis. From Vienna back to Vienna via Buchenwald and the USA. S.155-175. London: Karnac Books.

Lacan, J. (1980): Das ich in der Theorie Freuds und in der Technik der Psychoanalyse. Olten.

Maturana, H. und Varela, F. (1987): Der Baum der Erkenntnis. München.

Nunberg, H. und Federn, E. (1976-81): Protokolle der Wiener Psychoanalytischen Vereinigung [1906-1918]. Bd. I: 1906-08 (1976), II: 1908-10 (1977), III: 1910-11 (1979), IV: 1912-18 (1981). Frankfurt am Main: S. Fischer.

Peirce, Ch. S. (1985): Über die Klarheit unserer Gedanken. Frankfurt.

Leitbegriffe zur Befreiung des Menschen im Menschen: Leben und Denk-Stücke des Expressionisten Jakob van Hoddis

Rolf Denker

Treppenweg

In Tübingen gibt es von einer der Hauptverkehrsstraßen im Zentrum der Stadt am alten botanischen Garten und der alten Kinderklinik vorbei einen schmalen, schlecht gepflegten und durch Buschwerk führenden Treppenweg, eine sogenannte Staffel, die an den Parkdecks des Terrassenparkhauses „König" entlang zu der auf einer Anhöhe darüber liegenden „Nervenklinik" (als Teil des alten Klinikviertels) führt. Im Gestein oberhalb des Eingangsportals heißt sie „Klinik für Gemüts- und Nervenkranke". So wurde sie auf Veranlassung von Robert Gaupp aus „Psychiatrische Klinik" umbenannt. Auf dem jetzt seitwärts des Portals angebrachten Metallschild wird sie als „Universitätsklinik für Psychiatrie und Psychotherapie, Abt. Allgemeine Psychiatrie und Psychotherapie mit Poliklinik" gekennzeichnet. Die Staffel war lange Zeit nach einem Chefarzt dieser Klinik, Professor Dr. Robert Eugen Gaupp benannt, der dort von 1906 bis 1936 als Ordinarius tätig war und weit über Tübingen hinaus höchstes Ansehen genoß und in zeitgenössischen Fachkreisen bald als Oberhaupt der „Tübinger Psychiatrie-Schule" galt.

In der im Bereich Klinische Medizin in Tübingen 1991 eingereichten Doktorarbeit von Frau Dr. Claudia Leins (geb. Heck) „Robert Eugen Gaupp. Leben und Werk" heißt es:

„Unter der Leitung Roberts Gaupps (1906-1936) hat die Tübinger Nervenklinik in wissenschaftlicher Hinsicht eine außerordentlich fruchtbare Zeit erlebt und sich den Ruf einer ‚Tübinger Psychiatrie-Schule' erworben. In der Eingangshalle der Klinik steht noch heute die Büste Gaupps. Die Stadt Tübingen hat in Anerkennung seiner Verdienste den Aufgang zur Nervenklinik ‚Robert-Gaupp-Staffel' genannt."

Spätestens in den gesellschaftskritischen 60er und 70er Jahren erregte die Benennung der Staffel nach Gaupp in einer breiteren Öffentlichkeit immer wieder besonderes Ärgernis, weil er in den 20er Jahren an den Diskussionen über das Problem der „Freigabe der Vernichtung lebensunwerten Lebens" beteiligt war, das seit der zweiten Hälfte des 19. Jahrhunderts Juristen und Ärzte anhaltend erörterten und bald nach dem ersten Weltkrieg wieder aufgriffen. 1920 erschien in Leipzig eine Publikation des angesehenen Leipziger Strafrechtsprofessors Karl Binding – des „großen Leipziger Kriminalisten", wie Gaupp ihn nennt – und des Freiburger Psychiatrieprofessors Alfred Hoche, die bereits 1922 erneut aufgelegt wurde. Der Titel lautete: „Die Freigabe der Vernichtung lebensunwerten Lebens. Ihr Maß und ihre Form."

Im ersten Teil stellt Binding seine Ansichten aus streng juristischer Sicht dar. Er beantwortet eingangs die nach ihm entscheidende Frage, ob es Menschen gebe, deren Weiterleben für sie selbst wie für die Gesellschaft dauernd allen Wert verloren habe, eindeutig mit „Ja". Er verweist auf die durch den ersten Weltkrieg entstandene Diskrepanz zwischen der Opferung des teuersten Gutes der Menschheit in Gestalt von gesunden und für die Gesellschaft wichtigen Männern im besten Alter auf der einen Seite und der Pflege einer großen Zahl von nicht nur absolut wertlosen, sondern negativ zu wertenden Existenzen auf der anderen Seite. Für ihn ist es sicher, daß die Tötung dieser armen Menschen nicht nur für sie selbst, sondern auch für den Staat eine Wohltat bedeuten würde. Darum plädiert er für die Freigabe der Tötung bei folgenden drei Gruppen:

1. Bei infolge von Krankheit oder Verwundung unrettbar Verlorenen, die in vollem Bewußtsein ihrer Lage den dringenden Wunsch nach Erlösung haben.

2. Bei den unheilbar Blödsinnigen (Idioten, Paralytikern etc.), die für Binding das furchtbare Gegenbild echter Menschen sind und weder den Willen zu leben noch zu sterben haben. Eine Einwilligung in die Tötung gebe es bei ihnen nicht, ihre Tötung würde aber auf keinen Lebenswillen treffen, der gebrochen werden müßte. Hier solle die Tötung denen freigegeben werden,

die sie zu pflegen und für ihre Kosten aufzukommen haben (Angehörige, Vormünder).

3. Die dritte Gruppe besteht für Binding aus geistig gesunden Persönlichkeiten, die durch irgendein Ereignis bewußtlos geworden sind, und die, wenn sie aus ihrer Bewußtlosigkeit noch einmal aufwachen sollten, zu einem namenlosen Elend erwachen würden. Die Einwilligung dieser Bewußtlosen zur Tötung wird stillschweigend vorausgesetzt, da ihre Unrettbarkeit außer Zweifel steht. Die Entscheidung über die Freigabe der Tötung soll bei einer Staatsbehörde liegen, an die der entsprechende Antrag zu richten ist.

Der Psychiatrie-Ordinarius Hoche beginnt seine an Bindings Darlegungen anschließenden Ausführungen mit einer Erörterung des Verhältnisses des Arztes zum Töten überhaupt. Eine verbindliche ärztliche Moral gibt es für ihn nicht; was man darunter verstehe, sei nur das Ergebnis von nirgends kodifizierten Standesanschauungen, die den Arzt verpflichten, nach allgemeinen sittlichen Normen zu handeln, während die ethischen Anforderungen in der ärztlichen Praxis ein vielschichtiges Problem darstellen. Die von Binding gestellte Hauptfrage der ganzen Schrift, ob es Menschenleben gebe, die für den Betroffenen und die Gesellschaft dauerhaft wertlos geworden seien, bejaht auch er.

Gerade die Argumente der wirtschaftlichen Belastung durch die „Minderwertigen" und der Unzweckmäßigkeit ihrer Erhaltung wurden später in der nationalsozialistischen Propaganda mit Vorliebe verwendet. Auch Gaupp hat diese Argumentation immer wieder aufgenommen. In einem 1934 gehaltenen Vortrag „Die Quellen der Entartung von Mensch und Volk und die Wege der Umkehr" referiert er exemplarisch eine ausführliche Aufstellung der jährlichen Anstaltskosten an Beihilfen von einer sächsischen Provinzstadt und vergleicht die Anstaltskosten mit dem, was „gesunde Menschen heute zur Bestreitung des Lebensunterhaltes zur Verfügung haben".

Als Beleg für Gaupps Befürwortung von entsprechenden Aktivitäten schon bald nach Hitlers Machtübernahme zitiere ich eine längere Passage aus der schon angesprochenen Rede von 1934 dieses hochangesehenen Psychiaters und oft gelobten Rhetors und emsigen Schriftstellers:

„Als ich vor 9 Jahren auf dem deutschen Psychiaterkongreß die Forderung aufstellte, die Unfruchtbarmachung geistig und sittlich Kranker und Minderwertiger müsse vom Staat erlaubt werden, fand ich, namentlich auf katholischer Seite, aus weltanschaulichen Gründen entschiedene Ablehnung. Allein diese Fragen kamen nicht mehr zur Ruhe und als

Adolf Hitler die Führung des Staates übernahm, da war zu erwarten, daß er bald zum Gesetz machen werde, was bisher an der Zersplitterung des Parteienwesens gescheitert war. Die Erwartung trog nicht. Am 14. Juli 1933 wurde das ‚Gesetz zur Verhütung erbkranken Nachwuchses‘ von der Reichsregierung beschlossen, das die chirurgische Sterilisierung erbkranker Menschen gestattet, ja sogar verlangt, wenn nach den Erfahrungen der ärztlichen Wissenschaft mit großer Wahrscheinlichkeit zu erwarten ist, daß ihre Nachkommen an schweren körperlichen oder geistigen Erbschäden leiden. An solchen Erbkrankheiten führt das Gesetz auf: den angeborenen Schwachsinn, die Schizophrenie, das zirkuläre Irresein, die erbliche Fallsucht, den erblichen Veitstanz, die erbliche Blindheit und Taubheit, schwere erbliche körperliche Mißbildungen und endlich schweren Alkoholismus. Es ist der Wunsch des Gesetzgebers, daß die erbkranken Menschen selbst, aus dem eigenen Gefühl der Verantwortung heraus, den Antrag auf Unfruchtbarmachung stellen sollen, über den dann vom Erbgesundheitsgericht unter Mitwirkung von ärztlichen Sachverständigen entschieden wird. Wo aber dieses Verantwortungsbewußtsein fehlt, wo Unbelehrbarkeit oder selbstsüchtiges Denken eine solche Antragstellung unterläßt, da erhält der Staat das Recht, von Amts wegen einzugreifen, die Unfruchtbarmachung des erbkranken Menschen zu fordern und durchzuführen, wenn das Erbgesundheitsgericht diese Forderung gut heißt.“

Deutlicher kann seine mindestens anfängliche Zustimmung zur Gesinnung des Dritten Reiches wohl kaum ausfallen.

Verwandte von Gaupp haben zu recht immer wieder darauf hingewiesen, daß Gaupp kein Nazi war. Aber er hat als Klinikdirektor doch wohl reichlich Zugeständnisse an den Zeitgeist machen müssen und auch gemacht. Zu beachten ist in diesem Zusammenhang außerdem, in welchen Publikationsorganen seine Texte gedruckt und verbreitet wurden.

Es gehört zur Dialektik unruhiger gesellschaftlicher Zeitlagen, daß man Ansichten auch von solchen Gruppen aufgreift, die man gerade nicht unterstützen will. Diese Zusammenhänge habe man zum Zeitpunkt der Abfassung nicht einmal erahnen können, das haben Hoche und Gaupp später bedauernd erklärt. Bei aller kritischen Distanz zum menschenverachtenden Treiben der Nazis blieben sie jedoch als Vordenker und/oder als Alibispender dem Zeitgeist verfangen.

Neu entfacht wurde die Diskussion um Gaupp bei den Bürgeraktionen zur Umbenennung der Gaupp-Staffel zur Zeit des 50. Todestages von Jakob van Hoddis. Am 25. April 1992 hieß es im Tübinger „Schwäbischen Tagblatt“, daß auf Anregung eines „Koordinationstreffens der Tübinger Behinderten-Gruppen“ und des „Fördervereins zur Erforschung der Heimatgeschichte des Nationalsozialismus“ eine Namensänderung gefordert werde, da Gaupp als ein Vordenker der Euthanasie-Massenmorde zu gelten habe. Man dachte zunächst daran, der Staffel ihren alten Namen „Bettlersteig" wiederzugeben oder sie nach einem Euthanasie-Opfer zu benennen. Schließlich fand sich am 17. Februar 1992 im Gemeinderat der Stadt Tübingen eine Mehrheit für die Neubenennung in „Jakob-van-Hoddis-Staffel". Mit diesem Namen wollte man nun ein damaliges „Opfer" ehren, zugleich aber auch einen „signifikanten frühexpressionistischen Lyriker" von „singulärer Bedeutung". Zur Namensänderung hieß es in dem kurzen Zeitungsartikel:

„Nach Gaupp, dem Direktor der Tübinger Nervenklinik konnte und durfte wirklich kein Weg, keine Staffel heißen, gehörte er doch zu jenen Psychiatern, welche etwa die Ungeheuerlichkeiten von Sterilisation oder euphemistisch ‚Euthanasie' genanntem Massenmord vordachten. Andererseits wäre es auch unzulässig, diesen unbestritten bedeutenden Arzt, kein Nazi und eine Kapazität seines Faches, als Sündenbock in die Wüste zu schikken. Bei fast allen bekannten Psychiatern der Zeit zwischen den Kriegen verbanden sich nämlich Sozialdarwinismus und autoritäres Staatsverständnis zu einer gefährlichen Mischung – was allerdings erst so richtig offenbar wurde, als die Nazis fürchterliche Konsequenzen daraus gezogen hatten."

Ich wäre auf den früheren Direktor der Tübingen Nervenklinik gar nicht näher eingegangen, wenn nicht durch den Streit um die Treppenumbenennung die Verknüpfung zwischen dem Leben von Robert Gaupp und Jakob van Hoddis deutlich werden würde. Mit der Einsperrung des exzentrischen Dichters in der von Gaupp geleiteten, in den Ungeist der zeitgleichen Psychiatrie vernetzten Nervenklinik öffnete sich die Todesbahn, die schließlich auf der Rampe eines KZs grausam endete.

Jakob van Hoddis war nämlich in der Amtszeit Gaupps von 1922 bis 1927 Patient in dieser Klinik. Beide müßten eigentlich immer wieder einmal miteinander zu tun gehabt haben. Denn der Leiter der Anstalt wird in jedem Fall Berichte über diesen auffälligen Patienten erhalten haben, und für den Patienten wird der Leiter wohl auch kaum zu übersehen gewesen sein. Beider Leben und Werk war zweifellos exemplarisch. Das Leben des Psychiaters, weil er trotz aller Distanz zu dem politischen Zentrum von den zeitbedingten Positionen in der Medizin bis in die negativsten Verwerfungen beeinflußt und geprägt wurde, und das Leben des Patienten, weil er als kreativer und dazu noch jüdischer Außenseiter durch diese Medizin und Psychiatrie zum Geisteskranken deklariert wurde, vor dem man die Gesellschaft meinte beschützen zu müssen. Es war nur konsequent, daß er nicht nur hospitalisiert wurde, sondern auch den grauenvollen KZ-Tod sterben mußte, ohne daß man bis heute genau weiß wo.

Die Entwicklung von Jakob van Hoddis
Biographie: Erster Teil

Am 16. Mai 1887 gebar Frau Doris Davidsohn, Ehefrau des praktischen Arztes Dr. Hermann Davidsohn und früheren Assistenten des berühmten Arztes Rudolf Virchow, per Zangengeburt Zwillinge, zwei Jungen, von denen aber nur einer, der schwächere, überlebte und Hans genannt wurde.

Die Eltern führten keine glückliche Ehe. Der jüdische Vater, aus einfachen Verhältnissen stammend, war zwar zeitweilig angesehener Leiter einer Poliklinik, später dann Facharzt für Hals-, Nasen- und Ohrenheilkunde, galt aber als Sonderling. Er war hochgradig nervös, litt an Gicht, Diabetes und Nierensteinen, nahm über 18 Jahre Kokain und schließlich Morphium. Die Mutter, geborene Kempner, stammte aus einer wohlhabenden und kultivierten jüdischen Gutsbesitzerfamilie. Ihre Großtante war die unter dem Namen der „schlesische Schwan" ungewollt komisch schreibende Lyrikerin Friederike Kempner. Zwischen den Eltern gab es Zank und Prinzipienstreiteren. Während die Mutter einen bürgerlich geglätteten Idealismus vertrat, verfocht der politisch engagierte Vater eher einen fortschrittsgläubigen Materialismus, aber meist erfolglos. Von dieser oft gereizten Spannung im Elternhaus berichteten auch die Geschwister.

Die als liebevoll und herzlich bekannte Mutter verhielt sich wahrscheinlich gegenüber dem Sohn, der sie dem Vater stets vorzog und zeitlebens zu ihr in einer „unlösbaren Verklammerung" verblieb, sehr ambivalent. Tonfall und Sprachgeste stimmten wohl oft nicht mit dem ausgesprochenen Inhalt überein. Das bedeutete für den Sohn eine vertrackte Beziehungsfalle, mit den nach Bateson so genannten Double-bind-Effekten.

Hans Davidsohn, der später seinen Hausnamen durch Buchstabenumstellungen in van Hoddis veränderte und sich zudem Jakob nannte – wir wollen ihn ab jetzt auch so nennen –, war ein frühreifes Kind. Er fügte sich nur schlecht in die Schulordnung, hatte oft Wutanfälle, war „stinkefaul", galt aber trotzdem immer als Klassenbester. Virchow hielt ihn wegen seiner auffälligen Schädelform für einen „hochbegabten Jungen", den man unbedingt fördern müsse. Weil er nur 1,53 m groß war und einen leicht asiatischen Gesichtsausdruck mit „japanischem" Lächeln hatte, wurde er oft gehänselt und mit entsprechenden Spitznamen bedacht. Schon als Schüler nannte man ihn „Krümel".

Er studierte zunächst wenig fleißig Architektur, jedoch aufmerksam Philosophie, vor allem die Hauptwerke Kants und wechselte schließlich auf Drängen der Mutter ganz in die Geisteswissenschaften zum Studium der Philologie und Philosophie. Sein Wunsch war nun, Schriftsteller zu werden. Nach Auskunft der Mutter habe der Zehnjährige bereits gedichtet, kann aber wohl trotzdem nicht als „artistischer Wunderknabe" eingeschätzt werden.

Seine eigentliche Wirkungsstätte wurde ein verbindungsähnlicher „Neuer Club" von literatur- und kunstbeflissenen jungen Leuten, die sich in ihm unter dem Kennwort „Neopathos" versammelten und bald mit „neopathetischen Cabarets" mit sehr gemischten Programmteilen an die Öffentlichkeit traten, wobei van Hoddis fast immer die Moderation übernahm, aber auch eigene Gedichte und andere Texte vortrug. Die Dichterin Else Lasker-Schüler hielt aufgrund ihrer Eindrücke beim Besuch des dritten Cabaret-Abends des Clubs der Neopathetiker van Hoddis für einen „Sozialdichter". Sie schreibt:

„Auf einmal flattert ein Rabe auf, ein schwarzschillernder Kopf blickt finster über die Brüstung des Lesepults. Jakob van? Er spricht seine kurzen Verse trotzig und strotzend, die sind so blank geprägt, man könnte sie ihm stehlen. Vierreiher – Inschriften; rund herum müßten sie auf Talern geschrieben stehn in einem Sozialdichterstaat."

Denk-Stücke in Versen

In den nachfolgenden Ausführungen beziehe ich mich auf Informationen in der vortrefflichen Studie von Helmut Hornbogen „Jakob van Hoddis. Odyssee eines Verschollenen" und die einbändige Gesamtausgabe „Jakob van Hoddis. Dichtungen und Briefe", herausgegeben von Regina Nörtemann. Ich beginne mit seinem bekanntesten Gedicht, das van Hoddis seinerzeit berühmt machte und als Schlüsselgedicht des Expressionismus gilt und heute noch mit dem Namen meist assoziiert wird: „Weltende". Er schrieb es wohl 1910. Erstmals veröffentlicht wurde es am 11. Januar 1911 in der Berliner Wochenzeitschrift der „Sozialdemokrat" (auf S. 6), wenig später dann noch einmal in der von Franz Pfemfert neugegründeten Zeitschrift „Aktion".

Seinen „Weltruhm" verdankt das Gedicht vermutlich der Aufnahme in die Anthologie „Menschheitsdämmerung" von Kurt Pinthus im Jahre 1919/20. Dort ist es nach einigen Gedichten zur Vorgeschichte der expressionistischen Lyrik das Gedicht, welches die Sammlung eröffnet und nicht zuletzt deswegen eine Art Grundsteinfunktion für das Verständnis der gesamten expressionistischen Zeitströmung übernommen hat. Diese Anthologie erschien 1959 in neuer Aufmachung bei Rowohlt und ist bis heute im Handel. Auch in der von Paul Pörtner 1958 herausgegebenen Ausgabe der „Gesammelten Gedichte" von van Hoddis eröffnet es die Sammlung.

Da es im Laufe der Jahre bereits so vielen Deutungsversuchen unterzogen wurde, will ich nicht mit einer neuen konkurrieren, aber doch möglichst unbeeinflußt von anderen Interpreten einige meiner Beobachtungen mitteilen. Zuerst aber stelle ich das Gedicht vor:

Weltende

Dem Bürger fliegt vom spitzen Kopf der Hut,
In allen Lüften hallt es wie Geschrei.
Dachdecker stürzen ab und gehn entzwei
Und an den Küsten – liest man – steigt die Flut.

Der Sturm ist da, die wilden Meere hupfen
An Land, um dicke Dämme zu zerdrücken.
Die meisten Menschen haben einen Schnupfen.
Die Eisenbahnen fallen von den Brücken.

Das Gedicht besteht nur aus Zeitungsschlagzeilen und Kurzmeldungen der Berliner Tageszeitung vom 7., 16. und 30. 12. 1909, wie das „liest man" auch offen bekundet, durchmischt mit einigen bagatellisierenden Zwischenbemerkungen. In einer späteren Fassung korrigiert van Hoddis „liest man" in „sagt man".

Da ist von einem orkanartigen Sturm in Berlin – und was er anrichtet – die Rede, unter anderem auch davon, daß ein hoher hölzerner Baufahrstuhl, mit dem Baumaterial für eine Dachkonstruktion befördert werden soll, einstürzt, die Arbeiter aber noch rechtzeitig vom Vorarbeiter von der Baustelle

gerufen werden, dann von einer Sturmflut auf dem Wattenmeer und schließlich von einem Eisenbahnabsturz aus 25 m Höhe von einer Brücke in einen
schilfreichen Fluß in Nord-Carolina. Das Gedicht nimmt außerdem Bezug auf
eine „Naturkatastrophe" am 28. Dezember 1908, bei der mindestens 83 000
von den 150 000 Einwohnern einer Stadt in Sizilien ums Leben kamen. Es
läßt sich also fast jede Zeile belegen, wenn man die Meldung von dem ein-
gestürzten Baugerüst auf die Dachdecker bezieht, außer den Zeilen mit dem
Hut und dem Schnupfen. Aber auch da gibt es Vermutungen.

Ich unterstelle, daß diesen Zeilen natürlich auch eigene Beobachtungen
des Verfassers zugrunde liegen, der doch ständig mit hellwachen Sinnen
durch Berlin streifte. Gerade in den beiden Zeilen, in denen vergleichsweise
Läppisches unter die sonstigen Schreckensmeldungen gemischt wird, erhält
das Gedicht für mich etwas Ironisches, wenn nicht Sarkastisches. Das wird
noch durch den Titel unterstrichen, der sich vielleicht auf einen Bericht vom
5. Januar 1910 bezieht, in dem vom Erscheinen des Halleyschen Kometen im
Mai 1910 geschrieben wird und von den Verwüstungen, die sich ereignen
und bis zum Weltuntergang führen könnten. Der Titel „Weltende" besagt
dann, dergleichen passiere doch dauernd. So sei das Leben überall auf der
Welt, nun redet doch nicht gleich vom Weltuntergang. Der Sturm heult
furchterregend, und es passieren große und kleine schreckliche Dinge in der
Natur und im Menschenleben, die einen fallen vom Dach, andere von der
Brücke, die meisten aber sind noch einmal mit dem Schrecken davongekom-
men. Sie haben nur einen Schnupfen. Der komische Effekt wird noch durch
die Reime verstärkt wie z.B. hupfen – Schnupfen.

Seine Wirkung erzielt das Gedicht auch durch seine parataktisch aneinander gereihten Kurzsätze im Präsens. Das suggeriert Dramatik ebenso wie
Weite, Weltweite. So war es vom Dichter sicher auch beabsichtigt. Er hatte
diese Technik seinem geliebten Homer abgeschaut. Sie wurde später oft ko-
piert, aber selten mit dieser Könnerschaft, die er auch in seinen anderen Gedichten bewies.

Man kann das Gedicht aber auch ganz anders lesen. Nämlich so, als würde
hier von einem unheilvollen Übergriff der trotz aller Technik immer noch
unbeherrschbaren Natur gesprochen, und von dem, was sie immer wieder in
der Alltags- und Arbeitswelt unvorhersehbar anrichten kann. Der Literatur-
historiker Albert Soergel schrieb 1926:

„Fest sei diese Welt? Siehe, sie wankt. Der sie schuf, der Bürger, ist er nicht lächerlich? Was er anbetet, ist die Tatsächlichkeit, siehe ich streiche sie aus. Schau, wie ihre Teile durcheinander quirlen und wirbeln, wie aus diesem stolzen Weltbilde eine Hanswurstiade wird. ‚Weltende‘ – dieser Welt Ende! – ruft im Januar 1911 ein Gedicht des Jakob van Hoddis [...]“.

Beim Schriftsteller Walter Mehring heißt es im gleichen Sinne:

„Und so weissagten wir den Untergang der Bourgeoisie samt des Abendlandes; freilich nicht aus der Mehrwertfiktion (so wenig wie aus dem Cafésatz), sondern aus den ‚Weltende‘-Versen des verschlossenen Jakob van Hoddis.“

Der Maler Richard Seewald sagt über das Gedicht „Weltende“, „das man heute als den Beginn des Expressionismus ... hinstellen möchte“: „Allerdings konnte die Zeitsituation nicht in knapperen Symbolen ausgedrückt werden: dem Bürger, einer komischen Figur, fliegt der (Zylinder-) Hut seiner Würde davon, das allgemeine Geschrei, ein unbestimmtes Geschrei (ist es das der Angst, das der Empörung) erfüllte alle Lüfte, das Mißgeschick derer, die versuchen das schadhafte Dach des ‚Vater‘hauses zu flicken, die steigende Flut der ‚Barbaren‘ an den Küsten des Abendlandes.“

Ob van Hoddis sein Gedicht so gemeint hat, bezweifle ich. Er war jedoch ein „Heimlicher“. Bei dieser Ausdeutung des Geschreis denkt man unwillkürlich an das Bild „Der Schrei“ von Edvard Munch, das er allerdings bereits 1895 malte. Insofern ist das Gedicht als ein Dokument schlimmer Vorahnungen gelesen worden, wie sie mit der mehrfach vorkommenden Gewitterstimmung auch angedeutet wurden. Bemerkenswert ist, daß hier ahnungsvoll auf die Natur projiziert wird, was dann im großen Stil durch Menschen geschah – und nach Adorno in Gedichten wegen der Gefahr nachträglicher Ästhetisierung nicht mehr angemessen ausgedrückt werden kann.

Dieses kleine Gedicht bleibt seiner Wirkungsgeschichte nach – trotz aller möglichen Überbewertung – ein epochemachendes Dokument. Hornbogen spricht von einem „Hit“, und damit hatte er nicht Unrecht. Noch 1957 schrieb Johannes R. Becher in seinen „Erinnerungen“:

„Meine poetische Kraft reicht nicht aus, um die Wirkung jenes Gedichts wiederherzustellen, von dem ich jetzt sprechen muß. Auch die kühnste Phantasie meiner Leser würde ich überanstrengen bei dem Versuch, ihnen die Zauberhaftigkeit zu schildern, wie sie dieses Gedicht ‚Weltende‘ des Jakob van Hoddis für uns in sich barg. Diese zwei Strophen, o diese acht Zeilen schienen uns in andere Menschen verwandelt zu haben aus einer Welt stumpfer Bürgerlichkeit, die wir verachteten und von der wir nicht wußten, wie wir sie verlassen sollten. Diese acht Zeilen entführten uns. Immer neue Schönheiten entdeckten wir in diesen acht Zeilen, wir sangen sie, wir summten sie, wir murmelten sie, wir pfiffen sie vor uns hin."

Er und andere junge Talente datierten ab diesem Zeitpunkt eine neue, ihre eigene Zeitrechnung, wie Benn später schreiben sollte, den Beginn des „expressionistischen Jahrzehnts".

Ich selbst habe meine philosophischen Supervisionen mit diesem Gedicht eröffnet, um einen stimmungshaften Eindruck vom damaligen Zeitgeist zu vermitteln.

Denk-Stücke in Prosa

Ich konzentriere meine folgenden Ausführungen auf ausgewählte philosophische Texte, weil sie in dem schmalen Gesamtwerk von Jakob van Hoddis fast den größeren Anteil ausmachen, bisher aber kaum hinreichend gewürdigt wurden.

Zu den großen Themen des Menschen, welche die Gedankenwelt der expressionistischen Zeitströmung dominierten, gehören: nach Benn „Sein Verhältnis zur Natur, seine Liebe, seine Trauer, seine Gedanken über Gott" und nach Bloch „Mensch, Welt, Bruder, Gott".

Zufall und Notwendigkeit

Die knifflige Frage in Anspielung auf Kants Problem aus der dritten Antinomie in der „Kritik der reinen Vernunft" ergibt sich auch gerade im dabei hergestellten Kontext zu Schopenhauer dadurch, daß die Welt ohne Gott erklärt werden soll und deshalb die vermeintliche Absichtlichkeit im Weltlauf und im Schicksal des Einzelnen destruiert wird. Van Hoddis behauptet nun – nach dem Referat der beiden als Gesprächspartner eingeführten philosophierenden Nachtwandler, die oft bis frühmorgens bis an die Grenzen der Stadt debattierend umherschweifen wie die Schüler in der Säulenhalle des Aristoteles, denen auch die besten Gedanken in der zusammengehenden Unterredung kamen –, daß das meiste in der Welt durch Kausalreihen determiniert sei, daß sich aber möglicherweise gelegentlich zwei Kausalreihen kreuzen würden und daraus eine neue Kausalreihe folgen könne. Dieser Kreuzungspunkt ließe sich nicht hinwiederum kausal erklären. Deshalb sei das der Punkt des Zufalls. Dialektisch genug läßt sich dann im Nachhinein aber doch wieder erklären, aus welchen Ursachen sich die neue Kausalreihe herleite. Da aber das Kreative des Weltgeschehens aus solchen Zufällen entstehe, entbehre das ganze Weltgeschehen eines tragenden Sinns. Ist die Welt damit ohne Gott erklärt? – Die Kontrahenten ziehen aber bereits einen modernen Schluß: Während die abendländische Philosophie seit Platon von dem Pathos lebte, die Welt so zu erklären, daß ihr letztlich eine sinntragende Ordnung zugrunde liege, wird spätestens seit Schopenhauer das Interpretationsmodell umgekehrt: Am Anfang steht das Chaos, das jedoch nicht identisch mit Gesetzlosigkeit ist. Das Chaos ist also auch nicht mehr das, was es nach den antiken Mythen einmal war.

Die Welt entzieht sich einer harmonisierenden, einheitlichen ontologischen Sinndeutung. Sie ist absurd. Und unsere Deutungsversuche sind schüchterne und beschränkte Versuche, wenigstens etwas sinnstiftende Ordnung ins Leben und Zusammenleben zu bringen, z.B. im Sinne von Albert Camus.

Die Unterredner sprechen allerdings etwas unfeiner mehr wie die Personen in Becketts „Warten auf Godot":

„Denn wir haben ja gesehen: Kreuzungspunkt zweier Causalreihen ist Zufall. Purer Zufall. Nun besteht die ganze Welt und jedes einzelne Geschehen in ihr aus weiter nichts als Kreuzungspunkten von Causalreihen. Folglich besteht die ganze verdammte Welt aus weiter nichts als aus elenden plumpen Zufällen. Ein einziger großer und ganz beschissener Zufall ist diese Welt! Beschissen ist diese Welt!! Gott sei dank!!!"

Heute ist dieses Zusammendenken von Zufall und Notwendigkeit eher die Regel geworden. Exemplarisch dafür mag das Buch mit dem gleichnamigen Titel „Zufall und Notwendigkeit" von Jacques Monod stehen. Das kann man dann wohl trostlos, muß es aber nicht „beschissen" finden.

Tod Gottes

Das Denk-Stück mit diesem Titel ist sicher eine Parodie auf Schopenhauer und Nietzsche und dessen befreites Lachen bei der Verkündigung von Gottes Tod gegen Ende der „Fröhlichen Wissenschaft" im Abschnitt „Der tolle

Mensch". Van Hoddis schreibt sich selbst in einem von ihm so genannten „populären Glaubensbekenntnis" von 1912 diese Fähigkeit zum grundlosen Lachen zu:

„Neopathetik (katholisch). Ich gestehe meine und der Welt Unvollkommenheit ein. Und tue, was mein Inneres von mir verlangt und freue [mich, muß man wohl ergänzen? R. D.] so gut, wie es geht. Und kann ich die Welt nicht aushalten, darum gab mir Gott das Lachen, und dann lache ich über die ganze Welt inclusive des blöden Begriffs des Absoluten. Und über den verkehrten Theosophen, der eine ganze Bibel verschluckte, sie machte ihm aber etwas Bauchschmerzen. Natürlich ist die Sündhaftigkeit (Unvollkommenheit) der Welt unerträglich, wenn es keine Erlösung gibt. Man lachte also herzhaft und entschlossen."

Das Lachen kann eine durchaus lebensrettende Funktion haben. Der Philosoph E. M. Cioran sagte in einem Gespräch am 5. Juni 1984 in Tübingen, er habe kürzlich den Brief eines Jugendfreundes erhalten, in dem dieser schrieb, „daß er kein Interesse mehr am Leben habe". Und dann fortfährt: „Ich wußte, daß meine Antwort ihm ziemlich wichtig sein würde, und schrieb ihm: Wenn Du einen Rat von mir willst, dann nimm diesen: Wenn Du nicht mehr lachen kannst, dann kannst Du Dich töten. Aber solange Du noch lachen kannst, warte, denn das Lachen ist ein Sieg über das Leben und über den Tod, es ist ein Zeichen dafür, daß man Herr über alles ist."

Inzwischen wird die exakt erforschte vielseitige Wirkung des Lachens sogar in angesehenen Kliniken erfolgreich therapeutisch genutzt.

Van Hoddis war über Religionsdinge in verschiedenen Zeiten sehr verschiedener Ansicht. Aus nachgetragener Liebe zu einer Frau, der Schriftstellerin und Kabarettistin Emmy Hennings, bei der er tröstende Zuflucht suchte, weil sich seine hingebungsvolle Liebe zu deren bester Freundin, der Puppenkünstlerin Lotte Pritzel, wahrscheinlich seine einzige große Liebe, nicht erfüllte, stürzte er sich zeitweilig fast wahnhaft in einen mystifizierenden Katholizismus und hoffte auf Vereinigung mit Gott, erstrebte aber im Unbewußten die Vereinigung mit der ebenfalls unerfüllt geliebten „Ersatzfrau". Da er aber von seiner jüdischen Religion nicht loskam, wollte er eine neue jüdisch-katholische Religion stiften.

Was Nietzsche bereits erkannt hatte, wird jetzt bei van Hoddis erneut zum Problem, zu einem Ambivalenz-Problem: Einerseits wird die Befreiung von der Gottesfurcht und allen weltentwertenden Tendenzen des Christentums wie eine Erlösung empfunden, daher das befreiende, heitere Lachen. Aber andererseits folgen daraus schreckliche Konsequenzen für das Realitätsprinzip und alle Sinnfragen, darum bleibt dieses Lachen bald qualvoll im Halse stecken. Van Hoddis beschreibt das sehr eindrücklich:

> „Die Massen sind unterwegs, um Gott zu suchen. Da sie verlernt haben zu glauben, müssen sie erkennen. Die Lüfte sind erfüllt von dunkler Qual und einem Geschrei von Angst. Etwas Dumpfes ist um jeden Lebendigen. Etwas zuviel fragt und zuviel antwortet, anklagt und trauert. Was verwirfst du uns und was gibt du dafür?"

Als ruhigen Verehrer des Unerforschlichen lobt van Hoddis Goethe und beschimpft die Romantiker ebenso wie einige russische Dichter und andere „Freidenker". Er nennt sie „diese Weisen, die den Begriff Gottes solange zu zerdenken wußten, bis er die Wirklichkeit aufhob".

In dem von ihm selbst als „Tirade" charakterisierten Prosastück „Der Feind" endet er in der Tat mit einer wahren Schimpftirade, weil die militanten Weltverbesserer schließlich wieder artige Staatsbeamte und liberale Familienväter geworden seien. Und dann zieht er über die „Meisterdenker" her:

> „Ihr Professoren, die ihr euer Brot Systemen verdankt, ihr aufgeklärten Hunde ..., ihr verheirateten Mönche und verbuhlten Ehemänner, ihr Transportarbeiter, die ihr ein Himmelreich auf Erden zu gründen euch vermaßet, nachdem ihr den wahren Himmel verrietet, weil euch der Katechismus am Streiken hindert, ihr verkaterten Gestalten, die ihr die Welt nur verachten dürft, wenn ihr sie für Schwindel haltet ..., ihr Weißbärte, die ihr aus dem Wissen vom Menschen eine Wissenschaft zu machen euch erkühnt, ihr glaubt wirklich, Sokrates Abstinenz predigen zu dürfen, vom Wein, vom Weh und vom Weib?"

Van Hoddis sieht also mehr den Sinnverlust als die Morgenröte einer wünschenswerten neuen Zeit.

Mitmenschlichkeit

Ein weiterer Themenschwerpunkt war der Bruder, der Mit-Mensch. Hierzu sind die Belege zwar knapper, jedoch nicht weniger sprechend. Von der Liebe ist in vielen Gedichten die Rede, auch von Freunden und anderen Nahestehenden, einschließlich Eltern und Lehrern. Aber gelungene Beziehungen gab es wenig und meist nicht für lange. In einem Kurzgedicht von 1902, in dem er sich am Schluß mit der Poesie tröstet, heißt es sicher mit Bezug auf ihn selbst:

Der Trost

Freunde hab ich nie gefunden,
Liebe hielt mich lang gebunden,
Ihre Freuden gab sie nie;
Aber eins hab' ich gefunden,
Das geheilt mir alle Wunden:
Das warst du, o Poesie.

Else Lasker-Schüler hielt van Hoddis für einen ausgesprochenen „Sozialdichter". Sein Biograph Helmut Hornbogen bestreitet das dagegen entschieden und spricht von einer Fehleinschätzung. Van Hoddis war sicher kein militanter politischer Kopf, aber gesellschaftsverändernde Bestrebungen lagen ganz in seiner Absicht. Dies geht aus den Erinnerungen seines Freundes Loewenson hervor. Schon die Gründung des „Neuen Clubs" mit dem Schlagwort „Neopathos" wollte das Denken anregen, die vitalen Kräfte animieren und überhaupt ein neues kritisches Lebensbewußtsein wecken. Dem dienten auch die Kabarettveranstaltungen. Man könnte natürlich marxistisch abschätzig sagen, es handelte sich letztlich eher um pädagogische Absichten mit dem Ziel langfristiger Bewußtseinsveränderung im Sinne Hegels, den Loewenson in diesem Zusammenhang gern zitiert. Um meine Position zu erhärten, zitiere ich wenigstens einen Passus aus den Erinnerungen von Loewenson:

„Worauf die Bemühungen im Kern des Club hinausliefen, gleichsam in einem heiter-siedenden Laboratorium des lebendigen Geistes – zunächst in gegenseitiger Erziehung, die hart auf hart und immer aufs Ganze ging – läßt sich mit einem Satz von Hegel umschreiben, mit dem wahrsten Wort, das er ausgesprochen: ‚Sind die Vorstellungen erst revolutioniert, so hält die Wirklichkeit nicht stand.' Das Neopathetische Cabaret sollte dazu dienen, tatkräftige ‚Intensivierungszentren' auf allen Lebensgebieten, theoretischen wie praktischen, zu ‚provozieren' und heranzuziehen."

Entgegen der 11. Feuerbach-These von Marx wird also wieder der Primat der Interpretation hervorgekehrt. Nach Bloch blieben die Expressionisten darum im Überbau stecken und bedachten zu wenig die ökonomische Basis der herrschenden kapitalistischen Verhältnisse. Darum blieben sie zwar nicht im Kleinbürgerlichen, wie Lukacs meinte, hängen, wohl aber im Bürgerlichen, jedoch mit einem lobenswerten Pazifismus. Johannes R. Becher hat das sehr zutreffend bei seiner Würdigung des Gedichtes „Weltende" beschrieben, sowohl was die Wirkung als auch was die Absichten betrifft. Ich wiederhole das: „Diese zwei Strophen ... schienen uns in andere Menschen verwandelt zu haben, uns emporgehoben zu haben, aus einer Welt stumpfer Bürgerlichkeit, die wir verachteten und von der wir nicht wußten, wie wir sie verlassen sollten."

Ethische Konfliktkonstellationen

Ein weiteres Thema hat sehr viel mit den Konfliktkonstellationen im Leben von van Hoddis selbst zu tun. Seine Seele wurde von zahlreichen zwickmühlenartigen Konflikten geschüttelt, die unlösbare Konsequenzen annehmen, weil immer nur eine der Alternativen gewählt werden kann und der Handelnde im Hinblick auf die andere schuldig werden muß.

Dieses Problem wurde bald in der Wirkungsgeschichte von Kants Ethik deutlich. Müßte ich in Konfliktsituationen den kategorischen Imperativ zweimal anwenden, weil beide Alternativen ihr Recht fordern? Für welche soll ich mich nun entscheiden? Hier müßten weitere Kriterien eingeführt werden, wie schon Hegel, Scheler, Sartre und andere, wie ich selbst, immer wieder herausgestellt haben. Dieses Problem bildet auch nach van Hoddis ein Schlüsselproblem der Ethik. Nur in Konfliktfällen brauche man eigentlich eine Ethik. „Alles praktische Überlegen geschieht ausnahmslos bei Konflikten; anders überlegt man nicht; selbst wenn es sich nur um eine Möglichkeit handelt." Bei den nächtlichen Streifzügen durch Berlin stößt der ermüdete van Hoddis auf dieses Problem. Vor sich hinleidend fragt er sich, ob er nicht hier sterben möchte, warum er denn eigentlich weitergehen solle. Er fragt seinen Freund nach einem obersten Prinzip. Der antwortet mit dem kategorischen Imperativ, meint aber, das brächte nichts in dieser Situation. Er fährt den Freund an:

„Was geht Dich Schwein an, was ‚man tun soll'? Du Faultier, kannst Du Dich nicht für Dich alleine, von Fall zu Fall entschließen? Was brauchst Du eine allgemein-gültige ‚Ethik', nach der Du Dich ‚richten' kannst?!" – Van Hoddis antwortet im Sinne seines Lehrers Georg Simmel, der gegen Kant ein „individuelles Gesetz" formulierte, das den Einzelnen in seinen je eigenen Entscheidungen bindet, und doch zugleich von allgemeiner Verbindlichkeit ist, weil es für jeden Menschen gelten soll. Van Hoddis erklärt es so:

„Es handelt sich doch nicht darum, was *alle* tun sollen, ... sondern darum, ein *autonomes* Soll zu finden. Aufzuzeigen, was das allgemeine Prinzip ist, das *bei mir* erfahrungsgemäß allen Handlungen zugrunde liegt."

Der Vorschlag einer solchen individuellen Grundmaxime bringt allerdings neue Probleme mit sich, die schon fast ans Schizophrene grenzen. Nach seiner Selbsterfahrung unterliegt seine Lebenseinstellung einem Pendelgesetz. Nach einer bestimmten So-Periode folgt nach geraumer Zeit eine deutlich spürbare entgegengesetzte Periode, in der er bereut, was er in der anderen getan hat. Er brauche deshalb einen ‚ethischen Hauptimperativ', der zwischen beiden Seiten vermittelt und versöhnt. Als Gesamtperspektive auf das eigene Leben schlägt er den Todeszeitpunkt und die folgende Maxime vor:

„Lebe, wie Du, wenn Du stirbst,
Wünschen wirst, gelebt zu haben."

Diese Konzeption ist bis heute von höchster Aktualität. Sie spielte in der Existenzphilosophie von Heidegger und Sartre eine große Rolle, wenn von der gedanklichen Vorwegnahme des eigenen Todes die Rede ist, in der das Ich aus der Erfahrung seiner Endlichkeit die Verantwortung für das eigene Leben übernimmt. So konstituiert sich das Gewissen als ein Aufruf zur verantwortungsvollen Lebensgestaltung an mich selbst.

Van Hoddis bricht die Diskussion an dieser Stelle ab und ich auch. Jedoch nicht, ohne kurz darauf hinzuweisen, daß dieser Typ von Individual-Ethik immer zugleich auch Sozial-Ethik ist, weil die Freiheit jedes Anderen und seine Autonomie die Grenzen meines Handelns bestimmt.

Van Hoddis findet scherzend aus der nächtlichen Lebensmüdigkeit in die Morgenfrische zurück. „Ich aber werde mir jetzt frische Brötchen kaufen, mir fern aller Ethik erst zwar an ihnen die Hände wärmen, sie dann aber andrerseits trotz ihres Anstands selbander verzehren. Komm."

Beim abschließenden Hinweis auf die spätere Krankengeschichte wird noch deutlicher werden, wie stark hier die seelischen Konfliktspannungen aus dem Unbewußten ins klare Denken dringen und das Problembewußtsein prägen.

Doppel-Ich

Das wird vielleicht noch einsichtiger beim letzten Thema, das ich ansprechen möchte. Dabei geht es um die Ich-Philosophie, nicht unbeeindruckt von der Ich-Philosophie Max Stirners, dem der Text gewidmet ist. Es gibt einen berühmten Ausspruch des französischen Lyrikers Arthur Rimbaud aus einem Brief vom 14. Mai 1871: „Denn: Ich ist ein Anderer", der in der französischen Psychoanalyse von Jacques Lacan eine zentrale Bedeutung gewonnen hat, wonach auch das letztlich unerkennbare Subjekt-Ich und das erkennbare Objekt-Ich unterschieden werden.

Von unserem Dichter gibt es einen sehr schwierigen fragmentarischen Text mit dem Titel „Von mir und vom Ich", in dem es heißt: „Ein anderes bin ich, der ich bin ..." Das zielt aber nach meinem Nachsinnen außer der Descartes-Kritik nicht etwa auf die Rollentheorie im Sinne von George Herbert Mead, nach der ich das eigentliche Ich, englisch „I", wenn es das überhaupt gibt, nie zu fassen bekomme, sondern immer nur das jeweilige „me" als Rollen-Ich, z.B. als Ehepartner, Familienvater, Club-Mitglied, Staatsbürger usw. Ich verweise zum näheren Verständnis auf die kleine Schrift „Homo sociologicus. Ein Versuch zur Geschichte, Bedeutung und Kritik der Kategorie der sozialen Rolle" des Soziologen Ralf Dahrendorf, in der er zur anschaulicheren Erläuterung auf eine eindringliche Stelle in Robert Musils „Der Mann ohne Eigenschaften" hinweist, aus der ebenfalls hervorgeht, daß das eigentliche Ich hinter den Rollen-Ichs nie greifbar, geschweige denn begreifbar ist. Musil schreibt ziemlich am Anfang seines großen Romans:

„Ein Landesbewohner hat mindestens neun Charaktere, einen Berufs-, einen National-, einen Staats-, einen Klassen-, einen geographischen, einen Geschlechts-, einen unbewußten und vielleicht auch noch einen privaten Charakter; er vereinigt sie in sich, aber sie lösen ihn auf, und er ist eigentlich nichts als eine kleine, von diesen vielen Rinnsalen ausgewaschene Mulde, in die sie hineinsickern und aus der sie wieder austreten, um mit anderen Bächlein eine andere Mulde zu füllen. Deshalb hat jeder Erdbewohner auch noch einen zehnten Charakter, und dieser ist nichts als die passive Phantasie unausgefüllter Räume; er gestattet dem Menschen alles, nur nicht das eine: das ernst zu nehmen, was seine mindestens neun anderen Charaktere tun und was mit ihnen geschieht; also mit anderen Worten, gerade das nicht, was ihn ausfüllen sollte."

Erschreckendes Fazit also: Das Zentrum ist leer. Dieses Selbst – oder Ur-Ich bleibt, wenn es denn überhaupt da ist, selbsterfahrungsmäßig unfaßlich und kategorial unerkennbar.

Meine Überlegungen knüpfen eher an C. G. Jungs Unterscheidung von Ich und Selbst an, wonach dieses Selbst eigentlich in keiner Sprache adäquat ausgedrückt werden kann, die wiederum auf Nietzsches „Zarathustra" verweist, wo dieser ebenfalls zwischen Verstandes-Ich und dem den Körper einbeziehenden Vernunft-Selbst unterscheidet. Von da geht der Reflexionsweg weiter zurück über Kierkegaards „Sich-zu-sich-verhaltendem-Verhältnis" des Ichs in die Transzendentalphilosophie und von da zu dem berühmten Paragraphen 16 der „Kritik der reinen Vernunft", in dem Kant in einer Fußnote es als den äußersten Punkt der Philosophie bezeichnet, daß dieses Ich, welches die Einheit des Selbstbewußtseins konstituiert und deshalb die Konsistenz des Denkens und die eigene Identität garantiert, selbst nicht analytisch aufgeklärt werden kann.

Denn Denken heißt immer etwas denken. Ich mache mich also immer wieder selbst zum Objekt, und das in zirkelhafter Wiederholung. Das meint, glaube ich, auch van Hoddis, der zwischen „Ur-Ich" und „Ich-Idee" unterscheidet. Ganz verkehrt wäre es da, das in die Terminologie Freuds, den van Hoddis gründlich studiert hat, zu übersetzen und von Ich und Über-Ich zu sprechen, denn bei Freud geht es ums Verhältnis von Ich und Gewissen.

Das Ur-Ich ist nach van Hoddis ein Postulat des Denkens. Die Ich-Idee bleibt aber immer ein Objekt des Denkens. Ich komme also philosophisch nie bei diesem Zentrum meiner selbst an, obwohl es doch die konstituierende Mitte meines ganzen Seins ist und als solche auch von mir gelebt und erfahren wird. Van Hoddis spricht vom „schimmernden Schleier des Grausigsten", weil er trotz aller Denkanstrengungen das wahre Ich nicht enthüllt. Hier hat wohl erst die Existenzphilosophie neue lebensnähere Ansätze gefunden, z.B. bei Kierkegaard, Buber, Sartre, Levinas usw. Nach diesen Philosophen kann ich mich nur im Anruf und im Austausch mit den Mitmenschen ganz selbst erfahren.

Van Hoddis erkannte nicht, daß beide Ich-Perspektiven immer zusammengedacht werden müssen, weil sie dialektisch miteinander vermittelt sind. Darum fühle ich mein Subjektsein womöglich eher durch den Anspruch des Anderen. Dieses Ur-Ich läßt sich durch reines Nachdenken nie begreifen, wohl aber auf Grund eigner Erfahrungen dichterisch symbolisieren.

Autismus statt Autonomie

Van Hoddis wählte für sich selbst existentiell einen ganz anderen Weg. Er glaubte an eine quasi mystische Selbstverklärung, wenn er sich nur immer weiter aus dem Realitätsprinzip herauszöge wie Münchhausen am eigenen Schopf. Er glaubte an die Verheißung des Bildnisses zu Sais von Novalis, hinter dem sich das eigene Ich enthüllen sollte. Doch auch dieser Narziß sieht im Wasser nicht sein Ur-Ich, sondern nur wieder sein Objekt-Ich oder Ideen-Ich, in das er sich verliebt. Statt also in der Autonomie zu landen, strandet er im Autismus. So leitete sich in seinem melancholischen Denken ein, was sein Unbewußtes dann in der ihn überwältigenden Krankheit kurz darauf einholte, die in der Nomenklatur der Kraepelin- und Bleuler-Schule als Hebephrenie bezeichnete Unterform der vierfach unterteilten Schizophrenie oder „Dementia praecox". Das „Hebe" in diesem Krankheitsterminus verweist auf die griechische Göttin der ewigen Jugend und hebt in der Diagnose auf die Erkrankung mit vorwiegend endogenen Ursachen meist Jugendlicher ab, die in läppisches, willensschwaches und unkontrolliertes – zuweilen auch aggressives oder autoaggressives – Kinderverhalten regredieren, vor dem die Mitmenschen, aber auch sie selbst, geschützt werden müssen. – Nach meinen jetzigen Rückfragen bei Nervenärzten kann man diesen Patienten erst richtig seit der Verwendung von Psychopharmaka helfen.

Freuds Theorie
über die kulturelle Sexualmoral und die moderne Nervosität

Sigmund Freud, den und über den van Hoddis gründlich gelesen hatte, veröffentlichte in diesen Jahren weitere wichtige Schriften zur systematischen Grundlegung der Psychoanalyse nach dem ersten richtungsweisenden Hauptwerk „Die Traumdeutung" von 1900, in denen genau von solchen Krankheiten ausführlicher gehandelt wird. Ich konzentriere mich in dem für uns wichtigen Zusammenhang auf seine erste Kulturschrift „Die kulturelle Sexualmoral und die moderne Nervosität" (1908), in der er noch beachtenswert anders als in der Spätschrift „Das Unbehagen in der Kultur" (1930) den Konflikt des einzelnen mit der Kultur im Kontext seiner anfänglichen Sexualtheorie und ohne eine ausgearbeitete Aggressionstheorie, zu erklären versucht. In dieser kleinen, äußerst inhaltsreichen Schrift expliziert er seine Überzeugung, „daß die Zunahme der nervösen Erkrankungen in unserer Gesellschaft von der Steigerung der sexuellen Einschränkung ausgeht und nicht vom forcierten und ständig sich beschleunigenden Leben in den modernen Großstädten und der daraus folgenden Reizüberflutung", wie viele seiner Fachkollegen behaupteten, die sich nach Robert Gaupp 1907 in seinem Vortrag in Wildbad mit dem Titel „Die Nervosität unserer Zeit im Lichte der Wissenschaft", auf amerikanische Veröffentlichungen, besonders die von Georg M. Beard nach ihrer Übersetzung ins Deutsche beriefen. Ihm ist nämlich der Begriff Neurasthenie zu verdanken, der bald zum modischen Schlagwort wurde. In ärztlichen und nichtärztlichen Kreisen sprachen bald alle vom „nervösen Zeitalter" und meinten, „der neurasthenische Mensch unserer Gegenwart sei der höherentwickelte Typus des modernen Kulturträgers; nur ihm sei das Glück beschieden, die großen Kulturwerte einer neuen Philosophie und Kunst in ihrer ganzen Bedeutung zu erfassen". Daraus folgte „die Anbetung des Pathologischen in Kunst und Leben". So erklärt Gaupp auch die besondere Wirkung Nietzsches:

„Es ist gewiß kein Zufall, daß Nietzsches Philosophie, die mit dem Leben und Handeln ihres nervenkranken Verfassers selbst im stärksten Widerspruch stand, bei psychopathischen Naturen mit Jubel aufgenommen wurde und daß in der Welt der Literaten das Schwärmen für den kraftvollen Übermenschen um so lauter ertönt, je haltloser das eigene Lebensschifflein von den wechselnden Stimmungen des Tages hin und her getrieben wird."

Auch der Philosoph und Soziologe Georg Simmel schrieb bereits 1903 in seinem Essay „Die Großstädte und das Geistesleben": „Die psychologische Grundlage, auf der der Typus großstädtischer Individualität sich erhebt, ist die Steigerung des Nervenlebens, die aus dem raschen und ununterbrochenen Wechsel äußerer und innerer Eindrücke hervorgeht." Auf die „rasche Zusammendrängung wechselnder Bilder", in der Wirklichkeit wie dann auch im Kino, reagiert mehr der Verstand als das Gemüt. „Daraus wird vor allem der intellektualistische Charakter des großstädtischen Seelenlebens begreiflich."

Ich erinnere auch an Alfred Adlers erstes Hauptwerk „Über den nervösen Charakter. Grundzüge einer vergleichenden Individual-Psychologie und Psychotherapie", das zuerst 1912 erschien und später immer wieder neu aufgelegt werden mußte.

Gaupp dagegen teilt die Ansichten über den durch die moderne Lebenswelt hervorgebrachten höchst sensibel bis kreativ reagierenden „nervösen Charakter" nicht, der womöglich wegen Überarbeitung an Erschöpfung leidet und nur durch aufwendige Kuraufenthalte geheilt werden kann. Er spottet mit anderen Kollegen über die „Faulheitsdiagnose Neurasthenie". Aus psychiatrischer Sicht besteht ein fundamentaler Unterschied zwischen der nervösen Erschöpfung des gehetzten Arbeitsmenschen und der abnormen Erschöpfbarkeit des Psychopathen, des konstitutionell Nervösen. Dieser kann nur in der Arbeitstherapie einer Nervenheilanstalt Besserung finden.

„Die angeborene Schwäche des Nervensystems, die gesteigerte Ermüdbarkeit und Ablenkbarkeit, die Schlaffheit der willkürlichen und unwillkürlichen Muskeln kann nur durch Tätigkeit, und durch Übung und Schulung unter günstigen Bedingungen gebessert werden. Erziehung zu einfacher Lebensweise ohne Alkohol, zu ernsten Interessen und nützlicher Arbeit bei genügenden Pausen, Bekämpfung übertriebener Empfindlichkeit, unsinnigen Ehrgeizes und aller falschen Vorstellungen über die Ziele und Zwecke des eigenen Daseins, Aufmunterung zur Beteiligung an den Bestrebungen für das allgemeine Wohl, kurz Leitung und Führung des nervösen Menschen auf seinem mühsamen Lebensweg – das ist die therapeutische Aufgabe des Arztes bei der Behandlung nervöser, psychopathischer Menschen."

Nicht zufällig denkt man in diesem Zusammenhang an Diagnose und Behandlungsplan für psychisch auffällige Menschen wie van Hoddis, der Gaupp in der Tübinger Nervenklinik als sprechendes Beispiel vor Augen sein konnte.

Ganz anders deutet Freud die auch von ihm registrierten modernen Erscheinungen im Kontext seiner Tiefenpsychologie. Menschen, die trotz des massiven Drucks ihrer Gesellschaft zu anhaltender sexueller Abstinenz oder Einschränkung nicht fähig sind und durch die sublimierten Formen der Triebverschiebung nicht hinreichend Befriedigung finden können, werden seelisch krank, um so für die aufgestaute Libido in der Bildung von Symptomen sekundärer neurotischer Ersatzbefriedigungen einen Ausweg zu finden, begleitet womöglich von depressiv nachwirkenden, aber vergeblichen Ausbruchsversuchen mit Regressionen in die Onanie, in die Homosexualität oder Hurerei, einschließlich darauf folgender zeitweiliger Geschlechtskrankheit (Gonorrhöe, Tripper), wie das alles in den Krankenblättern von van Hoddis auch nachzulesen ist.

Selbst die Ehe kann wegen der vielen kulturellen Einschränkungen nicht mehr als Allheil- und Kompensationsmittel gegen das allgemeine Unbehagen betrachtet werden. Durch die Enthaltsamkeit mag vielleicht ein Gelehrter freie Kräfte für seine Forschungen gewinnen, die künstlerische Leistung dagegen wird eher durch sexuelles (Aus-)Leben befreit und so mächtig angeregt. Die nicht ausgelebte Sexualität, die auch auf den gesellschaftlich nahegelegten, bzw. tolerierten Bahnen – wie z.B. in der Prostitution – nicht befriedigt werden kann, führt nach Freud über kurz oder lang zur psychischen Erkrankung. Weil van Hoddis nicht die reife Stufe der Objektliebe erreichte, sondern narzißtisch in sein wahnhaftes Größenselbst verliebt blieb, verlor er immer mehr die Fähigkeit, sich zielbewußt in seiner Lebenswelt den objektgebundenen Forderungen des Tages, einschließlich ihrer Kommunikationschancen, gerecht zu werden. Die psychoneurotische Erkrankung ist die konsequente Folge. Es wird in den Krankenberichten auffällig oft darüber berichtet, daß van Hoddis jeden Umgang mit anderen Menschen lieber mied – natürlich auch wegen seiner offenbar strategisch genutzten Schwerhörigkeit – und nicht ungeschickt jeden Versuch zur Einbeziehung in eine Arbeitstherapie vereitelte, dagegen aber immer wieder aggressiv aufbegehrte, um so seiner aufgestauten Libido ein zeitweiliges Aggressionsventil zu öffnen. Nach meiner Freud folgenden Ansicht spielte in der Genese seiner Erkrankung die fortwährend frustrierte Sexualität eine entscheidende Rolle, einschließlich der inzestuösen Aktivitäten seiner Mutter, von denen gelegentlich andeutungsweise gesprochen wird, so z.B. in den Krankenakten von 1912 aus Nicolassee:

„Es sei kein rechtes Verhältnis zwischen seinen Eltern gewesen. Seine Mutter habe ihn als ganz junges Kind schon mit dem sexuellen Problem bekannt gemacht und dabei eine Äußerung getan, die er so auffassen mußte, daß der sexuelle Verkehr zwischen Mutter und Sohn der erwünschte sein müßte. Er hätte dagegen den normalen Verkehr für erwünscht bezeichnet, worauf seine Mutter gesagt habe, das mache den Frauen keinen Spaß."

Der Vater sei hinzugekommen und habe mit der Mutter darüber gesprochen, dann habe er sich an ihn gewandt und gesagt: „Wenn es Deiner Mutter keinen Spaß macht, dann kann ich nichts dafür. Er habe früher auf einem andern sexuellen Standpunkt gestanden wie jetzt, auch viel Onanie getrieben, jetzt wisse er, daß durch Gebet die Sinnlichkeit überwunden werde könne." In den gleichen Akten wird auch noch von anderen abartigen Sexualhygienepraktiken der Mutter berichtet, aus deren psychischer Umklammerung van Hoddis zeitlebens nicht loskam.

So hatte er vergeblich gehofft, daß das Wünschen und die Freude an sich selbst ein „poetisches Erlebnis" werde. Wahr bleibt allerdings, daß der „Genußwert" jeder Philosophie aus ihrer narrativen Kraft kommt, aus der darstellenden Kraft ihrer Poetik.

Denn Denken ist eine Kunst. Darum ist das ewige Schielen auf die Wissenschaft ein breiter abendländischer und – vor allem – deutscher Irrweg. Wir müssen erst wieder lernen, poetisch zu denken, wie es beispielhaft van Hoddis in seinen wenigen, zuweilen recht skurrilen kleinen Prosastücken und Fragmenten vorführt. Vieles ließe sich sicher unter Einbeziehung weiterer Gedichte und Berichte von Freunden und anderen Zeitzeugen noch vertiefen.

Jakob van Hoddis bezeichnete sich selbst als einen „positiven Skeptiker", „der alles für möglich hält", also auch Gutes. Das klingt nach einem zukunftsoffenen Zweckpragmatimus eines „anything goes", wie er von dem Wissenschaftsphilosophen Paul Feyerabend später vertreten wurde. Van Hoddis blieb aber davon überzeugt, daß „die größte Skepsis notwendig die größte Mystik ist". Der Skeptiker ist sicher auch wie Wittgenstein im bereits vor dem ersten Weltkrieg begonnenen „Tractatus logico-philosophicus – Logisch-philosophische Abhandlung" davon überzeugt, daß sich nicht alles im Sinne wissenschaftlicher Klarheit sagen läßt und daß man „darüber schweigen muß", was letztlich unerforschlich ist. Wie van Hoddis beharrt Wittgenstein jedoch darauf: „Es gibt allerdings Unaussprechliches. Dies zeigt sich, es ist das Mystische."

Wenn sich nämlich im radikalsten Zweifel des Skeptikers der letzte Abgrund auftut und die nackte Angst des Nichts sich aufzwingt, kann dieses Nichts ins absolute Sein umschlagen, in das, was noch nach Gott beginnt, denn in die Vollkommenheit Gottes wird traditionell noch das Seiend-Sein einbezogen. Nach Anselm von Canterbury z.B. bildet Gott die höchst Spitze der Pyramide von allem Seienden. Und zwischen diesem höchsten Seienden und dem Sein selbst klafft ein begrifflich unfaßbarer Unterschied ums Ganze.

Biographie: Zweiter Teil

Jakob van Hoddis brach schließlich 1912 zusammen und wurde erstmalig zwangsweise in eine Heilanstalt eingewiesen. Es ist nicht leicht zu beurteilen, ob dies geschah, weil er im damaligen nervenklinischen Sinne schon schwer psychisch krankt war, oder ob er auf Drängen der Mutter, der er wegen seiner ständigen, teilweise aggressiv vorgebrachten Geldwünsche immer lästiger wurde, dort landete.

Ab einem bestimmten Zeitpunkt war er dann wirklich im Sinne der damaligen Krankheitslehre schwer krank. Sicher gab es eine erbliche Disposition durch den Vater, der auch labil war und drogensüchtig wurde. Ausgelöst wurde das eindeutig auffällige Krankheitsgeschehen nach meiner Einsicht durch die Schockwirkung der Nachricht vom Tode seines haßgeliebten Freundes Georg Heym, der am 16. Januar 1912 zwischen 15 und 16 Uhr zusammen mit seinem Freunde Ernst Balcke beim Schlittschuhlaufen auf der Havel ertrank. Seine tiefe Betroffenheit läßt sich aufgrund seiner Biographie sicher verständlich machen. Ich erinnere daran, daß van Hoddis bei der Zangengeburt als einer von Zwillingen überlebte, während der Bruder ärztlicherseits „geopfert" werden mußte. Seit er das wußte, belasteten ihn schwere Schuldgefühle. Er kam sich vor wie ein Brudermörder mit dem Kainszeichen auf der Stirn. Weil er und sein enger Freund Georg Heym oft mit den Zwillingen des Dioskurenpaares verglichen wurden, und da Heym dabei meist besser wegkam, hegte van Hoddis wiederholt heimliche Todeswünsche gegen ihn. Einmal soll er sogar in einem lebhaften Streitgespräch mit einem Messer – wenn wohl auch eher im Scherz – auf ihn losgegangen sein. Als er nun vom Tod des Freundes erfuhr, fühlte er sich auf magische Weise darein verstrickt und war lange beunruhigt. Mit großer Bewegung gestand er Freunden später, er wolle ein Trauerspiel zu Ehren Heyms schreiben. Heym selbst hatte das Verhältnis früher ganz anders gesehen: „Das Problem Heym – van Hoddis scheint Quatsch zu sein. Denn Hoddis kann ja gar nichts. Wie kann man nur so blind sein." (Heym, Tagebücher) Van Hoddis seinerseits widmete Heym ein ziemlich feindseliges Gedicht mit dem Titel „Am Lietzensee. Meinem Freunde Georg Heym", als er sich 1911 innerlich von ihm trennte, das mit den Zeilen endete:

... Doch du stehst vor mir schläfrig und verblasen.
Feindselig reichst du mir die plumpe Hand,

Von neuem Zorn die starke Stirn betört.
Und als ich längst schon meinen Weg gerannt,
Hat alle Schritte noch dein Traum gestört.

Hinzuweisen ist auch auf die vielen anderen zwickmühlenartigen Konfliktpotentiale und ambivalenten seelischen Spannungen. Sie begannen schon frühzeitig im Elternhaus beim Streit der Eltern um die Erziehungsideale. Sie setzten sich fort bei Disziplinschwierigkeiten in der Schule. Sie wurden immer wieder neu belebt durch das Double-bind-Verhalten (im Sinne Batesons) der strengen Mutter, von der er sich zeitlebens nicht richtig ablösen konnte. Er haßte und liebte sie. Und sie verhielt sich ebenso doppeldeutig, so daß beider Verhalten entsprechend korrespondierte. Mit ihr stritt er nach dem Tod des Vaters immer wieder um Geldmittel, auf die er erbmäßige Ansprüche geltend machte; andererseits war er dann auch wieder kindlich dankbar, daß sich die Mutter bis zu ihrer Emigration 1933 viele Jahre lang um ihn kümmerte und ihn in den verschiedenen Einrichtungen regelmäßig besuchte.

Zu diesen Spannungen gehörte auch der Konflikt zwischen dem Wunsch nach ungebundener Tätigkeit als freier Schriftsteller und der peinlich erlebten Abhängigkeit von den finanziellen Zuwendungen durch die Mutter, bei der er ständiger Bittsteller blieb, wie auch bei Freunden und Verlegern. So schrieb er 1914 an Dr. Kastan vom Berliner Tagblatt am Ende eines längeren Briefes:

„Verzeihen Sie mein Schwatzen. Ich liebe meinen Beruf. Und man sollte etwas dabei verdienen. Mir fehlt es an bezahlter Arbeit. Können Sie mir helfen? Das Leben hat mich ärger mitgenommen, als Sie ahnen. Man braucht Energie zu seiner Überzeugungslosigkeit. Ich brauche einen väterlichen Freund."

Dann verliebte er sich in die Puppenkünstlerin Lotte Pritzel und ihre Freundin, die Kabarettistin und Schriftstellerin Emmy Hennings, die eine fanatische katholische Glaubenskämpferin war. Ihretwegen wurde er katholisch und steigerte sich in einen Frömmigkeitswahn, nur um ihr zu gefallen. Noch am 13. Mai 1913 schreibt er ihr aus Berlin nach München:

„Mein Glaube wird wieder stärker. Nicht so nervös und fanatisch wie vorher, auch nicht mit soviel Selbstquälerei. Ein Heiliger werd ich wohl nie werden. Ich bin zu eitel, zu ehrgeizig und zu sinnlich dazu. Aber, Gott sei Dank, ich glaube wieder. Ich hoffe, daß es Dich freut und Du mich wieder lieb hast."

Aber am 10. März 1913, also kurz vor dem Brief an Emmy Hennings, schrieb er seinem Freund Erwin Loewenson: „Mein Judentum (übrigens) bricht wieder durch. Der Katholizismus war nur ein Abenteuer." Vorher hatte er phantasiert, „eine Zeitschrift zu haben, um ein katholisches Judentum zu gründen".

Er kam trotz anderweitiger Beteuerungen weder bei Gott an, noch erhörte ihn eine der angebeteten Freundinnen. Die Liebe blieb ohne sexuelle Erfüllung. Die Spannungen mit den Freunden nahmen weiter zu. Sie lästerten über ihn wegen seiner liebesfrustrierten Religionsschwärmerei. Er reagierte mit aggressiven Zurückweisungen und zog sich immer weiter in sich selbst zurück.

Sicher litt er auch an der nervös machenden Reizüberflutung durch die moderne Großstadt Berlin, die bereits 1910 mehr als zwei Millionen Einwohnern zählte, und von der auch Simmel schon gesprochen hatte. Demgegenüber stand seine Faszination von ihrer Erlebnisvielfalt bis hin zum neuen Kinoerlebnis, über das er ein reizvolles Gedicht mit dem Titel „Kinematograph" schrieb.

Zu den Ursachen der zunehmenden Nervosität gehören vor allem die Häßlichkeiten des modernen Lebens mit schnell erstellten Fabriken für entfremdete Arbeit und „mürrisches Mühen" und auffälligen Naturverschandelungen, der Alkoholismus und die Drogensucht, die Prostitution, das soziale Elend, die Lebensängste samt ihrer heimlichen Melancholie und vieles andere. Nicht zu vergessen die kaiserlich aufgeblähten Autoritätsstrukturen und zwangsherrschaftlich funktionierenden Verwaltungsapparate in einem innerlich ausgehöhlten Kulturtreiben mit gutbürgerlich ausgelebter Doppelmoral, nebst Judenhaß und sonstiger reger Fremdenfeindlichkeit bei allerlei bevorzugten Genüssen von aus aller Welt importierten Kolonialwaren.

Das alles zusammen prägte van Hoddis Krankheitsgeschehen. Ein Aspekt davon reicht normalerweise schon für eine ernstliche An- und Auffälligkeit aus. Sicher bilden das ambivalente Verhalten zur Mutter, die unerfüllte Liebe und die Brudermordphantasien das seelen-krankmachende Zentrum.

So begann dann die schließliche Höllenfahrt durch die Krankenanstalten und Pflegestätten mit der Diagnose „Hebephrenie, Endstadium".

Am 31. Oktober 1912 wird van Hoddis zunächst von einem Arzt und zwei Pflegern aus dem Haus der Tante Laura Henschel abgeholt und in die Heilanstalt „Waldhaus" nach Nicolassee verbracht, aus der er im Dezember flieht. Zu Beginn des ersten Weltkrieges wird er erst nach Jena und dann nach Elgersburg im Thüringer Wald gebracht.

Von da wird er nach Frankenhain in die Familie eines Volksschulrektors in Pflege gegeben, dann 1922 durch Vermittlung seiner Mutter in Tübingen erst beim Gastwirt Julius Dieterle vom „König Wilhelm" in der Wilhelmstraße untergebracht und danach am 15. Juni 1927 wegen Problemen mit Nachbarn, die sich von ihm bedroht fühlten und ihn darum anzeigten, von der Polizei festgenommen und in die Universitäts-Nervenklinik in Tübingen eingeliefert und später ins „Christophsbad", eine Privatklinik für Gemüts- und Nervenkranke in Göppingen, verlegt. Am 29. September 1933 überstellte man ihn in die „Israelitischen Kur-Anstalten" in Sayn bei Koblenz am Rhein. Als die Leiter dieser Anstalt auf der Flucht vor den Nazis emigrierten, übernahm die SS diese Einrichtung. Dorthin wurden 1940 alle in Deutschland noch lebenden jüdischen Geisteskranken zusammengeführt. Sicher infolge der Endlösungsbeschlüsse auf der sogenannten „Wannsee-Konferenz" vom 20. Januar 1942, auf der unter dem Vorsitz von Obersturmbannführer Reinhard Heydrich von 14 weiteren Nazigrößen die „Endlösung der Judenfrage" laut Protokoll in „entspannter Atmosphäre" beschlossen und damit das Schicksal von elf Millionen unschuldiger Menschen aus ganz Europa besiegelt wurde, wurde er unter der Nummer 8 am 30. April 1942 aus dieser Anstalt in den Osten deportiert.

Im Mai des gleichen Jahres nahm sein Leben in einer nationalsozialistischen Menschenvernichtungsfabrik auf polnischem Gebiet in Belzec, Chelmno, Treblinka oder Sobibor ein grauenvolles Ende.

Für mich stellt sich rückblickend die Frage, ob dieser feinsinnige und bis zuletzt eher liebenswert gutartige Mensch dreißig Jahre lang observiert und mehr hospitalisiert als therapiert werden mußte. In den Krankenberichten, die immer wieder auch den Vergleich mit dem Schicksal von Hölderlin in Tübingen nahelegen, wird stereotyp notiert, daß dieser Patient meist unauffällig freundlich war, gern aß und leidenschaftlich aufs Rauchen versessen war, sich nicht gern wusch – wer tut das schon? –, sonst aber meisterhaft Schach spielte, sogar die Schachaufgaben einer Fachzeitschrift löste und oft große Bögen voll „Spitzemathematik", wie er das nannte, rechnete.

Leider wurden alle achtlos fortgeworfen. Wer weiß, welche verschlüsselten Botschaften sie womöglich enthielten. Schließlich sind doch Zahlen die reinsten Symbole der Zeichenordnung.

Der schon einmal zitierte Philosoph Cioran sagte: „Schreiben ist die einzige Behandlung, wenn man keine Arznei nimmt. Dann muß man schreiben. Auch der Akt des Schreibens allein ist eine Genesung. Ich gebe Ihnen einen Rat: Wenn Sie jemanden hassen und sich nicht rächen können, schreiben sie hundertmal seinen Namen und: ich will ihn töten. Nach einer halben Stunde sind Sie befreit. Das ist eine ganz einfache Form von Überwindung. Formulieren ist Heilung, auch wenn man Unsinn schreibt, auch wenn man kein Talent hat. Man sollte in den Irrenanstalten jedem Insassen Papier geben. Der Ausdruck als Medikament."

Dem kann ich aus eigener Erfahrung nur zustimmen. Nicht nur Goethe hat sich seine Depressionen vom Halse geschrieben. Geradezu wie ein später Schüler des Heiligen Franz von Assisi verneigte sich van Hoddis ehrfurchtsvoll vor jedem Tier und zog zum Gruße den Hut. Nur einmal soll er ein Mädchen angefahren haben, weil es einen Hund heftig an der Leine zerrte. Sonst wird er aber als kontrolliert beschrieben, z.B. als er einmal in Erregung zu einer Ohrfeige ausholte, im letzten Moment vor dem Zuschlagen jedoch noch einhielt wie der Koch im Märchen von Dornröschen, als alle der Schlaf überfiel. Irritiert hat die Ärzte und Pfleger seine Schwerhörigkeit. Man war sich nie ganz sicher, ob sie wirklich so gravierend war. Sie ermöglichte ihm jedenfalls eine wahrscheinlich größere Distanz in allen Bereichen des Lebens und Zusammenlebens.

Das Besondere ist das Allgemeine

Der Lebenslauf und die ausgewählten Denk-Stücke dieses expressionistischen Talents wurden exemplarisch vorgestellt, weil in ihnen das Allgemeine der damaligen Zeit wie in einem Hohlspiegel aufscheint, ebenso wie das Jahrhundert im Ganzen.

Der jugendliche Idealist, der als Jude in der deutschen Gesellschaft mit ihrem weit verbreiteten Antisemitismus – wie viele Gleichgesinnte in Konkurrenz oder zusammen mit diesen – das Bewußtsein der eigenen Zeit verändern wollte, fiel ihr selbst schon früh zum Opfer, zunächst als Kranker. Der Staat schützte sich vor ihm wegen seiner angeblichen Gefährdung der Öffentlichkeit durch die Hospitalisierung. Der mutige Querdenker und Aussteiger wurde zum Geisteskranken degradiert. So blieb ihm vielleicht manches erspart,

u. a. die Teilnahme am ersten Weltkrieg und die spätere Emigration, aber nur um einem noch schlimmeren Ende entgegenzuleiden. In summa: Er war als Dichter ein schätzenswert origineller Weltverbesserer und wurde dann ein liebenswerter Verstörter, den ich dem Eingedenken nahebringen wollte.

Lebens-, Denk-, Dicht- und Leidenswege wie die des Jakob van Hoddis greifen mitleiderregend ans Herz. Trotzdem sollte man sein Leben nicht glorifizieren und ihn zum „Grundsteinopfer für den Expressionismus" stilisieren, wie es andere Interpreten versucht haben. Ein derartig leidensreicher Lebenslauf ist symptomatisch für die erste Hälfte unseres Jahrhunderts, weil sich aus dem Versuch, einen spezifischen kreativen Weg zur Entfaltung des eigenen Selbst – oder mit van Hoddis des „Ur-Ichs" – zu finden, eine eigenwillige Aussteigermentalität ergab, die nach den Kriterien der Gesellschaft in der Pathologie enden mußte, zu mehr als halblebenslanger Hospitalisierung führte und im grauenvollsten Tode endete.

Das Nachdenken über seine Leitbegriffe zur Befreiung des Menschen im Menschen bleibt uns allen weiterhin aufgegeben, sicher kritisch eingedenk der Mahnung Kants, daß aus so „krummem Holze, als woraus der Mensch gemacht ist, ... nichts Gerades gezimmert werden" kann. Auch die gelehrteste und darum belehrte Hoffnung ist nicht Zuversicht. Und wegen der Millionen Opfer auf dem Wege ihrer Einlösung kann ungeschmälerte Glückserwartung wohl kaum aufkommen. Auch Gott vermöchte das nicht zu richten und einzurichten, nicht einmal zu verantworten. Also höchstens Hoffnung mit Trauerflor wie schon bei Bloch, Benn, Pinthus und anderen. Ein kleines Gedicht von Jakob van Hoddis im gleichen Sinne setze ich an den Schluß, mit dessen Hiob-Klage das Nachdenken über ihn dann wieder einsetzen kann:

Klage

Wird denn die Sonne alle Träume morden,
Die blassen Kinder meiner Lustreviere?
Die Tage sind so still und grell geworden
Erfüllung lockt mit wolkigem Gesicht.
Mich packt die Angst, daß ich
mein Heil verliere.

Wie wenn ich ginge, meinen Gott zu richten.

Literatur

Becker, Franziska. (1991): Anstelle des Namens Gaupp der eines Opfers: Erinnerung dialektisch bewahren. Förderverein möchte an bei der Zwangssterilisation Verstorbene erinnern. Schwäbisches Tagblatt, 22. 10. 1991.

Becker, Stephan. (1990): Objektbeziehungspsychologie und katastrophische Veränderung. Zur psychoanalytischen Behandlung psychotischer Patienten. Tübingen.

Becker, Stephan. (Hg.). (1995): Helfen statt Heilen. Gießen.

Becker, Ulrike. (1995): Trennung und Übergang. Repräsentanten früher Objektbeziehung. Tübingen.

Biermann, Christoph. (1991): Robert Gaupp zum Beispiel: Vom Teufelspakt der Doppelung. Psychohistorischer Versuch, einem deutschen Phänomen näher zu kommen. Schwäbisches Tagblatt, Extrablatt, 22. 10. 1991.

Biermann, Christoph. (1992): Ein offener Brief an die Familie Gaupp. „Verdienste bleiben unbestritten". Schwäbisches Tagblatt, 27. 5. 1992.

Bleuler, E. (1916): Lehrbuch der Psychiatrie. Berlin.

Bloch, Ernst. (1977): Gesamtausgabe. Bes. Band 4: Erbschaft dieser Zeit. Frankfurt.

Dahrendorf, Ralf. (1961): Homo sociologicus. Ein Versuch zur Geschichte, Bedeutung und Kritik der Kategorie der sozialen Rolle. 3. Aufl. Köln u. Opladen.

Briggs, John und Peat, F. David. (1991): Die Entdeckung des Chaos – Eine Reise durch die Chaos-Theorien. München.

Cioran, E. M. (1984): Ein Gespräch. Tübingen.

Denker, Rolf. (1974): Angst und Aggression. Stuttgart.

Denker, Rolf. (1975): Aufklärung über Aggression. 5. Aufl. Stuttgart.

Denker, Rolf. (1985): Selbst-Bild als Fremdentwurf. Aufsätze zur Philosophie. Von Kant bis Bloch. Tübingen.

Denker, Rolf. (1986): Leben wie Gras. Über Tod und Freitod. – Gedanken zum Briefwechsel Hannah Arendt und Karl Jaspers. Eßlinger Zeitung, 31.12.1986.

Denker, Rolf. (1990): Hiob – oder die Schwere des Glücks. Südwest-Presse, 20.11. 1990.

Denker, Rolf. (1994): Freud inauguriert die psychoanalytische Supervision. Die Therapie der Pferdehysterie des „kleinen Hans" als Modellfall schon 1908. In: Verein für psychoanalytische Sozialarbeit (Hg.): Supervision in der psychoanalytischen Sozialarbeit. S. 60-85. Tübingen.

Denker, Rolf. (1995): Der Arzt versorgt die Wunden. Gott heilt den Kranken. Überlegungen im Anschluß an Celan, Freud und Kafka. In: Becker, Stephan (Hg.): Helfen statt Heilen. S. 27-43. Berlin.

Denker, Rolf. (1995): Anna Freud zur Einführung. Hamburg.

Denker, Rolf. (Hg. der 2. Auflage), Röttger-Denker, Gabriele. (1997): Roland Barthes zur Einführung. Hamburg.

Drechsel, Klaus-Peter. (1992): Widerspruch zum Leserbrief von Claudia Leins zur Umbenennung der ehemaligen Gaupp-Staffel vom 4. Juni 1992. Menschen entwürdigt. Schwäbisches Tagblatt, 19. 6. 1992.

Freud, Sigmund. (1947ff.): Gesammelte Werke. London.

Gaupp, Berthold. (1992): Offener Brief an den Gemeinderat der Stadt Tübingen zur Umbenennung der Gaupp-Staffel. Schwäbisches Tagblatt, 19. 6. 1992.

Gaupp, Robert. (1907): Die Nervosität unserer Zeit im Lichte der Wissenschaft. Tübingen.

Gaupp, Robert. (1907): Arbeit und Erholung. Stuttgart.

Gaupp, Robert. (1912): Der Kinematograph vom medizinischen und psychologischen Standpunkt. Tübingen.

Gaupp, Robert. (1919): Der Arzt als Erzieher seines Volkes. Stuttgart.

Gaupp, Robert. (1925): Die Unfruchtbarmachung geistig und sittlich Kranker und Minderwertiger. Berlin.

Gaupp, Robert. (1934): Die Quellen der Entartung von Mensch und Volk und die Wege der Umkehr. Ein Vortrag, Stuttgart.

Gaupp, Wilma. (1992): In „Jakob-van-Hoddis-Staffel" umbenannt wurde am 13. Mai die Tübinger Robert-Gaupp-Staffel. „Fleißig weiter machen". Schwäbisches Tagblatt, 22. 5. 1992.

Hoddis, Jakob van. (1987): Dichtungen und Briefe. Hg. von Regina Nörtemann. Zürich: Arche.

Hornbogen, Helmut. (1986): Jakob van Hoddis. Die Odyssee eines Verschollenen. München: Hanser.

Hornbogen, Helmut. (1992): Leben und Sterben des Dichters Jakob van Hoddis.

(I): Und Ahnungen kommenden Unheils. Im frühexpressionistischen Aufbruch vor dem Ersten Weltkrieg. Schwäbisches Tagblatt, 16. 4. 1992.

(II): Verborgen vor der Wirklichkeit. Bis allen Möglichkeiten der Entgrenzung durchprobiert waren. Schwäbisches Tagblatt, 25. 4. 1992

(III und Schluß): Horch, es klingt der gläserne Tod. Während der ersten Maitage erfüllt sich sein Geschick. Schwäbisches Tagblatt, 2. 5. 1992.

Jung, Carl Gustav. (1980): Grundwerk. Olten u. Freiburg.

Kafka, Franz. (1973): Sämtliche Erzählungen. Frankfurt.

Kant, Immanuel. (1960ff). Werke. Darmstadt.

Leins, Claudia. (1991): Robert Eugen Gaupp. Leben und Werk. Diss. Tübingen.

Leonhardt, Martin. (1997): Literat und Massenmörder. Der Fall des Hauptlehrers Ernst Wagner: ein Markstein für die Psychiatrie. In: Schwäbisches Tagblatt, 12. 7. 97. (Dort auch weitere Lit.-Angaben. – Am 18.7.97 fand in der Universitätsklinik für Psychiatrie und Psychotherapie mit Poliklinik ein Symposium statt.: Der „Fall Wagner" – eine Retrospektive.)

Lyrik des expressionistischen Jahrzehnts. (1962) Einl. Gottfried Benn. München: DTV.

Martin, Elvira und Drechsel, Klaus-Peter. (1991): Warum kein Weg nach ihm heißen darf: Robert Gaupp als Rassenhygieniker. Seine Rufe nach „Reinigung des Volkes von minderwertigen Elementen" verhallten nicht ungehört. Schwäbisches Tagblatt, 22. 10. 1991.

Musil, Robert. (1978): Gesammelte Werke. Reinbek.

Neuzner, Bernd und Brandstätter, Horst. (1996): Wagner – Lehrer, Dichter, Massenmörder. Frankfurt.

Nietzsche, Friedrich. (1960): Werke in 3 Bänden. Hg. von Karl Schlechta, 2. Aufl. München.

Pinthus, Kurt. (Hg.). (1920): Menschheitsdämmerung. Symphonie jüngster Dichtung.

Pinthus, Kurt. (Hg. neu). (1955): Menschheitsdämmerung. Eine Dokumentation des Expressionismus. Reinbek.

Prattico, Franco. (1991): Leben, eine unerhörte Begebenheit. Vom Chaos zum Bewußtsein. Stuttgart.

Reiter, Udo. (1970): J. van Hoddis. Leben und lyrisches Werk. In: Göppinger Arbeiten zur Germanistik, Nr. 16.

Seim, Jürgen. (Hg.). (1987): Tristitia ante. Geahnte Finsternis. Gütersloh.

Simmel, Georg. (1957): Brücke und Tür. Essays des Philosophen zur Geschichte, Religion, Kunst und Gesellschaft. Stuttgart.

Simmel, Georg. (1989ff.): Gesamtausgabe. Frankfurt.

Wittgenstein, Ludwig. (1960): Schriften. Tractatus logico-philosophicus, Tagebücher 1914-1916, Philosophische Untersuchungen. Frankfurt.

Wittgenstein, Ludwig. (1968): Vorlesungen und Gespräche über Ästhetik, Psychologie und Religion. Göttingen.

Wittgenstein, Ludwig. (1979): Über Gewißheit. Frankfurt.

Wittgenstein, Ludwig. (1991): Geheime Tagebücher 1914 -1916. Hg. Wilhelm Baumann. 2 Aufl. mit einem Vorwort von Hans Albert. Wien.

Ist Soziales der Psychoanalyse fremd?

Claus-Dieter Rath

> *Me-ti sagte: Eben jetzt stellt die Physik fest, daß die
> kleinsten Körper unberechenbar sind; ihre Bewegungen
> sind nicht vorauszusagen. Sie erscheinen wie Individu-
> en, mit eigenem freiem Willen begabt. – Aber die Indi-
> viduen sind nicht mit eigenem freiem Willen begabt.
> Ihre Bewegungen sind nur deshalb schwer oder nicht
> vorauszusagen, weil für uns zu viele Determinierungen
> bestehen, nicht etwa gar keine.*
>
> Bertold Brecht[1]

Die Forderung, Psychoanalyse müsse sich mit Gesellschaftlichem beschäftigen, ist jedem vertraut, der sich gegen Ende der sechziger Jahre für sie interessierte. Im Zuge der damaligen Jugend- und Studentenbewegung wurde von
ihr erwartet, daß sie die sozialen Determinierungen der Individuen offenlege
und möglichst weit zurückdränge; auch sollte sie kollektive Leiden untersuchen und eine Kritik der herrschenden Definitionen von Normalität und Pathologie, von Gesundheit und Krankheit, liefern.

Helfe der Analytiker dem Einzelnen entschieden genug, sich seiner gesellschaftliche Lage bewußt zu werden, dann trage auch er zur Veränderung der
bestehenden Gesellschaft bei – denn wie sollte da noch die Revolution aufzu-
halten sein?

Doch eigentlich wurde die Tätigkeit der Psychoanalytiker eher argwöhnisch
beurteilt; die analytische Kur bewirke doch nur die Anpassung der Leiden-
den: indem sie deren Leiden mildere oder beseitige, zöge sie ihnen den zum
Aufruhr gegen die krankmachende Gesellschaft nötigen Stachel. Theodor W.
Adorno hatte schon in den fünfziger Jahren diese Auffassung so zugespitzt:
„Die Technik, welche konzipiert war, um den Trieb von seiner bürgerlichen

Zurichtung zu heilen, richtet ihn durch seine Emanzipation selber zu. Sie trainiert die Menschen, die sie ermutigt, sich zu ihrem Trieb zu bekennen, als nützliche Mitglieder des destruktiven Ganzen."[2] Diese Kritik an einer auf Anpassung ausgerichteten Ichpsychologie konnte auch so aufgefaßt werden, als verhindere die individuelle analytische Arbeit überhaupt Forderungen an die Gesellschaft. Man interessierte sich nämlich eher für das *Aufbegehren* des Einzelnen als für das *Begehren*, das seinen Symptomen, Träumen und Fehlleistungen – als Bildungen des Unbewußten – innewohnt. Daß die *talking cure* ganz auf dem Sprechen des Einzelnen basiert, geriet darüber in Vergessenheit. Es schien nicht auf den lebendigen Prozeß des *Aussagens* anzukommen, sondern auf die einmal gemachte, vergegenständlichte *Aussage*.

Von einer *Psychoanalyse ohne Psychoanalytiker, ohne Subjekt* und *ohne psychoanalytischen Diskurs* versprach man sich großen Nutzen: die Anwendung der psychoanalytischen Texte auf Massenphänomene sollte eine scharfe Waffe gegen die Manipulation durch Massenmedien, die Zwänge der Kleinfamilie, die Einschränkungen des Sexuallebens und gegen autoritäre Erziehung bilden. Allerdings wurden dabei nur einige wenige Elemente des psychoanalytischen Instrumentariums verwendet: beispielsweise führte die Annahme eines ursprünglich „guten" Menschen, der die gesellschaftlichen Strukturen und Machenschaften als passives Opfer erlebt, dazu, daß Freuds Hypothese der Todestriebe (die den primären Narzißmus und den Aggressionstrieb umfaßt) ausgeblendet wurde. Und die Zielvorstellung einer Aufhebung der Entfremdung und eines ganzen, ganzheitlichen Menschen bot keinen Anlaß, sich auf die Freudsche Entdeckung einer Ichspaltung einzulassen. Die Absicht, den Massen zu einer korrekten, adäquaten Wirklichkeitserkenntnis zu verhelfen, also die Dinge so zu sehen, wie sie „wirklich" sind, ließ die mühevolle Arbeit an der Entzifferung der Bildungen des Unbewußten als weniger wichtig erscheinen als die Bewußtseinsbildung, d.h. die im Bewußtsein entstehenden Bilder. Das Unbewußte galt manchen als unerwünschte, gesellschaftlich gezüchtete „Unbewußtheit".

Da man das Leiden der Einzelnen als Teil eines kollektiven Leidens an der gesellschaftlichen Unterdrückung verstand, versprachen sich einige von einer Veränderung der Welt das Ende individueller Leiden und die Herstellung allgemeiner Gesundheit, wenn nicht gar einer gesunden Allgemeinheit. (Diese war nicht ohne Normvorstellungen wie die von einer vollen sexuellen, genitalen Befriedigung.)

Subjektives und Soziales waren hier als subjektive Innenwelt und objektive Außenwelt gegenübergestellt; auf einen „subjektiven Faktor" reduziert wurde das, was die Psychoanalyse über die Gesellschaftlichkeit des Subjekts sagen kann.

Gesellschaft ist der Verkehr der Menschen untereinander und zugleich die soziale Ordnung, der diese als „Gesellen" unterliegen. Die Verkehrsordnung wird durch die jeweilige *Kultur* bestimmt: Techniken der Naturbeherrschung, die Formen der Produktion und der Tauschbeziehungen, das Verhältnis der Menschen zum eigenen Körper; diese werden durch Traditionen und Institutionen vermittelt.

Freud überlegt: Wenn es der menschlichen Gesellschaft „gelungen wäre, die Mehrzahl der Menschen zu beglücken, zu trösten, mit dem Leben auszusöhnen, sie zu Kulturträgern zu machen, so würde es niemand einfallen, nach einer Änderung der bestehenden Verhältnisse zu streben".[3] Von da aus hebt er die Differenzen hervor zwischen dem, was die jeweiligen Kulturideale fordern und dem, „was die tatsächliche Beobachtung als tagtäglich ergibt"[4]; denn der Einzelne fordert die ihm versagte Befriedigung (d.h. was die Kultur ihm nicht bietet oder verbietet). Er werde neurotisch, wenn „er das Maß von Versagung nicht ertragen kann, das ihm die Gesellschaft im Dienste ihrer kulturellen Ideale auferlegt".[5] Infolge seiner so entstehenden „Kulturfeindschaft" versuche er dann, die Kultur abzuändern oder überhaupt das Joch der Kultur abzuschütteln.[6] Freud unterscheidet dabei zwischen kulturbedingten Entbehrungen, „die alle betreffen, und solchen, die nicht alle betreffen, bloß Gruppen, Klassen oder selbst einzelne".[7]

Der „Kulturgesellschaft, die die gute Handlung fordert und sich um die Triebbegründung derselben nicht kümmert", sei es zwar gelungen, „eine große Zahl von Menschen zum Kulturgehorsam" zu gewinnen, doch lebten diese nicht der „*psychologischen Wahrheit*" nach. Daher gebe es „ungleich mehr Kulturheuchler als wirklich kulturelle Menschen".[8] Für ihn ist offenkundig, daß die „zurückgesetzten Klassen" „den Bevorzugten ihre Vorrechte" beneiden und alles tun werden, „um ihr eigenes Mehr von Entbehrung loszuwerden"[9]; doch habe man darüber „die eher latente Feindseligkeit der besser beteilten Gesellschaftsschichten übersehen",[10] die als „Kulturprediger" nach zweierlei Maß leben: sie predigen Wasser und trinken Wein.

Unter Berufung auf die „psychologische Wahrheit" attackiert Freud die „konventionell-kulturelle Einstellung",[11] die den Tod und die Sexualität leugnet und die im Namen einer höheren Macht oder einer sittlichen Mehrheit verlogene Grenzziehungen zwischen anständig und unanständig vornimmt. Und er wendet sich gegen kulturelle Denkverbote, also gegen die Ausschaltung der Urteilsfunktionen und der Realitätsprüfung, denen wir in Religion, politischer Machtausübung und in den Massenmedien begegnen.

Folgt aus Freuds Beschäftigung mit gesellschaftlichem Druck, daß der Einzelne völlig – oder doch hauptsächlich – gesellschaftlich determiniert ist? Dies behauptet die kulturalistische Strömung in der Psychoanalyse (Erich Fromm, Karen Horney, Erik Erikson u.a.). Erich Fromm vertrat die Meinung, daß die „libidinöse Struktur" sich „an die jeweilige gesellschaftliche Struktur" anpasse, und zwar „zunächst durch das Medium der Familie, dann unmittelbar im gesellschaftlichen Leben".[12] Freud habe eben aufgrund seiner eigenen Lebensumstände die Bedeutung der sozialen Determinierung nicht erkennen und würdigen können.

Man braucht jedoch nicht von einem unfehlbaren, über soziale Vorurteile erhabenen Freud auszugehen, um folgende Fragen zu stellen: Wie weit gehen diese soziokulturellen Determinierungen? Soll man ihnen eine vorrangige Bedeutung bei der Konstitution des Subjekts einräumen?[13] Sind die Bewegungen der Individuen – um an Me-tis Überlegung wieder anzuknüpfen – anhand sozialer Parameter voraussagbar: Zugehörigkeit zu einer Klasse, Generation, Religion, Staat oder Volk? (Seit der deutschen Wiedervereinigung stellt sich die Frage, ob die Herkunft aus der alten BRD oder aus der DDR als Hauptdeterminanten der Psyche ihrer Individuen gelten können.) Berücksichtigt man, daß die Realität des Einzelnen und der Kollektive, denen er angehört, sich auch von etwas bestimmt, das nicht unmittelbar sinnlich erfahrbare Realität ist: Trieb, Unbewußtes, Verdrängung? Betrachtet man Erziehung und Gesellschaft allein als die Agenturen der Verdrängung oder als deren Korrelate? Wie sind beim Einzelnen die Verdrängung (die Urverdrängung und die darauf folgenden geglückten oder nicht geglückten Verdrängungen) mit ihrer Vorstellung von sozialer Realität verknüpft? Welcher Raum ist noch, sich darauf einzulassen, *wie* die Einzelnen mit ihrer Erziehung usw. *umgegangen* sind, was sie also aus den sozialen Determinanten jeweils *gemacht* haben? Besteht nicht die Spezifik der menschlichen Triebe darin, daß sie weder bloß biologisch (also Instinkte) sind noch aber einfach beliebig sozial modelliert sind, sondern offen für eine Verknüpfung mit der symbolischen Struktur, also abhängig von der Art der Einschreibung des Subjekts in eine symbolische Ordnung?

Über den Bildern der sozialen Angepaßtheit oder des Aufbegehrens darf das Begehren der Einzelnen nicht vergessen (übersehen, überhört) werden, d.h. die unbewußten Wünsche, die in gesellschaftlichen Forderungen und Symptomen enthalten sind.

Liest man Freud mit Jacques Lacan, so lösen sich die verbreiteten Polarisierungen „hier Individuum, dort Gesellschaft" oder „hier Subjekt, dort Kultur" dahingehend auf, daß das Sprachwesen Mensch erst durch seine Einschreibung in die symbolische Ordnung überhaupt Subjekt wird. Individuum und Gesellschaft stehen bei Freud in einem dialektischen Verhältnis; er geht also nicht von einem Menschen aus, dessen Bedürfnisse ursprünglich festgelegt sind oder der über einen ursprünglich freien Willen verfügt – und der dann gesellschaftlich an seiner Entfaltung gehindert würde. Das Soziale ist für ihn nicht bloßer *background*, sondern eine symbolische Ordnung aus Sprache und der jeweiligen Art der Tauschbeziehungen, in die der Einzelne hineingeboren wird, die er also fertig vorfindet.

Soziales ist der Psychoanalyse also nicht fremd; doch bleibt die Frage: wie begegnet sie ihm und wie geht sie mit ihm um? Dazu läßt sich sagen:

Erstens, daß die Arbeit des Analytikers und des Analysanten eine Arbeit am Zeichenprozeß ist, eine Arbeit des Entzifferns von Entstellungen, wie Freud sie in der Traumdeutung oder anhand der Deutung von Fehlleistungen lehrt – das Entziffern der Resultate der Verdichtung, Verschiebung, Rücksicht auf Darstellbarkeit usw. Welche vielfältigen Formen der Symbolbildung möglich sind, hat Freud besonders in seinen Arbeiten *Die Traumdeutung*, *Psychopathologie des Alltagslebens* und *Der Witz und seine Beziehung zum Unbewußten* dargestellt. Lacan nennt den Psychoanalytiker einen „Praktiker der Symbolfunktion".[14]

Zweitens ist die Analyse eine Auseinandersetzung des Analytikers mit der symbolischen Ordnung, in die der Analysant hineingeboren wurde und in der er einen bestimmten – ihm meist unklaren – Platz einnimmt: Struktur der Familie, der lokalen, regionalen, nationalen, religiösen und Klassenkultur mit allen möglichen Konfliktlagen wie unterschiedliche Religionen in einer Familie, Gleichzeitigkeit zweier Väter usw. Es geht dabei immer um die Auseinandersetzung des Subjekts mit den Ansprüchen derer, die ihm einen bestimmten Platz zuweisen: „Du bist das und nichts anderes!" Freud unterstreicht deshalb, daß der Analytiker „ohne eine gute Orientierung" auf den Gebieten der „Kulturgeschichte, Mythologie, Religionspsychologie und Literaturwissenschaft" „einem großen Teil seines Materials verständnislos" gegenüberstehe.[15]

Drittens spricht Freud vom Kultivierungseffekt der Psychoanalyse, also von einer durch sie bewirkten „Verdrängung mancher ungünstiger Strebungen", womit auch gesagt ist, daß ihr die Logik der totalen Befreiung, Negation der Kultur, des Namens des Vaters, fremd ist. „Die psychoanalytische Arbeit stellt sich also als ein besserer Ersatz für die erfolglose Verdrängung geradezu in den Dienst der höchsten und wertvollsten kulturellen Strebungen."[16]

Dennoch arbeitet die Psychoanalyse nicht mit den Mitteln der Politik; weder predigt sie bestimmte soziale Tugenden, noch hilft sie regieren, noch trägt sie zur Machterhaltung einzelner Institutionen, Führer oder Interessengruppen bei. Es kann keine auf Psychoanalyse gegründete Politik geben, da es Aufgabe des Analytikers ist, das Subjekt auf die Spur seines Begehrens zu führen und nicht ihm ideale Lebensweisen und Verhältnisse zu suggerieren. Von gesellschaftlichem Konformismus hält sie sich fern, aber auch von Komplizenschaft mit dem Einzelnen, der vom Analytiker eine komplementäre Beziehung oder anderes Heil erwartet. Statt ungebrochener Einfühlung und bloßem Einverständnis („Ich weiß, was Du meinst") sorgt er in der analytischen Situation für genügend Fremdheit, die dem Analysanten erst die Begegnung mit seinem unbewußten Begehren ermöglicht.

Soziale Forderungen werden aber nicht nur an die Psychoanalyse herangetragen (im Sinne der Anpassung oder der sozialen Emanzipation der Einzelnen) – man kann sagen, daß sie selbst in einem bestimmten Sinne eine soziale Herausforderung darstellt, fordert sie doch vom Einzelnen, er möge sich einer symbolischen Ordnung einschreiben, also sich an eine verbindliche Spielregel halten. Denn es geht ja gerade um eine mangelnde Einschreibung, wenn sie behauptet, die Neurose mache aufgrund der „verdrängten, aber aktiv gebliebenen direkten Sexualstrebungen" den einzelnen *asozial*, d.h. egoistisch, in eine lustvollere Phantasiewelt geflüchtet (gegenüber der „Gesellschaft der Menschen und [...] [der] von ihnen gemeinsam geschaffenen Institutionen"[17]) und durch sein intensives Verschuldungsgefühl isoliert.

Freud macht keine prinzipielle Unterscheidung zwischen den Werken der Kultur und den Äußerungen des Neurotikers; im Gegenteil: es unternehmen „Kranke in *asozialer* Weise [...] dieselbe Versuche zur Lösung ihrer Konflikte und Beschwichtigung ihrer drängenden Bedürfnisse [...], die *Dichtung, Religion* und *Philosophie* heißen, wenn sie in einer für eine Mehrzahl verbindlichen Weise ausgeführt werden".[18] Umgekehrt stellt er fest, daß „dort, wo ein kräftiger Anstoß zur Massenbildung erfolgt ist, die Neurosen zurücktreten und wenigstens für eine Zeitlang schwinden" können; die religiösen Illusionen boten „den durch sie Gebundenen den stärksten Schutz gegen die Gefahr der Neurose". Er vermag auch „in all den Bindungen an mystisch-religiöse oder philosophisch-mystische Sekten und Gemeinschaften den Ausdruck von Schiefheilungen mannigfaltiger Neurosen zu erkennen."[19]

Wenn Freud sagt, die Psychoanalyse sei zugleich eine *Sozialpsychologie*, ist damit nicht das gemeint, was an Universitäten und im Management heute unter diesem Namen als *Gruppenpsychologie* betrieben wird, sondern daß „im Seelenleben des Einzelnen [...] ganz regelmäßig der *andere als Vorbild, als Objekt, als Helfer und als Gegner* in Betracht" kommt.[20]

Der kleine Mensch ist nur unzureichend mit Instinkten ausgestattet und deshalb ganz besonders auf die Hilfe eines großen Anderen angewiesen. Insofern ist er naturgemäß ein soziales Wesen und ein Sprechwesen. Ohne anfängliche Pflegepersonen, die sich an ihn wenden, ist er verloren. An ihnen machen sich Befriedigungserlebnisse fest, die nicht mehr wiederherstellbar sein werden. Zugleich führen sie ihn nach und nach in die kulturellen Techniken des Überlebens, der Beherrschung seiner Umwelt und der eigenen Triebe, also in die Wunschbefriedigung ein.

Ein Beispiel für die Bedeutung des großen Anderen aus dem Bereich der Nahrung: Entgegen aller Verklärungen ist schon die frühe Kindheit kein Schlaraffenland; lange vor der Trennung von der Brust – oder ihrem Substitut, der Schnullerflasche – treffen Ansprüche und Bedürfnisse des Kindes auf Versagungen, sobald das ihm hilfreiche Individuum nicht ständig verfügbar ist, weil dieses sich anderen und anderem zuwendet und sein Begehren in der Regel nicht allein dem Kind gilt. Von Anfang an – gleichsam „mit der Muttermilch" – eignet sich das Kind durch das Dazwischentreten eines Dritten, der diese Versagung repräsentiert, auch eine kulturelle Struktur an: zu ihr zählen die Weise der Fütterung, die Art der Nahrung, die die Milch ersetzen soll, die Namen und Klassifikationen der Speisen sowie allmählich sich verschärfende Forderungen der Mäßigung und des guten Benehmens bei Tisch. Man kann sagen: das Kind wird bei der Ernährung auch mit Struktur unterfüttert. Diese Elemente einer Ordnung und die Übersetzung der kindlichen Bedürfnisschreie durch die Erwachsenen lassen das Kind in das Universum der Sprache eintreten, dessen Träger es wird und das es ihm erlaubt, das, was ihm fehlt, als Wunsch zu formulieren. Der *Verlust* nötigt das Kind, intellektuelle Prozesse auszubilden, die es befähigen, die sich ihm bietenden Gegenstände auf wunscherfüllende Eigenschaften hin zu prüfen, also zu beurteilen, ob sie seinen an die Brust und andere Triebobjekte geknüpften Erwartungen entsprechen. Somit beschneiden jene Imperative zwar seine Ansprüche auf unmittelbare Bedürfnisbefriedigung, befähigen es aber, die eingeschränkten Bedürfnisse dauerhafter zu befriedigen, also gegenwärtige Unlust zu beheben und weiteren Unlusterlebnissen vorzubeugen.[21]

Sentimentale Äußerungen wie „Bei Muttern schmeckt's am besten", die Gefühlsbindungen an die Küche von Haus und Heimat ausdrücken, bezeichnen daher mehr als eine lediglich dyadisch gedachte Beziehung zwischen Mutter und (ehemaligem) Kind: sie verweisen auf Bindungen an einen Ort der phantasierten ursprünglichen, vollen Befriedigung, der zugleich Ort des Verlustes, Ort einer idealen – im weitesten Sinne sprachlichen – Ordnung und Ort der Verbundenheit mit den anderen ist, die derselben Ordnung unterstehen.

Der Umstand, daß der große Andere nicht immer verfügbar ist, da er sein eigenes Leben und seine eigenen Lieben hat, zwingt das Kind, sich Wissen anzueignen und, sobald es etwas begehrt, sich mit dem, was es über die Möglichkeiten und Unmöglichkeiten seines Genießens weiß, auseinanderzusetzen. Was muß es unternehmen, um gegenwärtige Unlust zu beheben, weiteren Unlusterlebnissen vorzubeugen und seinen Trieb zu befriedigen? Es beginnt zu suchen, was ihm fehlt, ein verlorenes und wohl nie wirklich besessenes Objekt. Es will wissen, was es unternehmen muß, um in den Genuß der Liebe seiner Pflegeperson zu kommen, und um so zu werden wie sein erwachsenes Vorbild. Es fragt, wieso jemand stirbt und was es mit dem Geschlechtsunterschied auf sich hat. Es bildet Theorien über die Herkunft der Kinder (bei seiner Sexualforschung wird es bisweilen das Familienlexikon zu Rate ziehen).

Dennoch ist der Mensch kein wißbegieriges Wesen und es ist ihm keine natürliche Wahrheitsliebe eigen, denn er muß seinen Trennungsschmerz und die Unmöglichkeit, stets und immer seine Bedürfnisse befriedigen zu können, verdrängen. Er muß verdrängen, was sein Unbewußtes wünscht und was doch seine Möglichkeiten als auch die Gebote und Verbote seiner Erzieher und der Kultur überschreitet. Und er muß schließlich all das verdrängen, was an diese Verdrängungen rühren könnte.

Als kleiner Neurotiker richtet er sein Dasein in Symptomen ein, die – als Kompromiß – seine Wünsche entstellen und ihm doch zugleich ein Genießen erlauben. Wo er seinem (unbewußten) Wissen über sein Begehren begegnet, empfindet er nun Unlust, da es seine Struktur aus dem Lot bringen könnte. Er wendet sich deshalb leidenschaftlich gegen dieses Wissen, er verkennt, leugnet, verneint und sieht sich dankbar im Glauben bestätigt, daß die Art und Weise, in der er sein Dasein eingerichtet hat, die einzig mögliche sei.

Das Subjekt bleibt immer auf der Suche nach jenem „prähistorischen un-vergeßlichen Anderen, den kein Späterer mehr erreicht",[22] es tendiert dazu, groß, allwissend und allmächtig wirkende Gestalten auf diesen Platz zu set-zen: etwa den Doktor, einen Führer oder irgend eine andere Person. Es gibt sich ihnen hin, um sich an ihnen zu nähren und über sich bestimmen zu las-sen.

Ohne es bewußt zu wissen, formuliert der Sprechende einen Anspruch an sein Gegenüber: den Anspruch, verstanden und d.h. geliebt zu werden, vom anderen zu erfahren und zu erhalten, was ihm selbst fehlt.

Die Begegnung des Subjekts mit dem, was es beim Sprechen ausplaudert besonders dann, wenn es sich verspricht –, kann es seinem Begehren auf die Spur bringen. Dies geschieht in der Psychoanalyse als *talking cure*. Dem Analytiker, zu dem eine Liebesübertragung entstanden ist, wird unterstellt, er kenne die unbewußten Gedanken des Subjekts und könne sie ihm mitteilen.

Dieser Prozeß ermöglicht es dem Subjekt, seine verdrängten Neigungen der symbolischen Ordnung einzuschreiben. Es wird ihm möglich, seine Un-vollkommenheit zu ertragen und für sein eigenes Begehren Verantwortung zu übernehmen, d.h., daß das, was es unternimmt, nicht stets mit einem „Nicht ich – der andere ist es gewesen", bemäntelt werden muß.

Entscheidend für die Wirksamkeit dieses Verfahrens ist, daß das Subjekt gegen Ende der Analyse erfahren und ertragen kann, daß der Analytiker, der für es den großen Anderen repräsentierte, dieser nicht *ist*, und daß das dem

Analytiker unterstellte Wissen das vom Subjekt verdrängt war, von dem es zuvor nichts hatte wissen wollen (was zur Symptombildung geführt hatte).

Zwar hat der Psychoanalytiker im Politischen keinen privilegierten Durchblick, doch vermag manches von dem, was etwa den gesellschafts- und wirtschaftswissenschaftlichen Forschungen unbegreifbar bleibt, nur er zu analysieren. Freuds Idee einer „Pathologie der kulturellen Gemeinschaften" und seine Rede von der „Anwendung der Psychoanalyse" lassen sich ausarbeiten, wenn man versucht, das, was man aus seiner eigenen Analyse und aus der Arbeit mit Analysanten über Formen und Dynamiken, über Handhabung und Mißbrauch der Übertragung weiß, auf die Übertragungsphänomene im Politischen anzuwenden (im öffentlichen Leben, im Streben nach Machtanteil oder nach Beeinflussung der Machtverteilung, bei der Bestimmung von Feinden).

Untersucht man neue Figurationen der Massenbindung, neue Arten und Techniken des Aufgreifens (bzw. Umgehens) des Begehrens, der Formierung und Legitimierung von Ansprüchen, sich ausbreitende Formen des Bindungszwangs (wie etwa der mafiösen Gebilde) oder der sozialen Bindungslosigkeit, stößt man auf unterschiedliche Arten der Identifizierung, unterschiedliche Verknüpfungen von Libido und Feindseligkeit und – zur Eindämmung der letzteren – unterschiedliche Bezüge auf ein Ideal.

Bei solchen Untersuchungen wird von der Psychoanalyse her immer wieder die Verantwortlichkeit des Subjekts zu thematisieren sein: Verantwortung übernehmen und zugleich wissen, daß man nicht voll verantwortlich ist, daß aber dieses „nicht-verantwortlich" nicht einem leibhaftigen Anderen, etwa dem Fremden und/oder einem Führer, geschuldet ist, dem es Opfer zu bringen gilt, sondern dem, was einem an sich selbst unzugänglich bleibt: dem Unbewußten, dem Begehren.

Ob ein Psychoanalytiker sich explizit mit Fragen des Politischen befassen muß, hängt nicht nur von allgemeinen theoretischen Bestimmungen ab, sondern auch von seinem Begehren, das er zu analysieren hat.

Die Frage nach der *Verantwortung* des Psychoanalytikers in der Gesellschaft ist also eine Frage nach der *Natur der Psychoanalyse*, die ja selbst ein Symptom des *Unbehagens in der Kultur* ist, ihrer *Ethik* und des *Begehrens des einzelnen Analytikers*.

Das Gefühl der *Verantwortlichkeit* und der Wunsch, im Sozialen Verantwortung zu übernehmen und helfen zu wollen, hat natürlich etwas mit einer Schuld zu tun – sei's daß der „Name des Vaters" mit Schuld oder Ungenügen behaftet ist, sei's daß ein soziales Phänomen als Quelle enormer Lust beim Anderen erfahren wurde – etwa das, was die deutschen Eltern über den Nationalsozialismus verschweigen mußten.

Deshalb zum Schluß eine Rückkehr zu den späten sechziger Jahren: Ich vermute, daß unter anderem die Leidenschaft des Nicht-Wissen-Wollens der eigenen Eltern viele deutsche Analytiker der ersten Nachkriegsgeneration zur Psychoanalyse gebracht hat, denn jenes „Ich habe nichts gehört, nichts gesehen, leider nichts gewußt" stellte sich uns Kindern weniger als moralisches Problem – ob die uns angelogen haben –, sondern als die Frage: was ist das für ein Wissen, das nicht gewußt werden will? Also: Wie ist es möglich, daß diese Personen, die vom Kind notwendigerweise idealisiert worden sind, in diesem Punkt so „vertrottelt" erschienen: „Nichts gewußt, nichts gesehen, nichts gehört, weiß auch nicht ..."? Ein Geheimnis ums Begehren und Genießen, das durchaus den Rang der Geheimnisse des Schlafzimmers bekommen konnte, etwas, worüber man nicht spricht, was aber gleichwohl ganz präsent ist.[23]

Auch wer im Sozialbereich arbeitet, sollte dabei nicht bloß einer äußeren Forderung nachkommen oder einer „inneren Stimme" gehorchen, sondern entziffern lernen, warum ihn etwas ergriffen macht und was ihn dabei ergreift.

Anmerkungen

1   Brecht, Bertold. (1967): Gesammelte Werke. Frankfurt/M. Werkausgabe Suhrkamp, Bd. 12, S. 568.

2   Adorno, Theodor W. (1955): Zum Verhältnis von Soziologie und Psychologie. In: Sociologica, Frankfurt/M. S. 11-45.

3   Freud, Sigmund. (1927c): Die Zukunft einer Illusion. StA IX, S. 171.

4   Freud, Sigmund. (1900a): Die Traumdeutung. StA II, S. 261.

5   Freud, Sigmund. (1930a[1929]): Das Unbehagen in der Kultur. StA IX, S. 218.

6   Freud, Sigmund. (1927c): Die Zukunft einer Illusion. StA IX, S. 171.

7   Freud, Sigmund. (1927c): Die Zukunft einer Illusion. GW XIV, S. 331.

8   Freud, Sigmund. (1915b): Zeitgemäßes über Krieg und Tod. StA IX, S. 44.

9   Freud, Sigmund. (1927c): Die Zukunft einer Illusion. StA IX, S. 146.

10 Ebd.

11 Freud, Sigmund. (1915b): Zeitgemäßes über Krieg und Tod. GW X, S. 354.

12 Fromm, Erich. (1932): Die psychoanalytische Charakterologie und ihre Bedeutung für die Sozialpsychologie. GS I, S. 59-77, siehe S. 69 f.

13 Vgl. Lacan, Jacques: Seminar II ([1954/55] 1980): Das Ich in der Theorie Freuds und in der Technik der Psychoanalyse. Olten u. Freiburg i. Br.: Walter. S. 191.

14 Lacan, Jacques ([1953] 1973): Funktion und Feld des Sprechens und der Sprache in der Psychoanalyse. In: Schriften I. Frankfurt/M.: Suhrkamp. S. 126.

15 Freud, Sigmund. (1926e): Die Frage der Laienanalyse; Studienausgabe, S. 336f u. 343; vgl.a. Lacan Schriften I, S. 130.

16 Freud, Sigmund. (1910a): Über Psychoanalyse. Fünf Vorlesungen, GW VIII, S. 57.

17 Freud, Sigmund. (1912-13a): Totem und Tabu. Über einige Übereinstimmungen im Seelenleben der Wilden und der Neurotiker. GW IX, S. 92.

18 Freud, Sigmund: Vorrede zu *Probleme der Religionspsychologie* v. Th. Reik; GW XII, S.327.

19 Freud, Sigmund. (1921c): Massenpsychologie und Ich-Analyse. StA IX, S. 132.

20 Freud, Sigmund. (1921c): Massenpsychologie und Ich-Analyse. StA IX, S. 65.

21 Vgl. Freud, Sigmund. (1925h): Die Verneinung. StA III, S. 374. Zur Psychoanalyse der Eßkultur s.a. Rath, Claus-Dieter. (1997): Nahrung. In: Wulf, Christoph (Hg.): Vom Menschen. Handbuch Historische Anthropologie. Weinheim/Basel: Beltz. S. 243-256.

22 Freud, Sigmund.. (1986): Briefe an Wilhelm Fließ 1887-1904. Frankfurt/M., S. 223f. (Brief v. 6. Dez. 1896.)

23 Rath, Claus-Dieter. (1994): Olympiade 1936. In: Prasse, Jutta und Rath, Claus-Dieter (Hg.): Lacan und das Deutsche. Die Rückkehr der Psychoanalyse über den Rhein. Freiburg i. Br.: Kore. S. 11-27.

Die Herausgeber danken für die Mitarbeit von Theresa Bullinger und Constanze Suffa.

Die Autorinnen und Autoren

Becker, Ulrike

Dr. phil, Diplompädagogin, Sonderschullehrerin mit den Fachrichtungen Lb und V in Berlin. Aktuelle Arbeitsschwerpunkte: Lehrerberatung und - fortbildung, sonderpädagogische Förderung von Schülern mit Verhaltensstörungen. Geschäftsführung des Instituts für Schule und Innovation der Internationalen Akademie für innovative Pädagogik, Psychologie und Ökonomie (INA) gGmbH an der Freien Universität Berlin. Publikationen auf dem Gebiet der Psychoanalyse und Pädagogik in der Schule.
Anschrift: Gertrudstr. 4, D-13467 Berlin

Denker, Rolf

Dr. phil., ehem. Professor für Philosophie und Psychoanalytische Theorie der Universität Tübingen. Außer wichtigen Arbeiten zur Geschichte der Philosophie durch zahlreiche Veröffentlichungen zur Aggressionsforschung bekannt geworden.
Anschrift: Wildermuthstr. 34, D-72076 Tübingen

Faltin, Günter

Professor am Institut für Wirtschaftspädagogik der Freien Universität Berlin, Unternehmer, Gründer der Projektwerkstatt GmbH mit der Idee der Teekampagne, Leiter des Forschungsprojektes „Universität und Entrepreneurship", zahlreiche Forschungsarbeiten und Publikationen über Entrepreneurship und Gründungsmanagement, geschäftsführender Direktor des Instituts für Entrepreneurship der Internationalen Akademie für innovative Pädagogik, Psychologie und Ökonomie (INA) gGmbH an der Freien Universität Berlin.
Anschrift: Institut für Wirtschaftspädagogik, FU Berlin, Arnimallee 1, D-14195 Berlin

Federn, Ernst

M.S.W., Professor, Studium der Sozial- und Geschichtswissenschaften. Ausbildung zum psychoanalytischen Sozialarbeiter. Sozialpsychologischer Konsulent der Österreichischen Regierung im Strafvollzug, Dozent und Supervisor in der psychoanalytischen Erwachsenenbildung. Herausgeber der vollständigen Protokolle der Wiener Psychoanalytischen Vereinigung (1976-1981). Zahlreiche Publikationen zur Geschichte der Psychoanalyse und zur psychoanalytischen Sozialarbeit.
Anschrift: Kolingasse 20/1, A-1090 Wien

Helmrich, Daniel mit Jossi, Otto

Lic. phil. I. Klinischer Psychologe. Psychotherapeutische Tätigkeit im Strafvollzug und psychiatrisch-psychologischen Dienst in Zürich. Seit 1992 in eigener Praxis tätig. Arbeiten zum Thema Psychotherapeutische Behandlung von Patienten mit Tötungs- und Gewaltdelikten im Strafvollzug.
Anschrift: Obere Heslibachstr. 69, CH-8700 Küsnach

Hermann, Andrea

Dipl.-Soz. päd., Leiterin des stationären Bereiches im Verbund für Psychoanalytische Sozialarbeit, Paritätische Gesellschaft für Gesundheits- und Sozialdienste mbH in Berlin (PGGS). Publikationen zur psychoanalytischen Sozialarbeit.

Anschrift: Verbund für Psychoanalytische Sozialarbeit – PGGS, Heim Berner Straße 50, D-12205 Berlin-Lichterfelde

Jossi, Otto mit Helmrich, Daniel

Pädagoge und Organisationsentwickler BSO (Berufsverband für Supervision und Organisationsberatung).

Anschrift: Rosengarten, CH-8882 Unterterzen

Kleefeld, Hartmut

Krankenpfleger, Pflegedienstleiter der Abteilung Kinder- und Jugendpsychiatrie der Universität Tübingen. Psychoanalytisch-sozialtherapeutische Fortbildung. Publikationen zur psychoanalytischen Sozialarbeit.

Anschrift: Abteilung Psychiatrie und Psychotherapie im Kindes- und Jugendalter, Osianderstr. 14, D-72076 Tübingen

Kotanyi, Sophie

Ausgebildete Filmregisseurin und Drehbuchautorin. In Deutschland, Belgien, Ungarn, Portugal und Afrika als freiberufliche Dokumentarfilmerin tätig. Studium der Ethnologie, Psychologie und Religionswissenschaft. Aufbau eines ethnopsychiatrischen Zentrums mit Sitzen in Berlin und Lissabon.

Anschrift: Möckernstr. 66, D-10965 Berlin

Lauter, Elisabeth

Dipl.-Psych., Heimleiterin des evangelischen Jugendhofes Wolf / Traben-Trarbach und Leiterin des Hauses Niedersburg in Boppard. Publikationen zur psychoanalytischen Sozialarbeit.

Anschrift: Maiweg 140, D-56841 Traben-Trarbach

Lempp, Reinhart

Em. Prof., Dr. med., Kinder- und Jugendpsychiater. Langjähriger Direktor der Abteilung Kinder- und Jugendpsychiatrie der Universitätskliniken Tübingen. Umfangreiche Lehr- und Forschungstätigkeiten, zahlreiche Publikationen.

Anschrift: Hauptmannsreuthe 65, D-70193 Stuttgart

Rath, Claus-Dieter

Dr. rer. soc., arbeitet als Psychoanalytiker in Berlin, zahlreiche Publikationen auf dem Gebiet der psychoanalytischen Praxis und Psychopathologie des Alltags.

Anschrift: Niebuhrstr. 77, D-10629 Berlin

Rödler, Peter

Prof. Dr. Universität Koblenz/Landau, Allgemeine Didaktik und Allgemeine Sonderpädagogik. Publikationen zu Schwerpunkten: Autismus – Grundlagen der Arbeit mit nichtsprechenden Menschen, Grundlagen der Sonderpädagogik.

Anschrift: Rheinau 1, D-56072 Koblenz

Stanek, Milan

Dr. phil., Studium der Ethnologie und Germanistik, Ausbildung in Psychoanalyse. Forschungen in Papua-Neuguinea und Osteuropa. Lehrtätigkeit an Ethnologischen Instituten der Universität Zürich und der Karlsuniversität Prag, Supervision im Bereich der psychoanalytischen Sozialarbeit. Publikationen auf dem Gebiet der Ethnologie und Ethnopsychoanalyse.

Anschrift: Gotthelfstr. 26, CH-4054 Basel

Weiss, Florence

Dr. phil., Studium der Ethnologie und der politischen Philosophie, Ausbildung in Psychoanalyse. Forschungen in Papua-Neuguinea, Westafrika und Osteuropa. Dozentin am Ethnologischen Seminar der Universität Basel, Supervision von interkulturellen Projekten. Seit 1998 enge Zusammenarbeit mit der Albanischen Beratungsstelle in Basel. Arbeitsschwerpunkte: Ethnopsychoanalyse, Stellung der Kinder, Geschlechterverhältnis, Transformationsprozesse. Zahlreiche Publikationen auf dem Gebiet der Ethnologie und Ethnopsychoanalyse.

Anschrift: Gotthelfstr. 26, CH-4054 Basel

Wolff, Reinhart

Prof. Dr., Hochschullehrer für Erziehungswissenschaft und Soziologie an der Alice-Salomon-Fachhochschule Berlin, Privatdozent an der FU Berlin, Mitbegründer der Kinderläden und des Kinderschutzzentrums, Familientherapeut und Organisationsberater in freier Praxis.

Anschrift: Kalckreuthstr. 15, D-10777 Berlin

Wurth, Bernhard

Studium der Geschichte, Germanistik, Sinologie und Psychologie. Klinischer Psychologe mit Arbeitsschwerpunkt: forensische Fragen in Zusammenhang mit psychiatrischer Unterbringung und Drogenberatung. Leiter einer Kriseninterventionsstation.

Anschrift: Naumannstr. 58, D-10829 Berlin

Zimmer, Jürgen

Prof. für interkulturelle Erziehung im Fb Erziehungswissenschaften der FU Berlin. Zahlreiche Forschungen auf dem Gebiet der Kindergarten- und Vorschulerziehung sowie der Community Education, Begründer des Situationsansatzes, Direktor der Internationalen Gesellschaft für innovative Pädagogik, Psychologie und Ökonomie (INA) gGmbH an der Freien Universität Berlin.

Anschrift: Institut für interkulturelle Erziehung FU, Habelschwerdter Allee 45, D-14195 Berlin

Svenja Taubner
Konzept Mentalisieren
Eine Einführung in Forschung und Praxis

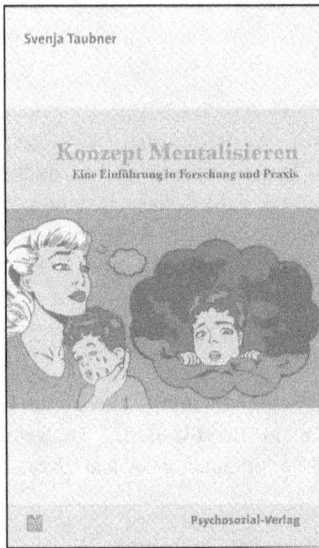

Svenja Taubner

Konzept Mentalisieren
Eine Einführung in Forschung und Praxis

Psychosozial-Verlag

Juli 2015 · 202 Seiten · Broschur
ISBN 978-3-8379-2531-9

Sich selbst, das Gegenüber, das Selbst mit anderen, andere mit dem Selbst – Mentalisieren als multiperspektives Konzept ermöglicht es, sich der eigenen Gefühle und der Gefühle anderer bewusst zu werden, und stellt damit eine Schlüsselkompetenz für TherapeutInnen dar.

Die Theorie des Mentalisierens gehört zu den innovativsten wissenschaftlichen Neuerungen der letzten Jahrzehnte und ist Inspiration für zahlreiche Forschungsprojekte, die unser Wissen über die Entstehung und Bedeutung der menschlichen Fähigkeit erweitert haben, mentale Zustände wie Gedanken und Gefühle im eigenen Selbst und in anderen zu verstehen. Als Brücke zwischen psychoanalytischer Objektbeziehungstheorie, Bindungstheorie und empirischer Entwicklungspsychologie hat die Theorie des Mentalisierens die Auswirkungen früher Eltern-Kind-Interaktionen detailliert beschrieben. Als Klinische Theorie hat sie herausgearbeitet, dass die Fähigkeit, andere und sich selbst interpretieren zu können, einen Schüssel zu psychischer Gesundheit darstellt und ein maßgeblicher Faktor für Veränderungsprozesse in Psychotherapien ist.

Svenja Taubner, die zu den renommiertesten Forscherinnen in diesem Feld gehört, gibt eine fundierte Einführung in die Theorie des Mentalisierens und in den aktuellen Forschungsstand in Bezug auf entwicklungspsychologische wie auch klinische Aspekte. Dabei wird auch die Bedeutung des Konzepts für Psychotherapie und Prävention herausgearbeitet.

Walltorstr. 10 · 35390 Gießen · Tel. 0641-969978-18 · Fax 0641-969978-19
bestellung@psychosozial-verlag.de · www.psychosozial-verlag.de

Bernhard Strauß
Bindung

2014 · 144 Seiten · Broschur
ISBN 978-3-8379-2277-6

Eine kenntnisreiche Einführung in die Grundlagen der klinischen Bindungstheorie.

Lange Zeit wurde John Bowlbys Bindungskonzept in der Psychotherapie nur wenig berücksichtigt, obwohl es als klinische Theorie konzipiert war. Erst durch theoretische Weiterentwicklungen und neue Befunde aus der klinischen Bindungsforschung, etwa zum Zusammenhang von Bindungserfahrungen und Psychopathologie, gewann das Konzept auch in der Psychoanalyse zunehmend an Bedeutung.

Im vorliegenden Buch werden die theoretischen Grundlagen und wesentliche Erkenntnisse der Bindungsforschung zusammengefasst und für psychotherapeutisch Tätige nutzbar gemacht. Anhand zahlreicher Beispiele stellt Strauß den Bezug des Bindungskonzepts zu wichtigen Aspekten der Psychotherapie, wie der Qualität der therapeutischen Beziehung, her, sodass die Bedeutung für die therapeutische Praxis deutlich wird.

Walltorstr. 10 · 35390 Gießen · Tel. 0641-969978-18 · Fax 0641-969978-19
bestellung@psychosozial-verlag.de · www.psychosozial-verlag.de

Psychosozial-Verlag

Hannes Stubbe

Lexikon der Psychologischen Anthropologie

Ethnopsychologie, Transkulturelle und Interkulturelle Psychologie

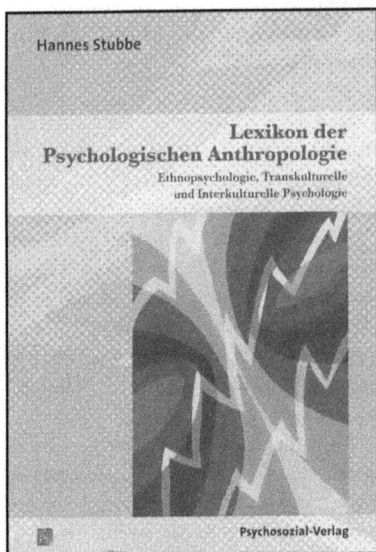

Das umfassende und vielschichtige Lexikon verknüpft Erkenntnisse aus verschiedenen theoretischen, angewandten und methodischen Richtungen.

Es integriert die unterschiedlichen Sichtweisen der Ethnologie und Psychologie, wobei die Psychologische Anthropologie als Teilgebiet der Kulturanthropologie verstanden wird. Mit Schwerpunkt auf dem Kulturvergleich werden ethnologische, kulturanthropologische, psychologische, soziologische, religionswissenschaftliche, pädagogische, psychiatrische und weitere Begriffe, die im Forschungsfeld eine Rolle spielen, interdisziplinär erklärt. Wissenschaftshistorisch angelegt, arbeitet das Lexikon zugleich alle gegenwärtigen sowie erkennbare zukünftige Tendenzen heraus. Jeder der ca. 470 Einträge ist mit einer ausführlichen Bibliografie versehen.

2012 · 708 Seiten · Gebunden
ISBN 978-3-8379-2120-5

Walltorstr. 10 · 35390 Gießen · Tel. 0641-969978-18 · Fax 0641-969978-19
bestellung@psychosozial-verlag.de · www.psychosozial-verlag.de

Karin Flaake

Neue Mütter – neue Väter

Eine empirische Studie zu veränderten Geschlechterbeziehungen in Familien

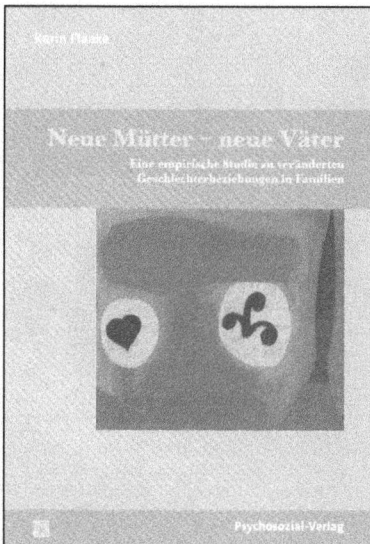

November 2014 · 312 Seiten · Broschur
ISBN 978-3-8379-2335-3

Hausmänner und Rabenmütter? Veränderungen der Geschlechterverhältnisse stellen junge Familien vor neue Herausforderungen.

Trotz Aufklärung und Emanzipation stellt sich in vielen Familien mit der Geburt des ersten Kindes ein »Traditionalisierungsschub« ein – die Frau bleibt zu Hause, der Mann verdient das Geld. Gemeinsam für Kinder, Hausarbeit und Einkünfte zuständig zu sein, ist eine Herausforderung für Eltern. Dennoch profitieren oft sowohl die Eltern als auch die Kinder davon. Wie verändern sich Geschlechterbilder dadurch? Wie sehen typische Konflikte in der Paarbeziehung und in der Familie aus? Die gleichberechtigte Arbeitsteilung der Eltern kann zur Bereicherung der Rollenverständnisse der Kinder führen: Der Entwurf von Männlichkeit wird um Aspekte wie Fürsorge und familiale Verantwortung erweitert, Mütterlichkeit und kontinuierliche Berufstätigkeit stellen keinen Widerspruch mehr dar.

Die Autorin legt eine differenzierte psychoanalytisch orientierte empirische Studie vor, in der sowohl Eltern als auch Kinder zu Wort kommen. Innere, oft unbewusste Bindungen an traditionelle Geschlechterbeziehungen werden ebenso deutlich wie die Bedingungen, Möglichkeiten und Grenzen ihrer Neugestaltungen.

Walltorstr. 10 · 35390 Gießen · Tel. 0641-969978-18 · Fax 0641-969978-19
bestellung@psychosozial-verlag.de · www.psychosozial-verlag.de